青年研究学术论丛

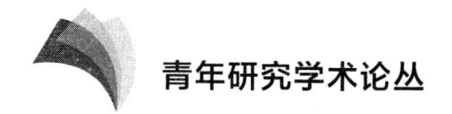

The Research on the Consequences of
Political Socialization of
Undergraduates

大学生政治社会化的结果研究

以"社会互构论"为理论视角

吴鲁平 等/著

社会科学文献出版社
SOCIAL SCIENCES ACADEMIC PRESS (CHINA)

本研究得到中国青年政治学院科研基金的资助

名家点评

吴鲁平等著《大学生政治社会化的结果研究——以"社会互构论"为理论视角》一书，在某种意义上说，标志着我国青年研究进入了一个新的阶段，它在实现社会科学理论与青年主体两者结合上，跨出了明显的一大步。这是本书的学术价值之一。

该书注意用开阔的理论视野来研究大学生的政治社会化问题。该书作者选择以社会互构论为主的视角以及全球化理论的视角，尝试突破传统政治社会化研究中系统论与建构论的片面性，突破在政治系统和个体之间做出非此即彼选择的两难境地，将大学生政治社会化视为个体与政治系统相互建构和型塑的过程。这使得对大学生政治社会化过程的分析更有学术的说服力，更有世界眼光，并使这种分析在理论上站在了国内国际学术的前沿。这是难能可贵的。

该书看重通过调查研究来获得经验材料，设计了自己的抽样框，实施了实地调查。这使得对大学生政治社会化过程的分析，既有立足现实的现实感，又有高于现实的超越感，从而能够为改善对大学生政治社会化过程的教育、引导提供现实依据。

综上所述，本书是一本学术意义和实际意义兼具的著作。

——中国人民大学社会学一级教授、中国社会学会名誉会长　郑杭生

政治社会化事关人们政治价值和政治认同的形成，对政治社会化的结果进行研究，可以了解国民的政治素质和政治态度。大约20年前，我曾主持一项国家课题——中国公民政治社会化研究。当时的一些惊人发现至今仍记忆犹新。例如，我的问卷调查发现，仅27%的公民知道什么是"人民共和国"的含义。此后，我一直留意国内学者在政治社会化方面的研究进

展。吴鲁平教授这部《大学生政治社会化的结果研究——以"社会互构论"为理论视角》书稿，是目前这方面的最新研究成果。它集中关注大学生对中国现存政治制度、政治主体和政治参与的基本认知，材料丰富，信息量大。如果想了解当代中国青年特别是大学生的政治取向和政治认同，进而更深入地了解当代中国的政治文化，那么，此书便可提供难得的参考。

——中共中央编译局　俞可平

社会与个人的关系是社会学的基本问题，社会化则是社会学研究的一个重要领域。本书从社会学的视角出发，通过收集大量的第一手资料进行定量分析，系统、深入地研究了当代中国大学生的政治社会化现象。作者在参考与借鉴国外相关量表的基础上，结合中国国情，开发了中国大学生政治社会化测量量表。其测量维度与指标都根据试测和实测数据，运用科学的统计方法进行了严格的探索、筛选和验证，为客观呈现大学生政治社会化结果提供了科学的保证。这是本书的一个突出亮点。同时，作者突破了社会学研究传统中结构范式与行动范式的约束，以"系统－个体"互构的理论模式展开研究，辩证地探讨了大学生政治社会化的结果及其影响因素，给人以新的启发。此外，作者把大学生政治社会化放到当今全球化背景下进行研究，在回应现时代的要求中推动社会化的研究，将深刻的政治社会化理论与丰富的实证材料很好地融入这项研究中，收到了很好的效果。该书是一本值得我们细读与思考的新作。

——南京大学教授　风笑天

序

提高思想政治教育研究的科学化水平是思想政治教育学界一贯关注和讨论的核心问题。在过去近三十年中，人们的注意力集中于搭建学科体系，偏重理论思辨式的定性研究，而忽视了实证性的定量研究。在学科体系和框架初步建立的背景下，我们应该加强实证性的定量研究方面的工作。

吴鲁平教授等所著的《大学生政治社会化的结果研究——以"社会互构论"为理论视角》一书，从政治社会化的视角研究大学生的思想政治教育，将定性研究与定量研究、思想政治教育研究与社会科学实证研究结合起来，这在青年思想政治教育方面无疑是一次方向明确、设计严密、资料翔实、功底深厚，既具有前沿性的立脚点，又具有严谨科学分析论证的研究成果。

本书无论是在研究视角和研究方法上，还是在研究结论上，都具有很强的创新性，给思想政治教育研究带来新颖且有益的启示。如本书将大学生思想政治教育视为多主体互构的过程，并运用实证的数据建立起多主体之间互构的路径与结构，为思想政治教育原理中的主体论研究提供了宝贵的理论新成果；又如，本书突破了关于"如何教"的传统研究思路，重点运用成熟的社会科学研究方法挖掘个体"如何学"的问题，并选择批判性思维较强的当代大学生作为研究对象，丝毫不回避大学生本身在思维、价值观等方面的复杂性，深入研究了大学生在思想政治教育环境中的学习和内化过程，发现了许多关于个体建构教育信息方面的重要特点与规律，增强了研究的实效性；再如，本书回应了时代发展的要求，把中国思想政治教育置于全球化大背景中，全面客观研究了全球化时代大学生思想政治教育过程与结果的新特点，为新时期如何进一步加强与改进大学生思想政治教育提供了非常有用的理论参考。此外，本书选取"政治社会化"这一更具国际性的研究主题，并恰当地选用社会学相关理论，高水平地对自己收集到的第一手调查资料做了深度分析，为中国思想政治教育研究走向世界提供了重要的学术交流话语。丰富的实证资料没有掩盖反而增强了本书理论思想，值得广大思想政治教育研究者与实践者细细品读与思考。

当然，这并不是说作者的每一个观点都无可争议，而是说吴鲁平积多年研究成果，厚积薄发，肯定对思想政治教育学科有独到的参考作用。这本书会激发同侪的重视和研究，活跃思想政治教育学领域的学术氛围。

刘书林

（清华大学马克思主义学院教授、博导）

前　言

政治社会化研究是一个多学科的研究领域。从政治学角度看，它属于政治文化研究范畴；从思想政治教育学角度看，是思想政治教育及其效果问题的研究；从社会学角度来看，是关于个体如何成为"政治人"的过程及其结果的研究，属于政治社会学范畴。

本书主要从社会学角度来对"大学生政治社会化的结果"这样一个涉及多学科领域的重大理论问题展开研究。研究所采用的具体策略是"在理论指导下的经验研究"。这一研究具有以下特点。

第一，以"社会互构论"为主要理论视角。在经验研究中，理论具有极其重要的地位和作用。没有理论的指导或在经验材料收集基础之上的理论建构，经验研究事实上就变成了简单的资料收集和资料分析。这样的研究，难于回到理论层面去和学术界的同行进行学术对话。因此，在对研究文献的阅读中，我们非常注重研究文献中作者所明确表达出来或实际隐含的理论、命题和假设。根据我们所掌握的国内外大量文献资料，到目前为止，国内外学术界在研究政治社会化时所运用的理论，大体经历了一个从注重结构或系统的"系统论"到注重个体能动性或主观建构的"建构论"的历程。然而，我们认为，"建构论"在克服"系统论"弊端或片面性的同时，又因片面地夸大个体主观建构的意义和作用，使自身又陷入了新的弊端和片面性。在研究的最关键阶段，我们欣喜地看到不是直接研究大学生政治社会化问题，但却对我们的研究具有决定性意义的重要理论文献，即郑杭生教授与他的助手杨敏教授提出的"社会互构论"。经过认真阅读，我们发现，从"社会互构论"的视角来看大学生政治社会化，可以将其看成是个体与政治系统相互建构和型塑的过程。这就克服了已有政治社会化研究中"系统论"和"建构论"因片面强调其中某一个方面而忽视另一个方面的弊端和片面性,因而,我们将"社会互构论"作为我们研究大学生政治社会化问题的主要理论视角。

第二,注重研究工具,即测量量表的"国际借鉴"和"本土开发"。如何测量大学生政治社会化的结果,如何将这一抽象的概念予以操作化,既是我们研究的重点,也是研究中的难点。我们首先将大学生政治社会化的结果分解成"政治定向"和"政治参与"两个大的维度。然后,又将"政治定向"细分为国家认同、制度认同、政党认同、政府认同四个子维度。然后,对各个维度或子维度分别进行操作化。在对上述维度或子维度进行操作化时,我们主要采用两种策略:一是"国际借鉴"。把国外已有的成熟的量表引进来,添加进新的项目,在大学生中试测,根据因子分析计算各指标的负载及其信度和效度,删除不必要的指标,简化量表,然后,再用到正式的调查问卷当中。如本书中《大学生国家认同研究》和《大学生对政府角色期待及其治理评价研究》这两章所使用的调查问卷,就主要参照了"国际社会调查项目"(International Social Science Program,简称ISSP)中的《国家认同调查问卷》(*National Identity*)和《政府角色调查问卷》(*Role of government*)。又如,本书关于"大学生对执政党的认同研究",主要参照国外研究者应用较为广泛的两种测验:政党社会认同测验(Parisian Social Identity Scales)和政党情感晴雨表测验(Feeling Thermometers)。二是"本土开发"。本书中关于"大学生对中国政治制度认同"的四个章节,主要是在借鉴国外相关测量原理和思路的情况下,根据中国的实际情况,自行开发的测量量表。这些量表都经过试测,量表的信度和效度都完全符合量表制作的各项技术标准和要求。

第三,抽样调查的代表性和科学性。本项研究属于中国青年政治学院自行资助的学科建设项目,经费有限,所以我们将调查地点定在北京市,重点研究北京市大学生政治社会化的结果。由于内容较多,调查分五个专题进行,每个专题的调查均采用以随机调查为主的方式进行。首先从北京的高校中随机抽取大约十所学校,然后,派调查员(被调查学校的学生)进入被抽中学校的学生宿舍发放问卷,30分钟后再回宿舍回收问卷,尽量保证调查场景的"自然性"和调查结果的真实性。

第四,注重高级统计分析技术的运用。对以问卷调查法搜集到的定量数据，我们既借助 SPSS 统计分析软件做了较为基础的方差分析、多元回归分析等处理，又借助 AMOS 或 LISREL 等高级统计分析软件对数据做了比较复杂的验证性因素分析和路径分析，提升了数据资料分析的层次。

第五，对通过深度访谈方法搜集到的定性资料，则借助专门的定性资料分析软件 Nvivo 对其进行开放式编码、轴心编码及核心编码，尽量按照"扎根理论"的步骤要求，在对资料进行各种分析的基础上建构理论或将理论建构在资料之上。

综上所述，本书是一部专门探讨"大学生政治社会化的结果"的学术专著。无论是从所采用的理论上看，还是从所使用的研究方法上看，都有一定的难度。阅读此书，需要具有一定的理论和研究方法方面的知识储备。因此，本书主要适合社会科学类专业人员和高年级本科生及以上学历的人士阅读。

吴鲁平
2012 年 12 月 5 日

目 录
CONTENTS

第一章 大学生政治社会化的结果研究 …………………………… 001
  第一节 研究问题提出的背景与意义 ………………………… 002
  第二节 理论框架与研究设计 ………………………………… 011
  第三节 研究结果分析 ………………………………………… 026
  第四节 结论与讨论 …………………………………………… 044

第二章 大学生国家认同研究 …………………………………… 048
  第一节 国家认同、国家情感相关研究回顾 ………………… 048
  第二节 国家认同的结构分析 ………………………………… 053
  第三节 大学生国家认同基本状况分析 ……………………… 061
  第四节 国家认同、国家情感与对外排斥的关系分析 ……… 071

第三章 大学生对人民代表大会制度的认同研究 ……………… 078
  第一节 问题的提出 …………………………………………… 078
  第二节 理论背景 ……………………………………………… 079
  第三节 资料收集与测量 ……………………………………… 095
  第四节 结果分析 ……………………………………………… 103
  第五节 结论与讨论 …………………………………………… 119

第四章　大学生对政党制度的认同研究 …… 122
　第一节　理论背景与问题的提出 …… 122
　第二节　资料与测量 …… 123
　第三节　研究发现 …… 128
　第四节　结论与讨论 …… 148

第五章　大学生对政治体制改革的认同研究 …… 152
　第一节　研究背景与问题的提出 …… 152
　第二节　资料与测量 …… 154
　第三节　调查结果及分析 …… 157
　第四节　结论与讨论 …… 173

第六章　大学生对中西政治制度认同的比较研究 …… 178
　第一节　问题的提出与概念测量 …… 178
　第二节　大学生对中西制度的认同比较 …… 179
　第三节　结论与讨论 …… 187

第七章　大学生对执政党的认同研究 …… 189
　第一节　研究回顾及问题提出 …… 189
　第二节　政党认同结构分析 …… 195
　第三节　大学生政党认同现状分析 …… 197
　第四节　影响政党认同因素分析 …… 203
　第五节　国家认同对政党认同的影响 …… 220
　第六节　总结 …… 225

第八章　大学生对政府角色期待及其治理评价研究 …… 227
　第一节　研究的背景及其问题 …… 228
　第二节　研究设计 …… 237
　第三节　结果分析 …… 239
　第四节　讨论 …… 263

第九章　大学生政治参与研究 … 268
- 第一节　政治参与的相关研究 … 269
- 第二节　政治参与的结构分析 … 273
- 第三节　大学生政治参与的基本特点分析 … 278
- 第四节　大学生政治参与的影响因素分析 … 288

第十章　重大政治仪式对大学生的教育意义：效用与局限
——以国庆六十周年庆典为例 … 300
- 第一节　研究背景 … 300
- 第二节　研究设计与方法 … 302
- 第三节　调查结果及分析 … 309
- 第四节　结论与讨论 … 344

参考文献 … 350

后　记 … 365

第一章 大学生政治社会化的结果研究

政治社会化是每个政治系统通过影响民众的政治思想与态度来维护自身政治秩序和稳定的重要途径。与此同时，它也是一些社会动员公民政治参与，并促进社会政治系统变革的重要路径。因此，对于政治社会化的研究，构成了社会学和政治学的重点研究领域，也理所应当构成思想政治教育研究的重点研究领域。自20世纪中期以来，西方政治社会化的研究经历了从结构论到建构论的研究范式发展，在积累相当多重要研究成果的同时也遭遇了难以突破的片面性研究瓶颈。本章在回顾国内外大量相关研究文献的基础上，尝试突破传统政治社会化研究中系统与个体之间非此即彼的两难困境，以"社会互构论"为主要理论视角，以全球化为视阈，综合本项目研究中的五个问卷调查资料和部分深度访谈资料，对当代大学生政治社会化的过程及其结果进行全面系统的研究。研究发现，当代大学生在长期的政治社会化过程中形成了中等水平的政治定向；他们对政治系统的理性情感认同高，感性情感认同较低，内容合法性认同高，形式合理性认同较低，政治认同程度较高，政治参与程度偏低；全球化背景下，当代大学生政治认同体现出了开放性、包容性和接纳性的特点。大学生政治社会化是系统与个体间的一种相互型塑和建构。一方面，外在的社会化机构通过对大学生政治认知图式的作用，在某种意义上型塑和建构了大学生的政治定向及其政治参与；但另一方面，大学生通过对政治认知图式的重构与改变、对政治的选择性认同及对政治的选择性参与，不仅型塑和建构了自我，也型塑和建构了系统。上述研究结果具有重要的启示意义。具体表现为：①对于当代大学生的政治认同，既不能盲目乐观，更不能消极悲观，他们总体持认同态度，但其认同的程度还有很大的提升空间；②相比于其他教育途径，大学阶段的政治教育还需进一步加强与创新；③针对大学生政治认同的结构与特点，今后应该重点开展参与式教育，正确培养和引导大学生的政治价值观、批判性思维、政治兴趣等政治认知图式；④加强大学生政治参与能力与效能感的培育，促进大学生政治人格的和谐发展和政治系统的良性运行，真正实现个体与系统的"互构谐变"。

第一节 研究问题提出的背景与意义

自20世纪80年代中期思想政治教育专业正式创建以来，经过近30年的艰难探索与开拓，思想政治教育研究者在这片学术的处女地上收获了较为丰硕的理论成果，学科体系基本形成，研究队伍也在快速壮大。然而，正如任何一门科学研究一样，当该学科研究经历了幼年的摸索成长，基本形成一种较为稳定的研究模式与理论框架之后，研究者（特别是年轻一代的研究者）会带着更多的反思与批判审视已有研究的不足，试图改善已有的研究模式甚至创造出新的模式，这就是著名科学哲学家托马斯·库恩所说的科学范式的创新和发展。这种学术的反思与模式创新是推动一门科学研究不断发展的不竭动力，也是促进学科繁荣昌盛的生命源泉。不管是哲学、社会学、心理学、教育学等人文社会科学，还是物理学、生物学等自然科学的发展历程，都证明了这一学术发展的规律。在经历了初期的摸索与积累之后，当今思想政治教育研究也进入了反思的阶段。实际上，对思想政治教育研究的反思早在20世纪初便已开始。随着改革开放带来的人们的思想价值的多元化，思想政治教育实践者日益感受到思想政治工作的无力感，于是不断将求助的希望投放到了理论的供给者——思想政治教育研究者身上。这对于正专注于基础理论构建的研究者来说，要解决这一极具实践性的问题也是捉襟见肘、力不从心。于是，我们在各类学术刊物上频频看到"提高思想政治教育实效性"之类的呼吁文章，实效性成为近年来思想政治教育领域的热点话题，也似乎成为广大思想政治教育研究者与理论者难以回避的心头之痛。如果说对思想政治教育实效性的诘问是研究反思的开始，那么对研究方法的创新便是思想政治教育研究反思的进一步深入和成熟。

21世纪以来,"思想政治教育科学化"日益成为思想政治教育领域的前沿与热点问题,研究者们越来越意识到,思想政治教育学科的发展必须借鉴其他成熟的人文社会学科经验,不只是简单借用它们的已有概念或理论,更多的应该是借鉴成熟经验,创建一种能与这些学科对话的科学化研究模式。因此,一小批新生代的思想政治教育研究者试图从研究方法上着手,突破已有的思辨性理论分析方法,采用经验实证性研究方法研究具体问题。虽然在思想政治教育研究队伍中,他们还处于少数,力量还很薄弱,经验实证性研究方法基本还处于初级稚嫩的阶段,取得的研究成果相对来说还未理论化与系统化,但这股新生力量无疑为思想政治教育学科注入了新鲜血液,极大地增添了学科的生机与活力,也基本在原有的理论研究模式之外形成了经验研究的新模式。

本研究课题正是应思想政治教育研究的反思之潮而生,试图以一种新的研究视角,即社会学和政治社会化的视角,借鉴其他社会科学成熟的研究方法,对传统思想政治教育研究较为薄弱的地方进行科学深入的研究。具体来讲,本研究课题,即大学生政治社会化的结果研究主要具有如下两方面理论与实践意义。

1. 促进思想政治教育专业建设特色

(1) 推动中国思想政治教育研究与西方政治社会化研究的国际交流

虽然思想政治教育专业唯在中国独设,但思想政治教育的实践却为全世界各国所共有。以欧美为代表的成熟的资本主义国家在漫长的资本主义发展过程中,在经历又化解了一次又一次的资产阶级统治危机过程中,在引导民众适应现代化的过程中,积累了极为丰富的资产阶级思想政治教育经验与教训。这些经验与教训在一代又一代研究者的思考中以相关的理论研究成果保存了下来。积极开展与国外思想政治教育相关研究的对话,对于正处于现代化转型过程中的中国社会来说是万分重要的任务和极为宝贵的机会。然而,我国许多有心参与世界学术对话的思想政治教育研究者都面临着无数的难题:我们该同国外哪个学科的研究者交流?我们可以就哪些思想政治教育的问题进行学术探讨?有没有大家能够共享的学术话语体系?无疑,传统思想政治教育很难给这些现实性交流障碍的解决提供足够支持。这些难题带来的困惑导致许多思想政治教育研究者对国际学术对话退避三舍，继续将自己囿于"中国特色"的思想政治教育研究中，日益加深了中外思想政治教育的学术交流鸿沟。

事实上，自20世纪50年代以来，西方一批行为主义政治学研究者就围绕着"政治社会化"这一研究主题对公民政治教育开展了大量研究，取得了非常丰富且宝贵的研究成果。"政治社会化研究"在经历了西方一代又一代研究者的开拓与耕耘之后，到现在已经成为一个较为独立的研究领域，甚至可以称之为一门独立的科学，也拥有了一批专业研究队伍。虽然在西方，政治社会化属于政治学的分支学科，但政治社会化研究者综合运用政治学、社会学、心理学的理论和方法研究政治系统对民众政治态度与政治价值观的影响，以及政治系统与民众的政治互动，实质上正是一种西方最接近于中国思想政治教育的研究，也是我们参与西方学术对话的上佳结合点。本研究在深入考察西方政治社会化研究成果的基础之上，以政治社会化为题，综合运用政治社会化研究的概念、理论，结合中国的实际政治环境，以科学化的手段研究中国大学生的政治社会化结果，无疑对促进思想政治教育研究的国际化能起到重要的推动作用。

（2）促进思想政治教育研究与社会科学研究方法的结合

近年来呼吁思想政治教育科学化的声音不绝于耳，这种科学化的一个重要方面便是思想政治教育研究的科学化，表现出研究者们对思想政治教育研究与其他成熟的社会科学研究接轨的渴望。科学化意味着范畴、理论的深刻化与系统化，也意味着研究方法的规范化、合理化。在思想政治教育学科创立初期，以哲学的思维方法，借助于伦理学、教育学等学科的概念、理论，通过思辨性的演绎与推论构建思想政治教育学的基本框架是必要的基础性与前提性工作。但是如果在学科体系基本确立之后，还是一味地采用理论思辨的方法研究极具实践性的思想政治教育问题，就会导致理论与现实的严重脱节，无法回应实践的需求。"在过去很长一个时期里，我国的社会科学只重视定性研究，而有意无意地忽视定量研究，这是我国社会科学落后的原因之一。""要使思想政治教育科学化、规范化，除了定性研究之外，定量研究也是必不可少的，因而思想政治教育学要加强定量研究。"（陈万柏、张耀灿，2007：23）现阶段的思想政治教育需要理论研究的不断深化，更需要理论与现实的交相辉映。思想政治教育需要关注民众的政治观、道德观等价值观的现状、形成过程、形成规律，对这些问题的了解与研究，社会科学实证的研究方法是不可缺位的。马克思曾经指出，一门科学只有当它达到了能够运用数学的时候，才算是真正发展了。所谓运用数学，就是指对事物的实证研究中的定量研究。迄今为止，已有不少研究者探索采用实证的方法（主要是问卷调查法）研究思想政治教育问题，也取得了很多宝贵的研究成果。但总体来讲，当前思想政治教育的实证研究水平还不高，仍处于起始阶段。以问卷调查法为例，具体表现为：理论与调查脱节，调查缺乏理论指导，表现出简单化、零散化的特征，调查结果学术性较低；调查研究规范性不高，不管是在研究框架设计、变量选择、变量操作化，还是在样本选择等方面都表现出了随意性，导致研究成果缺乏说服力；数据分析简单化，数据利用程度较低，百分比数据往往充斥了整个研究报告，难以得出系统、深刻的结论。也正因为如此，思想政治教育的实证研究常常受到一些理论研究者的诟病，甚至认为实证研究方法根本就不适用于思想政治教育的研究，让偏好于实证研究的学者们有苦难言，在后续的实证研究中畏首畏尾，严重阻碍了思想政治教育的科学化。

我们认为，科学化的思想政治教育研究不仅是简单的经验性实证调查，更要有深刻的理论依托，不能为实证而实证，要在合适的研究问题上选择合适的研究方法。西方政治社会化研究自开创以来，一直关注政治社会化与政治稳定的关系、个体政治态度与民主政治的关系、个体政治观念体系的形成过程及其影响因素、政治社会化过程的规律与特点等，不仅在理论阐述、概念演绎和定性分析上取得了重要理论成果，而且采用了社会学、心理学中的问卷法、访谈法、实验法等进行了大量的实证研究和分析，形成了较为成熟的政治社会化研究方法。本研究将大学生视为社会化的主体，以西方政治社会化理论及方法为依托，结合中国实际情况研究大学生对政治系统的情感和态度以及影响这些态度的因素。这些研究问题是社会科学研究方法可以在思想政治教育研究领域大展拳脚的舞台，也是思想政治教育研究同实证研究方法的重要结合点，研究结果必定会成为促进思想政治教育科学化的一次有益的尝试。

我们在充分借鉴国外政治社会化研究理论与方法的基础上，重点从社会学的视角研究我国的大学生思想政治教育。从研究问题方面来看,个体与政治系统的关系可以说是思想政治教育关注的核心问题,而思想政治教育的目的便是实现个体与政治系统之间的和谐共生。这对关系实际上是个人与社会关系这个社会学基本问题在政治领域中的具体化。从社会学结构与行动、个人与社会的基本关系的视角来研究思想政治教育能得到更多新颖且深厚的理论支持。从研究方法方面来看,除理论研究外,社会学在长期发展过程中已经形成了较为成熟的一系列经验研究方法(风笑天,2005),如侧重于行动者意义解释的定性研究方法,以及能作总体推论的定量研究方法等。充分运用这些相对科学化的经验资料收集方法、资料数据分析方法来研究思想政治教育这一本身就饱含经验性与实践性的问题是思想政治教育研究科学化的重要途径。

(3) 在实证研究的基础上为思想政治教育实践提供更具针对性及可操作性的建议

随着改革开放以来社会利益阶层的分化及西方各种社会思潮的涌入,人们的价值观呈现多元化的发展态势。与价值观较为单一的年代相比,当代的广大思想政治教育者在实践中明显感受了力不从心,对思想政治教育研究的实效性提出了迫切的要求。传统思想政治教育基础理论研究总是难以回应现实工作中实效性的需求。即使一些关注现实的理论研究者也难以真正提高研究的实效性,因为他们往往站在政治系统和社会结构的立场上应然式地分析现实问题,很难给现实问题的解决提供真正可行的建议。政治社会化研究将政治系统影响下的个体作为研究的主体,站在个体的立场上研究他们同政治教育的互动过程与规律,更能为化解现实中思想政治教育的困境提供依据和参考。大学生一直以来都是党和国家思想政治教育的重点群体,他们的政治态度代表着未来政治社会的发展方向。然而,许多高校思想政治工作者都明显感受到在价值观多元化的社会大背景下,高校传统的思想政治教育或多或少地引起了大学生们的抵触心理。由于一直以来的理论研究思维,已有关于大学生的研究很难去解决这一实际的问题。

在着手解决这一问题之前,我们必须要回答:改革开放之后成长起来的当代大学生在长期、系统的学校教育过程中到底形成了怎样的一种政治价值观及政治认同感？他们对于政治系统认同感的特点是什么？哪些因素、哪种途径导致他们的这些政治态度？这些问题恰好是当今大学生思想政治教育研究所应该重点突破的课题。本研究正是对解决上述问题的一次积极的尝试，将更具批判性思维的大学生选择为研究对象，以政治社会化为研究视角，尽量用科学客观的方法深入了解他们在学校、家庭、社会的系统影响下形成的政治态度，全面系统地研究这些政治态度的形成过程，相信会给今后的高校思想政治教育工作带来更具实用性的参考价值。

2. 深化政治社会化研究

（1）拓展与丰富中国社会学中社会化问题的研究

"社会"与"个人"的关系是社会学研究的基本问题（郑杭生、杨敏，2010）。自孔德以来，社会学的每一次发展都紧紧围绕着个人与社会这对基本矛盾的讨论，涂尔干、韦伯、帕森斯、哈贝马斯、吉登斯等社会学大家都在回答这对基本矛盾关系问题的基础之上展开了自己的理论体系，有的强调社会对个人的强大作用而形成了结构论范式，有的重视个体对社会的解释与建构而形成了行动论范式，两种范式形成的矛盾是推动社会学发展的主要动力。"社会"与"个人"是一对相互对立又相互依存的矛盾，而两者之间的和谐共生是社会发展和个人生存的必要前提。社会化就是调和社会与个人矛盾的有效途径。社会为自身的稳定与秩序向个人提供一套规范、准则与共同的价值观，个人为更好地生活于社会而接受、学习这些规范与价值，实现"自然人"向"社会人"的转化。"社会"与"个人"的矛盾具体化到政治领域中便表现为政治系统同个人的矛盾，而解决矛盾的途径之一就是政治社会化，个体在接收、认同政治系统提供的一系列政治规范、价值、现实的基础上，从"自然人"转变为"政治人"。当前中国社会学对于社会化的研究主要集中于"个人"与一般泛化的"社会"之间的关系研究，而具体到社会的具体领域如政治社会的研究相对较少。另外，当前社会化研究主要沿袭了西方社会化理论范式，站在社会结构的立场上进行研究，很大程度上忽视了个体行动者的主观能动性，以及社会与个体的互构关系，这在以"新型现代性"为特征的当代中国社会中更凸显了片面性。本研究借用社会学中的"社会互构论"（郑杭生、杨敏，2010），尝试突破社会学研究传统中结构范式或者行动范式的约束，以社会与个体互构为理论视角,全面、辩证地研究大学生政治社会化的结果及影响因素,不管是内涵、外延还是方法上,都是丰富中国社会学中社会化研究的一次重要尝试。

(2) 深化当前中国政治社会化的研究

自20世纪七八十年代西方的政治社会化理论流入中国以来,我国学者对政治社会化这一领域进行了深入而持久的研究,也积累了相当数量的有用成果,并初步形成了具有中国特色的政治社会化理论。在政治社会化的研究中,由于大学生政治社会化的独特性和重要性,研究者们对我国当代大学生政治社会化的探讨给予了极大的关注,在大学生政治社会化的定义、内容、特点、功能、途径等方面取得了重要的研究成果。

对大学生政治社会化的定义受到西方政治社会化理论的影响,我国研究者主要有社会教化论式和个体学习论式两种定义,其中前者占主导地位。社会教化论认为大学生的政治社会化就是一定的社会政治系统通过各种途径,促使大学生逐渐形成和具备本社会共同的政治准则、政治价值和政治认同的过程,也是培养合格公民的过程(陈刚,1996)。有的研究者将政治社会化机构进一步缩小到高校范围,认为大学生的政治社会化就是指高校按照社会要求引导学生的政治学习与认同,在教学计划上安排必修的政治课程,组织各种正式的政治活动,将社会主导政治文化内化在学生的政治知识结构、思维能力之中,形成相应的政治行为(胡建华,1995:70-75)。与此相对应,小部分研究者从个体角度出发,认为大学生政治社会化是大学生经过主观能动作用,整合社会的各种政治观点,分析各种政治关系,形成自己独立的政治态度和政治行为并反作用于社会政治,在接受社会政治改造的同时又改造社会政治的政治角色的过程(孙爱军,2000;黄育馥,1986:146;刘明、高翔,2007)。还有一些理论研究者试图综合两种模式的定义,提出政治社会化是社会个体在社会政治互动中接受社会政治教化、学习政治知识、掌握政治技能、内化政治规范、形成政治态度、完善政治人格的辩证过程,是社会政治体系的自我延续机制和功能运行机制(李元书,1998)。

目前,对于大学生政治社会化内容的研究较少,但从理论上已经提出了"五方面说""四方面说"与"三方面说"。

"五方面说"认为大学生的政治社会化应包括政治知识、政治方向、政治情感、政治规范以及政治能力五个方面的社会化（师建康，1999；张志，2007）。"四方面说"认为大学生政治社会化主要是政治知识、政治方向、政治情感和政治能力的社会化（潘吉平，2006）。大部分研究者特别是做实证研究的学者都倾向于"三方面说"，有的认为是政治知识、政治价值、政治参与（张光、罗婷，2006），有的认为是政治认知、政治态度和政治参与（龚小平、张传文、许在荣，2007），有的则认为是政治认识、政治心理和政治参与三个层面（孙爱军，2000）。

大学生政治社会化的途径或影响因素是我国研究者讨论得最多的问题。研究者们基本对于家庭、学校、社会、同辈群体、大众传媒等大学生政治社会化的五大途径达成了共识，具体分析也紧紧围绕着这五个方面。具体来看，研究者们认为影响大学生政治社会化的因素包括学校教育特别是"两课"教育（聂晓光，2003；刘扬，1999；陈刚，1996；闵绪国，2006；向发意、张晓琳，2007；张光、罗婷，2006），个体政治心理特点（胡伟、池阿海，2004），大众传媒及网络（胡伟、池阿海，2004；张光、蒋璐，2006；李莎莎、耿柳娜，2008），实践活动（林怡、张璐，2007），社会环境、文化环境和校园环境（朱鹰、王义银，2007；李木柳，2008；张永宁，2004），家庭（陈启焱，2002；余振、郭正林，1999）等。总体来看，大多数研究者对于这些影响因素的分析都是应然式的泛泛而谈，对于诸如学校等社会化机构的具体影响方式和程度还缺乏科学研究，而这正是改善大学生政治社会化最需要解决的问题。也有研究者采用了实证研究的方式收集资料，通过相关性分析研究家庭与大学生政治社会化、网络与大学生政治社会化的关系等，但还没有整体、系统地将所有政治社会化机构的影响都纳入大学生政治社会化模型之中加以研究，而这种整体性的研究明显要比只有一个自变量的相关性研究更为客观、科学。

迄今为止，我国研究者对于大学生政治社会化的现状和结果的描述性研究还非常薄弱，绝大部分对大学生政治社会化现状的分析都建立在应然式的理论推测上，基本形成了一个现状描述的套路，即"大学生的政治态度主流是积极向上的，但仍在某些方面存在很多问题"，且列举的这些问题往往依据研究者个人的观察体会，而缺乏科学实证材料的支撑，如大学生政治冷漠化、功利化、西化、中立化等。这种方法严重制约了政治社会化的深入研究。在现状研究方面另一个显著的特点是，很多研究者直接带着预先设定好的判断来分析大学生的政治社会化，认为当前大学生政治社会化存在障碍，没有顺利完成好政治社会化。对大学生政治社会化障碍的研究甚至成为目前研究中的一个热点问题。如认为大学生政治社会化中存在着环境、心理、内容等障碍，阻碍了大学生顺利从自然人到政治人的转变，这种政治社会化障碍表现在诸多方面等（布和，1995；刘小川，2000；刘启焱，2002）。这些研究大都建立在假说——论证的基础上，没有实证调查提供的依据，很难产生信服力，更不要谈解决障碍对策的可行性。当然，也有为数不多的研究者采用经验研究的方法，通过问卷调查等方式在一定范围内收集实证材料，对当前大学生的政治知识、政治情感、政治态度、政治参与等一些方面进行了测量，一定程度上展现了当代大学生政治社会化的现状（张光、蒋璐，2006；龚小平、张传文、许在荣，2007；华正学，2006；张志，2007；李莎莎、耿柳娜，2008；张光、罗婷，2006；余振、郭正林，1999）。但其中一些调查研究的科学性还值得进一步商榷，很多调查在样本的选取上并没有科学依据，往往选择对于研究者来说比较方便施测的群体，如某一个职业院校的学生，代表性不强。并且很多研究的样本数量大都在100~400份之间，在控制抽样误差的前提下，这样的样本容量很难推断总体。另外，在问卷的设计上，对大学生政治社会化结果的操作化测量还缺乏系统性和理论性，如简单以大学生对国家的情感和认知或者政治参与的态度来代表政治社会化的结果，容易出现以偏概全的问题。

总体上看，我国政治社会化研究特别是对于大学生政治社会化的研究水平还较低。在研究内容方面，基本上都是公式化地介绍或探讨政治社会化的定义、功能、途径等问题，而对个体政治社会化的机制、过程、与政治系统的互动、现状等问题还研究得很少。"一开始比较集中于政治社会化途径研究方面""尽管在这种研究中也提出了许多有价值的课题……但是由于缺乏大量的实证资料和有定向的实验，使得这种研究带有浓重的理论演绎或理论分析色彩，并且陷于相互照搬的低水平重复之中。"（杨海蛟，2000：173）研究方法比较单一，较为缺乏科学性，大多停留于单纯的理论阐述和概念演绎上，多从应然的角度看问题，普遍存在重规范分析轻实证研究、重定性分析轻定量研究，还缺乏比较分析、系统结构分析，严重影响研究结论的可信度和质量。研究的理论视角基本还停留于西方20世纪60年代的理论模式，即系统论的视角，重视各种政治教育机构对个体的政治影响研究，而忽视个体对政治系统的主观建构过程、特点、现状等研究，更缺乏政治系统与个体的互动性研究。

中国研究者们研究视角也还有待扩展，很少有研究者将中国政治社会化放置于中国社会转型、信息社会、全球化等更为宏观的环境下进行研究，更缺乏对中国公民在这些新的时代环境中的政治社会化结果、特点的研究。从研究队伍来看，政治学、社会学、教育学、思想政治教育学研究者等都参与了政治社会化的研究，思想政治教育研究者在数量上占了绝对优势，但高质量的研究成果主要由政治学研究者提供，思想政治教育研究者在政治社会化研究领域还有待质的提高。

本研究希望在学习、借鉴中国政治社会化研究的经验的基础上，克服已有研究的缺陷，在研究视角、理论模式、研究方法、研究问题等方面进行创新与深入，以期推动与深化中国政治社会化，特别是思想政治教育研究者对政治社会化的研究。

本研究拟解决的主要问题包括：当代中国大学生在长期的政治社会化过程中形成了怎样的政治定向与政治行为？全球化与信息化背景下，大学生对于国家与世界、中国政治制度与西方政治制度持何种看法？大学生在与政治系统的互动过程中是如何建构起政治定向的？哪些因素影响到了他们政治社会化的结果？哪些因素对大学生政治态度的形成更为重要？

第二节 理论框架与研究设计

一 政治社会化研究回顾

政治社会化作为一个社会中政治文化的传递和延续现象自古有之，因此，在政治理论的初创时期便有了有关政治社会化的研究。西尔斯曾说："从柏拉图经过卢梭到毛（泽东）的几乎每个时代，在政治理论上都预料到政治社会化这一领域。"（格林斯坦、波尔斯比，1996：2）从柏拉图开始，我们可以在西方传统政治理论中找到有关政治社会化方面许多精彩而深刻的论述。柏拉图在《理想国》中对国民政治教育进行过独到的阐述。他认为，教育要与政治需要紧密结合，要以长期的公民教育来选择"卫士"和"哲君"，最终实现铜铁质的人（生产者）勤于生产，银质的人（军人）成为保卫疆土的勇士，金质的人（统治者）以智慧和正义来治理国家。亚里士多德也强调政治教化的重要性，认为人民的德性决定了一个城邦政体的好坏，要通过教育克服人性中自私邪恶的一面，培养人们形成适合于政体的品质类型。在后来的马基雅维利、霍布斯、洛克、卢梭、孟德斯鸠、密尔等人的著作中，也不乏关政治社会化的论述。他们都高度重视政治秩序的稳固，认为政治系统要维持其统治必须通过各种途径使其社会成员接受并形成合乎统治阶级要求的政治价值、政治信念。

传统政治学理论为政治社会化的系统研究奠定了初步基础。但作为学术用语的"政治社会化"的提出却是二十世纪之后才发生的事情。学科意义上的政治社会化研究始于20世纪50年代末60年代初的西方。20世纪20年代末30年代初，美国学者梅里亚姆（Charles E. Merriam）和威尔逊（Howard E. Wilson）开始了对公民政治教育问题的专题研究，此后，研究者又逐渐从公民政治教育研究中引入了政治社会化的概念，并于50年代末60年代初开始了对政治社会化的直接研究。1958年，美国学者伊斯顿（David Easton）首次发表有关政治社会化的研究论文。1959年，海曼（Herbert Hyman）出版《政治社会化：政治行为之心理研究》，首次系统论述政治社会化理论。经过半个多世纪的发展，政治社会化研究已经成为西方政治学领域中一门颇具规模、影响较大的新型分支学科。颇具代表性的文献著作包括：赫斯（Hess R. D.）与托尼（Toney J. V.）于1967年发表的《儿童政治发展的态度》，格林斯坦（Fred Greenstein）和伊斯顿于1967年各自发表的他们关于学龄儿童政治发展的研究报告，道森（Dawson R. E.）和普鲁伊特（Kenneth Prewitt）于1969年出版的《政治社会化》，伊斯顿和丹尼斯（Jack Dennis）出版的《政治系统中的儿童》，阿尔蒙德

(Gabriel A. Almond)和鲍威尔（G. Bingham Powell）于 1966 年出版的《比较政治学》，阿尔蒙德和维巴（Sidney Verbal）于 20 世纪 60 年代出版的《公民文化——五国的政治态度和民主》（*The Civic Culture——Political Attitudes and Democracy in Five Nations*），斯通（William F. Stone）于 1974 年出版的《政治心理学》等。从总体来看，迄今为止，西方政治社会化研究随着时代的变迁以及学术思潮中对"社会与个人关系"的反思，经历了从结构功能主义研究模式到建构主义研究模式的更替与发展。

1. 结构功能主义研究模式

政治社会化历来被政治理论家们认为是维护政治系统稳定的必需途径而得到关注与重视。维护政治秩序稳定的功能是促使研究者研究政治社会化的最初动力，也是他们最初研究所站的基本立场，展开的所有研究都围绕着这一中心主题。以伊斯顿、阿尔蒙德为代表的早期研究者以系统论输入和输出的方式研究了政治系统与公民政治社会化的关系，认为政治系统通过政治社会化这一机制向社会成员输出政治文化，社会成员在这种灌输的过程中接受该政治系统的政治思想、政治规范、政治观念、政治标准，形成一定的政治态度、政治情感，并外化为政治行为模式，扮演该政治系统所需要的政治角色，按照该政治系统的目标行动，支持和维护该政治体系，即个体又通过政治社会化实现对政治系统的政治支持的输入。一向注重政治稳定研究的伊斯顿认为："一个政治体系要得以维持，必须与它所处的社会环境进行必要的能量交换，这种能量交换在输入方面表现为求得社会成员对这一政治制度的普遍认同和支持。而这种对政治制度的普遍认同和支持正是通过政治社会化来获得的。"（戴维·伊斯顿，1985）基于这一立场，政治社会化的功能（如政治社会化对政治系统有什么功能？怎样才能更好地实现这种维护功能？）、内容（如哪些内容对一个政治系统的运行来说更为重要？个体特别是儿童在接受这些政治社会化要求过程中有什么阶段性特点？如何才能培养出政治系统所需要的政治品质？）、机构（如哪些机构在代表政治系统向人们输出政治文化？）等方面是研究者初期所关注的重点内容。

这一时期的公民教育论也是系统论的模式，认为政治社会化就是对社会成员的教化，通过逐步向他们灌输预期的关于公民身份的理想和实践而产生合格的公民。要了解社会成员政治社会化的方式就是回答一系列逻辑上相关的问题：教什么？教给谁？谁来教？怎么教？在什么条件下教？教出什么样的结果？政治动机、政治价值观、政治规范、政治角色、政治信息都应该被当做公民身份的内容来传授给社会成员。学校、家庭、青年组织、政党、利益集团、大众传媒都是对社会成员进行正式或非正式公民教导的重要机构（William C. Mitchell，1962）。

与这种研究模式与立场相对应的是，在个体的具体政治社会化过程中，研究者偏向于一种社会教化模式，将政治社会化视为社会组织和群体对该社会个体成员进行政治教育和灌输的过程，即认为在政治文化传递过程中，以政治社会化机构为代表的教化者是灌输、训练、教化的主导者，个体是接收、吸纳这种政治文化的客体。在这种政治影响中，社会让个体接受了他必须遵守的社会行为规范。因此早期政治社会化研究者研究的中心主要集中于社会对个体所施加的作用上，如政治社会化机构与个体政治品质的关系。

2. 建构主义研究模式

20世纪后半期，随着旧式现代化的不断深入，以工具理性为主导的现代化进程带来了个人与社会的分裂后果，各种反思与重建现代化理论的思潮不断涌现，如后结构主义、后现代主义、建构主义等。这些理论试图打破社会"结构"的桎梏，将重心放到个体"行动"这一极。如建构主义认为，世界是客观性的存在，对其理解和意义赋予则是个人的自我建构，个人总是以自己的经验及信念为基础来解释世界，作为主体的人的话语、概念、理论都参与了现实事物的建构。20世纪七八十年代，受后现代主义及建构主义思想的影响，政治社会化研究者也逐渐突破了系统论的研究模式，不再认为个体政治社会化是社会教育机构单方面灌输的结果，而更多的是个体主观对政治系统进行建构的结果。在这一模式中，原来作为政治社会化客体的个体转变成为政治社会化过程的主体。

对于具体的政治社会化过程，研究者也从社会教化论转向了个体学习论。如丹尼斯认为，政治社会化是个人获得政治取向和行为模式的发展过程（Gupte，Kalpana，1989：2）。其他类似的观点还包括"政治社会化是公民习得关于政治世界知识的历程""是人们学习为现行政治体系所接受和实施的规范、价值、态度和行为的过程"（马起华，1985：239）等。研究的重点从"教什么"转向了"如何学"。例如，福洛曼（Lewis A. Froman）就说，"在政治社会化中首要的问题是'孩子是如何学到重要的政治态度和行为的'"。个体政治学习的具体模式引起了研究者的兴趣。如罗伯特·赫斯提出了三种主要的模式——"单位加积模式""人际关系转移模式"和"认知发展模式"，他认为每种模式适用于不同类型的政治学习。单位加积模式可能适用于如政治信息的获得这方面，人际关系转移模式可能适用于对与政治权威互动形式的学习，而认知发展模式则可能适用于像最高法院这样更为抽象的机构的态度的形成。学习论的研究者从个体角度出发研究政治社会化，充分重视个体的重要性，强调个体在政治社会化过程中的主观能动性、选择性，认为政治社会化是个体经过自身意识的评价之后，内化、学习、建构和再创造的过程。如果说系统论的研究中心主要集中于社会对个体所施加的作用的话，那么建构论模式则试图观察个体的自我顺应和建构活动。正如丹尼斯所说，"这一研究模式（建构学习论）将'自我社会化活动'提到了非常重要的位置，它可能会拒斥社会的社会化作用。与之不同，前一种更为普遍的研究模式（系统论）假设，社会化的所有一切都是社会施加给个体的，真正的问题就是去探寻什么样的社会化机构承担什么样的责任"（Jack Dennis, 1968）。

在这一研究模式下，研究者们开始关注社会个体对政治系统的主观建构结果，即他们对政治系统的认同现状和特点。对于影响他们认同结果的因素，研究者们不再像以往那样将重心放在外在于个体的教育机构上（如家庭、学校、媒体等），而更加注重从个体身上寻找，如个体的思维特点、个性特点、效能感等。斯通是这一研究模式的重要代表人物，在其名著《政治心理学》中，他在汇集了众多政治学家的观点、理论和方法的基础上，从人的个性角度来研究政治社会化。在他看来，对理解政治行为较重要的东西是人的性格，政治态度的获得首先是建立在个体性格结构的基础之上的。个人性格中的三个基本因素（认同因素、认知因素、情感因素）是有联系的，这些因素既决定了个体对他所在的政治世界的不同方面的信念的接受，也决定了他怎样将这些信念组织起来，形成信念和态度结构，这种态度结构构成了个人对他所在的政治环境的取向。总之，只有了解了个体的性格,才能理解他基本的政治定向。

受20世纪80年代末90年代初东欧剧变的影响,政治社会化研究者又重新关注起政治系统、政治环境对个体的影响与作用。研究者们的注意力从个体微观环境中的政治社会化过程重新回到宏观政治环境中的政治社会化,对不同政治意识形态体系下的政治社会化进行了深入研究,也出版了一批很有影响的著作,如斯扎博的《匈牙利的政治社会化》(1989年)、克劳森的《东西欧青年的政治社会化》(1990年)、克斯佩利等人的《国家与公民:后共产主义东欧的政治社会化研究》(1993年)、法纳的《民族主义、种族特点和认同:多国比较分析》(1994年)、亨廷顿的《社会主义国家的政治传播》(1998年)、巴涅斯和西蒙德《后共产主义公民》(1998年)等。同时,也发表了众多的论文和调查报告,如国际社会调查项目(ISSP)于1995~1999年对中东欧23个国家的民主态度和信仰发展进行了大规模的学术比较调查,勾画出各国公民的政治态度以及他们对本国转型过程的评价的差异。

与20世纪五六十年代政治社会化研究初期的结构功能主义研究模式不同,受结构二重性理论、社会互动论等思想的影响,这一时期的研究试图在政治系统与个体之间实现一种调和,实现政治结构与行动者之间的和谐与互动,既研究政治环境、政治教育机构对公民施加的政治影响,又关注民众对政治系统的主观建构过程及认同特点,还重视民众对政治体系和政治环境的改造,如对政治参与的研究。研究者们正逐渐超越传统的研究局限,形成了新的理论和方法,如德克尔和迈耶伯格的政治社会化交互理论、米尔曼的政治社会化旁系理论、沃思伯恩的政治社会化生命历程模型等。

另外,随着世界政治、经济、文化交往的日益扩大和深入,近年来研究者们开始关注全球化与公民对国家观念的建构,传媒政治与公民的社会化,政治社会化对政治知识、政治态度、政治行为意向和政治行为模式的影响等问题,围绕变迁中的国际政治局势和政治价值普世化的背景,对主权国家的公民政治社会化展开宏观视角的微观探究与全面反思。

二 本研究理论框架

（一）研究理论视角

1. 互构论的视角

随着 20 世纪末第三世界新型现代性的发展，一些敏锐的社会理论研究者开始了对旧式现代性的反思，尝试以新型现代性改变"西方式"传统现代性中个人与社会的割裂和冲突状态。郑杭生和杨敏教授提出的"社会互构论"便是这股反思与重建现代性之潮的典型代表。他们提出的"社会互构论"对社会与个人之间的关系问题进行了全新的解释，认为"个人"和"社会"同属于人类生活的共同过程，两者都表征了人类生活共同体的双重性，它们之间是互构和谐变的关系。互构即指个人与社会的关系是相互建塑与型构的关系，谐变即指个人和社会的关系在互构过程中具有共时性和共变性。个人与社会在互构过程中既存在某种和谐和一致，也存在差异和冲突。一切现代社会生活现象，都是个人与社会互构共变关系的产物。无论是宏大的社会转型，还是细微的个人生活爱好，都与特定的个人和社会的互构相关。在谐变与冲突双向过程中，个人与社会都希望按照自己的理念规定和改变对方，然而结果是由对方型塑和建构了自己。现代社会生活过程就是多元社会主体的行动关联、互为主体和客体的互构谐变过程，也是以社会行动者的交互性建构和型塑为基础的转型变迁过程。交互性建塑和型构意味着互构的参与者作为社会行动主体，其行动有着特定的意义指向，在行动关联过程中实现自我行动的意义能量的输出，并输入其他参与者的行动意义能量，这一过程引发了互构参与者各自的主观意识效应，从而形成内在观念性状的变化，因此促成了参与者对自我行动意义的调试，对行动实践的样式、策略、目标等进行调整或修正、改变。在参与互构的行动者之间，主体和客体的地位不是僵死的、一次给定的，而是互换的、相互转变的，因而社会行动的建塑和型构不是由单极支配的单向度的过程，而是双向的或多向的同时共变性的行动关联过程。在这个过程中，其基本情景不是指令的，而是探讨的；不是由某一行动者专断制定的，而是由参与者的沟通协商所达成的共识；不仅是社会和集体建塑、型构个人，同时也是个人建塑、型构社会和集体（郑杭生、杨敏，2010：151、526－527）。正如马克思所说，"正象社会本身生产作为人的人一样，人也生产社会"（马克思，1979：121）。

现代社会就其本质而言是个人与社会的相互构建的时代。单极化行动的合理性、合法性逐渐成为过去，个人与社会的互构共变成为一种难以拒斥的趋势。传统政治社会化研究中，不管是系统论还是建构论，都是对个体与政治系统这对基本矛盾中单方面一极的过度强调，而忽视了二者之间的相互建构，最终难以避免研究结果的片面性。

因此，本研究主要从互构论的视角，尝试突破传统政治社会化研究中系统论与建构论的片面性，突破在政治系统和个体之间做出非此即彼选择的两难境地，将大学生政治社会化视为个体与政治系统相互建构和型塑的过程。

首先，从互构的主体来看，大学生政治社会化是个体、政党、政府、家庭、学校、传媒、网络、社团、同辈群体等多元行动主体互构的过程。

其次，从互构的时空来看，大学生政治社会化是一个从小学、中学到大学时期，从家庭、学校到社会，从现实到虚拟空间范围的综合互构过程，具有互构时空的多维性。

再次，从互构的内容来看，大学生政治社会化是外在的政治系统及其政治信息与内在的主体政治认知图式二重性的统一过程。

又次，从互构形式来看，大学生政治社会化是大学生与政治系统（具体表现为政治社会化机构）互构共变的过程。这种变化具有共时性和共变性，其中既有正向谐变（如个体在与学校教育的互构过程中形成了体现主流政治文化的价值观），又有逆向冲突（如现在一些学生对于政治理论教育的"逆反""拒斥"态度，对主流政治媒体的不信任等）。

最后，从互构效应来看，由于互构主体的多元性、互构时空的多维性、互构内容的二重性以及互构形式的多样性，大学生政治社会化结果实际上是多元行动主体在多维时空中形成的"合力"，每一行动主体都有自己的行动意图，都希望按照自己的意念改变对方，而最后在型塑对方的过程中也被对方型塑，最后实现的结果是行动主体之间在不断调整和改变后达成的共识，而不是各自原有的意愿。这决定了大学生政治社会化结果的不确定性与发展不可逆性、不可重复性。从互构论的角度来看，大学生政治社会化正是这样一个互构主体多元性、互构时空多维性、互构内容二重性、互构形式多样性以及互构效应不确定性的复杂过程。

根据这一研究视角，我们将政治社会化的定义表述为：政治社会化是社会个体在社会政治互动过程中，在社会政治文化及各政治教育机构的政治影响下，通过各种内化、建构机制，学习政治知识、政治技能、政治规范，培养政治定向与政治参与能力，完善政治人格的辩证过程。

2. 全球化理论视角

当代，人类正阔步进入一个崭新的全球化历史时代，全球化正以不可阻挡之势冲击着世界各国的政治、经济、文化与社会。全球化不是单一的经济形态的全球化，经济全球化的进程也会促使不同民族心态、文化、体制等发生变化，同时也改变着各国公民政治社会化的方向与内容。从政治认同来看，在以网络社会崛起为契机的全球化浪潮的席卷之下，政治价值普世化、政治主体和权威多元化、国际合作制度化、政治规则全球化等政治全球化特征，正在深刻地影响与改变着各国公民的政治认同，消解着公民对国家的原始忠诚，替代着传统的政治价值理念，使身份政治由边缘问题变成了政治的中心问题（D. J. Elkins, 1997）。从文化认同来看，"宽容"成为全球化时代不同文化共处的关键词。诚如邓晓芒先生在论述康德的世界主义和全球化观点之于时代发展的意义时所指出的那样，"全球化肯定不只是经济上的全球化，而同时应当是文化心态和道德意识提高到可以相互宽容、相互协作的结果；也不应当只是'多元并存'，而是谁最先意识到并且最能够做到文化宽容，谁把自己的道德意识提高到能够宽容其他文化，谁就能在多元中占据主导位置"（邓晓芒，2005：226）。从政治社会化的要求来看，面对日趋严重的全球性危机以及日益增强的全球合作治理的必要性，培养具有全球意识、全球价值观和全球责任感的"世界公民"成为当今各国公民政治社会化的一个重要目标。全球化时代，加强国际知识、国际理解、国际竞争、国际责任、国际合作意识以及"兼爱"和"共生"意识的教育，让身处某一具体国家的公民懂得人类的多样性和相互依存性，以及相互理解、共荣共生的相处原则，能够承担人类命运的共同职责中自己的一份责任,关心人类共同的利益,让他们形成全球化的视野、全球化的意识和全球化的胸怀,拒绝霸权主义、民族沙文主义、狭隘的地方主义和文化帝国主义,是全球化对当今各国政治教育提出的必要要求,也是衡量政治社会化结果的重要标准。

我们正是将中国大学生政治社会化放到了全球化的时代大背景中,从全球化的理论视角全面研究其社会化的结果、特点与过程。如在国家认同的研究中,我们根据全球化的背景和理论区分了传统式的国家认同与现代式的国家认同,还区分了建设性国家认同与非建设性国家认同,并深入分析了各种不同类型的对"祖国之爱"与对"世界之爱"之间的关系。又如,在对大学生政治制度认同的研究中,我们并没有把视野局限于他们对中国政治制度的认同上,而是站在全球化的高度对他们的中西政治制度认同两方面进行了比较研究以及关系研究。这不仅能够更加科学全面地测量出大学生对中国政治制度的实际认同水平,也能让我们了解在对外开放中成长起来的年轻一代在政治社会化过程中表现出来的新特点,帮助我们在今后的政治教育中(特别是国际政治教育,这一部分内容的重要性会随着全球化的深入日益凸显)正确处理中西政治文化的关系问题,真正做到有的放矢。

(二)研究框架

本研究的研究框架可以简略以图1-1表示:

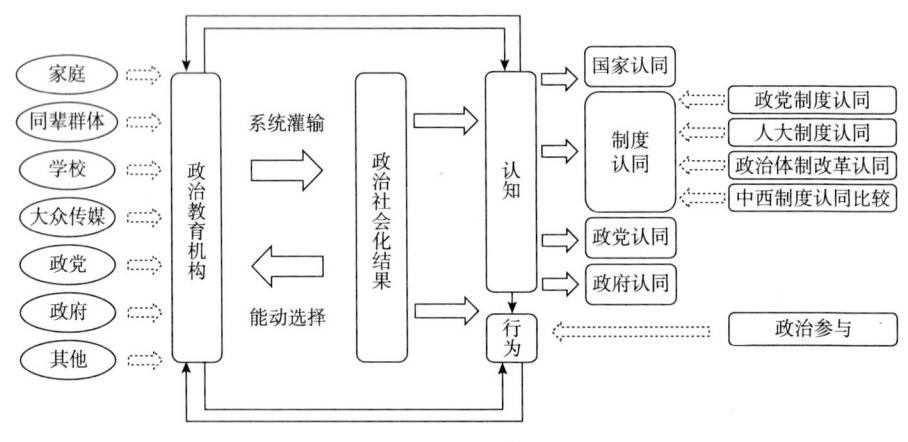

图1-1 研究框架

首先，根据研究任务，本研究主要采用问卷调查法进行研究。当前政治社会化研究大多停留于单纯的概念辨析与应然的理论分析，而缺乏高质量的实证研究，这实际上是不符合政治社会化研究的发展规律的。政治社会化问题作为一个国际化、科学化的研究主题，更多的是需要严谨的科学研究方法。要了解当今中国大学生的政治社会化结果，不是靠主观判断或理论推演就能达到的，必须要采用实证的研究方法深入到大学生中进行广泛全面的调查。而与其他实证研究方法相比，问卷调查更能在有限的精力与经费条件下，更广泛、更全面、更便捷地收集到资料。通过问卷调查收集到的数据也可以帮助我们进行系统、深入的分析。

其次，大学生政治社会化的结果是本研究的重点与难点。首先我们要回答大学生政治社会化结果调查研究的必要性问题。认识世界是为了更好地改造世界。从很大程度上讲，认识世界是改造世界的前提。同样，要加强和改进大学生的思想政治教育，首要任务便是实事求是地认识他们在长期政治社会化过程到目前形成的结果。大学生政治社会化是多元主体在多维时空中互构的结果，其结果是不可预知、不可重复的。这决定了对大学生政治社会化结果的描述只能建立在实时的实际调查的经验研究之上，而无法在理论的世界中进行推理甚至缺乏实据的笼统判断，也不能重复利用以前时代的研究结果。目前，虽然已经有不少研究者对当代大学生的政治态度进行过测量，但是调查与研究的往往只是集中于某一方面的态度，如对政治体制的认知、对政治时事的评价、对政治参与的态度等，并未从大学生政治社会化结果的高度来全面研究他们的政治认同结构以及特点，因此难以让人看到当今大学生政治态度的全貌。另外，已有调查研究对大学生相关政治态度的测量还缺乏层次性，有的以政治认知来衡量政治态度，有的则以政治评价作为政治态度的测量指标，忽视了政治态度的层次构成，也难以得到令人信服的结论。本研究希望从宽度与深度两个维度全面拓展对大学生政治社会化结果的研究。从宽度来看，大学生政治社会化结果主要表现为对政治系统的政治定向（政治认同）与政治参与行为。伊斯顿曾简洁而全面地对政治系统进行过分类，他将政治系统划分为三个主要的对象，即政府、政治制度和政治社群（政党）。本研究主要以伊斯顿的类型划分为依据来测量大学生的政治定向（政治认同感），将其划分为政治制度认同、国家认同、政党认同与政府认同四个部分。这四个部分的政治定向加上政治参与行为共五个部分，从不同角度测量了大学生的政治社会化结果。另外，我们将研究定位于全球化、信息化、社会大转型的时代背景中，不仅研究大学生对中国政治系统的认同情况，还从比较、联系的角度研究他们对西方政治系统的看法，以及他们对中、西方两种政治态度之间的关系。从深度即层次来看，本研究认为大学生的政治定向（政治认同）是一个包含了政治认知、政治情感与政治评价的综合系统，因此，在具体每一部分政治定向的测量中，都尽量从这三个层次进行指标设计，以期全面准确地展现大学生真正的政治认同。

再次，探索大学生政治社会化的内化与建构机制也是本研究的另外一个难点与创新点。如前所述，已有研究大多持结构功能主义的模式，完全站在政治系统的立场上，研究向个体灌输政治信息的途径与方法，而这些政治教育信息如何与个体的已有政治认知图式发生交互作用，个体如何内化与建构这些政治信息并未得到研究者的重视。本研究希望在全面了解大学生政治社会化结果的基础上，从个体的角度尽量深入地研究他们如何在与政治教育机构的互动中，通过政治认知图式建构政治认同的过程。我们认为，作为政治社会化的主体，大学生对政治系统的建塑和型构主要表现为两种形态：一是在政治定向中对政治文化的选择性认同。他们最后形成的政治态度并非完全是政治教育机构灌输的政治信息所决定的，而是社会化机构塑造与个体自我选择相互作用的结果。二是在政治行为方面的选择性参与。作为政治定向的重要外在表现以及型构政治系统的重要方式，大学生政治参与的程度以及方式也都是他们在与政治系统互动过程中自我选择的结果或表现。个体对政治信息的内在建构机制表现出了个体作为政治社会化主体的能动性和主动性，而这主要是通过他们的认知图式得以进行的，如政治效能感、政治信任感、政治兴趣、批判性思维、政治价值观等。大学生政治认知图式对政治信息的主观建构机制与作用在第十章（《重大政治仪式对大学生的政治教育意义：效用与局限——以国庆六十周年庆典为例》）中通过访谈资料的形式得到了形象的阐释。在该研究中我们发现，对于进入仪式状态的大学生来说，他们与政治社会化机构之间形成了正向谐变的关系，原因在于原有的政治认知图式会助推着他们去选择仪式中政治性、中心性、肯定性的信息进行建构性的理解；相反，对于那些未进入仪式状态的大学生来说，他们与政治社会化机构之间则形成了逆向冲突关系，因为在原政治认知图式的作用下，他们会主动屏蔽掉政治系统输出的政治性、中心性和肯定性信息，而注意政治系统无意间表现出来的非政治性、去中心性和否定性的信息，并作解构性的理解。因此，在我们的研究中，个体政治认知图式是了解大学生主观建构机制非常重要的变量，关于个体政治认知图式方面的因素也都被设计在了调查问卷中，以期研究它们在个体建构政治定向及政治行为过程中发挥的作用。

最后，建立大学生政治社会化多元主体互构过程的结构是本研究的最终归宿。本研究认为，政治社会化是个体在社会政治文化及各政治教育机构的政治影响下，通过各种内化、建构机制，学习政治知识、政治技能、政治规范，形成政治态度、政治价值，完善政治人格的辩证过程。实际的政治社会化过程既有政治教育机构的政治影响，又有个体的主观建构；既有政治教育机构与个体之间的正向谐变，又有二者之间的逆向冲突，是个体与多元政治社会化机构相互型构和建塑的过程。因此，只有将二者有机联系起来加以研究，才能还原大学生政治社会化作用途径、影响因素的全貌。因此，在研究设计中，我们又尽量全面选择了大学生所接触到的主要政治社会化机构，包括家庭（父母的政治态度、政治关心度等）、学校（高中政治教育、大学"两课"教育、老师的政治态度）、媒体（接触频率、接触类型等）、同辈群体、网络、政党、政府等，希望了解这些机构在大学生政治认同形成过程中所起到的作用，并在最后能建立起既有政治教育机构又有个体主观建构的大学生政治社会化结果的多元主体影响因素模型。

三　问卷设计与施测

（一）问卷设计

由于大学生政治社会化结果是一个包含了多项内容且具有多个层次的复杂系统，很难在一份问卷中进行完整的测量。为求测量的准确性、细致性、全面性与可行性，我们按照政治社会化结果五个方面的内容，拆分成了四份问卷，即政治制度认同问卷（共收集1207份样本）、国家认同与政党认同问卷（共收集1066份样本）、政府认同问卷（共收集1129份样本）和政治参与问卷（共收集1051份样本），根据不同的内容分别进行设计。此外，还有国庆庆典仪式态度问卷（共收集1350份样本）。问卷各量表设计过程中充分参考与借鉴了国外的相应量表，如政党社会认同测验（parisian social identity scales）和政党情感晴雨表测验（feeling thermometers），特别是国际社会调查项目（ISSP）中的相关量表，并结合中国实情对这些量表进行了本土化。所有问卷在形成初稿之后都进行了试测，根据试测数据对相应量表进行了因子分析，进一步提炼与优化量表结构与测量指标。

政治制度认同问卷主要测量大学生政治制度认同方面的四个问题：人大制度认同、政党制度认同、政治体制改革认同以及中西政治制度认同比较。根据前期的文献研究，我们对各制度的认同操作化为情感性认同、合法性认同、合理性认同、实效性认同和现实性认同五个子维度，并分别进行了指标设计。在自变量设计上，既选择了家庭、学校、媒体等社会化机构，又选择了个体方面的因素，如政治制度价值观、批判性思维、意识形态认同等，以期全面观察影响大学生政治制度认同的因素。

国家认同与政党认同问卷对大学生的国家认同与政党认同的测量集中到了一份问卷。国家认同的研究定位于全球化时代下中国大学生的国家认同现状及其与"爱世界"之间的关系。根据已有的国家认同相关理论研究，特别是参考国际社会调查项目（ISSP）中关于"国家认同调查"的问卷，结合初期的试测情况，我们最终将大学生国家认同操作化为国家认同标准、国家自豪感、爱国情感三个大的子维度。其中，国家认同标准又包括民族标准和公民标准两个维度，国家自豪感包括政治自豪感和文化自豪感两个维度，爱国情感包括身份认同、符号认同、建设性爱国和非建设性爱国四个子维度，同时，每一具体维度又进行了具体的操作化与指标筛选。"爱世界"主要以对外排斥度来进行测量。根据研究问题，自变量主要选择了人口统计学变量，包括专业、年级、政治面貌、家庭情况等。

政党认同部分也主要测量大学生政党认同的现状与影响因素。在参考与借鉴国外研究者应用较为广泛的两种测验——政党社会认同测验（Parisian social identity scales）和政党情感晴雨表测验（Feeling thermometers）的基础上，我们将大学生的政党认同操作化为对政党执政绩效的认可、政党归属感两个大的维度。其中，对政党执政绩效的认可又操作化为对中央发展国家的认可、中央处理各类关系效力的认可、对各级党组织的认可三个子维度，政党归属感操作化为去个性化认同、吸引力认同、建设性认同三个子维度。影响因素除了选择人口统计学变量之外，还选择了国家认同这一重要的个体内在方面的因素。

政府认同问卷将研究问题定位于社会转型背景下中国大学生对当前政府的认同现状以及内在影响因素。我们将大学生对政府的认同操作化为政府工作满意度、政府信任度、对相关政策的信心及参与意愿三个大维度。其中政府工作满意度又包含形式满意度、内容满意度两个子维度，政府信任度包含党政机构信任度、一般机构信任度两个子维度。在影响因素方面，主要选择了个体内在方面的因素，包括内隐政府角色（期望政府扮演什么角色）、对政府工作的了解情况等。

政治参与问卷充分考虑到信息化社会给大学生政治社会化带来的影响，从网上政治参与和网下政治参与两个大的方面了解大学生的政治参与现状和特点。影响因素除了一般的人口统计学变量之外，同样主要选择了个体内在的原因，包括政治效能感、政治信任感、政治兴趣等因素。

（二）抽样与施测

由于本研究的内容过于庞大，很难囊括于一份标准长度的问卷，我们共拆分和设计出了四份问卷对大学生政治社会化结果的某一方面进行深入调查。按照理想的研究，应该通过抽样选择出一批大学生对这四份问卷一起作答，但考虑到四份问卷加起来的庞大题量已远远超过了作答者能容忍的最大极限，从施测的角度来看难度极大，并且即使让他们勉强坚持作答完也很难保证问卷的有效率与真实性，因此，我们对四份问卷进行了单独的抽样与施测。

本研究选择的是北京地区的高校大学生。首先，北京作为全国的文化中心，高校云集，汇集了众多优秀学子，是全国高校以及在校大学生人数最多的城市。其次，北京作为全国的政治中心，北京地区的大学生能感受到更浓烈的政治氛围，能更近距离地感受到国家重大的政治事件。因此，从研究大学生政治社会化结果的角度来看，北京地区大学生无论是数量还是质量，在全国大学生中都具有重要的代表作用。

为了尽量缩小抽样误差，克服分别施测带来的整体误差困难，我们对样本的抽样进行了严格控制，以期每一部分问卷的调查结果都能推断总体。在简单随机抽样情况下，我们将置信度设定为95%，总体成数为0.5，允许抽样误差控制在3.0%，根据样本规模（sample size）计算公式计算出 n 为：$t^2/4e^2 = 1.96^2/4 \times 0.03^2 = 1067$。考虑到问卷的回收率和废卷等问题，我们将每一部分调查问卷的调查样本容量都确定为1300人。每份问卷都各自抽取6~8所北京高校进行发放。发放问卷时尽量保证文科与理科、男生与女生比例的平衡。

本研究的调查均采用自填式问卷调查方式，即把问卷发给学生，让其自行填答，然后收回。由于研究主题带有一定的政治性，如果以班级为单位进行集体施测，会让被调查者产生一些思想顾虑，影响调查结果的真实性。因此，调查员都是通过入宿舍调查的方式发放问卷，让被调查者随意填答，约过半小时之后调查员再返回回收。这一调查方式保证了调查结果的有效性与真实性。

（三）资料分析方法

为了提高研究的科学性，本研究主要采用SPSS18.0对数据进行初级的项目分析、探索性因素分析、信度分析、描述统计分析及虚拟回归分析，运用AMOS18.0等较高级的统计软件进行较为复杂的验证性因素分析、路径分析、多层线性回归分析等，以期全面、深入地挖掘各变量之间的关系。

第三节　研究结果分析

一　大学生政治社会化的结果分析

为了检验各量表的合理性，根据最终收集到的数据又重新对每一个量表都进行了探索性因子分析与验证性结构分析，进一步优化分析的指标与结构。政治制度认同问卷中的人大制度认同与政党制度认同均包含了情感性认同、合法性认同、合理性认同、实效性认同和现实性认同五个子维度；国家认同主要包含政治自豪感、文化自豪感、身份认同、符号认同、无批判性爱国与建设性爱国六个具体维度；政党认同包括去个性化认同、吸引力认同与建设性认同三个方面；政府认同包括对政府工作的满意度、对政府的信任度、对相关政策的信心与意愿三个大的部分；政治参与主要包括网上政治参与和网下政治参与两大维度。按照各量表的结构，可以将大学生政治社会化结果的具体情况简化后如表1-1所示。

表1-1　大学生政治社会化结果平均分统计

一级维度	二级维度	三级维度	平均分	平均分	平均分
政治制度认同	人大制度认同	情感性认同	52.61	53.52	56.885
		合法性认同	57.27		
		合理性认同	38.75		
		实效性认同	55.07		
		现实性认同	63.92		
	政党制度认同	情感性认同	54.61	60.25	
		合法性认同	61.22		
		合理性认同	55.61		
		实效性认同	62.30		
		现实性认同	67.52		
国家认同		政治自豪感	66.75		72
		文化自豪感	72.25		
		身份认同	82.25		
		符号认同	78		
		无批判性爱国	54.75		
		建设性爱国	78		
政党认同		去个性化认同	55.5		63.7
		吸引力认同	64.5		
		建设性认同	71		

续表

一级维度	二级维度	三级维度	平均分	平均分	平均分
政府认同	对政府工作的满意度	形式满意度	43.12	49.47	54
		内容满意度	55.81		
	对政府的信任度	对党政机构的信任度	47.68	50.05	
		对一般机构的信任度	52.41		
	对相关政策的信心及参与的意愿	信心	58.25	62.5	
		意愿	66.75		
政治参与	网上政治参与	保守参与	45.11	36.40	31.765
		冒险参与	21.88		
	网下政治参与	保守参与	36.08	27.13	
		冒险参与	13.69		

注：政治制度认同、国家认同、政党认同、政府认同量表均采用1~5分的李克特量表进行测量，1=非常不同意/满意，2=比较不同意/满意，3=一般，4=比较同意/满意，5=非常同意/满意。政治参与量表采用0~3分的量表进行测量，其中，0=以前没有做过，以后也不会做；1=以前没有做过，但以后有可能做；2=以前做过，但以后不会做；3=以前做过，以后还会做。上表中所有部分的平均分均是标准化为0~100后的百分数，具体做法是：(得分－最小值/最大值－最小值)×100，如在5分量表中得分为5分，则标准化后的百分数为100分，在3分量表中得分为3分，则标准化后的百分数为100分。

（一）大学生政治认同总体上处于中等认同水平

大学生对于政治系统的四个方面均表现出了中等或中等偏上的认同水平，得分在54~72分之间。国家认同得分最高（72分），政府认同得分最低（54分），政党认同的得分也处于中等偏上的水平（63.7分）。政治制度认同总分为56.885分，其中政党制度认同得分较高（60.25分），人大制度认同得分为53.52分。根据总体认同得分，从性质方面来看，当代大学生在长期的政治社会化过程中建构起了对政治系统较为认同与支持的政治态度，其中对国家和政党的归属感、认同感尤为强烈；但从认同的程度来看，当代大学生的政治认同总体上还处于中等水平，作为即将进入社会建设的主力军以及未来政治发展方向的代表，他们的政治认同还有很大的提升空间与必要。

（二）大学生对政治系统运行的内容合法性认同较高，形式合理性认同较低

任何事物都是内容与形式的统一体，掌握政治权力、承担政治责任的政治系统也不例外。任何一个政治系统只有兼具了内容上的合法性与形式上的合理性才能最终赢得民心，保持政治秩序的稳定。合法性实际上就是政治系统的实质正义，指向的是这一政治系统的终极价值关怀，反映的是价值理性，如公正、平等、自由、公共利益等。合理性则是一种形式正义和程序正义，要求政治系统能够以一套公正、透明的程序来实现实质正义所指向的价值关怀，强调政治系统在行使政治权力过程中的形式、程序的规范性。内容合法性与形式合理性二者相辅相成，共同构成政治系统稳固运行的基础，其中内容合法性是根本与核心，形式合法性则是前提与保障。通过对具体认同指标分析，发现在涉及政治系统的合法性、工作的实质性内容方面，大学生的评价都非常高，而对于政治系统运行过程中的合理性、形式规范性等方面则给予较低甚至是负面的评价，正是形式合理性方面的低认同拉低了认同总分。

以政治制度认同为例，不管是对于我国的人大制度还是政党制度，在合法性、合理性、实效性、现实性四个评价子维度中，大学生对于这些制度的合法性认同都比较高（人大制度合法性认同为57.27分，政党制度合法性认同为61.22分），对于制度的合理性评价则处于四个子维度中最低（人大制度合理性认同为38.75分，政党制度合理性认同为55.61分），最终拉低了对于各政治制度的认同总分。大部分大学生都感受到我国政治制度的民主、正义性，比如，47.3%的大学生对"我国现在是人民民主专政国家"表示肯定，其中肯定的大学生比率是否定比率的1.9倍。对于"在我国人大制度的保证下，人民会越来越成为国家的主人"这一说法有44.2%的大学生表示肯定，其中肯定的大学生比率是否定比率的1.7倍。但是，他们也发现这些政治制度在运行过程中的不合规范性，比如，同样针对人大制度，有约58%的大学生对于"人民代表大会制度中的民主集中制更强调集中而不是民主"这一说法表示同意，41.9%的大学生认为"中

国的人民代表大会制度只是一种形式，没有实际的权力"，52.7%的大学生认为在现实人大代表选举中，"人大代表并不是人民自己真正选出来的代表"。由此可见，正是政治制度在操作过程中的不规范性、不民主性，严重影响大学生对于制度的总体认同。

又以大学生对政府工作的满意度评价为例，他们对于政府工作内容的满意度要普遍高于对政府工作形式的满意度（$t = 25.007$, $p = 0.000$）。对于政府在政治、经济、社会、文化等各领域所开展的实质性工作，大学生给予积极的肯定（满意度得分为55.81分），而对于政府工作的廉洁性、透明性、效率性等方面评价偏低（满意度得分仅为43.12分），最后影响对政府的总体满意度。

这一认同特点表明，从根本上看，大学生是我国政治系统忠诚的支持者，他们认为当前的政治系统从本质上是正义、公平、民主的，充分肯定了其合法性。让他们产生不满的主要是政治系统在运行中出现了一些形式上的不合理性与程序中的不规范性。因此，虽然当前大学生政治认同感总体处于中等水平，但只要我国政治系统按照现在政治改革方向与趋势发展下去，提高党和政府在执政中的规范性，大学生政治认同感会有明显提升。当今大学生还代表着未来政治改革与发展的方向，从他们这一政治认同特点可以预测，未来中国放弃现行政治体制的可能性极小，而会在继续现行政治体制下，继续坚持中国共产党的领导，不断提高政治运行的规范性与合理性。

(三) 大学生理性情感认同高，感性情感认同低，政治认同呈现批判性与建设性的特点

形象地说，政治社会化就是要培养个体产生出对政治系统的一种"爱"，这种极具情感性的爱是政治系统将分散的社会个体凝聚到其政治影响下的黏合剂。我国青少年在长期学校学习过程中一直被各个时期的学生守则要求"爱党""爱国""爱社会主义"，无论是入少先队、入共青团还是入中国共产党，都必须明确表达自己对党、国家和社会主义的爱。那么，基本上已处于学校教育终点的大学生是否真正培养起了对政治系统的真诚的爱了呢？

虽然极具情感性，"爱"依然是感性与理性的集合体，完全没有感性并不足以称之为爱，而缺乏理性同样会走向"爱"的反面。以对国家的爱为例，兼具感性与理性的爱是一种高尚的爱国主义，而如果走向感性极端则变成了对国家有害的民族主义。从调查结果看，不同于盲目、无条件的感性的爱，当前大学生对政治系统产生了一种批判性与建设性的爱。

在政治制度情感性认同的测量中，有两个分别偏重于感性与理性的维度，去个性化情感认同（如"当有人批评人大制度时，我感到就像在批评我一样"）代表了重于感性的"爱"，批判性情感认同（如"如果我批评人大制度，也是出于对她的爱""我批评或反对人大制度中的一些问题，是希望人大制度能更加进步与完善"）则代表重于理性的"爱"。我们的研究发现，不管是对于我国的人大制度还是政党制度，大学生都表达出了强烈的批判性情感认同（人大制度批判性情感认同得分为 61.11 分，政党制度批判性情感认同得分为 61.70 分）；相反，去个性化情感认同得分均低于 50 分（人大制度去个性化情感认同得分为 43.02 分，政党制度去个性化情感认同得分为 47.70 分）。这一特点在政党归属感的测量中也得到了证实。在政党归属感的三个子维度中，建设性认同得分（71 分）要显著高于去个性化认同（55.5 分）。这说明，正处于思维活跃期的大学生更倾向于用理性、批判性角度去爱政治制度与政党，愿意以主人翁的态度为政治系统的改进提出建设性意见，展示出更为成熟的爱。

大学生这种理性、建设性的爱在对于国家的认同与支持方面也表现得非常明显。我们主要从两个方面测量了大学生对于国家的情感，即建设性爱国情感（如"我反对中国的一些政策也是因为我在意我的国家，想让她进步""我通过支持其他国家的积极改变来表达我对中国的感情"）与无批判性爱国情感（如"中国实质上总是对的""人们应该支持自己的祖国，即使国家是错的"）。建设性爱国情感是一种与国家的积极的情感联系，个体不会以绝对信任和绝对优越的态度来看待自己的祖国，而会为促进祖国的积极改变与发展不断提出建议与意见，这是一种真正的爱国主义。相反，无批判性爱国情感带有更多盲目的成分，表现为个体对国家的绝对忠诚，不能容忍任何针对国家的批评，反映了一种以自我为中心的优越感，这实际是一种虚假的爱国主义，发展到极端就会成为民族主义。研究结果表明，我国大学生表现出强烈的建设性爱国情感，得分高达78分，无批判性爱国情感则只有54.75分。当代大学生并不盲目地空谈爱国，而以强烈的主人翁精神理性地支持、维护国家的积极发展。

当然，我们也需辩证看待大学生的这一情感特点。大学生正处于批判性思维最为强烈的阶段，这一思维特征很容易让他们过于注意政治、社会中的消极现象与问题，进而产生某种偏激的不满情绪。

（四）大学生政治参与程度有待提高

政治社会化不仅要塑造个体对政治系统的政治定向，也要培养其政治参与的行为与能力。政治参与是个体政治态度的外在行为表现，是政治社会化结果的行为维度。西方政治社会化研究自开创之初就特别重视对公民政治参与行为的研究，特别是对选举行为的研究。伊斯顿、阿尔蒙德等认为，政治参与是公民向政治系统进行政治输入的重要渠道，根据政治输入的强弱，他们将各种政治文化下的民众划分为地域民、臣民与公民三个类型，前二者都没有政治输入，只有能够政治参与、积极与政治系统互动的民众才可以称之为公民。随着民主化进程的不断加快以及网络社会的不断扩大，我国党和政府多次强调要积极鼓励与引导人民进行有序的政治参与，建立人民与政府的良好互动关系。在历史上，我国大学生一直都是政治参与最为活跃和积极的群体，往往充当引领一个时期社会政治参与"风向标"的角色。当代大学生在学校集中获得了政治知识的灌输与政治能力的培养，同时也是网络社会中的重要群体，了解他们的政治参与意愿与实际参与程度，无论对于高校政治教育者还是党和政府都具有重要的参考价值。

我们的调查表明，从总体来看，大学生无论是在网上的政治参与还是网下实际生活中的政治参与的程度都较低，均在30分左右，即"以前没有做过，但以后有可能做"，过去没有实际参与的行为，但有进一步参与的意愿。对参与危险性、自我暴露性的考虑是阻止他们进行政治参与的重要因素。相比于网下政治参与（如为社会或政治组织捐款或募捐、参加政治集会或造势活动等），他们更愿意选择网上的参与活动（如参与网上投票、在网上发表政治观点等）。而不管是网上还是网下，相对于冒险性、暴露性较高的活动（如参加示威游行、给政府决策部门的意见箱留言或发电子邮件、组织策划网络参与等），他们更愿意选择保守、隐秘的活动（如抵制或特别购买某些产品、在网上评论或转发政治新闻、参与网上投票等）。

因此，从促进大学生政治社会化过程健康发展，政治定向与政治行为和谐统一的角度来看，当前大学生的政治参与还有非常大的提升空间。与我国一些研究者不同，我们并不认为调查显示的大学生的低参与就意味着他们的政治冷漠。从他们的参与意愿特点来看，大学生并不是不愿参与，而是因为安全感的缺乏，忌惮参与的潜在危险性而最终阻碍了他们的实际参与行为，对于自我暴露性及风险性较低的保守性参与行为他们均表示出较强的参与意愿。因此，如何提升大学生的政治安全感以及政治效能感是提高他们政治参与程度的根本途径。但是，从另一个角度来看，大学生比较有意愿参与的都是规范、有序的政治活动，这为进一步引导他们进行有序的民主政治参与提供了契机。

二 全球化背景下大学生中西政治认同的关系分析

随着全球化的日益深入以及网络信息的广泛普及，人们的视野从本国扩展到世界，接收到的政治信息也不再受到地域的局限，这一时代背景必将给人们的政治认同带来新的变化。21世纪以来，对全球化与信息化背景下各国民众政治认同的研究日益成为政治社会化研究领域的时代主题。当代大学生出生并成长于我国改革开放时期，普遍享受到全球化、信息化带来的成果，不管是在学校教育还是日常生活中都接触到更为广泛、开放的政治信息，了解到他国的政治制度与政治价值观。在调查中，就有23.2%的大学生报告自己平时喜欢收听国外的广播电台，8.5%的人喜欢浏览国外网站。那么，他们在这种成长环境下对自己国家以及世界其他国家形成了怎样的一种政治态度呢？他们是否会因为"爱国"而拒斥"爱世界"呢？又是否会因为认同西方政治制度而否定本国的政治制度呢？这些现实问题一直都是党和政府、思想政治教育研究者和实践者高度关心的问题。我们的调查研究发现，全球化并未给大学生带来狭隘的民族主义，也没有消解他们对本国政治系统的认同，在涉及中西政治制度的问题上，他们的政治态度呈现出开放性、包容性、接纳性的特点。

(一)"爱国"与"爱世界"的关系

在全球化背景下如何处理国家与世界的关系，是当今时代任何一个研究领域的研究者都无法回避的研究主题。有许多研究者从各个角度分析了爱国主义与融入世界的辩证关系，希望在二者之间找到某个平衡点。那么，在大学生的政治思维中，"爱国"与"爱世界"是非此即彼，还是可以和谐共生、相辅相成的呢？我们在研究中以对外排斥度来反向测量了大学生"爱世界"的程度，具体包括"中国应当限制进口，保护国家经济""中国的电视应该只播放中国的电影和电视节目""国际组织正在从国家政府中拿走太多的权利"等指标，对外排斥度越高则"爱世界"程度就越低。通过回归分析，"爱国"与"爱世界"的关系可以图1-2展示。

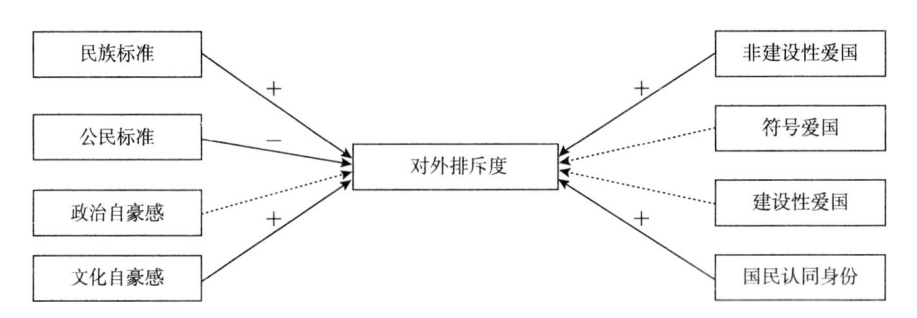

图1-2 国家认同、国家情感影响对外排斥度的回归分析

注："+"表示影响是正向的，即影响因素取值越高，大学生对外排斥度程度也越高；"-"表示影响是负向的，即影响因素取值越高，大学生对外排斥度程度越低；虚线表示没有影响。

一方面，传统式的对国家的爱会加强大学生的对外排斥度，消解他们对世界的爱。这种传统式的爱主要表现为以固有的民族特征如风俗习惯、祖籍、语言、儒家文化等方面来作为中国人的标准，并对自己中国人的身份以及中国的文化感到自豪，认为中国在各方面总是对的、优越的，绝对支持和拥护国家的任何做法，倾向于表现为非建设性的爱国情感。

另一方面，现代式的对国家的爱则不会提高他们的对外排斥度，甚至会增强他们对世界的爱。现代式的爱主要表现为以现代公民的标准如"尊重中国的政治体制和法律"来作为中国人的条件,对国家符号以及国家的政治制度感到自豪,以主人翁的态度理性、批判地看待国家行为,积极为国家的发展献言献策,表现为一种建设性的爱国情感。

从大学生爱国情感的特点来看,他们主要倾向于现代式的建设性爱国情感,无批判性爱国情感即非建设性爱国情感得分只有54.75分,而建设性爱国情感得分高达78分。以大学生这一主要爱国特点为依据,我们可以判断,在大学生的政治情感中可以让"爱国"与"爱世界"和谐共存。但是,我们也应该注意到,传统式的爱在大学生的爱国情感中还占有很大的比重,这虽然让他们产生了对国家深切、忠诚的爱与自豪,但也会阻碍他们以开放包容的心态融入世界,最终影响到在全球化这一不可逆转趋势下国家的发展。

(二) 中西政治制度认同的关系

全球化与信息技术的发展打开了大学生的政治视野,他们不再将本国的政治制度视为人类政治社会中的应然状态,而不断地与外国特别是西方发达国家的政治制度进行联系和比较。改革开放之后,不管是思想政治教育的研究者还是实践者,对这一问题都给予了高度关注,他们担忧大学生在这种广泛的比较中单纯囿于中西经济发展差距这一现象而迷失了政治方向与立场,在价值倾向上抛弃中国政治制度并完全倒向西方。因此,一直以来,在学校政治教育中,教育者对西方政治制度总是持一种防备的态度。那么,在当今大学生的政治思维中,他们对中西政治制度的评价之间到底是一种怎样的关系呢?我们的研究发现,这二者之间并不是非此即彼、此消彼长的对立关系,而是一种和谐共生、相互促进的包容关系。

首先,在价值倾向上,当代大学生更倾向于中国的政治制度。大学生对中国政治制度的认同显著高于对西方政治制度的认同,如在中国人大制度与西方议会制度的对比中,前者的认同总分为83.375分,后者的认同总分为77.75分;在中国政党制度与西方政党制度的对比中,前者的认同总分为82.93分,而后者的认同总分为77.43分。总体来看,当代大学生并不存在"亲近西方"的趋势。

其次，大学生对中西政治制度的认同之间是相互促进的包容关系。运用 AMOS 分别对大学生的中西政党制度认同以及中西政体制度认同之间的关系进行结构分析，如图 1-3 及图 1-4 所示。

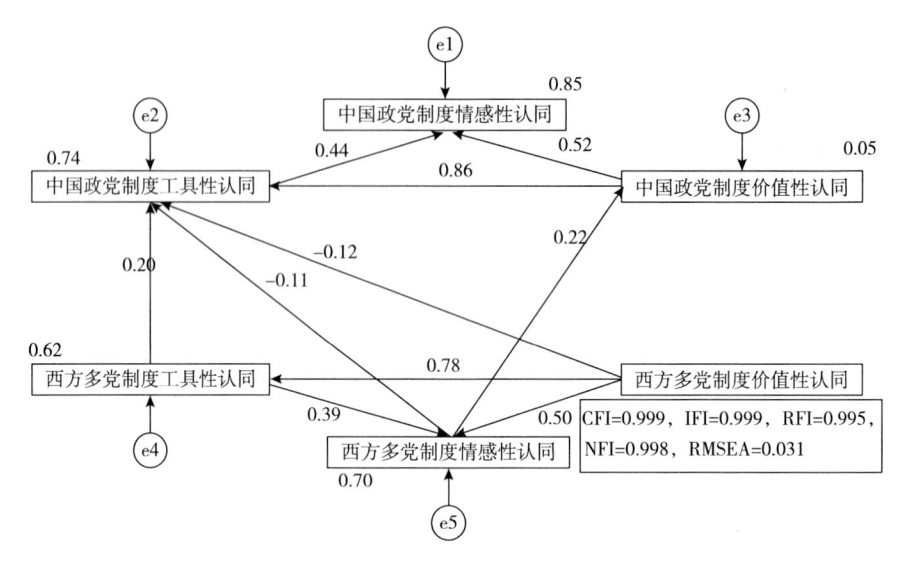

图 1-3　中西政党制度认同关系

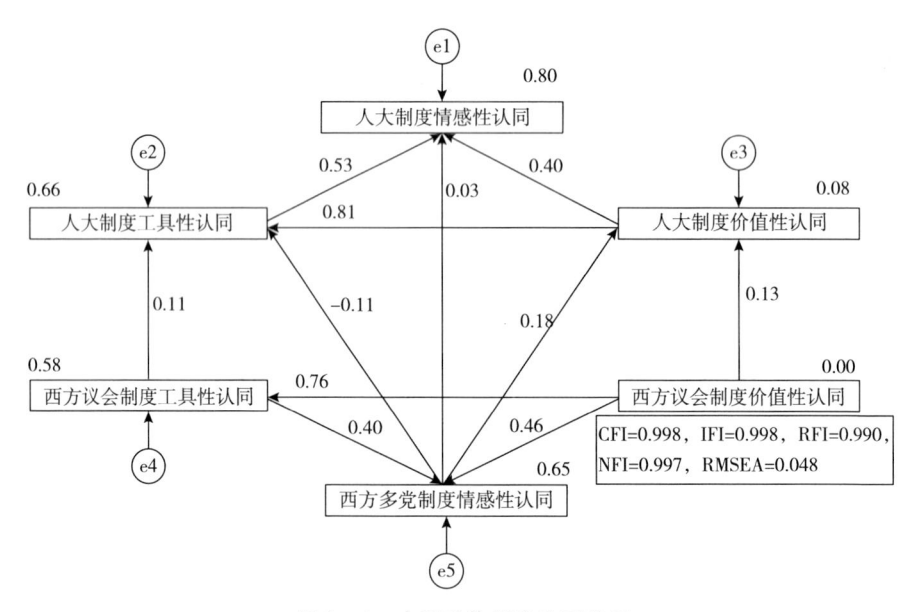

图 1-4　中西政体制度认同关系

总的来看，不管是政党制度还是政体制度，大学生对西方政治制度的认同都积极正向地影响到了他们对中国政治制度的认同。具体来看，在政党制度方面，相关分析结果显示，大学生对西方政党制度的认同与中国政党制度认同，以及中国政党制度情感性认同、价值性认同、工具性认同之间的相关系数分别为 0.196、0.193、0.212 和 0.155，显著值 p 均小于 0.01，表明西方政党制度认同与中国政党制度认同及三个子维度之间存在较强而显著的正相关关系。大学生对西方政党制度的认同可以正向预测他们对中国政党制度的认同。在政体制度方面，大学生对西方议会制度的认同与中国人大制度认同，以及中国人大制度情感性认同、价值性认同、工具性认同之间的相关系数分别为 0.259、0.241、0.272、0.212，显著值 P 均小于 0.01，表明西方议会制度认同与中国人大制度认同及三个子维度之间存在较强而显著的正相关关系。大学生对中西政治制度的评价之间的相容关系，也可以在调查问卷中另外类似的题目中得到印证。有高达 64.2% 的大学生认为"以后的中国也应该在坚持中国共产党领导下的多党合作和政治协商制度的同时，不断吸收西方政党制度中有用的东西"。对于"将来的中国也应该采用人大制度，并吸收议会民主制中有用的成分"这一说法，有高达 58.5% 的大学生表示同意，只有 9% 的人表示反对。在大学生看来，两类制度之间应该是一种相互学习、相互吸引的关系，并不会因为肯定一方而否定另一方。

三 大学生政治社会化的影响因素分析

对于个体政治社会化的影响因素，西方政治社会化研究经历了系统论、建构论、互构论模式的更迭。系统论将外在于个体的政治系统以及政治教育机构（如学校、媒体、政党、家庭）作为影响个体政治社会化的主要因素；建构论则持个体学习论的观点，认为个体的思维特点、性格特征、认知图式等个体因素是影响政治社会化结果的主要因素；互构论综合了前两者的理论倾向，希望在二者之间实现一种平衡，认为政治系统与个体之间的相互建构共同导致政治社会化的结果。由于本研究主要采用问卷调查方式直接调查大学生的政治态度，由他们来回答自己的政治认同，最后测量的结果实际上就是他们自己建构起来的政治认同。因此，我们在设计影响因素时也更加注重从个体身上寻找，以增强研究的针对性与实效性。同时，我们也认为个体政治社会化是内外因交互作用的结果，因此，同样设计了外在于个体的系统变量，如家庭、学校、媒体等方面的具体影响，以期将系统方面的变量与个体方面的因素结合在一起，完整呈现大学生政治社会化的作用途径与过程。

（一）大学生内在政治认知图式是影响政治定向与政治参与的核心因素

"认知图式"是认知心理学中的重要概念，最早由瑞士心理学家皮亚杰提出。他认为，个体认知的发展是个体与环境不断相互作用的一种建构过程，认知图式就是个体在接收环境中的新信息时表征、组织和解释这些信息的模式或心理结构，个体的认知经验又不断加入到认知结构中，形成新的认知图式。我们的研究发现，个体政治社会化同样是政治认知图式参与作用的结果，个体政治认知图式包括他们对政治系统以及政治文化的态度、政治效能感、政治兴趣、政治价值观、政治感受、政治信任、政治期望等诸多因素。

首先，大学生对政治系统各个部分之间的认同具有高度的相关性。也就是说，大学生对政治系统某一主体如政党的认同感，会帮助他们更加认同其他政治系统的主体。在我国，中国共产党作为唯一的执政党，国家与政党的关系一直是政治生活中的不可回避的重要问题。现实中我们不乏听到一些思想偏"右"的人士认为，爱国与爱党是可以分离的，一个人可以爱国但不爱党，二者之间并不存在必然联系。而我们对大学生的调查数据显示，大学生对国家的认同与对中国共产党的认同之间有高度的正相关关系，即他们对国家的认同感越强，对党的归属感就越强，反之亦然。在具体情感方面，大学生在国家认同中越偏向于非批判性的情感，他们在政党认同中也更倾向于去个性化的情感认同；相反，如果他们更倾向于建设性的爱国情感，他们也会更偏重于建设性的政党认同。大学生对政党意识形态的认同与对政治制度的认同之间的关系也强烈证明了这一点。研究发现，他们对党的意识形态（如"三个代表"重要思想、科学发展观等）越认同，那么不管是对我国的人大制度还是政党制度就都越肯定。这说明，在大学生政治社会化过程中，他们对政治系统各个主体的政治态度之间是高度相连、互为因果的整体。对任何一个政治系统主体的政治态度都会融入他们的政治认知图式，成为他们衡量、筛选、解释其他政治信息的基础。

其次，政治价值观是大学生评价、认同政治系统的内在依据。稳固的政治认同感必须建立在对政治系统的认知与评价基础之上，而评价的标准则是政治价值观。从一定程度上说，不同大学生之所以有不同的政治认同，基本就在于他们拥有不同的政治价值倾向。在政治制度认同部分，我们研究了大学生对于什么是"好制度"的价值倾向同他们的制度认同感之间的关系。根据因素分析的结果，将大学生的政治制度价值观分为公正倾向、自由倾向、效率倾向、民主倾向与权力制衡倾向五类。研究发现，如果大学生更注重自由、权力制衡对于"好制度"的重要性，他们的人大制度认同程度就越低；如果他们认为实际产生的效率与效用是衡量"好制度"的主要标准的话，他们对于人大制度就有更为积极的认同。效率倾向最高的学生要比效率倾向最低的学生对人大制度的总体认同度高14.9个百分点，而自由权利制衡倾向最高的大学生比自由倾向最低的大学生的人大制度总体认同度低26.8个百分点。这一规律同样在政党制度认同的研究中得到几乎一致的印证。

研究还发现，大学生政治认同是他们将在实际生活中感受到的政治信息同他们自己内在政治价值标准进行比较之后的结果。以大学生对政府的认同建构为例，大学生潜在的政治价值观中主要有两类政府角色的标准，即传统型政府角色与现代型政府角色。现代政府的基本价值诉求为服务、公开、绩效和责任，传统政府则强调经济发展和权力控制。有的大学生倾向于认为传统型的政府才是"好政府"，而有的学生认为现代型的政府才是"好政府"。在建构政府认同的过程中，大学生要将他们实际感受到的政府工作信息（如民主情况、贪污情况）同他们内在的政治价值观（传统型或者现代型政府）进行比较，当他们感知到的政府工作绩效超过了价值观带来的政治期望时，便产生对政府的认同感，当感知低于期望时则产生不认同。这也解释了大学生政治制度价值倾向与政治制度认同之间的关系：

社会主义民主专政的新中国成立以来,我国发生了翻天覆地的变化,应对机遇、挑战甚至是灾难的能力都明显高于西方资本主义国家,让当代大学生们看到这一政体制度至少在效率方面是具有无可比拟的优势的。因此,持实用主义倾向的人会因为期望与现实之间的"正差"而强烈认同该制度。但是,不可否认,我国的人大制度在具体操作、运行及相关细则方面还很不完善,在实践中出现了一些权力滥用、代表脱离人民群众等不规范行为,这些不合理的行为容易给人造成此制度不民主、不正义的感觉。对于那些看重正义、自由和民主的人来讲,他们对这些问题尤为敏感,期望与现实的"负差"会大大影响他们对于该制度的认同程度。

最后,大学生的政治效能感、政治信任感与政治兴趣是影响他们政治参与的主要内在因素。政治认知图式不仅影响政治定向,也是影响政治参与行为的主导因素,其中政治认同感、信任感、政治兴趣是政治认知图式中主要的影响因素。回归分析的结果表明,大学生对自身参与政治的能力效能感能够正向预测网上和网下的政治参与水平,标准化回归系数分别为 0.181 和 0.281;大学生的总体政治信任感与政治参与水平也存在显著的相关关系,其中对官员的信任能够正向预测大学生网上与网下的政治参与水平,标准化回归系数分别为 0.849 与 0.171,但对组织的信任则会负向预测大学生网上与网下的政治参与水平,标准化回归系数分别为 -0.099 与 -0.092。这说明,一方面,大学生对官员的信任让他们更敢于表达自己的观点,能够降低他们对政治参与风险性的担忧;另一方面,他们对政府组织的信任则会使得他们更放心政府的作为而减少个体的参与行为。我们还分析了大学生政治兴趣与政治参与的关系。政治兴趣包括他们关注政治信息的频率与内容。研究发现,大学生的政治兴趣与他们的政治参与水平之间存在显著的相关关系。与网下政治参与相比,政治兴趣更加能正向预测大学生的网上政治参与水平。与喜好关注正面的政治信息相比,喜好关注负面政治信息(如政治丑闻、社会事件等)的大学生更容易进行政治参与。

另外,其他的政治认知图式方面的因素在研究中也有涉及,如个体的文化认同、批判性思维特点等。研究结果均表明,这些内在的因素是影响大学生政治认同感的关键变量。说明政治社会化的结果是个体政治认知图式发展的产物。从这个意义上来看，就是个体主观建构的结果。

（二）大学生政治定向是系统方面的外在因素与个体方面的内在因素互构的结果

综合系统论与建构论的观点，在自变量的研究设计中，特别是在政治制度认同研究部分，我们既选择了个体政治认知图式方面的因素，也选择了系统方面的因素。研究结果表明，大学生的政治定向是政治环境与个体政治认知图式交互作用的结果。

首先，家庭、学校、媒体是影响大学生政治社会化最重要的机构。

家庭方面，家庭的社会经济地位、家庭的政治态度对大学生的政治认同有显著影响。我们以父母的学历及父母的职业四个变量合成了家庭社会经济地位指数。研究发现，家庭的社会经济地位越高，大学生越支持我国的政治制度，特别是政党制度。家庭的社会经济地位与家庭政治态度之间具有显著的正相关关系，相关系数为0.121，即家庭的社会经济地位越高，大学生家庭的政治态度就越积极。这种政治态度也对大学生产生了潜移默化的影响。以政党制度认同为例，家庭政治态度越积极，他们对中国政党制度的情感性认同、合法性认同与实效性认同就越高（标准化回归系数分别为0.079、0.070和0.086），且最高与最低之间的认同得分分别相差7.8%、8.0%和9.5%。这一结果充分说明了家庭政治氛围对于大学生政治态度的熏陶作用，一个关心政治、支持政治体系的家庭更能塑造一个具有高度政治制度认同感的大学生。

学校方面，高中时期的政治教育对大学生产生了基础性的重要影响，大学教育的影响作用还有待提高。从调查研究的回归分析结果来看，对大学生政治认同影响最大的学习阶段依然停留在高中时期，高中政治教育对他们的政治定向产生了基础性与关键性的影响。高中时期，如果他们获得了更多的政治知识、对政治问题进行了更多的思考、参加了更多能了解国家和社会的实践活动，那么他们的政治认同程度就越高。以大学生对政党制度的认同为例，高中时期政治知识学习越充分，大学生对政党制度的情感性认同、合法性认同、合理性认同、实效性认同和现实性认同程度也就越高，标准化回归系数分别为0.094、0.076、0.09、0.092和0.054，且政治知识学习最充分的与最不充分的大学生在各维度的认同上分别相差 7.6%、7.2%、9.4%、8.4%和4.7%。大学生在高中时期参与的政治活动也显著正向地影响到了其对政党制度的合法性认同和合理性认同，标准化回归系数分别为0.07和0.08，且在高中时期参加政治活动最多的要比参加政治活动最少的大学生的合法性认同和合理性认同分别高8.4个和6.6个百分点。

与高中政治教育的明显效果形成强烈反差，大学教育主要通过专业课老师与同伴群体影响到大学生的政治认同，而"两课"老师与"两课"教育作为政治教育的主角与主阵地发挥的作用不明显。这一点也可以从不同年级大学生的政治态度反映出来。现在大学的公共政治理论课程基本集中在大一到大二两年，按照常理，刚接受完系统政治理论课程教育的大二学生应该比其他年级的学生拥有更为积极的政治定向，然而研究发现，不管是国家认同、政党认同、政府认同、政治制度认同还是政治参与，二年级都是得分最低的阶段。这也从另外一个方面说明，在大学阶段，隐性教育比显性的"两课"教育更能起到政治教育效果。学校是一个思想政治教育的大系统，要积极发挥各种因素，包括专业课老师、课堂气氛、同辈群体等多因素，配合"两课"教育，从直接到间接、隐性到显性的课程和活动潜移默化地对大学生进行思想政治教育。

媒体方面，媒体报道的客观度、接触媒体的类型对大学生政治定向产生了显著影响。媒体报道的客观度，即媒体报道与客观事实的一致度。如果大学生认为国内媒体在报道有关事实时更真实客观，那么他们对政治系统的认同度就更高。相对于媒体信任度，大学生对于各类媒体的使用频率并未明显影响到他们的政治认同。这提示我们，要通过媒体这一载体来提高大学生的政治认同感必须注重质量而不是数量，要在提高新闻、评论的客观性与可信度上下工夫。

另外，大学生所接触的媒体的类型也是影响他们政治认同的重要变量。以大学生对人大制度的认同为例，大学生接触的主流媒体，即正面宣传中国政治体系的媒体数量越多，他们对人大制度的认同度就越高（标准化回归系数为0.070），越觉得人大制度是有效率的（标准化回归系数为0.072）。与我们的预期相反，国外媒体对大学生人大制度情感认同也产生了正向的影响作用（标准化回归系数为 0.082）。大学生接触国外的媒体越多，他们对人大制度的吸引性情感认同和批判性情感认同度就越高（标准化回归系数分别为 0.062，0.099）。这提示我们，不要谈外媒而色变，大学生能够带着对我国政党制度的爱护去阅读和收听批判性的信息，这些信息最后强化的是大学生理性、客观而深刻的"爱"。

其次，外在机构的政治教育通过与个体内在政治认知图式的交互作用影响大学生政治定向。

在大学生实际的政治社会化过程中，不管是外在因素还是内在因素，对大学生政治定向的作用都是多角度、多方位、多路径的。为了从整体上把握内外影响因素对大学生政治定向的作用路径，尽量还原大学生与政治系统的互构过程，我们尝试着在 AMOS 中建立了大学生政治社会化的路径分析模型。以大学生政党制度认同影响因素的模型（见图 1-5）为例，我们发现，学校教育等外生变量主要通过个体政治认知图式这一中介变量而最终影响到大学生的政治认同，个体政治认知图式通过重新建构、组织外在的政治教育影响而形成大学生的政治认同。

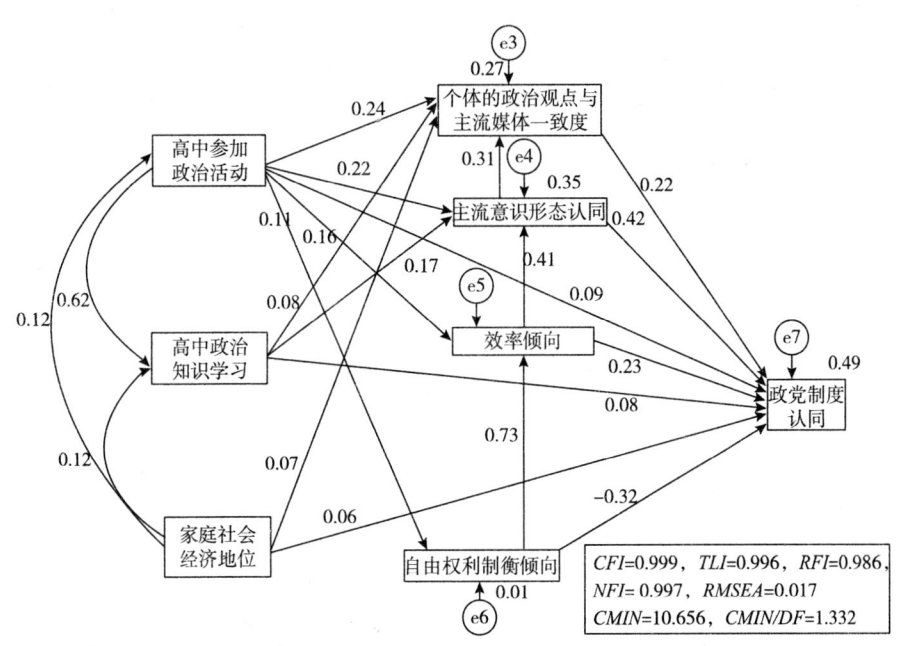

图 1-5　大学生政党制度认同影响因素标准化模型

由图 1－5 可知，不管是学校教育还是家庭教育，外在教育因素都通过直接影响与以个体政治认知图式为中介的间接影响两类路径最终影响到大学生的政治认同。如果说外在教育因素对个体的直接影响就是政治系统对个体的建构，那么，有个体政治认知图式参与的间接影响路径便是个体对政治系统的建构。大学生的政治定向正是双向建构的过程。

个体政治认知图式通过筛选、吸收、内化等主观建构机制加强或减弱外在教育因素对个体政治认同的影响。如图 1－5 所示，大学生在高中时期参加的政治活动对他们政党制度认同的直接影响度只有 0.09（标准化回归系数），但是通过个体政治认知图式（包括政治倾向、意识形态认同、政治制度价值观）的建构之后，其对大学生的政党制度认同最终产生了 0.318 的综合影响度。家庭影响也是如此，其直接影响只有 0.06，但通过个体政治认知图式的一系列建构之后，最终达到了 0.075。

在个体与政治系统的互构中，个体政治认知图式的建构对大学生的政治定向起到了更为重要的影响。同样以大学生政党制度认同为例，我们通过方程 $R^2_{y(klm) \cdot 1,2,\cdots,k-1} = \dfrac{R^2_{y \cdot 1,2,\cdots,k,l,m} - R^2_{y \cdot 1,2,\cdots,k-1}}{1 - R^2_{y \cdot 1,2,\cdots,k-1}}$（郭志刚，1999）计算了外生变量与中介变量的偏确定系数来比较它们各自的作用大小，偏确定系数越大代表影响作用越大。最终计算得出外生变量组的偏确定系数 $R^2_{偏} = 0.042$，中介变量的偏确定系数 $R^2_{偏} = 0.351$，这说明个体内在因素等中介变量对大学生政党制度认同的影响作用要远远大于外生变量。

第四节　结论与讨论

一　结论与总结

我们的研究主要定焦于大学生的政治社会化结果及其影响因素，主要得到以下结论。

第一，当代中国大学生形成了中等水平的政治定向。不管是大学生对国家、政党、政府,还是政治制度的认同程度都处于中等或中等略微偏上的水平,其中国家认同得分最高,为 72 分,政府认同得分最低,为 54 分。从性质来看,当代大学生在长期的政治社会化过程中建立起了对政治系统积极的政治定向,但是从政治认同的程度来看,认同水平还不高,仍有很大的提升空间。这一实际测量到的得分水平证明一些人提到的中国民众政治认同处于危机状态这一说法是不成立的,但是也与一些研究者认为的"大学生对中国政治制度认同感强烈"(罗章、张俊伟,2009;孙留华,任园,2010)这一乐观的预期还存在一定的差距。唐文方在 1999 年对中国六大城市的民意调查中发现,城市居民对政治体制支持度较高且对政治的合法性和支持度都较高,并认为中国当前既不是危机四伏也不是国泰民安(唐文方,2008)。这一结论尽管来自对城市居民的调查,但与本研究对大学生群体的调查结果也是不谋而合的。

第二,当代中国大学生政治社会化结果表现为以下特点:对政治系统的理性情感认同高,感性情感认同低;内容合法性认同高,形式合理性认同低;政治认同程度较高,而政治参与程度很低。从情感层面来看,大学生的认同情感呈现批判性与建设性的特点,与盲目感性地无条件拥护政治系统不同,他们持更为理性的态度为政治系统的健康发展而思考,会因为"爱"而提出批判性的意见;从认知评价的层面来看,大学生对我国政治的正义性、公平性、民主性给予肯定,但是对于政治权力实际运行中形式上的合理性与程序中的规范性评价很低,最终拉低了他们政治认同的总分;从思想与行为的关系来看,大学生虽然持积极的政治定向,但他们不管是对于网上还是网下的政治参与的意愿与实际行为都非常低,还有非常大的提升空间。

第三,全球化背景下,当代大学生政治认同体现出了开放性、包容性与接纳性。在"爱国"与"爱世界"的关系中,当代大学生因为持现代式的对国家的爱而对世界增加了包容度,二者可以在大学生的政治情感中和谐共存。对于中西两类政治制度,虽然大学生更倾向于中国的政治制度,但他们对二者的评价之间并不是非此即彼、此消彼长的对立关系,而是一种和谐共生、相互促进的包容关系。在大学生看来,两类政治制度之间应该是一种相互学习、相互吸引的关系,并不会因为肯定一方而完全否定另一方。

第四，大学生政治社会化是社会化机构外在的政治教育与个体内在的政治认知图式相互建构的结果，个体政治认知图式起到了最关键作用。家庭、学校、媒体是影响大学生政治社会化过程与结果的最重要的社会化机构，家庭方面的因素包括家庭社会经济地位、家庭政治态度等，学校方面的因素包括高中时期的政治教育、大学时期的政治教育等（研究结果表明，高中时期的政治教育对大学生产生了更为基础、更强烈的政治影响，而大学"两课"政治教育的影响作用并不明显），媒体方面的因素包括媒体报道的客观性以及大学生接触媒体的类型等。这些外在的因素在试图影响大学生政治认同的同时，也受到了大学生内在政治认知图式的重新建构。大学生内在的政治认知图式包括他们对政治系统以及政治文化的态度、政治效能感、政治兴趣、政治价值观、政治感受、政治信任、政治期望等诸多因素。在评价政治系统时，他们会根据自己的政治价值观建立起来的政治期望同实际的政治感受进行对比，最后根据对比的差距形成政治认同。社会化机构的外在教育需要通过大学生的政治认知图式为中介最终影响到他们的政治定向，而政治认知图式这一中介变量对大学生政治定向的影响作用要远远大于外在机构的政治影响。

二 讨论与创新

本研究结果启示我们，对于当代大学生的政治认同既不能过于悲观也不可盲目乐观，其认同程度还有很大的提升空间；相比于其他教育途径，大学阶段的政治教育还需进一步加强与创新；针对大学生政治认同的结构与特点，今后的思想政治教育应该重点开展参与式教育，正确培养和引导大学生的政治价值观、批判性思维、政治兴趣等政治认知图式；要加强大学生政治参与能力与效能感的培育，促进大学生政治人格的和谐发展。

与其他研究相比，我们的研究主要有以下几方面的创新。首先，对大学生政治社会化结果进行了较为完整和全面的操作化。我们将政治社会化的结果分为政治定向与政治参与两大部分，对政治定向又具体分为国家、政党、政府和政治制度认同四个部分，每个部分又具体进行了操作化。所有量表都充分参考与借鉴了国外相关的优秀量表，并结合中国实情进行了本土化，最后又根据试测数据与实测数据对量表进行了探索性与结构分析，进一步优化了量表的结构与指标。这些量表的开发为较完整地呈现大学生政治社会化验证性的结果提供了依据与保证。其次，研究了全球化背景下大学生中西政治态度之间的关系。我们不仅研究大学生对中国的政治认同，还比较研究了全球化背景下他们中西政治认同的关系，以及"爱国"与"爱世界"的关系。这一角度的探索积极地回应了时代的要求，扩展与丰富了我国政治社会化的研究。最后，运用系统——个体互构论的研究模式，全面、辩证地研究大学生政治社会化结果的影响因素。我们既研究了社会化机构对大学生政治认同的直接影响，也以大学生为社会化主体深度探索他们内在政治认知图式参与建构的作用与路径，并比较了各种因素的作用大小，为提高大学生思想政治教育的实效性提供了具有针对性的参考依据。另外，在研究方法上，我们也拓展与深化了实证数据的分析方法，运用 SPSS 18.0 与 AMOS 18.0 对数据进行一系列初级与高级的分析，为研究结论的科学性提供了保证。

第二章 大学生国家认同研究

当前中国社会，各种新的观念已在青年群体中广泛流行。在此背景下，我国的大学生对国家的认同状况如何？本章将以1065名北京在校大学生为被试对象，通过对大学生国家认同状态的比较以及对国家认同与排外度间关系的分析，探讨我国大学生的国家认同现状、可能的影响因素，并对国家认同可能带来的影响进行推论。我们对国家认同的分析将从国家认同标准、具体领域自豪感及一般领域自豪感三个方面入手。国家认同标准是由民族标准和公民标准两个子维度构成，具体领域自豪感是由政治自豪感和文化自豪感两个子维度构成，一般领域自豪感则是由非建设认同、符号认同、建设认同以及身份认同四个子维度构成。我国大学生国家认同状况上，整体上表现出了对国家较高程度的认同，且更注重有现代气息的公民类标准，更认同文化领域的表现，同时建设性爱国显著高于非建设性爱国。此外，大学生在大四时期的国家认同普遍程度较低。我国大学生国家认同与排外度的关系上，持民族标准者，标准越严，排外度越高；持公民标准者，标准越严，排外度越低；对文化领域感到自豪者，自豪感越强，排外越强；对政治领域的自豪感并未对排外度造成影响；持非建设性国家认同观者，自豪感越强，排外越强；持建设性国家认同观者，自豪感并未对排外度造成影响。

第一节 国家认同、国家情感相关研究回顾

随着时代的进步和国家的发展，全球化已经深入人心，各种新的思潮、观念越来越多地在青年群体中流行。在这样的环境下，在当代中国社

会上，大学生对中国的认同度究竟如何？对祖国究竟有何种感情？本章在全球化蓬勃发展的大背景之下，考察青年对国家的认同和情感以及影响因素。

一　国家认同

（一）国家认同的概念界定

国家认同（national identity）是一种复杂的心理现象，是由于对国家价值发自内心的认可而产生的一种对国家的特殊认识状态和情感归属。对于国家而言，每一个公民对国家的认同是一个国家凝聚力的源泉，是一种直接影响国家凝聚力、发展动力，甚至影响国家存在的合法的、巨大的黏合力量，也是一个国家之所以能够成为国家的核心动力源。同时，对于每一个公民而言，只有强大的国家认同才会令自己感觉到如同在家一样，也只有强大的国家认同才能令公民感受到自己与国家之间的密切联系（Rex，1996），确立自己一个民族国家与其他国家的差异或特性（张汝伦，2001）。

鉴于国家认同对于国家和公民的强大作用，研究者试图界定认同的具体对象。有的研究者提出，认同国家实际就是对国家的历史文化、传统、道德价值观、理想信念、国家主权等的认同（贺金瑞，2008）。也有研究者认为上述方式仅实现了对各类内容的罗列，事实上，这些内容归属于偏重国家的认同（civic national identity）和偏重民族的认同（ethnic national identity）（Smith，1999）。

事实上，正如对国家认同的定义所述，所谓的认同就是一种特殊认识状态以及由此出现的情感的归属。在本文中，我们界定的国家认同包含了国家认同标准和国家具体自豪感两个部分，前一部分恰是特殊认识状态的反应，后一部分则是产生的情感归属。国家认同标准，即成为国人的标准是什么？其包含的子项目如祖先、语言、自我感觉等。国家具体自豪感，即对国家的某些具体领域的表现感到自豪和骄傲的程度如何？其子项目包括历史、经济、政治等。

(二) 国家认同的测量

已有的研究者根据对国家认同的不同类型的操作性定义，也提出了各种相适应的测量方法。例如，有的研究者以直接发问的方式，询问对国家、地区等的亲密度，其内在的逻辑是，只有一个人对国家或地区认同才会感觉到亲密亲近，这样就可以直观地测量出对国家的认同度。显然，这种测量的方式相对而言简单，但未必能够获得正确的推论，对一个国家的亲密感不足，未必就反映其对国家不认同，毕竟"亲近""亲密"等词对于形容个人与国家的关系尚有不够贴切之嫌。

而且，此类测验方式也并不适合对国家认同概念的界定。很多研究者提出使用相对间接的方式，此方式的关键词为"重要性""自豪感"等。对国家认同标准部分的测量可以采用"重要性"为关键词，例如，Hjerm (1998) 所用的就是一系列的认同标准"重要性"（感到国家的某一方面对于成为一个国人的重要程度）。这种测量更像是在使用一种内隐的方式，表面上并没有测到被试对象对国家的认同，但是，假设有人认为"生长在这里"这个条件很重要，那么其归属感的建立更多的是基于这个原因，并因此倾向于归属"共同生长在这里"的群体。这种相对间接的方式既获得了对国家归属感的推论，也对究竟认同什么有一个更细节的刻画。同时，Doeley 和 Silver (2000) 的研究中用"具体领域自豪感"估计国家忠诚，所用的是一系列具体领域的"自豪感"（对某个具体领域感到自豪的程度）。假如有人认为国家在"经济发展"领域做得很好，那么其对国家归属感的建立将更多地基于对经济发展前景的信赖，也同时表达出对国家的情感归属。

在本文中，我们将采用"重要性"和"自豪感"这两类关键测量方式对国家认同进行标准化的测验。

二 国家情感

国家情感（national attachment）是对国家的情感的一种统称。其成分包括了爱国主义（patriotism）以及国家主义（nationalism）等成分，是对国家的情感依附（emotional attachment）。当然，还有研究者提出，国家认同也应当是国家情感的一部分，毕竟认同的部分也要落在情感归属上（Huddy，2007）。但是，我们也应当看到，认同部分尽管有情感色彩，但内容中充斥着对各种具体领域的认知活动，也即认知是认同的一个主要基调。因此，在本文中，我们对国家认同和国家情感这两个概念做一个明确的区分，认为二者并不存在包含与被包含的关系。尽管人们对部分概念的归属关系有争论，但其核心的成分还是爱国主义和国家主义。

（一）爱国主义成分

很多研究者都给出了爱国主义的定义。正如 Nathanson 教授所说，爱国主义必须具备四个条件：第一，对自己国家特殊的爱；第二，对作为某一国家的个人身份证明的认同感；第三，对国家福祉的特别关注；第四，为促进国家的利益愿意作出牺牲。很明显，这里对爱国主义内涵的界定比较宽泛，包括了爱、认同以及由此产生的关注和责任感，以及可能还包括行为实践本身。也即爱国主义是由于对国家的认同和爱而产生的对国家的忠诚和风险的行动，是一个综合体。但无论怎样，爱国主义的核心成分还是"爱"。正如列宁所说，"爱国主义（patriotism）就是千百年来巩固起来的对自己祖国的一种最深厚的感情"（后改译为"是由于千百年来各自的祖国彼此隔绝而形成的一种极为深厚的感情"）。

尽管我们试图澄清爱国主义，但是爱国主义的研究总是会混淆着很多术语，例如，国家主义（Huddy & Khatib，2006）。为了澄清这些混淆，我们有必要结合国家主义对这些概念进行澄清。

（二）国家主义成分

国家主义（nationalism）又名大国沙文主义（chauvinism）、盲目爱国主义（blind patriotism），其含义是，认为自己的民族和国家是独一无二的、最优越的，是一种国家优越性的感觉以及对国家占绝对统治地位的支持者（Schatz，Lavine，1999），是一种眼光朝下的对比方式。表现为与自己国家和人民的盲目的、非批判性的情感联系，且不会去质疑所有积极的评价，绝对忠诚地拥护，不能容忍批评（Staub，1997）。正因为有此特点，也有研究者称其为虚假爱国主义（pseudo-patriotism），与真正的爱国相对立（Adorno 等，1950）。与之相对，所谓的真正的爱国主义又被称为建设性爱国主义（constructive patriotism），是一种对国家的积极的情感联系，表现为会给国家提出能够带来积极改变的支持、质疑、批评。很多研究者直接用这种带有批判和建设性意味的爱国主义指代爱国主义，也即爱国主义成分并不带有绝对的信任、绝对的相信，没有眼睛向下的比较，只有真诚的爱与建设性的爱。

在本文中，我们结合 Huddy（2007）研究中对国家情感结构的分析，将爱国主义成分称为建设性爱国主义，而将国家主义成分称为无建设性（无批判性）爱国主义。此外，也将国民身份认同引入国家情感的成分，与国家认同的结果可以互相对照。最后，还应当将带有符号认同性质的符号性爱国主义也作为国家情感的一个子成分（符号爱国主义即对能够代表国家形象的一些物体，如国旗、国歌的感情）。

三 研究问题

本研究利用的是 2011 年在北京针对 1066 名在校大学生所做的一项大型调查的数据，拟探讨以下两个问题：①我国在校大学生的国家认同、国家情感的现状；②大学生的国家认同、国家情感对其排斥外国的影响如何？为了解决这两个问题，要先明确界定国家认同、国家情感测量结构。

在结构安排上，本文要在辨析目前存在的关于国家认同、国家情感的概念及测量的基础上（第一部分），根据已有的模型理论确定测试国家认同、国家情感的完整题目及题目的结构（第二部分），并以这些结构为基础，对大学生国家认同、国家情感与对外排斥的关系做系统分析（第三部分）。同时，在每一部分对结果进行相应的分析，讨论各结果对国家认同教育、爱国主义教育、全球意识教育等的意义和启发。

第二节 国家认同的结构分析

一 国家认同部分

(一) 国家认同标准分量表

根据已有研究 (Shulman, 2002; Jones & Smith, 2001; Herjm, 1998) 对认同标准的分析, 可知国家认同标准是一个包含两个子成分的结构。祖先、出生地、生活地、宗教、生活习惯5个项目为传统标准, 尊重体制、会讲中文、自我感觉、国籍4个项目聚在一起为公民标准。本研究以此理论为依据, 以本次调查数据进行验证分析, 结果如图2-1所示, 验证模型拟合指标如表2-1所示。

1. 以整体数据为基础验证理论模型

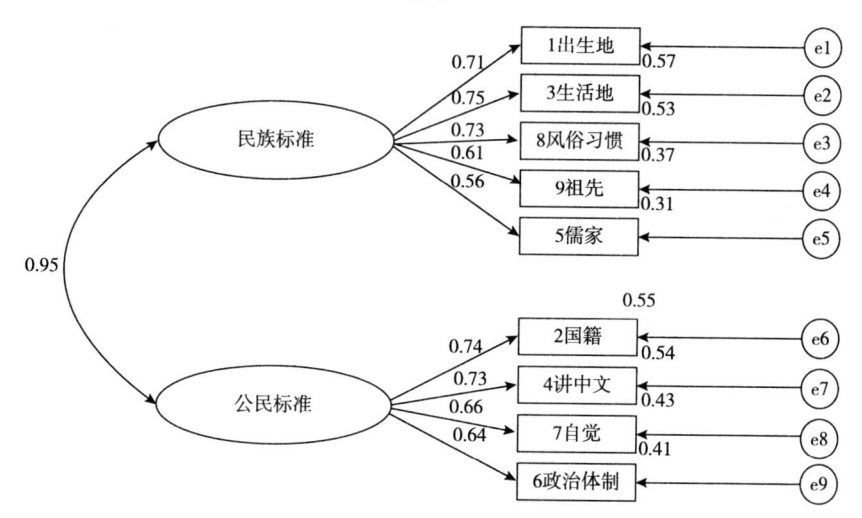

图2-1 国家认同标准的结构模型 (模型Ⅰ)

表2-1 国家认同标准模型拟合指标 (模型Ⅰ)

X^2	df	X^2/df	P	GFI	TLI	RMSEA	CFI
571.277	26	21.972	0	0.887	0.817	0.140	0.868

一般地，RMSEA 低于 0.1 表示好的拟合；CFI 在 0~1 之间，大于 0.9（越大越好），所拟合的模型是一个好模型。当样本量较大时，X^2/df 的值参考价值有限，GFI 也应大于等于 0.90，同样的 TLT 也应当在 0~1 之间，越接近 1 表示模型拟合度越好。据此可知，该模型并非合理的结构。西方国家获得的结构模型在我国的大学生群体中并不适用，我们有必要先做一次探索性因素分析。我们从整个数据库中随机选择了 30% 的数据做探索性因素分析，并使用剩余的 70% 数据做结构验证。探索性因素分析的结果如表 2-2 所示，数据结构如图 2-2 所示，结构拟合指标如表 2-3 所示（为了对这些模型做出区分，特将该模型称为模型Ⅱ，将第一个模型称为模型Ⅰ）。

2. 以 30% 的数据做探索性因素分析，70% 的数据做验证性因素分析

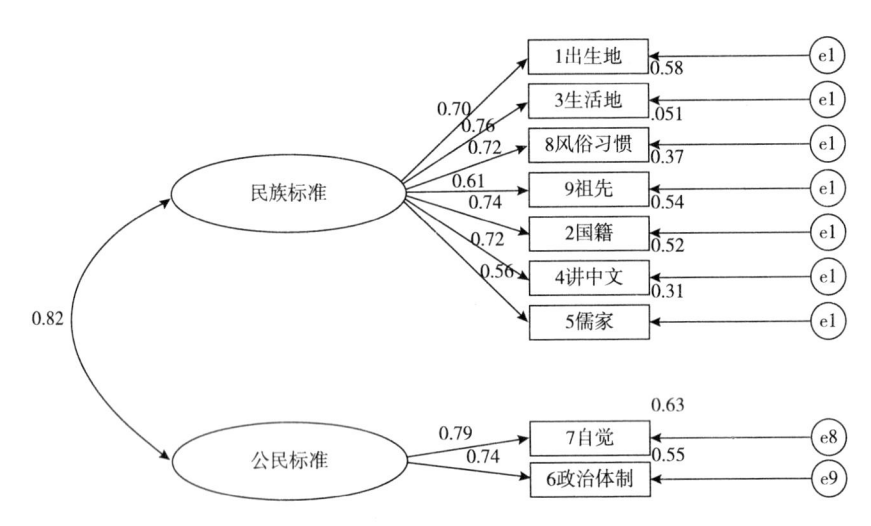

图 2-2 国家认同标准的结构验证（模型Ⅱ）

表 2-2 国家认同标准的探索性因素分析

类　别	国家认同标准	
	传统	现代
1 出生在中国	0.826	0.123
3 一生的大部分时间都在中国	0.796	0.171

续表

类　别	国家认同标准	
8 风俗习惯	0.668	0.380
9 祖先是中国人	0.663	0.149
2 有中国国籍	0.660	0.366
4 会讲中文	0.593	0.490
5 是一个儒家文化的支持者	0.515	0.287
7 自觉自己是个中国人	0.157	0.844
6 尊重中国的政治体制和法律	0.258	0.780

表2-3　国家认同标准模型拟合指标（模型Ⅱ）

X^2	df	X^2/df	P	GFI	TLI	RMSEA	CFI
381.582	26	14.676	0	0.891	0.834	0.137	0.880

据表2-3的指标不难看出，这一结构似乎还不是最优的拟合。我们一方面依据探索性因素分析的因子负荷量，另一方面也分析在中国情境下，风俗习惯、使用何种语言，以及国籍这三个指标并无区分民族主义倾向者和非民族主义倾向者的作用。因此，我们删除了这三个项目，验证后的结果如图2-3所示，结构拟合指标如表2-4所示（该模型为模型Ⅲ）。

3. 根据探索性因素分析调整在两个维度上负荷均高的3个题目后的模型

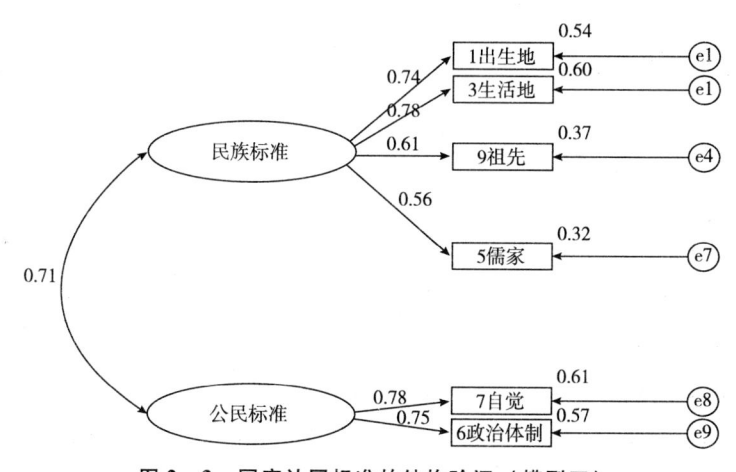

图2-3　国家认同标准的结构验证（模型Ⅲ）

表 2-4　国家认同标准模型拟合指标（模型Ⅲ）

X^2	df	X^2/df	p	GFI	TLI	$RMSEA$	CFI
83.873	8	10.484	0	0.962	0.900	0.114	0.944

据表 2-4 指标不难看出，尽管 $RMSEA=0.114$ 仍然比 0.1 大，但其他指标均表示拟合良好。我们在对比了以上三种模型的拟合状况后（见表 2-5），认为图 2-3 所反映的结构是可以接受的。同时，从理论分析的层面可以得到，在西方国家中，如果公民将"讲何种语言""是否拥有本国国籍"看做是国家的界限，那么无疑将反映较开放、现代的国家界限标准。但是在中国，由于我们并非一个移民国家，国人基本上都讲同一种语言，也都自然而言地拥有我国的国籍，对这两种指标的认同既不能代表开放的公民倾向，也不能反映其相对保守的民族倾向。此外，由于我国地域广泛，又民族众多，各个地区和民族之间表现不同的风俗习惯甚为平常。也许在我国大家都会认为风俗习惯并非国人标准，因此，也是不能反映民族和公民标准的。

表 2-5　国家认同标准三模型指标对比

模型	X^2	df	X^2/df	p	GFI	TLI	$RMSEA$	CFI
模型Ⅰ	571.277	26	21.972	0	0.887	0.817	0.140	0.868
模型Ⅱ	381.582	26	14.676	0	0.891	0.834	0.137	0.880
模型Ⅲ	83.873	8	10.484	0	0.962	0.900	0.114	0.944

（二）国家自豪感分量表

根据已有研究（Herjm, 1998）对自豪感的分析，可知国家自豪感也包含两个子成分——政治自豪感和文化自豪感。其中，民主、政治、经济、社会安全和公平对待 5 个项目为政治自豪感维度，体育、科学技术、文化艺术和历史 4 个项目为文化自豪感维度。本研究以此理论为依据，用本次搜集的数据进行验证分析。结果如图 2-4 所示，验证模型拟合指标如表 2-6 所示。

1. 以整体数据为基础验证理论模型

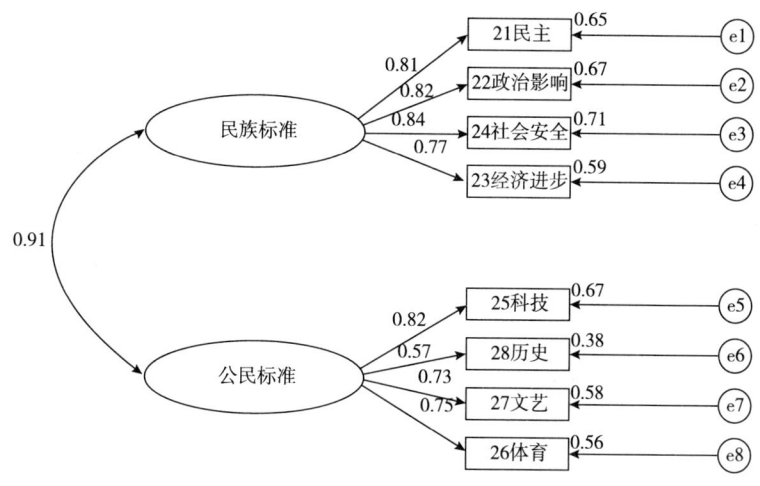

图 2-4　国家自豪感结构验证（模型Ⅰ）

表 2-6　国家自豪感模型拟合指标（模型Ⅰ）

X^2	df	X^2/df	P	GFI	TLI	RMSEA	CFI
243.858	19	12.835	0	0.944	0.932	0.105	0.954

根据上文所述标准，该结构还可以再行改进。如国家认同标准部分一样，我们在整个数据库中随机选择了 30% 的数据做探索性因素分析，并使用余下的 70% 数据做结构验证。探索性因素分析的结果如表 2-7 所示，数据结构如图 2-5 所示，结构拟合指标如表 2-8 所示（为了对这些模型做出区分，特将该模型称为模型Ⅱ，将第一个模型称为模型Ⅰ）。

2. 以 30% 的数据做探索性因素分析，70% 的数据做验证性因素分析

表 2-7　国家自豪感的探索性因素分析

项　目	国家自豪感	
	政治自豪	文化自豪
21 民主	0.844	0.22

续表

项目	国家自豪感	
	政治自豪	文化自豪
22 政治影响	0.817	0.213
24 社会安全系统	0.778	0.337
25 科学和技术	0.756	0.367
23 经济进步	0.652	0.397
28 历史	0.151	0.832
27 文艺	0.377	0.752
26 体育	0.441	0.695

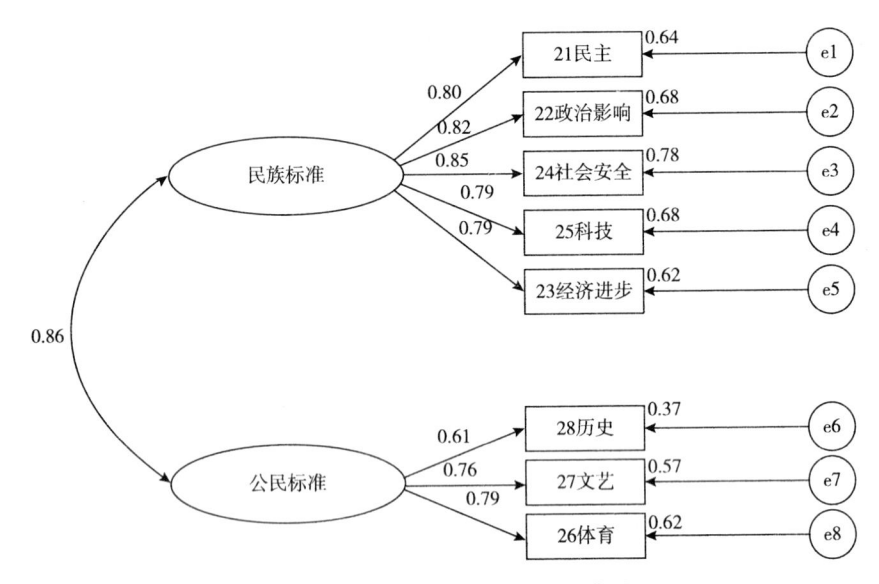

图 2-5　国家自豪感的结构模型（模型Ⅱ）

表 2-8　国家自豪感的模型拟合指标（模型Ⅱ）

X^2	df	X^2/df	P	GFI	TLI	$RMSEA$	CFI
135.463	19	7.130	0	0.955	0.950	0.092	0.966

据表 2-8 不难看出，各类指标均符合上文所述标准。我们在对比了以上两种模型的拟合指标后（见表 2-9），认为图 2-5 所反映的结构是可以

接受的。也即与西方国家相比，在我国，科技技术与民主、政治影响、社会安全、经济进步具有的价值是一致的，所带来的自豪之情是与历史、文艺和体育带来的自豪感不一致的。这是由于我国多年以来对科学技术发展的强调所带来的，人们相信科学技术是第一生产力，是经济、政治的发展基石。尽管美国社会科技发达，但其似乎并未将科技与政治和经济等混在一起看待。这种差异也许恰恰印证了，为加快发展步伐，我国正在沿着一条科技引领发展道路快速进步。

表 2-9 国家自豪感的验证分析指标对比

模 型	X^2	df	X^2/df	P	GFI	TLI	RMSEA	CFI
模型 I	243.858	19	12.835	0	0.944	0.932	0.105	0.954
模型 II	135.463	19	7.130	0	0.955	0.950	0.092	0.966

二 国家情感部分

根据上文对国家情感相关概念定义以及设计问卷时对问卷维度的理论假设，我们确立了15个题目测量国家情感，共由4个维度组成——认同国籍（身份认同）、符号爱国、建设性爱国和非建设性爱国（无批判性爱国）（见图2-6）。

其中，"做个中国人对我来说很重要""我在很大程度上认为自己是中国人"两个项目属于同一维度，仍然根据 Huddy（2007）的定义，我们将该维度称为认同国籍。

"当我听到国歌时会有激动的感觉""当我看到国旗时会有激动的感觉"两个项目属于同一个维度，根据 Huddy（2007）的定义，该维度应被称为符号爱国。

"人们应好好工作让国家更美好""如果我批评中国，也是出于爱""我反对中国的一些政策也是因为我在意我的国家，想让她进步""我通过支持其他国家的积极改变来表达我对中国的感情"4个项目聚在一起，根据 Frirbrother（2003）的分析将其命名为建设性爱国。

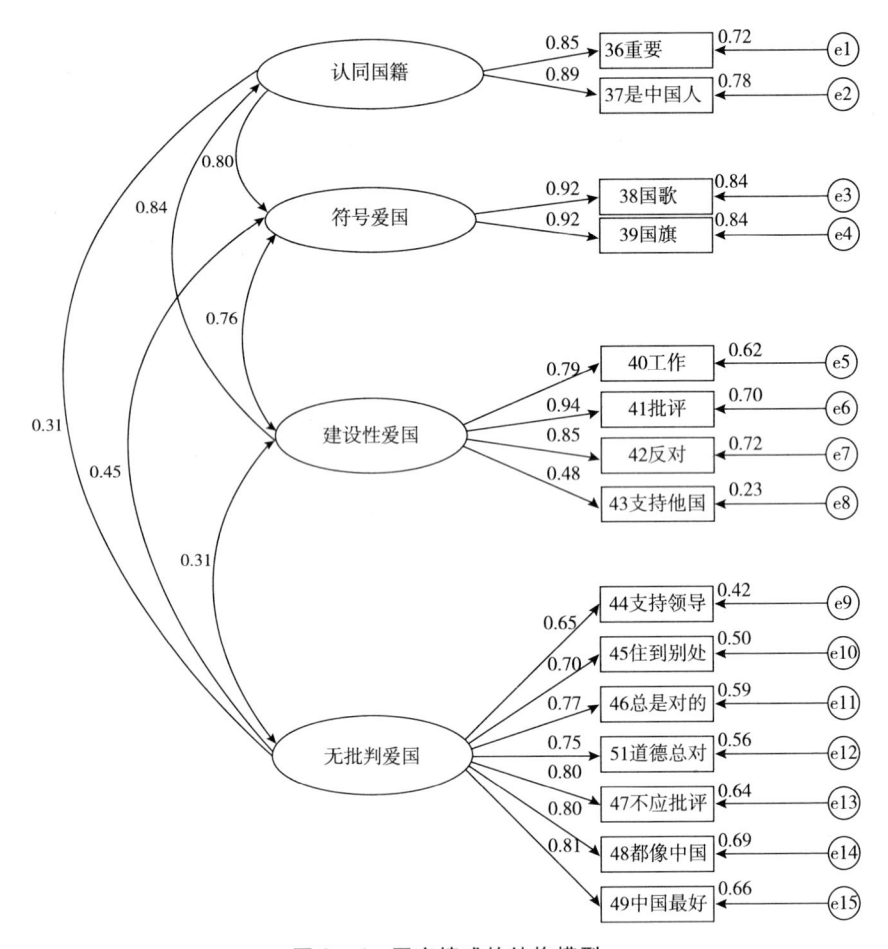

图 2-6 国家情感的结构模型

"即使我不同意他们的行为，我也仍然支持我们国家的领导人"、"那些不全心意支持中国的人就应该住到别处"、"中国实质上总是对的"、"在世界上已经有太多的人批评中国，我们作为中国公民是不应当再批判他""如果世界其他国家的人都跟中国人一样，那么世界将变得更加美好""一般说来，中国是比其他的国家更加好的一个国家"，"我相信中国的政策在道德上经常都是正确的"7个项目聚在一起。该维度代表了一种较为感性的、绝对的国家情感。我们将其命名为非建设性爱国。

我们以此结构为基础，进行验证性因素分析。得到如图6所示的结构模型图，表10中所列出的是模型拟合的各项指标。本研究的这几个指标基本处在理想范围内，证明这个结构是合理的。

表 2-10 国家情感模型拟合指标

X^2	df	P	X^2/df	GFI	TLI	$RMSEA$	CFI
944.867	84	0.000	11.248	0.887	0.899	0.098	0.919

第三节 大学生国家认同基本状况分析

借助上面部分所验证的结构，对国家认同、国家情感两个方面的整体状况以及各不同群体的状况进行分析。需要指出的是，为保证结果的效度，我们会以统计检验为准则，对推论统计检验中有显著结果的数据进行详细解读。

一 国家认同

国家认同部分是由国家认同标准和国家自豪感两个部分构成的。由于国家认同标准更多探讨的是一种认同的界限，而不能反映出更多的归属程度，因此，我们并不重点考虑，而主要对大学生的具体国家自豪感状况进行分析。

需要指出的是，我们并没有对每一个具体领域的自豪感独立进行分析，而是将每个维度所包含的题目的分数求算术平均数作为该维度的总分（例如，如果计算政治自豪感的分数，即将民主、经济、国家安全、公平、科技五个题目的分数求算术平均数）。

（一）大学生国家自豪感的总体状况

结果表明，无论是在政治领域还是在文化领域，大学生均表现出接近"比较自豪"水平的自豪感水平（非常不自豪的得分为 1，比较不自豪得分为 2，无所谓自豪不自豪得分为 3，比较自豪得分为 4，非常自豪得分为

5)。但值得注意的是，大学生对我国文艺、历史、体育等领域的自豪感程度明显地高于对民主、经济发展、系统安全领域、科技等领域的自豪感（$t=10.22$，$df=1064$，$p=0$），如图 2-7 所示。这一趋势与世界整体趋势有一致之处（吴鲁平等，2010）。这一方面在于人们对政治领域的期待更高，相应的，若有不妥之处，自然诟病也就更多；另一方面在于，与文化领域相比，政治领域与世界诸国的可比性更强一些，也自然更容易看到其他国家的优点和自己国家的不足。不过，也许是因为我国的文艺、体育方面所取得的成绩以及悠久的历史等令这一现象在我国会更加突出。

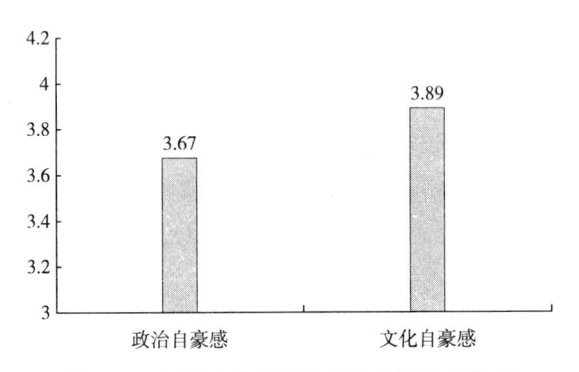

图 2-7 不同专业类型大学生的国家自豪感

(二) 不同群体大学生国家自豪感现状比较

1. 不同专业大学生

分析不同专业大学生国家自豪感的状况可以发现，无论是在政治自豪感还是文化自豪感上，不同专业大学生均存在显著差异（$F=15.379$，$p=0$；$F=8.718$，$p=0$）。

相对而言，无论是政治自豪感还是文化自豪感，人文社科类大学生的政治自豪感均低于司法和理工类大学生，如图 2-8 所示。这一结论的产生不禁让我们思考，司法类学生的高自豪感是否是因为他们在学校中接触到了更多的公平与正义的例子，又或者是学校各方面的爱国教育投入更多、力度更大呢？相反，人文社科类大学生的两种自豪感水平相对为最低的，这是否就能够说明人文社科类学生国家情感教育不足呢？我们认为，教育的差异可能带来了不同专业大学生的自豪感的差异。人文社科类专业有批判现实社会、提高社会运转效率等的要求，司法类专业有维护社会已有法律和制度的要求，这种区别可能造成了他们不同的自豪感和批判水平。

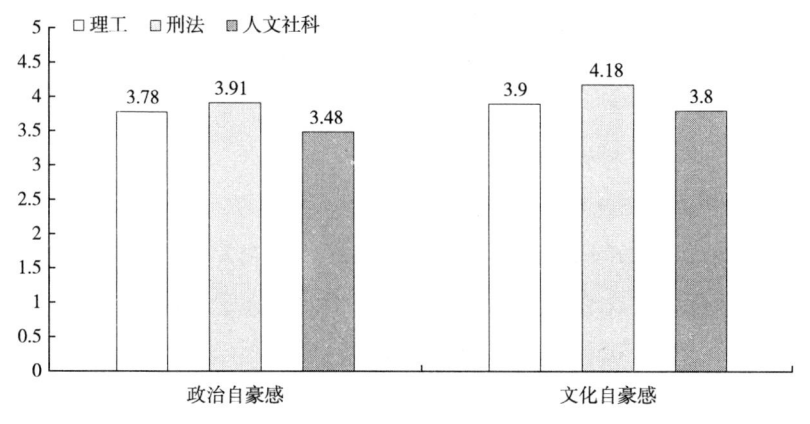

图 2-8 不同专业类型大学生的国家自豪感和文化自豪感

2. 不同年级大学生

分析不同年级大学生国家自豪感的状况可以发现，无论是在政治自豪感还是文化自豪感上，不同年级大学生间均存在显著差异（$F=8.748$，$p=0$；$F=3.214$，$p<0.05$）。

相对而言，无论是政治自豪感还是文化自豪感上，大二和大四学生的政治自豪感均相对低于大一和大三学生，如图 2-9 所示。这是为什么？我们认为可能与不同时期学生的经历和心境有关。

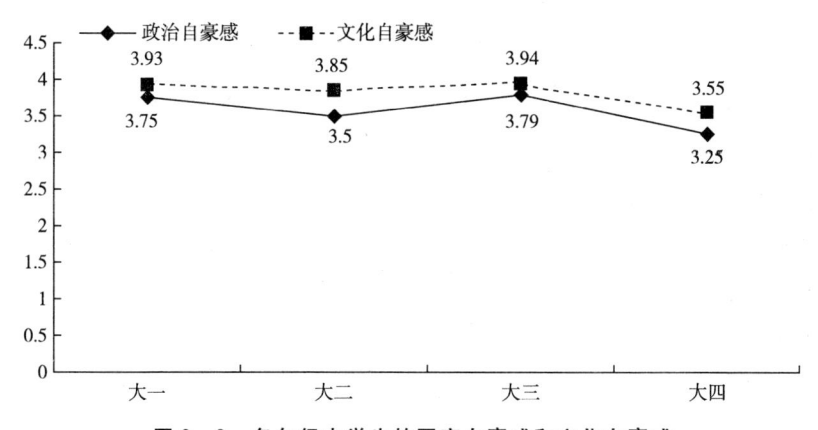

图 2-9 各年级大学生的国家自豪感和文化自豪感

我们知道，大学新生在入校后往往会因现实大学与理想大学间的落差出现不满情绪，也许他们将这种情绪泛化到国家的经济、政治、民主等领域中来了。事实上，与大二学生的波动相比，大四学生的自豪感水平下滑得就显得更加厉害。也许就业过程中所遭受的各种困难以及不公平待遇启动了这次的情绪落差。就业与国家政策的关系更为密切，大学生更多地将自己的情绪失落归咎到国家层面也就不足为奇了。

3. 不同政治面貌及政治理想大学生

分析政治面貌不同的大学生的国家自豪感的状况可以发现，无论是在政治自豪感还是文化自豪感上，政治面貌不同的大学生间均存在显著差异（$F = 3.493$, $p < 0.05$; $F = 3.586$, $p < 0.05$）。

相对而言，无论是政治自豪感还是文化自豪感，大学生党员和群众的自豪感程度均显著高于民主党派的大学生，如图 2-10 所示。

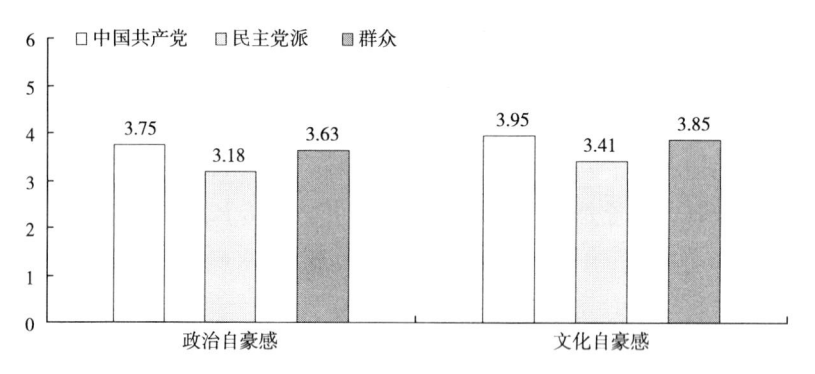

图 2-10 不同政治面貌大学生的国家自豪感和文化自豪感

分析政治理想不同的大学生国家自豪感的状况可以发现，无论是政治自豪感还是文化自豪感，不同政治理想的大学生间的差异也是显著的（$F = 4.789$, $p < 0.01$; $F = 5.599$, $p < 0.01$）。

相对而言，无论是政治自豪感还是文化自豪感，政治理想为共产主义或者并无明确政治理想的大学生的政治自豪感和文化自豪感均显著高于民主党派和无党派人士（见图 2-11）。

我们看到，政治信仰对大学生的国家自豪感的影响是巨大的，无论是在组织上已经正式入党的，还是在信仰上已经向共产主义倾斜的大学生，都表现出更高的国家自豪感。

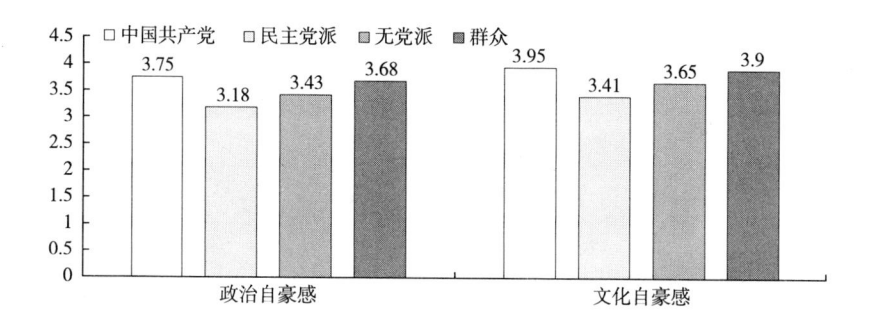

图 2-11　不同政治理想大学生的国家自豪感和文化自豪感

值得重视的是，身为群众的大学生对国家的自豪感水平也比较高。这无疑是一个值得欣慰的事情，因为我国的大学生群体依然拥有深深的对国家的自豪感。

二　国家情感

对国家情感的分析可以分解为认同国籍（身份认同）、符号爱国、建设性爱国、无建设性爱国四个维度。其中的符号爱国、无建设性爱国更多带有感性爱国色彩，而认同国籍、建设性爱国更多带有理性爱国色彩。

（一）大学生国家情感总体状况

对大学生国家情感总体状况进行分析，结果表明，大学生在四个维度上均表现出明显的认同倾向，其赞成水平均高于比较赞成的程度（非常不赞成的得分为1，比较不赞成得分为2，无所谓赞成不赞成得分为3，比较赞成得分为4，非常赞成得分为5），尤其是身份认同上得分更高。

但是也明显看到，无批判性爱国程度明显低于认同国籍、建设性爱国以及符号爱国等方面，基本上是一种既无明显赞成也无明显不赞成的不明确状态，如图2-12所示。

由这一结果我们不难看出，整体上，我国当代大学生对国家的情感还是很深的，而且这种情感更多地带有建设性意义，即爱国并不盲目，看到国家的不足之处将给予适当的批评和指正，给人一种不空谈爱国、脚踏实

[图表：大学生各种国家情感状况分析，建设性爱国 4.12，身份认同 4.29，无批判性爱国 3.19，符号爱国 4.12]

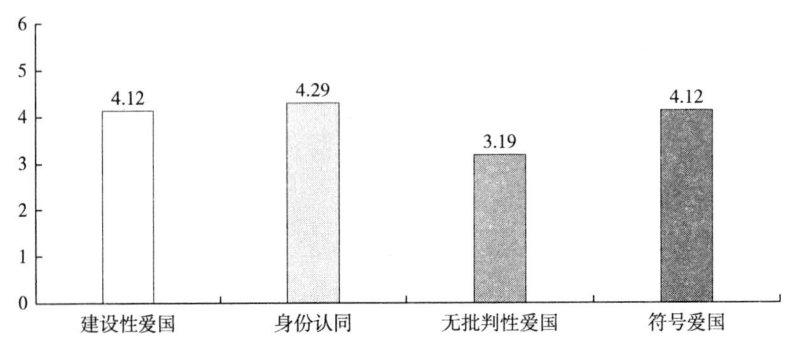

图 2-12 大学生各种国家情感状况分析

地的感觉。同时，这也表明在我国的大学生群体中并无大国沙文主义或者国家主义的苗头。这些都是具有积极意义的。

与国家情感部分的结果相比，国家自豪感部分得分较低。之所以有此差异，可能在于国家情感部分侧重于整体的身份归属感，国家自豪感部分更多的是对某个具体领域的情感满意度。一个人也许对某些具体领域的情感不太满意，但这并不影响其整体上的身份认同和对国家的爱。

(二) 不同群体大学生国家情感的比较

1. 不同专业大学生

对不同专业大学生的国家态度的分析可以发现，四个维度上，人文社科、理工、司法类专业间均有显著差异（$F = 7.605$，$p = <0.05$；$F = 12.349$，$p = 0$；$F = 13.241$，$p = 0$；$F = 25.374$，$p = 0$）。

相对而言，无论是在带有理性色彩的建设性爱国主义、身份认同上，还是在带有感性色彩的无批判性爱国主义和符号爱国主义上，人文社科类大学生表现出的情感均低于司法类大学生。而且，此差异在国家身份认同、符号爱国领域表现的更加突出，如图 2-13 所示。

该结果与国家自豪感部分所获得的结果有着一致的趋势，均有司法类专业大学生表达出更积极的国家态度。除爱国教育、专业自身特点均可能带来差异外，还有一点不容忽视，即司法类大学生制度化管理、着制服装、军事化训练等有可能在潜移默化中加强了他们对国家符号的情感。

2. 不同年级大学生

对不同年级大学生的国家情感分析可以发现，身份认同、建设性爱国

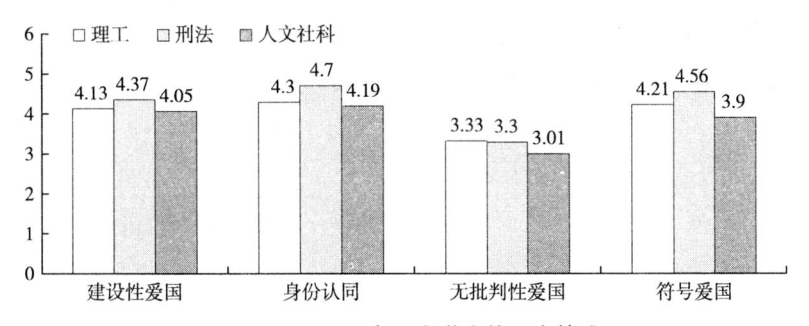

图 2-13 不同专业大学生的国家情感

领域没有发现各年级间的差异，符号爱国、无批判性爱国领域却发现了各年级间的差异（$F=6.067$，$p=0$；$F=6.611$，$p=0$）。

相对而言，无论是在非批判性爱国还是在符号爱国上，大二和大四年级学生的国家态度均比大一和大三学生的爱国程度低（见图 2-14）。

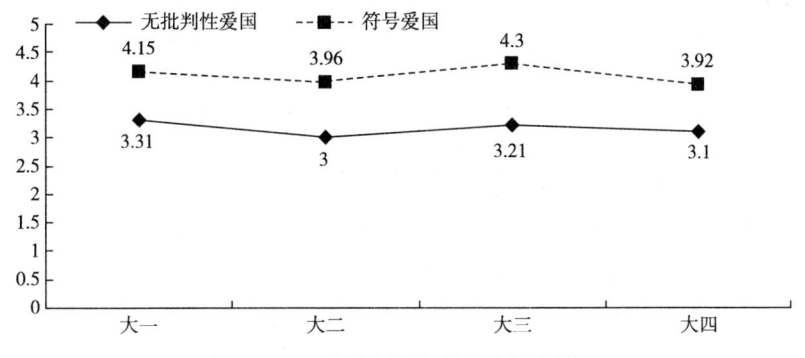

图 2-14 不同年级大学生的国家情感

大二学生可能的心理落差和大四学生初涉社会所遇到的障碍可能会在潜移默化中影响他们对于国家的评价和感情。此处的结果恰为此说法提供了一个佐证。

不过，值得重视的是，还有两个维度（身份认同、建设性爱国）并没有随着年级发生波动，而这两个维度的共同特点恰恰是理性爱国。这说明自身利益的得失并没有引发理性爱国情感的波动。即使在面临落差和不公平时，大学生依然故我的认同自己的身份。当然，也丝毫没有改变自己内心中对国家的关心，以及通过针砭时弊地议论国家政策和脚踏实地地努力工作等来爱国的做法。

3. 不同政治面貌及政治倾向的大学生

对各政治面貌大学生的国家情感进行分析可知，政治面貌不同的大学生在身份认同、无批判性爱国上差异显著（$F = 4.708$，$p < 0.05$；$F = 8.759$，$p < 0.01$）。在身份认同上，党员大学生及群众大学生的认同程度均显著高于民主党派大学生，即党员和群众大学生更认同自己中国人的身份。不过，党员大学生还表现出更高的批判性爱国成分，而这一点群众学生表现稍弱，如图2-15所示。

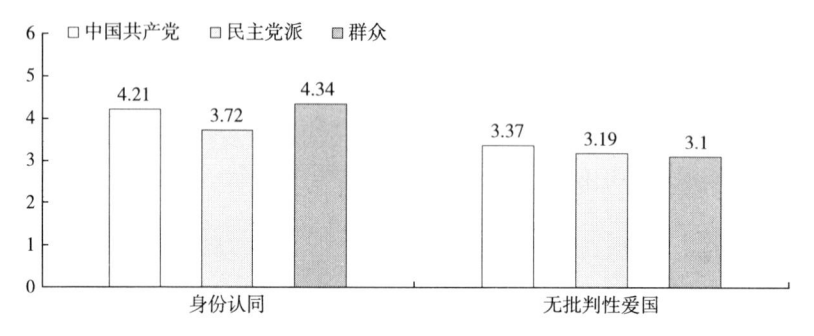

图2-15 不同政治面貌大学生的国家情感

对各政治倾向大学生的国家情感进行分析可知，政治倾向不同的大学生在身份认同、无批判性爱国上也存在显著差异（$F = 3.913$，$p < 0.01$；$F = 6.076$，$p = 0$）。各个群体大学生在这两个维度上的表现与政治面貌各组的规律基本一致，如图2-16所示。

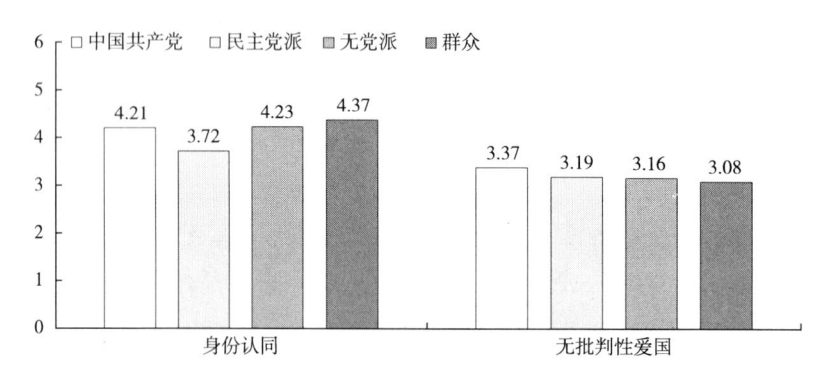

图2-16 不同政治倾向的大学生的国家情感

党员和群众对国家情感的独特表现印证了这两个群体在自豪感领域中

表现出的规律。在我国,广大群众与党员一样,表现出对国人身份的高度认同。不过,也应当看到,与高度身份认同相伴随的还有高度的无批判式认同。这提示我们,党员对国家是有着更纯粹的、热烈的忠诚的。不过,这种纯粹的忠诚可能会令他们在一定程度上陷入盲目崇拜。若能在党员群体中加强有批判性爱国情感教育,将更有助于大学生建立全面、完整的爱国情感。

4. 母亲最高学历不同大学生

对母亲最高学历不同的大学生的国家情感进行分析可知,在建设性爱国、身份认同、符号爱国上,母亲最高学历水平不同的大学生间均有显著差异($F=2.397$,$p<0.05$;$F=4.384$,$p<0.01$;$F=3.434$,$p<0.01$)。而且,均有随母亲最高学历水平的提高,各国家情感成分走低的趋势(见图2-17)。

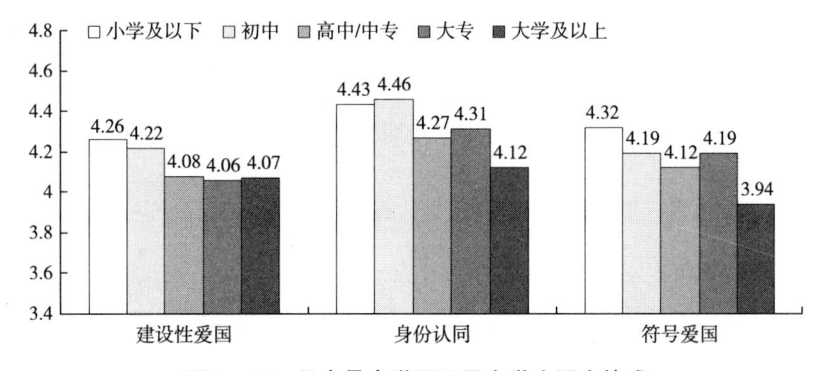

图2-17 母亲最高学历不同大学生国家情感

可以认为,大学生母亲的最高学历基本可以形成对大学生国家感情的预测,母亲学历越高的家庭,大学生对国家的感情越淡薄。这可能是因为高学历的母亲使孩子有更多的机会接触世界,接触世界越多,国家界限相对模糊,对国家的感情自然也就相对越淡。不过,我们也应当注意,母亲的最高学历并没有影响用具体领域综合起来的国家自豪感。是否可以认为,无论家庭是否更多地接触过更广范围的世界,大学生对国家各个领域的评价和自豪感基本没有改变,但整体上国人身份归属以及对国家符号的感情有所降低。

三　小结

（一）清晰的"理性"

无论是在自豪感部分还是国家情感部分，我们都能感受到一个清楚的事实，那就是当代中国的大学生对国家是有着很高的评价和归属的，他们认同自己的国人身份，热爱能代表国家的符号，也以国家的荣辱为自己的荣辱。不过，我们更应当注意到，大学生的"爱"中饱含了"建设性"的理性成分。无论哪个群体，都不愿意盲目地表达自己对国家的忠心，更不愿意夜郎自大，炫耀本国的优越性，而是客观地、实事求是地希望能够对国家和执政党提出中肯的意见、建议，促进其进步。这其实反映出大学生在爱国这件事情中，不失感性的情况下仍然有着清晰的头脑，能够做出理性判断。

同样，这一理性的爱国思想在具体领域评价中也有具体表现，他们接纳了国家在政治领域的表现，同样也表达了自己对某些领域的期待。这也能够为教育者进一步提高他们的国家认同指明了努力方向。

（二）"无奈"的利益

与整体上充斥的理性气息有些不一致的是，随着年级的增长，大学生对国家的态度表现出了"波动"的趋势。大一、大三学生对国家的认同要高，大二、大四学生则相对要低。这可能是与学生们的切身利益的变化息息相关。入学前后的心理落差及毕业前后的利益纠葛可能会直接带动他们对国家的认识等产生信赖变化。

不过，这些由利益带来的对国家情感的影响只会影响到部分维度，如爱国情感中的无批判性爱国，而对于建设性爱国却没有这样的影响。鉴于此，我们认为，由于利益的无奈而带来的情感的波动的确会令大学生的爱国之心被削弱，不过，受影响更大的是盲目的、感性的爱国情感成分，而充满理性思考的爱国却并不会受到太大影响。这也就提示我们，在进行大学生爱国思想教育的时候，如果能够在发展感性爱国时着重关注理性爱国意识，将能够极大地促发他们保持稳定、持久的国家情感。

(三)"隔行如隔山"

所拥有的专长不同的大学生是否会在爱国情感上有差异呢？我们的结论表明，人文社科类大学生整体的国家情感表现相对较弱，理工科大学生表现得更爱国。此外，在人文社科类学生中我们又选出一个特殊的类别——司法类。结果表明，后者比理工科类的学生表现出更积极的爱国情感。我们很难用简单的理由对这种差别做出解释，毕竟可能触发这一结果的因素相对复杂：学校教育的投入力度，专业本身的特殊性，仪式性教育。这些差异提示我们，形式教育有时也可以提高爱国情感。同时，对于那些已经有了独立思维的大学生，尤其是其专业本身就需要他们更多思考社会的大学生，如何提高国家的核心吸引力，以增强他们对国家的信赖可能是更需要我们思考的。

第四节　国家认同、国家情感与对外排斥的关系分析

"爱国"是否会影响一个人"爱世界"？通过该部分的分析，我们希望能够发现"如何爱国"才能对"爱世界"有更积极的促进作用，以此对我国大学生的政治等方面的教育提供一定的借鉴。

下文中我们将探讨"爱国"与"爱世界"的关系。"爱国"的程度将以国家认同标准、国家自豪感、国家情感三个部分来测量。国家认同标准越严格，爱国程度越高；具体领域自豪感越强，爱国程度越高；国家情感程度越深（非建设性爱国、建设性爱国、符号爱国、身份认同程度越深），爱国程度越高。"爱世界"的程度则是以"对外排斥度"这一维度指代，对外排斥度越高，则爱世界程度越低。

一　文献回顾

按照一般的逻辑，相对来说，爱国程度越高的大学生爱世界的程度应当较低，毕竟当今世界国家还是人与人之间的最主要的界限之一。头

脑中对这一界限标准越严苛，对世界公民的认同度自然也就越低，即国家认同标准认同度越高者似乎越有可能不接受世界上的其他国家。

研究表明，对国与国之间界限的认可对接纳世界其他国家的影响并没有那么简单。认可不同类型的界限会带来不同程度的对世界的接纳。如果认为国与国的界限为是否拥有相同的祖先、是否有相同宗教信仰等，那么标准的严苛度会带来更少的对世界的接纳。相反，如果认为国与国的界限为是否尊重国家法律、是否有共同的语言、是否拥有国家的国籍等，即使标准更严苛，也不会带来更差的世界态度（Hjerm，1998；Kunovich，2009）。这个结论在中国的大学生群体中是否也能得到验证呢？

除国家界限标准外，另一个比较常见的研究是自豪感。自豪感事实上代表了一种满意度，按照一般逻辑，自豪感越强的人，也即满意度越高的人似乎有着更强烈的国家情感投入，这种情感投入可能会成为其热爱世界上其他国家的一种障碍。

研究表明，对国家的自豪满意程度是否会带来对世界其他国家的排斥也要视情况而定。已有的研究表明，对民主、经济发展、安全系统等政治相关领域的满意会成功减低人们对外来的竞争和威胁的认识，提高他们对外来事物的接纳。而且还揭示了背后的原因，这些部分元素带有人道主义的民主成分，这种成分本身就是支持文化与社会的多样化的（Blank & Schmidt，2003）。不过其功效更多表现在对身在本国的外来移民上，其是否也能降低对外国人等的排斥还并不确定（吴鲁平等，2010）。尽管政治经济领域的满意度对接纳世界等的积极作用结论有些矛盾，但文化领域满意度对接纳世界的消极作用却是得到了证实的（吴鲁平等，2010）。

很显然，无论政治自豪感还是文化自豪感，均是建立在对各个领域评价的基础之上的。而爱国情感更多带有整体评价的性质，这种爱国情感的成分对排外的影响是否会有别于政治、文化自豪感呢？

研究表明，爱国情感对排外的影响也是比较复杂的。其中，带有无批判性的沙文主义倾向的爱国情感会导致更少的对他国或他族的容忍（Blank & Schmidt，2003）。因为国家主义较强者总是更倾向于感受来自移民等的威胁，从而影响其对于合法公民资格的看法（Raijman等，2008）。相反，有着建设性和理性成分的爱国情感则会积极预测对其他国家的接纳（Blank & Schmidt, 2003；Huddy, 2007）。

二 研究方法与结果

本研究中，我们使用多元回归的方式对爱国与爱世界的关系进行分析。事实上，已有研究也提示了，一些重要的人口学变量也会对爱世界造成影响。因此，我们首先将性别、年龄、年级、父亲学历、母亲学历、出国的经历等因素与爱国的诸成分放在一起考虑，但结果表明，这些人口学变量可以解释的变异远远小于"爱国"的诸成分，且由于背景变量存在部分缺失，引入分析可能会减少被试总量。此外，我们已经在第二部分中对部分有显著作用的人口学变量进行过分析，因此，我们不在此处分析这些背景变量。

三 结果与结论

国家认同、国家情感对排斥度作用力影响各回归系数如表2-11所示，影响作用力的简单关系如图2-18所示。

表2-11 国家认同、国家情感影响排斥度的回归分析

项　目		对外排斥度		
		标准化回归系数 β	t	Sig
国家认同标准	民族标准	0.25	6.85	0.00
	公民标准	-0.14	-3.99	0.00
自豪感	国家政治自豪感	—	—	—
	国家文化自豪感	0.07	2.20	0.03
爱国情感	非建设性爱国	0.42	14.05	0.00
	符号爱国	—	—	—
	建设性爱国	—	—	—
	认同身份	0.07	2.31	0.02

续表

项 目	对外排斥度		
	标准化回归系数 β	t	Sig
Adjusted R^2		0.336	
F		99.71	
Sig		0.000	

注1：标准化回归系数 β 的含义是：国家认同标准、国家自豪感、重要人口学变量等对他国及国际组织排斥度的影响程度。系数为正表示影响是正向的。例如，民族标准对接纳他国及国际组织的影响中，β=0.25，表示民族标准每增大一个单位，对他国和国际组织的排斥就增大0.25个单位。相反，系数为负则表示影响是负向的。以公民标准对接纳他国及国际组织的影响为例，β=-0.14，表示公民标准每增大一个单位，对他国和国际组织的排斥就减少0.14个单位。

注2：sig<0.05 即代表与该 t 值相应的 β 值是具有非常显著的统计意义的。

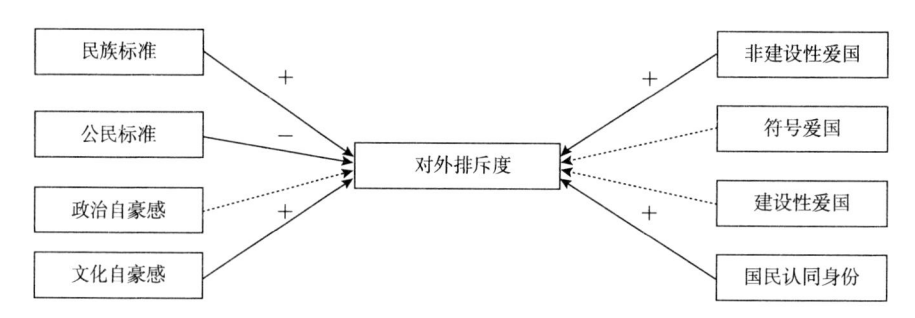

图 2-18 国家认同、国家情感影响对外排斥度的回归分析

注："+"表示影响是正向的，即影响因素取值越高，大学生对外排斥度也越高；相反，"-"表示影响是负向的，即影响因素取值越高，大学生对外排斥度程度就越低；虚线表示没有影响。

（一）"国家界限"标准与"爱世界"的关系

国家之间的界限究竟是否重要？何种标准最重要？这种认识上的差异对接纳世界的态度产生了哪些深刻的影响？

一方面，若认同的是公民标准，则越重视标准，就越热爱世界。

我们先来分析公民标准对排外的负预测力。事实上，该结论与以往的研究并不完全一致。例如，来自世界30国研究（吴鲁平等，2010）认为，对公民标准的重视不会如对民族标准的信奉一样令人产生对外来移民和他族的憎恶，但是似乎也没有产生突出的促进接纳外国的作用。

但在我国大学生群体中所作的研究却发现了这个积极的作用,我们认为可能有两个原因对此有解释力:第一,中国是一个发展速度快的国家,高发展速度将是不会排斥外国的催化剂(刘涵慧、吴鲁平,2011);第二,作为传统的东方国家,我国的公民标准中所包含的指标与西方国家不尽一致。

另一方面,若认同的是民族标准,则越重视标准,就会越抗拒世界。该结论与以往的研究完全一致(吴鲁平等,2010)。不难想象,如果在青少年的爱国主义教育中更多地将传统的、带有民族保护色彩的思想强加到青少年身上,从而使青少年的认同标准中带有保守传统的、血统的、地方保护的标准烙印,那么将有损青少年建立向世界开放的思想。

(二)"自豪感"与"爱世界"的关系

国家在各个领域表现的优异程度会影响国人对世界的态度吗?

结果表明,一方面,在我国环境下,开放心态的"助推器"——政治领域自豪感(Herjm,1998)并没有表现出应有的促进效力。之所以会出现此不一致现象,我们认为可能有两个原因:第一,中国的政治经济维度中多了一个科技部分。是否因为对科技的自豪带有保守色彩,从而会阻碍对外来的接纳呢?第二,国别差异。有研究曾经提示,透明指数越高的国家,政治自豪感越可能正向预测对外接纳(刘涵慧、吴鲁平,2011)。例如,排名世界第一的瑞典、排名第六的澳大利亚便能看到政治自豪感与对外接纳的正向预测趋势(Hjerm,1998)。而排名世界12的美国、排名13的日本,却看不到政治自豪感和对外接纳的正向关系。如此推测,只有在有公信力、廉洁公平的国家里,对政治经济国家系统的自豪感才能真正幻化成人们内心强大的自信力。否则,在自信的同时,人们的心中一定还有各种的不稳定因素,自然也就不利于形成真正的强大自信。

另一方面,文化领域的自豪表现出对走向世界这一趋势的阻碍。这与世界各国的趋势有一致之处(吴鲁平、刘涵慧,2010)。我们认为,在我国可能还有更独特的原因。首先,我们的百年屈辱史使得国家对历史的自豪感中伴随着屈辱的记忆,这些记忆中有外国文化的入侵和掠夺,于是喜欢中国文化的人便会相对更排斥这些曾经的入侵者。其次，改革开放后，我国的部分传统文化消失或消解，使得不少人陷入文化混淆、道德混乱的状态，令很多国人感到痛心，这也许会加重对于文化的入侵的敏感。在我们看来，这不应被责难为一种敝帚自珍，不过是特殊的国情状况下的特殊反应。

(三)"国家情感"与"爱世界"的关系

对国家的爱是否会影响对世界的爱呢？

结果表明，第一，无建设性的爱国情感将会负向预测对世界的爱，也即非建设性爱国越强，对世界的爱越少。无建设性爱国情感实际上是国家主义、绝对爱国主义的同义词，这种绝对爱国主义对全球态度的影响是带有毁灭性的（Blank & Schmidt, 2003）。相反，带有建设性、批判性的爱国情感却相对积极，尽管本研究中没有得到明显的正预测力，也没有发现负向的影响。同时，本研究将对外国人等的态度作为爱世界的指标，也拓展了以往研究（Raijman, 2008）的结论。

第二，理性的身份归属越高，对外排斥度也越强。国民身份认同对对外排斥度的正向预测力的作用，不禁引发我们的思考，身份认同为何会有此作用呢？类似的研究似乎还没有很多，不过，按照 Huddy（2007）的解释，对国人身份的认同会促发其更多地参与到社会生活实践中，而对生活实践的参与自然会引发他们对国家命运等的思考，而尊己抑他也是这一参与的自然结果。

四 小结

在中国的大学生群体中，对国家的认同、对国家的爱是否会对他们接受外来的文化、外国的公司以及国际组织造成障碍？通过本研究我们发现，"国家认同"与"排外"拥有比较复杂但是也比较典型的关系。

在国家情感的成分构成中，充斥着感性色彩的"无批判性的爱国主义"成分和有着感性形象的符号爱国主义，以及融入了理性色彩的"有建设性的爱国主义"以及理性占了主导地位的"国家身份认同"显然为我们更深刻地揭示了同样是"爱国者",其对外的认可和情感投入却有着截然的不同之处。感性的爱国者无论周围情况怎样,都一如既往地热爱自己的国家。这种感性的情感带有一定的国家主义的成分,是一种与排斥外来息息相关的情绪。因此,这种无排斥的爱国程度越深,其排外度也就越大。

与之相比较,拥有更多理性思考的"建设性的爱国者"却能够更多地提出一些自己的看法,尽管其表面上看来是在批判国家的一些做法,但是,却带有更多的思考和理性在其中。如果说无批判的全盘接受的爱国是一种情怀,那么这种带有批评色彩的爱国心就是一种思考的展现。

第三章 大学生对人民代表大会制度的认同研究

本文采取问卷调查的方法对北京9所高校1207名大学生的人民代表大会制度的认同情况进行研究。探索性因子发现，大学生对于人大制度的认同可以分为五个维度，即情感认同、合法性认同、合理性认同、实效性认同及现实性认同，其中情感认同又可划分为去个性化情感认同、吸引性情感认同及批判性情感认同三个子维度。大学生对于人大制度认同的特点：大学生对人大制度总体认同程度处于中等水平，其中合法性、现实性与实效性认同得分较高且对人大制度总体认同影响权重较大，合理性认同程度有待提高，情感性认同趋于理性和批判化。通过结构方程路径分析发现，个体的批判性思维、个体对主流意识形态的认同度、个体的自由权利制衡倾向与效率倾向是影响人大制度认同的重要中介变量。其中自由权利倾向不仅直接影响人大制度认同，还通过个体批判性思维和效率倾向间接对人大制度认同造成影响；效率倾向在对人大制度认同直接影响的同时，还通过个体对主流意识形态的认同间接影响人大制度的认同。大学生的性别、在高中时期受到的政治教育以及大学专业课老师等外生变量除了直接影响人大制度认同外，还通过中介变量影响对人大制度的认同。

第一节 问题的提出

公民对于一国政体的支持与拥护是一个国家政治体系良好运行的基础与保证，也是每一个国家都希望通过政治教育实现的理想目标。人民代表大会制度作为中国的政体，其地位再一次被党的十七大报告确认，被列为中国特色社会主义民主政治制度四大制度之首。俞可平将人民代表大会制度与中国的政党制度两大制度称为当代中国最基本的政治制度，是所有其他政治制度的基石（俞可平，2009）。作为当今世界上最大的社会主义国家，并且在改革开放以来取得了举世瞩目的成就，中国政治制度的优势引起了学者的广泛关注。国外《新兴市场观察》（*Emerging Markets Monitor*，2006）杂志通过分析中国的宏观、微观经济认为，中国经济在未来50年中仍存在发展优势。然而，也有学者对中国的官僚体制与民主进程存在负面评价（M. Pei，1998；Peter Nolan，1994；Jean–Frangois Huchet，2006；Michael，1995）。甚至有学者质疑中国共产党的领导，认为"社会主义法治"不足以成为"法治"，并且中国现存的这种缺乏言论自由的政治体制加剧了中国法治进程中的矛盾（Cabestan，2005）。唐文方根据1999年对城市居民的价值观和对社会政治生活中各种问题的态度的调查认为，中国既不是危机四伏也不是国泰民安（唐文方，2008）。那么，中国大学生是如何看待中国的政治制度？本研究在当今政治体制改革的实践背景下，在分析当前制度研究问题的基础之上，提出了中国人民代表大会制度认同这一研究主题，并以大学生作为人大制度认同的主体，希望通过分析他们的认同现状与特点，挖掘人大制度认同的影响因素，为现实工作提供参考与建议。

第二节　理论背景

对于政治制度的分析自古希腊以来就是传统政治学研究的主要内容，古往今来，许多杰出的政治思想家提出了颇为经典的政治制度理论。然而，对于政治制度认同的专门研究，政治研究者涉足较少。政治制度认同往往被研究者们在论证制度合法性时顺带提及，对于政治制度认同的专题研究特别是实证研究还未展开。虽然第二次世界大战后，行为主义政治学迅速兴起与发展，研究者对民众的政治认同感产生了浓厚的实证研究兴趣，但是他们主要研究的是人们对于政党、政府、国家等实体的认同而具有强烈理论性与思辨性的政治制度在行为主义政治学的研究视野中反而更被边缘化了。因此，我们搜集到的对于政治制度认同的文献寥寥无几。但是，我们认为，对于政治制度认同的研究必须建立在扎实的政治制度研究基础之上，传统到现代的政治学研究者在这方面已为我们提供了丰富的思想宝藏。我们将从研究者们对于一般政治制度的理论研究、中国政治制度研究以及政治制度认同的研究来进行文献综述。

一 政治制度的概念及内涵

制度是组织人类共同生活、规范和约束个体行为的一系列规则，因此，制度也可以说是一个社会的游戏规则，是决定人们相互关系而人为设定的一些制约（道格拉斯·斯诺，1994）。"制度就是一系列影响人类行为的规则或规范"（俞可平，2009）。那么，在政治领域中的规则和规范则可以称之为政治制度。许多研究者也正是如此定义政治制度。这是一种比较笼统的说法。在分析梳理了研究者对于政治制度的各种不同的定义之后，我们认为，对于政治制度广狭义、政治制度性质属性的不同偏好导致研究者们对其定义有所不同。

（一）广义与狭义的政治制度

持狭义定义的研究者强调政治制度的正式性与强制性，是有明文规定的制度。如 Andrew Heywood 就认为，"政治制度是基于一定规则和程序之上规范个人和团体行为的长期稳定的安排，它体现为各种明确的带有强制性的规则和决策程序，具有正式和合法的特点，通常被视为国家机器的组成部分"（Andrew Heywood，2000）。我国的李会欣、浦兴祖等研究者就持这种狭义的定义（李会欣、吴欣欣，2009；浦兴，2005）。

持广义定义的研究者认为政治制度除了那些正式性的规则之外，还包括政治道德、习俗、文化中的规范。如早期制度学派的开创者康芒斯就认为，"制度是约束个人行为的集体行动，包括从无组织的习俗到那许多有组织的所谓'运行中的机构'"（康芒斯，1962）。这一广义的定义在新制度主义中的社会学制度主义学派那里得到了重视。社会学制度主义"倾向于在更为广泛的意义上来界定制度，认为制度不仅包括正式规则、程序、规范，而且还包括为人的行动提供意义框架的象征系统、认知模式和道德模板等。这种界定打破了制度与文化概念之间的界限。所以，在社会学制度主义看来，制度与文化是一对同义词，这样就把文化等非正式规则也纳入了研究框架之内"（罗亮，2010）。我国的童建挺等学者对政治制度持广义的理解，认为"政治制度就是政治领域中的规则和规范的集合，具体而言，政治制度是围绕政治权力的构成和行使，调解政治冲突和规制人们的政治行为的规则和规范的集合。宪法及其规定的整个国家的政治秩序和结构，法律、法规乃至政治文化中的规则和惯例等等，都属于政治制度"（童建挺，2009）。

（二）不同性质属性的政治制度

除了对于政治制度内涵大小的争议之外，对于政治制度性质的不同认识也带来了不同的定义。总体说来，主要有冲突论与功能论。

冲突论视角的研究者突出了政治制度的阶级属性，强调政治制度是统治阶级进行阶级统治的工具。他们认为，"政治制度是统治阶级为实现其阶级统治而采取的统治方式、方法的总和，它包括国家政权的阶级实质、政权的组织形式、国家结构形式以及为保证国家机器运转的一系列基本制度和具体制度"（张永桃，2004）。持这种视角的研究者在研究政治制度过程中倾向于不同性质制度间对立的观点。

功能论视角的研究者则把政治制度从阶级归属和阶级分野中剥离出来，把社会政治制度看做阶级社会人类实现自我管理的最高社会组织形式，反映人类社会发展到一定历史阶段，社会管理的主体、管理权力的归属、社会权力的层次结构、行政关系等职能的完善程度（樊东光，2010）。从管理形式的意义来看，政治制度本身并没有阶级性，政治制度具有一般性，具有自身的发展规律，具体的政治制度可以相互借鉴。

二 政治制度的类型与结构

（一）政治制度的类型

人类历史上创造了纷繁复杂的政治制度，如何认知、理解这些制度，是政治学尤其是政治科学长期的研究主题，而对政治制度进行分类是这个认知过程中的重要一环。对于政治制度的分类，研究者根据不同标准有不同的分类结果。

传统的马克思主义者根据生产关系、统治阶级属性、意识形态等标准，将人类社会政治制度归结为奴隶社会政治制度、封建社会政治制度、资本主义社会政治制度、社会主义社会政治制度。我国的大部分研究者在进行政治制度比较研究时广泛采取的就是这种分类方法。另外，一些研究者在提及政治制度时还喜欢以地域空间的视角来进行分类，如东方政治制度、西方政治制度等提法（王续添，2010）。

中国的王续添教授认为，根据制度产生和发展的机理或动力机制来看，人类所创造出来的政治制度可以分为中心主义政治制度和非中心主义政治制度两大类。中心主义是政治一元主义，是"纵向民主"，非中心主义是政治多元主义，是"横向民主"。东方各国多数属于中心主义的政治制度，西方各国多数属于非中心主义的政治制度（王续添，2010）。由高放主编的《社会主义大辞典》也对政治制度的类别有所阐述，认为历史上各国具体的政治制度按组织形式分，有君主制和共和制；按政体结构分，有单一制和复合制；按管辖权限分，有中央集权制和地方分权制等（高放，2010）。

（二）政治制度的结构

对于政治制度的结构，研究者从横向与纵向两个方面进行了分析。

从横向来看，对政治制度持广义理解的研究者认为政治制度由两部分构成，即法内制度和法外制度（如政治惯例、政治传统、政治习俗等）。前者为人类自觉的产物，有成文的、明确的规范；后者为政治生活自然的产物，为不成文制度。两者的约束力不同，约束方式也不同。在现代政治实践中，绝大部分政治制度为法内制度，通过宪法、法律、条例、章程等来规范各类政治实体的行为，规范政治权力的运作，以维护和促进政治社会的稳定。在当代法治社会中，法内制度的强制性和权威性因民众的认可而得到加强（戚兴元，2010）。一些研究者也将法内制度称之为正式制度，将法外制度称为非正式制度（赵昆，2007）。

从纵向来看，研究者普遍认为政治制度拥有三个层次，但对于三个层次的表述略有不同。如马景超认为，政治制度包括政治价值、宪法性制度、规范性制度三个层面。政治价值反映了共同体成员普遍的利益诉求，是政治制度的最终目的。宪法性制度是政治价值的原则性展开，规范性制度是将政治价值落实在人的行动中（马景超，2009）。另外有的研究者则认为政治制度由国体、政体和具体制度三个层次所构成，其中国体居于核心地位，国体主要体现的是制度的价值理念，政体反映国体。

三　政治制度的评价标准

古希腊伟大的政治学家亚里士多德曾说，"人是天生的政治动物"。人在与他人进行政治交往的过程中需要规则与秩序，即政治制度。因此，我们也可以说，人类的历史就是人类不断探索寻找好制度特别是好的政治制度的历史。早在公元前300年，亚里士多德在其《政治学》一书中，就对当时158个城邦国家的诸种政治制度进行了比较研究，以期发现最理想、最美好的政治制度。从政治学的第一部成文的经典著作《理想国》开始，寻找理想的、好的、具有合法性的制度便成为政治学者长期关注的领域。他们或者为政治生活描绘美好的制度蓝图，如柏拉图的《理想国》、莫尔的《乌托邦》、哈灵顿的《大洋国》；或者为政治制度的建构提供理论上的支撑与合法性的论证，如启蒙思想家们的"社会契约论""天赋人权说"，以及洛克的《政府论》、孟德斯鸠的《论法的精神》。"为政治生活设计美好制度"构成了传统政治学研究的基本内容，一直持续到20世纪行为主义的兴起。行为主义政治学强调以实证方法研究政治制度下的政治团体和政治个人的行为，将政治制度看做一种既定的框架。他们将代议民主制或曰民主共和制视为完美的象征，认为无需对它的存在基础和政治合法性做出考量和追问。这一时期，政治制度被政治学尤其是政治科学边缘化。20世纪八九十年代，新制度主义政治学（包含理性选择制度主义、社会学制度主义和历史制度主义三大流派）作为新的理论范式兴起，开始了对行为主义政治学的反思与批判。"为美好社会设计美好政治制度"的研究再次被纳入研究者的视野，他们汲取了经济学和社会学的新成果，在原有的研究基础上有了新的开拓(曹胜,2010;罗亮,2010)。

"好的""合法的""合理的""正义的"等形容词成为研究者在论及政治制度时的关键词。每个研究者自身的价值取向都会影响到他们对于"好制度"的评价标准。在对研究者们的评价标准进行研究与梳理之后,我们认为,他们所认为的"好制度"主要可以归结为以下几方面的特征。

(一)合法性(正当性)

在所有关于合法性的定义中,马克斯·韦伯的定义得到了较广范围的认同。在韦伯看来,一种秩序系统的存在取决于它是否有能力建立和培养其成员对其存在意义的普遍信念,也就是说,合法性表明秩序系统获得了该系统成员的认同和忠诚(马克斯·韦伯,1997)。制度合法性包括两方面的内容,一方面是制度本身所体现的价值理念是否具有正当性;另一方面是社会成员是否认同。第一方面即制度价值理念是民众认同的基础,也是政治学研究者们论述得较多的方面。辛鸣、霍春龙、包国宪等认为,制度合法性的内涵说到根本处就是公平与正义。政治制度的合法性不能靠神权或者领导者的个人魅力获得,而必须通过提高政治制度的正义性来获得合法性。只有以正义价值为基础的政治制度才能获得参与者的认可(辛鸣,2005)。罗尔斯强调,"正义是社会制度的首要价值,正像真理是思想体系的首要价值一样,一种理论,无论它多么精致和简洁,只要它不真实,就必须加以拒绝或修正;同样,某些法律和制度,不管它们如何有效率和有条理,只要它们不正义,就必须加以改造或废除"(约翰·罗尔斯,1988)。对于正义表现出来的具体理念,研究者们主要强调如下一些价值,如公正、平等、民主、自由、公共利益等。因此,可以说政治制度的合法性实际上就是关注制度的实质正义问题,指向的是制度的终极价值关怀,反映的是价值理性。

(二)合理性

制度合理性的内涵,主要指在一个以某种理念支持的制度系统内,其制度是否遵守该理念规定的"逻辑",所表现出来的功能与价值是否与其"理念"具有逻辑上的一致性。归根到底就是制度的具体内容是否符合制度的内在规律,制度的外在体现是否真正合逻辑、合规范(辛鸣,2005)。如果说制度的合法性强调的是制度的实质正义的话,那么这里的制度合理性指的则是制度形式正义、程序正义,要求政治制度安排能够以一套公正的、透明的程序来实现实质正义所指向的价值关怀(雷振文,2008)。罗尔斯专门讨论过这种程序的合理性,认为"即使在法律和制度不正义的情况下,前后一致地实行它们也还是要比反复无常好一些"(约翰·罗尔斯,1988)。哈耶克和诺齐克等新自由主义者认为,正义是过程性的而非结果性的。在哈贝马斯那里,真正的正义也是程序性的,而不应该是实质的,实质正义意味着对某些价值的承诺,任何政治制度和法律制度都是这些价值的体现和保证,程序的正义意味着正义是程序的结果(谢殿波,2011)。辛鸣认为,制度合理性应该体现三个要求,即形式合理性、程序合理性与合规律性(辛鸣,2005)。另外,孔德永、霍春龙、包国宪等也论述了制度形式合理性、规范性对于政治制度的作用(孔德永,2008;霍春龙、包国宪,2009)。

(三) 现实性

制度的现实性,主要是就制度的可实现性和可操作性而言的(辛鸣,2005)。如果人们没有意识到制度的非现实性问题,往往就会出现制度的乌托邦,因为人们总容易产生一种"寻求最优制度"的冲动,而这种最优制度需要的现实基础往往又不具备。在社会主义发展初期,一些国家的共产党领导人急于向共产主义过渡,希望一夜之间建立共产主义的制度基础,结果适得其反就是最好的例子。辛鸣将制度的现实性概括为三个内涵,其一,任何制度都必须与它的历史发展阶段相适应,不能超越历史阶段而谈抽象的制度;其二,任何制度都必须具有实际的可操作性和可运作性,不能仅仅停留于理论图景中;其三,任何制度都必须关注其存在及实施成本(辛鸣,2005)。新制度主义政治学中的社会学制度主义及历史制度主义学派也非常关注政治制度的现实性问题,强调只有与社会文化、历史阶段相适应的制度才是事实上的"最优"(罗亮,2010)。

(四) 实效性

制度的实效性，是指制度取得的实际效果或效用，亦即制度的目的能不能达到，解决的是制度能不能、有没有效果的问题（徐永军，2004）。美国著名政治学家利普赛特认为，"有效性指实际的政绩，即该制度在大多数人民及势力集团如大商业或军队眼中能够满足政府基本功能的程度"。这里，利普赛特主要从政绩角度来认识和理解政治制度有效性的含义，他主要关注大多数人及势力集团和军队对制度结果的满意程度（霍春龙、包国宪，2009）。持这一标准的研究者更为关注政治制度的工具性价值，认为制度在实践中实际产生的效率与效用对于判断一个制度的优劣起决定性作用。2008年5月27日新加坡《联合早报》针对中国政府在汶川地震中的表现发表了如下评论："中国的行为已经引出人们对政治制度的反思……衡量一个政体的好坏，更多的是要看这个政体是否有意愿和能力来为人民提供所需要的服务。"（邵景均，2008）。中国改革开放的总设计师邓小平对于政治制度的评价标准问题也作出过大量论述。在《邓小平文选》第三卷中有一篇文章的题目就是《怎样评价一个国家的政治体制》。邓小平明确提出："我们评价一个国家的政治体制、政治结构和政策是否正确，关键看三条：第一是看国家的政局是否稳定；第二是看能否增进人民的团结，改善人民的生活；第三是看生产力能否得到持续发展。"（邓小平，1993）邓小平对于政治制度的评价始终坚持"发展生产力"的根本标准，并在此前提下，又提出了政治稳定、效率和活力作为具体的价值标准（邵景均，2008）。中共中央纪委研究室的邵景均认为，判断一种政治制度是否优越，不能从任何理念、原则或框框出发，而只能从实际出发，坚持实践的标准。主要应看两方面：一是在社会常态方面，能否保证经济社会较快、协调、可持续发展，不断满足人民日益增长的物质文化需求；二是在社会非常态方面，能否保证对各种突发事件和危机作出及时、有效处理，最大限度减少人民的生命财产损失。另外，李贺林、杨明伟等也同意此种实效性的判断标准（李贺林，2010；杨明伟，2008）。

四 中国政治制度研究

中国研究者对当前中国的社会主义民主制度做了大量研究。我们主要从中国政治制度的内容、价值理念、中外制度比较等方面作一个简单梳理。

(一) 中国政治制度的内容

对于中国的国体,中国《宪法》规定:"中华人民共和国是工人阶级领导的、以工农联盟为基础的人民民主专政的社会主义国家。"中共十七大报告将中国特色社会主义民主政治制度概括为四大制度,即"人民代表大会制度、中国共产党领导的多党合作和政治协商制度、民族区域自治制度和基层群众自治制度"。这四项制度构成了中国政治制度的核心内容和基本框架。

由浦兴祖教授主编的《中华人民共和国政治制度》在对政治制度进行比较分析的基础上,明确了我国政治制度的基本框架(见图3-1)(浦兴祖,1994)。

俞可平认为,在众多的政治制度中,"一党领导、多党合作"的政党制度、中国共产党与其他党派团体的政治协商制度,以及人民代表大会作为国家权力机关的国家政权制度,是当代中国最基本的政治制度,是所有其他政治制度的基石(俞可平,2009)。我国其他研究者也主要是从这两个制度来研究中国的政治制度。

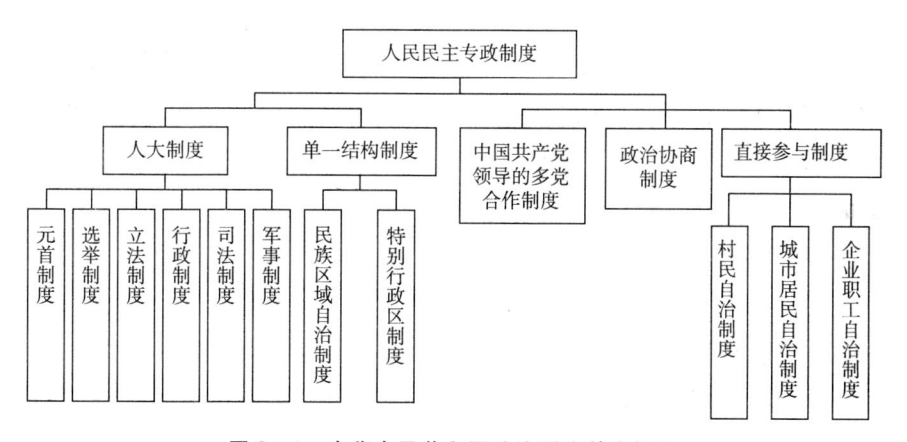

图3-1 中华人民共和国政治制度基本框架

(二) 中国政治制度的价值理念

研究者们用历史分析、文献分析、哲学思辨等研究方法对中国政治制度的价值理念进行了研究，基本得出了一致的结论，即中国政治制度的核心价值就是建设社会主义民主政治。

杨楹用哲学思辨的研究方法将政治制度伦理解构为根本制度伦理和派生制度伦理两个维度，并认为一个国家的"国体"所蕴涵的伦理性就是该国政治制度的根本价值规定（杨楹，2009）。根据我国宪法规定，我国的国体是"人民民主专政的社会主义国家"，因此"社会主义民主"是我国政治制度的核心价值。

杨俊用历史分析的方法研究了中国政治制度的变迁认为，虽然新中国成立后中国政治制度在发展上呈现了阶段性，但在核心价值观上，近60年的中国政治制度核心价值观是一以贯之、坚定不移的。这些核心价值观主要是如下的价值认同：中国共产党的领导地位，社会主义的发展方向，马列主义、毛泽东思想指导地位和人民民主专政的国体（杨俊，2008）。

王乃圣、陈明明、刘琳娜等研究者主要通过分析党和国家的相关文献研究中国政治制度的价值理念。他们认为，从这些文献表述来看，中国政治制度的核心价值是实现社会主义的民主政治，其内涵是坚持"党的领导、人民当家做主、依法治国"，具体理念是"社会主义民主法治、自由平等、公平正义"的理念（王乃圣，2008；陈明明，2008；刘琳娜，2011）。

我国党和国家领导人也多次论述过我国人民民主的政治理念。如1954年6月14日，毛泽东在《关于中华人民共和国宪法草案》的讲话中指出："我们的宪法草案，结合了原则性和灵活性。原则基本上是两个：民主原则和社会主义原则……人民民主的原则贯串在我们整个宪法中。"（毛泽东，1991）改革开放之后，根据当时的历史条件，邓小平也反复强调，中国要加强民主建设，但中国的民主必须循序渐进。党的十七大报告对社会主义民主进行了科学的概括，指出人民当家做主是社会主义民主政治的本质和核心，并突出强调了社会公平、正义、共享的发展理念。对于怎样进一步完善中国的民主制度，2009年2月1日，国务院总理温家宝在接受英国《金融时报》主编巴伯的专访时回答，中国政治体制改革的目标就是要建设社会主义的民主政治，保障人民民主选举、民主决策、民主管理和民主监督的权利。温总理强调指出，社会主义民主归根结底就是让人民当家做主，这就是政府的一切权力都是人民赋予的，一切属于人民，一切为了人民，一切依靠人民，一切归功于人民，"我们要建立的社会应该是一个公平正义的社会，是一个让每一个人在自由和平等的条件下得到全面发展的社会。我一直认为，公平正义是我们社会主义制度的首要价值"。

五　政治制度认同研究

迄今为止，国内外对于政治制度认同的研究基本上都停留在理论探讨上。马克思·韦伯对于制度"合法性"的阐述开启了制度认同的研究大门，认为一个制度如果得到民众的认同则具有合法性和权威性。虽然"二战"后行为主义政治学广泛采用实证的研究方法研究民众的政治认同，也取得了大量影响深远的研究成果，但政治制度的认同在他们那里并没有被重视。随着我国经济体制改革的深入和社会结构转型的全面展开，社会阶层的多元化、利益需求的多样化、价值评价的多元化日渐显现，原有的政治生态环境的巨大变化使制度认同问题日益凸显。我国学术界开始慢慢关注政治制度认同问题的研究。但总体来讲，我国学术界对该问题的研究起步较晚，专门、系统的研究还很少，主要是对于制度认同内涵、影响因素及对策的简单理论论述。我们主要从制度认同的内涵、影响制度认同的因素两方面来对我国研究者关于制度认同的研究作一梳理。

（一）制度认同的内涵

政治制度认同研究始于并内在囊括于20世纪中期西方兴起的行为主义政治学的政治社会化研究领域。以伊斯顿（Easton）、赫斯（Hess）、阿尔蒙德（Almond）、维巴（Verba）、格林斯坦（Greenstein）、米切尔（Mitchell）、福曼（Froman）、派伊（Pye）等为代表的研究者认为，政治社会化在政治方面最重要的意义和价值，就在于让民众产生对政治体系的认同而实现政治体系的持续与稳定。"任何一个政治体系只有成功地在它的成员中发展出了一个关于政治事物的共同政治知识系统,以及一套共同的政治价值与政治态度,它才能实现或维持一种完整的状态。"(Easton&Hess,1961:228)在建立起了政治认同后,"不管任何事情发生,(这个政治体系的)成员都一定会继续以强烈的忠诚与热爱来坚定不移地支持它。这种支持是一种特别的报酬的延伸和继续,这种报酬是成员可能觉得从归属于这个体系中而获得的"(Easton,1965:124-125)。

伊斯顿对政治体系进行了全面而简洁的分类,他将政治体系划分为三个主要的对象或者层次——政府、政制和政治社群(Easton&Hess,1962)。因此,作为政治体系三大层次之一,培养民众对政治制度认同的重要性就毋庸置疑了。国外也有一些研究者对政治制度认同开展了具体研究,如大卫·西尔斯在美国黑人瓦茨暴动之后,开展了"黑人对美国政治体制态度"的实证研究,发现黑人当时对政治的不满主要是对当前政治在职者及其政策的不满,而不是更为一般意义上对美国政治体制的忠诚的缺失,黑人表达了对自身命运的不满,但他们和白人一样完全赞同美国的民主制度(David O. Sears, 1969)。杰克·登尼斯等研究者也对美国、英国、意大利和德国未成年人的政党制度认同进行了实证的比较研究,发现这四个国家的未成年人对于政党制度都具有复杂的感情,没有一个国家的青年是公然赞成政党的冲突和竞争的,而认为要严加限制。另外,四国青少年大部分都拒绝一党制。所以综合来看,他们对各自国家政党制度的支持还是具有压倒性优势的(Jack Dennis, Leon Lindberg, Donald Mccrone, Rodney Stiefbold, 1968)。虽然已取得一些研究成果,但从总体来看,行为主义政治学的研究者对政治制度认同方面的研究还是比较稀少,并有待继续深入。

我国学术界也开始慢慢关注政治制度认同问题的研究。但总体来讲,我国学术界对该问题的研究起步较晚,专门、系统的研究很少。就当前有限的研究文献来看,研究者对于制度认同这一概念内涵的系统探究还比较薄弱,可操作性不强。

高兆明强调公民对于制度的理性价值评价,认为制度认同是指公民对一制度体系在价值上的承认与肯定,认为它是基本公正的,自己愿意遵守与维护这一制度体系,是一种公民出于理性对制度体系质的规定与肯定。具体包括两方面的内涵:一方面是对其发生学的原则肯定,它是公民自由实践活动过程中的自由产物；另一方面是对其过程与结果的肯定，它是公民平等协作的过程，并能有效预期行为，共同合理互利（高兆明，2005）。

孔德永强调公民对于制度的情感，提出制度认同是一个人基于对特定的政治、经济、社会制度有所肯定而产生的一种政治情感上的归属感，是民众从内心产生的一种对制度的高度信任和肯定（孔德永，2008）。秦国民则增加了公民对于制度的行为支持这一角度，认为制度认同是指大多数社会成员在价值观念上的认同和行动上的支持，它内在包含了价值上的肯定、转化为现实行为的趋势与取向两个方面的内涵（秦国民，2010）。

我们认为，制度认同是包含了民众对于制度的认知、情感、理性价值评价、行动支持等在内的多方面的复杂系统，而其中民众对于制度的认知与价值评价是其他方面的基础。民众只有在对该制度进行了评价，并认为是公平正义的制度时，才会产生归属感并采取行为上的支持。

（二）影响制度认同的因素

对于影响个体政治认同与政治取向的因素（西方研究者更喜欢用政治社会化机构这一指称），家庭和学校通常被国外研究者认为是在对个体灌输政治价值方面影响最大的因素，而家庭当中又尤其强调父亲的影响作用（Dean Jaros，Herbert Hirsch，Frederic J. Fleron，1968）。其他一些也常常得到重视的机构包括同辈群体、亲戚、朋友、邻居、大众媒体、政府、各种次级群体。研究者意识到，各种社会化机构的影响作用是非常复杂的，这些社会化机构的政治影响方式会因为不同阶层和生命历程的不同阶段或者机构本身的特点而有所差异，并且对于受教者与施教者个人特点这些中介变量的研究还极为稀少（Jack Dennis，1968）。

西方政治社会化的研究经历了从社会教化范式向个体学习范式的转变，前者强调社会（政治体系、教育者）对个体的作用，而后者则关心个体的顺应、内化、吸收、发展等，强调个体的主动性，这种研究模式试图去观察新成员的自我顺应活动，即他是如何试图去形成关于这个他没法创造的政治体系的理解（Jack Dennis，1968）。研究者们认为，在像形成对政治权威的态度这些方面，政治文化的传播主要是通过"非政治学习"来实现的。对于这一点，阿尔蒙德与维巴都曾强调过，他们认为许多政治学习都是潜隐的而不是公开显露的。社会的新成员们很可能是在各种非政治的环境中并在没有公开的政治教育的条件下形成了他们的政治取向（Jack Dennis，1968）。

此外，从研究者对于制度认同影响因素的分析结果来看，这些影响因素与"好制度"的评价标准基本一致，主要包括以下一些因素。

1. 制度价值的合法性

赵昆以"经济人"假设为分析的切入点，提出制度的合理性是影响制度认同的主要因素。他认为，一种制度框架只有经过所有公民价值批判后，才能为人们所认肯和接受，公民才会以此来规范自己的行为。如果一种制度不合理、不道德，其社会成员就会在情感上与其抵触，行为上或是公开背叛或是阳奉阴违，制度认同难以产生（赵昆，2007）。孔德永也认为，制度设计中的公正是制度认同的基本原则之一，公正是制度的内在要求和灵魂，也是人们对制度进行价值判断的基本标准。只有当人们相信制度是正义的或公平的时候，才会产生心理感受上的公平感，进而准备并愿意履行制度安排赋予的责任和义务；反之，制度认同危机将会出现（孔德永，2008）。王结发认为公共理性将成为影响制度认同的关键因素，是制度的基本价值取向，体现公共理性精神的制度才能获得具有理性辨识能力的民众的自觉遵循（王结发，2009）。

2. 制度程序、运行的合理性与规范性

孔德永认为，制度运行中的规范性是制度认同的另外一个基本原则。制度本身的正义性需要制度运行的规范性来反映和实现，如果运行机制不够规范，制度在民众心目中就失去了正当性和权威性，公众对制度的认同就会流于形式（孔德永，2008）。秦国民也提出，制度运作的正义性或程序正义是制度本身公正的保障，只有制度运行具有规范性、科学性，才能激起人们对程序的认同，进而增强对制度本身的认同（秦国民，2010）。张怀民、陈波认为，在全球化过程中，中国国内腐败现象的滋生以及屡禁不止，严重威胁到了政府、政治制度的合法性（张怀民、陈波，2006）。吴文勤认为，当前我国虽建立起了人民当家做主的人民代表大会制度，但人民当家做主的民主权利的实现途径、方式和方法还不健全，操作也不规范，人民当家做主的权利没有很好地实现，从而影响了人民对现有政治体制的认同（吴文勤，2008）。

3. 社会阶层结构变化

吴文勤具体分析了社会结构分化认同的缺乏对制度认同的影响。他认为，随着我国社会由总体性社会向异质性社会转变，社会结构剧烈分化，社会阶层多元化，而受不公平现象及阶层间矛盾、冲突的影响，社会各阶层对社会结构的分化缺乏普遍的认同，这极易造成人们对现行社会政治制度的不信任（吴文勤，2008）。

4. 权力控制

主要包括权力强制和意识控制两个因素。王结发认为，权力强制能够推动制度认同的产生。制度是由统治阶级设计的产物，它隐含着某种权力的等级性，制造和巩固着现实社会阶级差别，而受有限理性约束的社会成员往往会做出基于自利倾向的选择，在这种情势下，必须依靠能使社会成员恐惧的权力，改变或强制其接受和认可现行制度。但权力强制易引发矛盾的不断积聚与激化，因而有降低制度认同的危险。于是，王结发又提出了意识控制是影响制度认同的另一因素，它通过分散和转移制度所制造的矛盾和控制民众的信息渠道，使社会成员对制度产生"定向性"认识，只看到对自己有利的一面，从而增强人们对制度的认同（王结发，2009）。杨春风提出，意识形态是影响制度认同的关键因素。他分析说，意识形态在社会生活中起着统一思想、引导人民群众认同一种制度和秩序的巨大作用，它为制度合法性和合理性提供了理论论证，是制度认同的思想依据（杨春风，2008）。

（三）制度认同的现状

目前为止，我国研究者专门针对民众对于中国政治制度的认同现状的实证研究相对较少，相关的一些结论往往零碎分布于政治认同的研究报告中。例如，通过对重庆市大中学生的调查，罗章和张俊伟认为当代大中学生对政党和国家政策的认同度比较高（罗章、张俊伟，2009）。孙留华和任园对上海政法学院大学生的调查发现，绝大多数大学生对党、对国家、对社会主义制度认同感强烈（孙留华、任园，2010）。根据2007年教育部对高校大学生思想政治状况的调查结果，向欣认为大学生是认同中国共产党的领导能力与地位的（向欣，2011）。

（四）当前制度认同研究的不足与对未来研究的展望

目前虽然国内学术界对制度认同问题进行了有意义的探索，并已取得了一定成果，但是研究仍处于起步阶段，专题性研究成果有限。虽然自2005年开始，制度认同问题已逐步进入研究者的视野，但并未成为研究热点，无论学理层面还是应用层面的研究都非常少，在研究内容和研究方法方面都还有待深入。

首先，从研究内容来看，当前对制度认同问题缺乏系统性的、全面的、深入细致的研究。研究者们对影响制度认同的因素及建构制度认同的对策的探究较多，而对制度认同本身的内涵、特征、功能、类型进行系统分析的较少，而恰恰后者是制度认同问题研究的理论基点。另外，在对制度认同影响因素的分析中，研究者们的关注面过于狭窄，并没有进行全面系统地研究，影响个体制度认同的家庭、学校及自身的思想特点等因素都没有引起研究者的关注。

其次，从研究方法来看，研究者基本都停留于理论探讨，研究方法过于单一。作为一种公民对制度情感上的归属感，制度认同的研究离不开实证性的分析，以深入挖掘个体认同的结构及影响认同的内在动力。当前的研究倾向于宽泛的分析，忽视了对制度认同的实证性分析及对制度认同程度高低的度量分析，更缺乏对不同政治主体制度认同比较分析。

上述研究的不足恰恰是制度研究未来展望的基点。我们认为，从研究内容来看，政治制度认同研究首先要深化对政治制度认同内涵及结构的深入、全面、系统的探索，以此基础展开制度认同的其他方面的研究。其次对于政治制度认同的影响因素，研究者要从政治社会化中的个体的角度来全面寻找与验证，不能停留于过于抽象及笼统的因素中，只有如此，才能提供切实可行的解决对策。从研究方法来看，现在的研究往往把政治制度中的民众、个体看做被动的接受者，站在政府的角度来泛泛而谈民众的制度认同。但制度认同是需要经过个体认识加工后形成的情感与评价，具有一定的主观性及能动性，因此，从个体的角度来研究制度认同就显得非常必要。另外，现有研究基本都是停留于理论分析的研究，我们还未看到采用实证方法来系统地研究制度认同的文献。然而，要了解公民对于政治制度的实际认知、真实态度以及不同群体、阶层之间的差异，必须要采用实证的方法收集资料，唯有如此，才能为现实中的思想政治工作提供解决问题的具体路径。

第三节 资料收集与测量

一 抽样设计

（一）抽样基本思路

首先，对于研究对象，我们选择的是大学本科生。知识青年历来是党和政府思想政治教育的重点群体，从长远来讲，他们对于政治制度的态度在很大程度上预示了国家未来政治发展方向；从近期来看，他们的政治态度关系国家政治与社会的稳定和发展。另外，大学生经历了系统全面的学校思想政治教育，研究他们的思想状况对于评价我们的思想政治教育工作具有深远价值。因此，调查研究大学生这个群体对于政治制度的认同态度无疑就具有重要的实践与理论意义。为了解大学生在大学的思想发展历程，我们调查了从大一到大四每一个年级的大学生。

其次，对于研究地域，我们选择的是北京的高校。北京作为全国的文化中心，高校云集，汇集了众多优秀学子，是全国高校以及在校大学生人数最多的城市。同时，北京作为全国的政治中心，北京地区的大学生能感受到更浓烈的政治氛围，能更近距离地感受国家重大的政治事件。因此，从研究政治制度认同感的角度来看，北京地区大学生对于全国大学生具有重要的代表作用。

（二）调查样本容量的确定

在简单随机抽样的情况下，当置信度设定为95%，总体的成数为

0.5，允许抽样误差控制在3.0%的情况下，样本规模（sample size）n为：$t^2/4e^2 = 1.96^2/4 \times 0.03^2 = 1067$。考虑到问卷的回收率和废卷等问题，我们将调查样本容量确定为1300人。共抽取8所北京高校，每所高校发放150份。发放问卷时尽量保证文科与理科、男生与女生比例的平衡。

二 资料收集与分析

（一）问卷调查

本研究通过问卷调查法搜集的资料，来自于2011年6月我们对北京地区大学生进行的大学生政治制度态度调查。在问卷调查中，按填答方式可以分为自填式问卷调查和面访式问卷调查。面访式问卷调查费时、费力，因此本调查采用自填式问卷调查方式，即把问卷发给学生，让其自行填答，然后收回。

按调查场合划分，问卷调查可分为单个施测与集体施测。由于本次调查主题带有一定的政治性，如果以班级为单位进行集体施测，会让被调查者产生一些思想顾虑，影响调查结果的真实性。因此，调查员都是通过入宿舍调查的方式发放问卷，让被调查者自由填答，约过半小时之后调查员再返回回收。这一调查方式保证了调查结果的有效性与真实性。

（二）样本基本情况

2011年6月，我们在北京9所高校，包括清华大学、北京师范大学、北京科技大学、中国农业大学、北京航空航天大学、中央民族大学、首都师范大学、首都经济贸易大学、中国青年政治学院，开展了"大学生对政治制度的态度调查"。共发放问卷1300份，回收有效问卷1207份，回收率为92.8%。有效样本的基本情况如图3-2所示。

图 3-2　样本基本情况

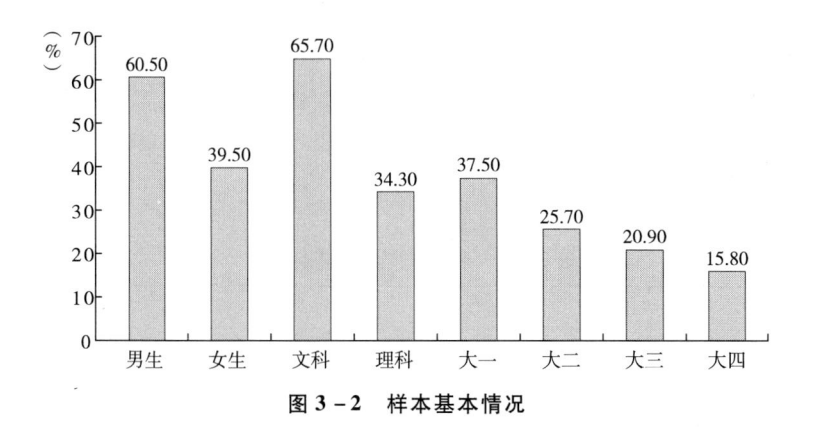

三　核心概念的操作化与测量

本研究的核心概念主要是对人大制度认同。参考国外学者关于社会认同和政党认同测量的两个维度——情感和认知（Steven，2002；Barry & Casey，2005；Douglas&Neil，2010），我们认为对于人大制度认同也可分为对制度的情感归属和对制度的价值性评价。具体来说，对于人大制度的情感归属即情感认同，可操作化为去个性化情感认同（Campbell et al. 1960；Fioruna，1981；Jay&Eliot，1999）、批判性情感认同（Jay&Eliot，1999；Frankin & Jackson，1983）及吸引性情感认同（Miller & Shanks，1996）。对于人大制度的价值性评价主要参考了"好制度"的评价标准，具体操作化为合法性认同、合理性认同、实效性认同及现实性认同。合法性认同即个体对于政治制度是否具有公平、正义、民主、自由等价值理念的评价；合理性认同即个体对于政治制度操作程序、形式是否具有合理性、规范性的评价；实效性认同指个体对于政治制度是否产生了政治、社会、经济等方面的效用的评价；现实性认同即个体对于政治制度是否具有可操作性、符合国情需要的评价。根据我国人大制度具体的特点，我们从上述五个维度分别进行了指标设计。

（一）人大制度认同的测量

1. 人大制度认同概念操作化与指标设计

无论是党和政府的文献还是我国的研究者都认为，中国人民代表大会制度是人民主权原则与中国国情相结合的产物，是人民主权原则在中国的具体体现。因此，人民主权即人民当家做主应该是人大制度体现的核心价值理念，保证人民真正享有当家做主的权利也是人大制度的核心功能。我们正是以此为指标设计的基点，从制度认同的五个维度进行了设计，如表 3-1 所示。

表 3-1　人大制度认同测量指标

项　目	一级维度	二级维度	题号及指标
中国人民代表大会制度认同	情感认同	去个性化情感认同	（1）当有人批评人大制度时，我感到就像在批评我一样 （2）人大制度的成功就是我的成功 （3）当我谈到人大制度时，我会用"我们的制度"
		批判性情感认同	（4）如果我批判人大制度，也是出于爱 （5）我反对人大制度中的一些问题，是希望人大制度能更加进步与完善 （6）人们应该支持人大制度，即使人大制度现在还存在一些问题
		吸引性情感认同	（7）人大制度让我感到愉快 （8）我认为自己是支持人大制度的 （9）我很高兴自己是支持人大制度的
	合法性认同	—	（1）我国是人民民主专政 （2）在我国现有制度保证下，人民会越来越成为国家的主人
	合理性认同	—	（1）人民代表大会制度中的民主集中制更强调集中而不是民主 （2）中国的人民代表大会制度只是一种形式，没有实际的权力 （3）人大代表并不是人民自己真正选出来的代表
	实效性认同	—	（1）现在我国的一切权力都属于人民 （2）现实中，人民通过选举人大代表，切实保障了人民当家做主的权利 （3）全国人民代表大会在我国确实成为了最高国家权力机关
	现实性认同	—	（1）从中国的国情来看，与美国的三权分立制度相比，人大制度更有利于中国的发展 （2）从中国的国情来看，与欧洲大多数国家所采用的议会民主制相比，人大制度更有利于中国的发展

2. 人大制度认同量表分析

我们对人大制度情感认同量表进行了项目分析、因素分析及信度分析。项目分析的具体做法是,取该量表总分排名靠后的25%的被试与排名靠前的25%的被试,在各个题目上的得分进行T检验,考察每个项目的区分度。研究结果显示,该量表9个项目的T检验结果都达到了显著水平,项目区分度良好。对量表进行因素发现,该量表可以较好地聚为三个因子,分别为去个性化情感认同、吸引性情感认同及批判性情感认同,三个因子的累积方差贡献率为82.092%。各维度测量指标的信度值都较高,分别为0.895、0.893与0.821(见表3-2)。

表3-2 人大制度情感认同量表项目分析、因素分析、信度分析结果

因素名称	题目	项目分析 T	抽取的因素 1	抽取的因素 2	抽取的因素 3	贡献率(%)	累积贡献率(%)	信度
去个性化情感认同	(1) 有人批评人大制度时,我感到像在批评我一样	-31.928***	0.861			32.548	32.548	0.895
	(2) 人大制度的成功就是我的成功	-32.013***	0.867	—				
	(3) 当我谈到人大制度时,我会用"我们的制度"	-35.561***	0.816					
吸引性情感认同	(1) 人大制度让我感到愉快	-34.186***		0.650		27.660	60.208	0.893
	(2) 我认为自己是支持人大制度的	-31.670***	—	0.824	—			
	(3) 我很高兴自己是支持人大制度的	-35.434***		0.770				
批判性情感认同	(1) 如果我批判人大制度,也是出于爱	-23.252***			0.833	21.884	82.092	0.821
	(2) 我反对人大制度中的一些问题,是希望人大制度能更加进步与完善	-16.898***		—	0.870			
	(3) 人们应该支持人大制度,即使人大制度现在还存在一些问题	-27.995***			0.528			

从初步分析的结果看,大学生对于人大制度的情感认同依然可以划分为去个性化情感认同、吸引性情感认同与批判性情感认同三个维度。为了进一步验证该量表的结构效度,我们根据因子分析提供的结果在 AMOS 中建立了结构方程模型,进行验证性因素分析。在结构方程中,由于卡方值对受试样本的大小非常敏感,样本数越大,卡方值越容易显著,导致模型遭受拒绝的概率越大(吴明隆,2009:41)。因此,当运用卡方分布进行模型检验时,会因为参数数目与样本数的技术特性影响模型的拟合度检验,在文章涉及结构方程分析中,一般舍弃卡方,综合考虑各参数的拟合度参数 RMSEA、CFI、TLI、GFI(邱皓政,2009:18-19,76)。最终,根据拟合度参数选出最优模型,模型拟合度的统计参数如表 3-3 所示。

表 3-3 人大制度情感性认同验证性因素分析关键参数

项　　目	RMSEA	CFI	TLI	GFI
适配标准值	<0.08	>0.9	>0.9	>0.9
实　际　值	0.079	0.984	0.970	0.950

由表 3-3 可知,模型拟合度系数符合要求,经过分析可知各指标的因子负载量都在 0.64 以上,表明研究假设模型与数据拟合得较好,可以接受该假设模型。经过验证性因素分析得出各维度的组合信度值分别为 0.885、0.796 与 0.794,且维度测量指标的平均变异数抽取量分别为 0.7196、0.5765 与 0.5648,均高于各维度之间相关系数的平方,表明各项指标对所测量的维度均有较高的结构效度(吴明隆,2009:54-55)。因此,可以说人大制度情感认同包含了三个维度:去个性化情感认同、吸引性情感认同与批判性情感认同。

根据我们的设计,人大制度认同量表包括五个维度,即情感认同、合法性认同、合理性认同、实效性认同和现实性认同。根据这五个维度进行了认同量表的项目分析与信度分析。项目分析的做法依然是取总量表得分排名靠后的 25% 的被试与排名靠前 25% 的被试在各个项目上进行 T 检验。结果如表 3-4 所示。

表3-4 人大制度认同量表项目分析、因素分析、信度分析结果

维 度	题号与指标	项目分析	信 度
情感认同	去个性化情感认同	-26.884***	0.829
	吸引性情感认同	-27.407***	
	批判性情感认同	-14.447***	
合法性认同	(1) 我国现在是人民民主专政国家	-37.195***	0.803
	(2) 在我国现有制度保证下，人民会越来越成为国家主人	-40.488***	
合理性认同	(1) 人大制度中的民主集中制更强调集中而不是民主	-1.179***	0.685
	(2) 人大制度只是一种形式没有实际权力	-3.290***	
	(3) 人大代表不是人民自己真正选出来的代表	-3.685***	
实效性认同	(1) 现在我国的一切权力都属于人民	-41.118***	0.849
	(2) 现实中，人民通过选举人大代表，切实保障了人民当家做主的权利	-38.013***	
	(3) 全国人大确实成为最高国家权力机关	-25.080***	
现实性认同	(1) 从中国国情看，与美国的三权分立制度比，人大制度更有利于中国发展	-25.767***	0.814
	(2) 从中国国情看，与欧洲大多数国家所采用的议会制相比，人大制度更有利于中国的发展	-24.828***	

对该量表的项目分析结果显示，各项目的 T 检验均具有显著性，表明量表的区分度良好。各维度的信度值分别为 0.829、0.803、0.685 和

0.849，0.814，说明各项指标对所测量的维度均有较高的信度。

我们进一步在 AMOS 中建立了结构方程模型，对该结构进行了验证性因素分析。关键统计参数如表 3-5 所示。

表 3-5 人大制度认同验证性因素分析关键参数

项　　目	RMSEA	CFI	TLI	GFI
适配标准值	<0.08	>0.9	>0.9	>0.9
实　际　值	0.075	0.964	0.965	0.955

由表 3-5 可知，模型拟合度系数符合要求。经过分析可知因子负载量都在 0.6 以上，经过验证性因素分析得出各维度的组合信度值分别为 0.935、0.733、0.625、0.778、0.726，维度测量指标的平均变异数抽取量分别为 0.620、0.579、0.358、0.543、0.570，均高于各维度之间相关系数的平方，各项指标对所测量的维度均有较高的结构效度（吴明隆，2009：54-55），表明研究假设模型与数据拟合得较好，可以接受该模型。

与情感认同一样，对人大制度认同的研究表明，人大制度认同包含了五个维度，即情感认同、合法性认同、合理性认同、实效性认同与现实性认同。

(二) 自变量的设计

本研究除了要描述大学生对于政治制度的认同程度及特点之外，还要挖掘与分析影响大学生制度认同的因素。我们设计了如下的自变量（见表 3-6）。

表 3-6 自变量指标及题号

维　　度	指　　标	题　　号
人口统计学因素	性别、年级、政治面貌、宗教信仰、父母亲职业、父母亲文化程度、家庭收入	A01~A09
家　　庭	1. 家庭政治关心度 2. 家庭政治态度	B08_6 B09_6

续表

维　度	指　标	题　号
学　校	1. 高中政治教育	B11_1 B11_2 B11_3 B11_5
	2. 高中老师政治关心度	B08_3
	3. 高中老师政治态度	B09_3
	4. 大学老师政治关心度	B08_4 B08_5
	5. 大学老师政治态度	B09_4 B09_5
	6. 大学同学政治关心度	B08_2
	7. 大学同学政治态度	B09_2
	8. 大学课堂气氛	B01
媒　体	1. 个体政治关心度	B08_1
	2. 个体政治态度	B09_1
	3. 媒体接触类型	B05 B06 B07
	4. 媒体接触频率	B03
	5. 媒体信任度	B04
个　体	1. 批判性思维	B10_6 B10_8 B10_9
	2. 政制价值观	W04（公平倾向：1、2、3、8、9；自由倾向：4、5、6、7；民主倾向：18、20；效能倾向：10、14、15、16、17、19；权力制衡倾向：11、12.13、）
	3. 文化认同	W01 W02 W03（中国意识形态认同、中国文化认同、西方文化认同）

第四节　结果分析

一　人大制度认同现状

作为长期政治社会化的结果之一，大学生对于政治制度的认同，特别是对于我国政体即人大制度的认同情况是党和政府、广大思想政治教育工作者关心的问题。我们从制度认同的五个维度，对大学生人大制度的认同程度进行描述性统计分析（见图3-3和图3-4）。

总体来看，大学生对于我国人民代表大会制度的认同程度总体上处于中等水平，得分为53.52分。在制度认同的所有维度中，大学生对于人大制度的现实性认同最高，得分为63.92分。调查的结果是，56.5%大学生认为"从中国的国情来看，与美国的三权分立制度相比，人大制度更有利于中国的发展（e1）"，只有13.9%的大学生不同意这一说法（29.5%的大学生对这一说法的态度模糊）；53.5%的大学生认为"从中国的国情来看，与欧洲大多数国家所采用的议会民主制相比，人大制度更有利于中国的发展（e2）"，只有13.5%不同意这一说法（33%的大学生对这一说法的态度模糊）。

制度合法性认同指个体对于政治制度的理念是否正义、是否符合公共理性的价值判断。中国人民代表大会制度是人民主权原则与中国国情相结合的产物，因此人民主权即人民当家做主是人大制度的核心理念。由图3-4可知，大学生对于我国人大制度的这一理念的认同是比较肯定的，得分为57.27分。47.3%的大学生对"我国现在是人民民主专政国家（b1）"表示肯定，比表示反对的大学生比例多出22.4个百分点。对于"在我国人大制度的保证下，人民会越来越成为国家的主人（b2）"这一说法，44.2%的大学生表示肯定，比表示反对的大学生比例多出18.2个百分点。

作为形式与程序的结果，大学生对于人大制度的实效性认同得分为55.07分。51%的大学生对"全国人大确实成为了最高权力机关（d3）"表示同意，比表示反对的大学生比例多出30.9个百分点。40.5%的学生认为"现实中，人民通过选举人大代表，切实保障了人民当家做主的权利（d2）"，比表示反对的大学生比例多出10.2个百分点。37.1%的大学生认为"现在我国的一切权力都属于人民（d1）"，持否定态度的大学生比例持平，为35.3%，其他人为中立态度。

大学生对于人大制度的情感认同得分为52.61分，其中批判性情感认同得分最高，为61.11分，吸引性情感认同为53.70分，去个性化情感认同得分最低，为43.02分。因此，从这一结果来看，大学生对于人大制度的情感认同更趋于理性化，是一种带有批判性的情感认同，而不是完全感性化的情感归属感。他们倾向于从客观角度来审视人大制度，会出于对人大制度的爱去批判人大制度中存在的问题，"即使反对人大制度中的一些问题，也是希望人大制度能更加进步与完善"，认为"即使人大制度现在还存在一些问题，人们也应该支持该制度"。

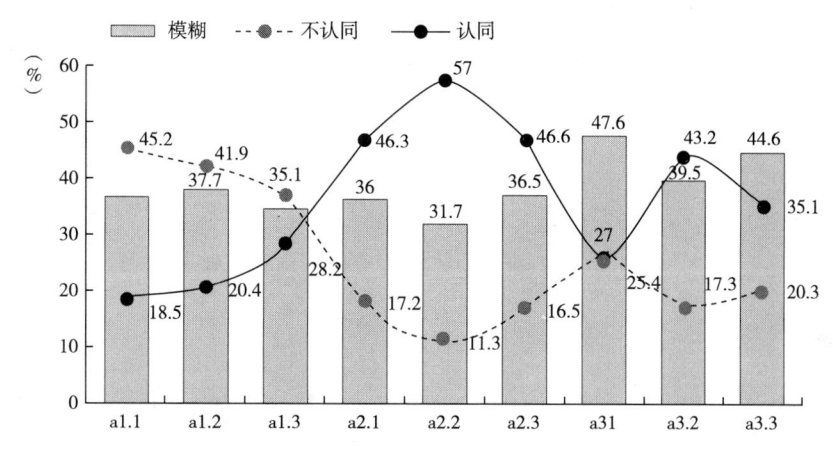

图3-3 大学生对人大制度合法性、合理性、实效性和现实性认同状况

去个性化情感认同（平均分43.02）：

a1.1 当有人批评人大制度时，我感到就像在批评我一样（平均分40.26）

a1.2 人大制度的成功就是我的成功（平均分42.44）

a1.3 当我谈到人大制度时，我会用"我们的制度"（平均分46.36）

吸引性情感认同（平均分61.11）：

a2.1 如果我批判人大制度，也是出于爱（平均分59.04）

a2.2 我反对人大制度中的一些问题，是希望人大制度能更加进步与完善（平均分65.28）

a2.3 人们应该支持人大制度，即使该制度现在还存在一些问题（平均分59.01）

批判性情感认同（平均分53.70）：

a3.1 人大制度让我感到愉快（平均分49.31）

a3.2 我认为自己支持人大制度（平均分57.43）

a3.3 我很高兴自己是支持人大制度的（平均分54.35）

在制度认同的所有维度中，大学生对于人大制度的合理性认同为38.75分。大学生对于人大制度合理性的认同度拉低了对人大制度的总体认同度。

为进一步分析人大制度认同的内部结构，厘清各维度认同情况对人大制度总体认同的影响，我们将人大制度各维度的认同得分与总体认同得分进行回归分析，用回归系数来说明人大制度各维度的认同情况对于人大制度总体认同的影响权重。以人大制度总体认同得分为基准，分析各维度认同的水平（见图3-5）。

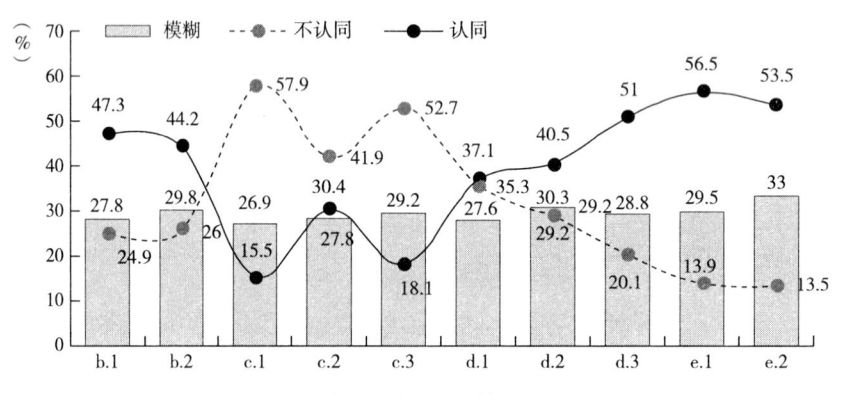

图3-4 大学生对人大制度情感性认同状况

合法性认同（平均分57.27）：

  b.1 我国现在是人民民主专政国家（平均分58.35）

  b.2 在我国现有的制度保证下，人民会越来越成为国家的主人（平均分56.19）

合理性认同（平均分38.75）：

  c.1 人大制度中的民主集中制中更强调集中而不是民主（平均分35.13）

  c.2 人大制度只是一种形式没有实际权力（平均分44.55）

  c.3 人大代表不是人民自己真正选出来的代表（平均分36.56）

实效性认同（平均分55.07）：

  d.1 现在我国的一切权力都属于人民（平均分51.20）

  d.2 现实中，人民通过选举人大代表，切实保障了人民当家做主的权利（平均分53.61）

d.3 全国人大确实成为了最高国家权力机关（平均分60.41）

现实性认同（平均分63.92）：

e.1 从中国国情看，与美国的三权分立制度相比，人大制度更有利于中国发展（平均分64.46）

e.2 从中国国情看，与欧洲大多数国家所采用的议会制相比，人大制度更有利于中国的发展（平均分63.39）

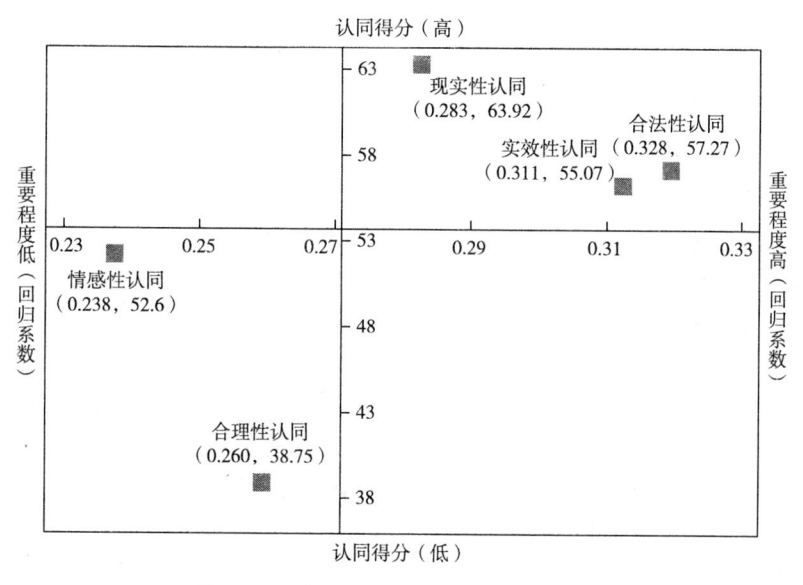

图 3-5 大学生对人大制度认同度分析

图3-5中的回归系数说明了各维度的认同情况对大学生人大制度总体认同的影响权重。结果表明，合法性认同在决定人大制度总体认同时最重要。合法性认同每提高一个单位会导致人大制度总体认同程度提高0.328个单位。而情感性认同对于人大制度总体认同的重要性最低，情感性认同每提高一个单位，只能导致人大制度总体认同程度提高0.238个单位。通过分析大学生对人大制度各维度的认同程度我们发现，合理性认同处于较低水平的认同状态，其对人大制度总体认同的影响也较低，合理性认同每提高一个单位只能导致人大制度总体认同程度提高0.26个单位。

综上所述，从人大制度认同的总体得分来看，大学生对于人大制度的认同程度总体处于中等水平。仔细分析各维度认同情况可以发现，大学生对于人大制度的实效性、合法性与现实性的评价较高，持较为肯定的态度。并且这三个维度的认同对于人大制度的总体认同影响权重较大。大学生对于人大制度的合理性认同程度最低，该维度对于总体认同的影响权重也较小。另外，对于人大制度总体认同影响最小的是情感性认同。

二 大学生人大制度认同影响因素的回归分析

我们分别以人大整体制度认同、人大制度情感认同（去个性化情感认同、吸引性情感认同、批判性情感认同）、人大制度合法性认同、人大制度合理性认同、人大制度实效性认同、人大制度现实性认同作为因变量，以人口统计学因素、家庭、学校、媒体、个体五个维度的具体指标为因变量，进行虚拟回归分析，以期深入挖掘各个因素的具体影响及作用机制，结果如图3-6所示。

从总体来看，对大学生人大制度认同总体和各个维度的影响最大的还是个体因素，个体的政治态度、媒体使用情况、批判性思维、文化认同及政治制度价值观对大学生的制度认同产生了最为密集的影响。当然，除此之外，家庭、学校，特别是高中政治教育、高中老师以及周围的同学也对大学生对于人大制度的认同产生了重要影响。

（一）人口统计学因素

我们在研究设计时主要选取了性别、年级、专业、宗教信仰和家庭社会经济地位来作为人口统计学因素进行回归分析。这五个具体指标中只有性别显著影响到了大学生对人大制度总体的认同。男生比女生的整体认同度要低1.4个百分点。在人大制度合法性认同方面，男生也要比女生低4.3个百分点。从年级上来看，相对于一年级学生来说，四年级学生对于人大制度的批判性情感认同度要低4.8个百分点，现实性认同也要低5.4个百分点，这一认同度的"退化"值得引起注意。从所学的专业来看，文科生对于人大制度的合理性更不认同，具体来说，比理工科生的认同程度低3.8个百分点，但文科生的批判性情感认同程度更高，比理工科学生高3.1个百分点。我们认为这种现象可能与文科生更关注社会现实问题有关。

宗教信仰对于人大制度的总体认同影响不显著，但在吸引性情感认同这一维度上，有宗教信仰的大学生认同程度比没有信仰的大学生高4.6个百分点，他们会带着平和而积极的心境去感受人大制度。家庭社会经济地位对于人大制度总体的认同度没有产生任何影响，但在批判性情感认同和合理性认同两个子维度产生了负向的显著影响，即家庭社会经济地位越高的大学生批判性情感认同越低，对人大制度的合理性评价也越低。

（二）家庭政治态度

为了便于测量，我们主要测量了大学生父亲对于政治问题与政治事件的关心度和父亲的政治态度（父亲的政治观点与主流媒体的一致度）。从总体对人大制度认同来看，父亲对于政治的关心程度及政治态度倾向对于大学生人大制度认同都没有显著影响。但值得注意的是，父亲的政治态度倾向对于大学生对人大制度的情感认同，特别是去个性化情感认同和吸引性情感认同产生了显著的正向影响（标准化回归系数分别为0.113与0.070）。父亲的政治态度倾向越积极、越关心政治，大学生对于人大制度的情感性认同程度就越高，且认同程度最高的比最低的高7.8个百分点。说明家庭的政治态度倾向主要是从大学生的情感层面发生了作用。如果一个家庭对政治体系持支持与拥护的态度，个体会在这种情感氛围中受到熏陶，最终也对政治体系产生一种纯感性的认同，成为一种"说不清的好感"。

（三）学校教育

在学校的一系列因素中，高中期间的政治教育的影响最为明显。高中期间学习的政治知识、政治经验，培养起来的政治态度对大学生现在的人大制度认同感具有显著的正向影响。除了批判性情感认同、合理性认同之外，高中政治教育对大学生的人大制度认同都产生了积极作用。这说明，高中期间的政治教育对于大学生的人大制度认同具有基础性作用。

与高中阶段相比，大学教育因素中只有大学专业课老师的政治态度倾向对大学生总体人大制度认同感产生了显著影响，专业课老师如果对政治体系越支持，那么大学生对人大制度的认同也就越高（标准化回归系数为0.045）；"两课"老师主要通过营造自由的课堂气氛来影响大学生的情感认同，如果在"两课"的课堂上，学生能够自由地与同学和老师交流探讨，那么他们对人大制度就越能产生积极的情感认同（标准化回归系数为0.105）；同辈群体对大学生的人大制度合理性认同方面也产生了影响，如果周围的同学更关心关注政治新闻，他们对人大制度的合理性认同越是偏低。大学因素的作用结果显示，在大学阶段，隐性教育能比显性的"两课"教育更能起到政治教育效果。学校是一个思想政治教育的大系统，要积极发挥各种因素，包括专业课老师、课堂气氛、同辈群体等多因素，配合"两课"教育，从直接到间接，隐性到显性的课程和活动潜移默化地对大学生进行思想政治教育。

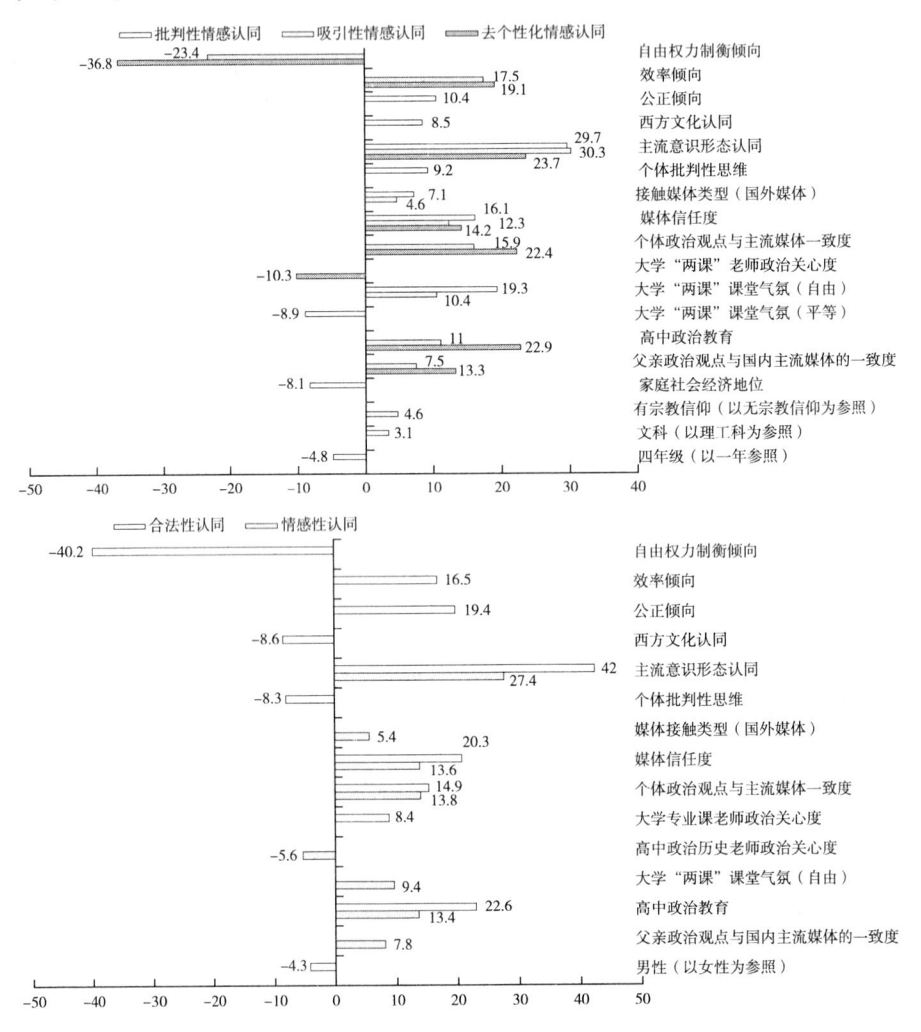

图表1（批判性情感认同、吸引性情感认同、去个性化情感认同）：

变量	批判性情感认同	吸引性情感认同	去个性化情感认同
自由权力制衡倾向	-36.8	-23.4	
效率倾向		17.5	
公正倾向		10.4	19.1
西方文化认同		8.5	
主流意识形态认同		29.7	30.3
个体批判性思维	9.2	23.7	
接触媒体类型（国外媒体）	4.6	7.1	
媒体信任度		16.1	12.3
个体政治观点与主流媒体一致度	14.2	15.9	22.4
大学"两课"老师政治关心度	-10.3		19.3
大学"两课"课堂气氛（自由）		10.4	
大学"两课"课堂气氛（平等）	-8.9		
高中政治教育		11	22.9
父亲政治观点与国内主流媒体的一致度		7.5	13.3
家庭社会经济地位	-8.1		
有宗教信仰（以无宗教信仰为参照）		4.6	
文科（以理工科为参照）		3.1	
四年级（以一年参照）	-4.8		

图表2（合法性认同、情感性认同）：

变量	合法性认同	情感性认同
自由权力制衡倾向	-40.2	
效率倾向		16.5
公正倾向		19.4
西方文化认同	-8.6	
主流意识形态认同	42	27.4
个体批判性思维	-8.3	
媒体接触类型（国外媒体）	5.4	20.3
媒体信任度		13.6
个体政治观点与主流媒体一致度	14.9	13.8
大学专业课老师政治关心度		8.4
高中政治历史老师政治关心度	-5.6	
大学"两课"课堂气氛（自由）		9.4
高中政治教育	22.6	13.4
父亲政治观点与国内主流媒体的一致度		7.8
男性（以女性为参照）	-4.3	

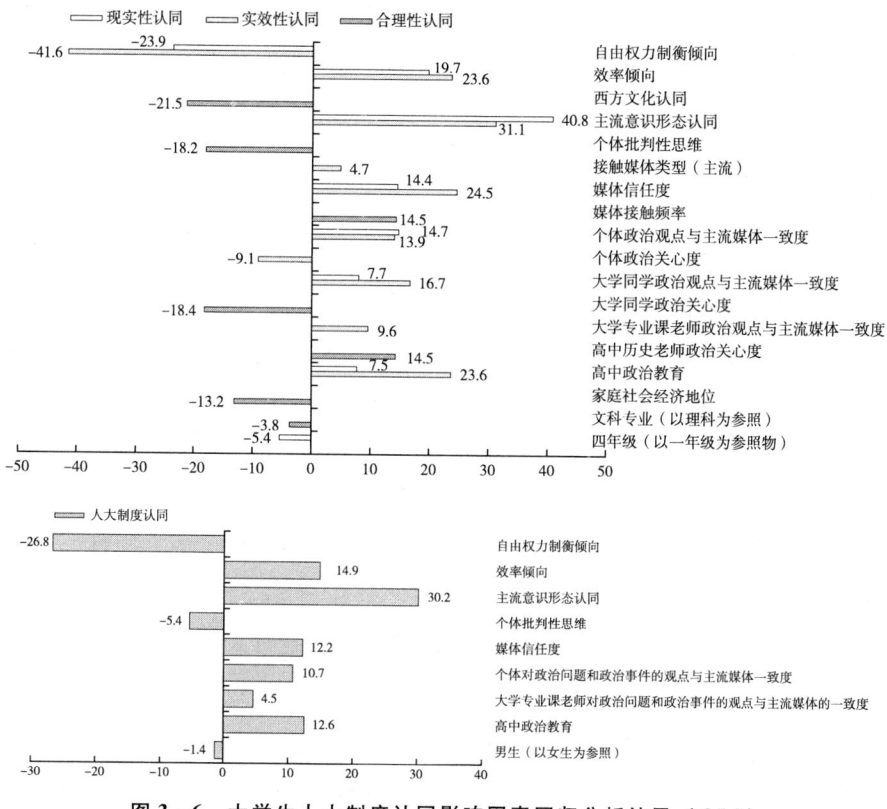

图 3-6　大学生人大制度认同影响因素回归分析结果（OLS）

（四）媒体

大学生的政治态度倾向（自己观点与主流媒体报道的一致度）、对媒体的信任程度、接触的主流媒体的数量是影响大学生对人大制度认同的三个关键性因素。其中，媒体信任度对人大制度认同所有的子维度都影响显著，基本为正向性质的影响。即是说，如果大学生越认为媒体在报道相关政治新闻或政治事件时具有客观性与真实性，他们对于人大制度的认同程度就越高。那么，大学生对于当今媒体的信任程度如何呢？如表 3-7 所示。

表 3-7　大学生媒体信任度

媒　体	电　视	电　台	报　纸	杂　志	互联网	总　分
信任程度平均分（百分值）	55.78	55.18	58.97	53.76	55.70	55.88

大学生对于各种媒体报道客观性的信任处于"一般"与"基本相信"之间，信任程度处于中等水平，这与大学生对人大制度的认同程度具有某种程度的相似性。相对于媒体信任度最低的同学，媒体信任度最高的同学对人大制度的总体认同程度高12.2个百分点。

这一结论也可以从对政治问题或政治事件的看法与国内主流媒体观点的一致度（个体政治态度倾向）的影响作用得到印证。由图3-6可知，个体的政治态度倾向对人大制度认同的每一维度都产生正向影响。大学生如果认为媒体的报道是客观真实的，那么他们就会更认可这些报道，与媒体的观点就更倾向于一致，最后也就会更认同我们的政治制度。相对于媒体信任度，大学生对于各类媒体的使用频率并未明显影响到他们对于人大制度的认同。这提示我们，要通过媒体这一载体来提高大学生的人大制度认同感必须要注重质量而不是数量，要在提高新闻、评论的客观性与可信度上下工夫。

另外，大学生所接触的媒体类型也是影响他们对人大制度认同度的重要变量。大学生接触的主流媒体，即正面宣传中国政治体系的媒体数量越多，他们对人大制度的实效性认同度就越高（标准化回归系数为0.070），越觉得人大制度是有效率的（标准化回归系数为0.072）。与一般的预期相反，国外媒体对大学生人大制度情感认同也产生了正向的影响作用（标准化回归系数为0.082）。大学生接触国外的媒体越多，对人大制度的吸引性情感认同和批判性情感认同度就越高（标准化回归系数分别为0.062和0.099）。这提示我们，不要谈外媒而色变，大学生能够带着对我国人大制度的爱护去阅读和收听批判性的信息，这些信息最后强化的是大学生理性、客观而深刻的"爱"。

（五）个体批判性思维

批判性思维即个体能从客观、批判性的角度去看待分析政治问题，能坚持自己的观点而不易受到外界与他人的影响。由图3-6可知，个体批判性思维在情感性认同与评价性认同两大维度上有不同的影响。个体批判性思维程度越高，对人大制度的批判性情感认同度越高（标准化回归系数为0.073），但对人大制度的合法性和合理性认同就更低（标准化回归系数分

别为 -0.05 和 -0.14)。虽然从总体上来看,个体的批判性思维会负向影响大学生人大制度认同(标准化回归系数为 -0.054),但我们认为这并不是一件坏事,具有批判性思维的大学生能够及时发现人大制度运行过程中存在的问题,无疑是促进我们政治制度改革与完善的重要力量。这也再次说明大学生对人大制度更多的是带着对人大制度的"爱"与感情,希望人大制度能变得更好。

(六)个体文化认同

本次调查中,大学生对于中国共产党意识形态(马列主义、毛泽东思想、邓小平理论、"三个代表"重要思想、科学发展观)、中国文化、西方文化的认同程度分别为 69.04 分、74.25 分与 62.10 分,认同程度都较高。从回归分析结果来看,大学生主流意识形态认同度对他们的人大制度各维度的认同均产生了显著的积极影响。从对人大制度的总体认同上看,对主流意识形态认同程度最高的大学生比认同程度最低的大学生高 30.2 个百分点。该结论印证了我国制度认同研究者杨春风的观点。他认为,意识形态是影响制度认同的关键因素,意识形态在社会生活中起着统一思想、引导人民群众认同一种制度和秩序的巨大作用,它为制度合法性和合理性提供了理论论证,是制度认同的思想依据(杨春风,2008)。

值得注意的是,大学生对于西方文化的认同对人大制度合法性、合理性认同存在负面影响,但对批判性情感认同产生了正面影响。相对于对西方文化最不认同的大学生,对西方文化最认同的学生对于人大制度的合法性和合理性认同程度分别低 8.6 个和 21.5 个百分点,但在批判性情感认同方面要高 8.5 个百分点。这说明受西方文化影响的大学生会以更批判的视角来评价人大制度,但并不会削减他们对人大制度的感情。这一发现也提示思想政治教育者要及时发现流行于大学生中的社会思潮,引导大学生全面、客观、理性地认识西方文化思想中的精华与糟粕,因势利导地将他们引到中国特色社会主义建设的大潮中来。

(七)个体政治制度价值观

大学生对于什么是"好制度"的价值判断显著影响他们对于人大制度

的认同。表3-8是大学生具体政治制度价值倾向的平均分。

表3-8 大学生政治制度价值观

价值倾向	公 正	自 由	效 率	民 主	权力制衡
平均分（百分值）	68.10	73.19	72.05	54.32	78.96

在上述五个价值倾向中，大学生认为能实现权力制衡和保证人们政治自由是好制度最重要的特征，其次是能拥有较高的效率，能集中力量办好大事，产生好的社会与经济效用。而公正、民主等价值理念则居于末尾。

从回归分析的结果可知，如果大学生更注重自由、权力制衡对于"好制度"的重要性，他们的人大制度认同程度就越低；但是如果他们认为实际产生的效率与效用是衡量"好制度"的主要标准，他们对于人大制度就有更为积极的认同。效率倾向最高的学生要比效率倾向最低的学生对人大制度的总体认同度高14.9个百分点；而自由权力制衡倾向最高的大学生比自由倾向最低的大学生的人大制度总体认同度低26.8个百分点。社会主义民主专政的新中国成立以来，我国发生了翻天覆地的变化，应对机遇、挑战甚至是灾难的能力都明显高于西方资本主义国家，让民众看到了这一政体制度至少在效率方面是具有无可比拟的优势的。因此，持实用主义倾向的人会因为这一点而强烈认同该制度。但是，不可否认，我国的人大制度在具体的操作、运行及相关细则方面还不完善，在实践中出现了一些权力滥用、代表脱离人民群众等不规范的行为。对于那些看重正义、自由和民主的人来讲，他们对这些问题尤为敏感，这些问题的出现会影响他们对于该制度的认同程度。

为了深入研究上述各影响因素对对人大制度认同的作用大小，我们还用方程中各个自变量组的偏确定系数来确定它们作用的大小。我们分别做不含有人口统计学因素、家庭、学校、媒体、个体批判性思维、个体文化认同和个体政治制度价值倾向的线性回归，得到回归方程的确定系数，并根据算式 $R^2_{y(klm) \cdot 1,2,\cdots,k-1} = \dfrac{R^2_{y \cdot 1,2,\cdots,k,l,m} - R^2_{y \cdot 1,2,\cdots,k-1}}{1 - R^2_{y \cdot 1,2,\cdots,k-1}}$ 计算其增量并排序（郭志刚，1999：58）。如A的偏确定系数 = （0.52 - 0.519）/0.481 = 0.002，其他自变量的偏确定系数求法同上，具体结果如表3-9所示。

表3-9 含不同自变量的回归结果及其变量的偏确定系数（人大制度整体认同）

所含变量（整体认同）	R^2	$1-R^2$	$R^2_{偏}$
A、B、C、D、E、F、G	0.520	0.48	—
B、C、D、E、F、G	0.519	0.481	0.002
A、C、D、E、F、G	—	—	—
A、B、D、E、F、G	0.497	0.503	0.082
A、B、C、E、F、G	0.483	0.517	0.072
A、B、C、D、F、G	0.518	0.482	0.004
A、B、C、D、E、G	0.434	0.566	0.152
A、B、C、D、E、F	0.480	0.52	0.077

注：A为人口统计学因素，B为家庭因素，C为学校因素，D为媒体因素，E为个体批判性思维，F为个体文化认同，G为个体政治制度价值取向。

从表3-9可知，对人大制度的整体认同方面，方程中变量作用大小顺序为：（F）个体文化认同、（C）学校因素、（G）个体政治制度价值倾向、（D）媒体因素、（E）个体批判性思维、（A）人口统计学因素。以同样的方法计算各影响因素在人大制度认同不同维度上的影响发现，在情感性认同方面，方程中各变量作用大小顺序为：个体文化认同、媒体因素、学校因素和家庭因素；在合法性认同方面，方程中变量作用大小顺序为：个体文化认同、学校因素、媒体因素、个体政制价值观、人口统计学因素和批判性思维；在合理性认同方面，方程中变量作用大小顺序为人口统计学因素、个体文化认同、学校、媒体、个体批判性思维；在实效性认同方面，方程中变量作用大小顺序为：媒体、个体政治制度价值取向、个体文化认同、学校；在现实性认同方面，方程中变量作用大小顺序为：个体文化认同、媒体因素、个体政治制度价值取向和学校。

此外，为了检查自变量之间是否存在多重共线性问题，我们还用过分析容限度（Tolerance）和方差膨胀因子（VIF）这两项指标来检查所有存在显著相关的指标，按容限度为0.1的常规界限、VIF界限应该为10的界限进行检查，发现与因变量存在显著相关度的指标之间均不存在多重共性的关系，表明上述各自变量可以独立解释它们对因变量的影响度。

三 大学生人大制度认同影响因素的路径分析

在大学生政治社会化的过程中,各影响因素对大学生的作用是多角度、多方位、多路径的。为了从整体上把握各影响因素对大学生人大认同的作用路径,我们先对自变量以逐步进入的方式做多元回归分析,保留显著影响的因素,并以强行进入的方式再次做回归分析,继续剔除不显著的因素,最终保留完全显著的影响因素。作为分析的补充,我们以上述回归分析的结果为依据尝试着在 AMOS 中建立多个模型,最终通过一系列参数的比较,选择了最优模型,如图 3-7 所示。此外,我们还参考非标准化回归系数对各影响因素做了具体分析。

该模型的关键参数 *CFI*、*IFI*、*RFI*、*NFI*、*RMSEA* 都达到了适配要求,表明该模型可以接受。以人大制度总体认同度为因变量的路径分析的 R^2 为 0.50,表明该路径模型可以解释大学生人大制度认同 50% 的变异。从模型中可以看出,个体对主流意识形态的认同度、个体的批判性思维以及个体的政治价值倾向(自由权力制衡倾向和效率倾向)是影响人大制度认同的核心中介变量。性别、高中政治教育和大学专业课老师的政治态度除了直接影响人大制度认同外,还通过中介变量间接影响人大制度认同(性别除外),如表 3-10 所示。

表 3-10 大学生对人大制度认同的影响因素

类 别	直接影响	间接影响	综合影响
高中政治教育	0.31	0.20	0.51
性别	—	-0.022	-0.022
大学专业课老师政治态度	0.10	0.0388	0.1388
个体主流意识形态认同	0.44	—	0.44
个体批判性思维	-0.06	—	-0.06
自由权力制衡倾向	-0.32	0.2235	-0.0965
效率倾向	0.17	0.1584	0.3284

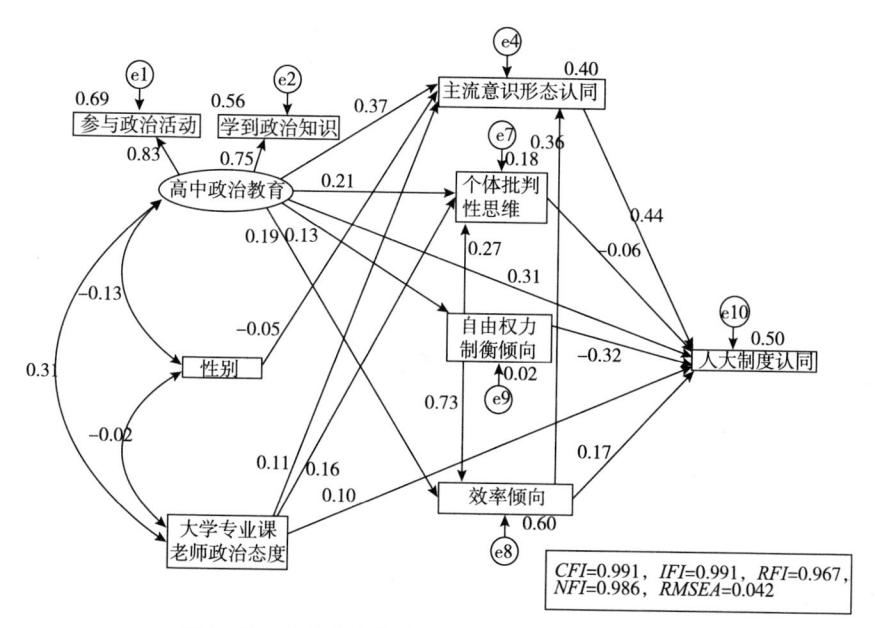

图 3-7　大学生人大制度认同影响因素的路径分析

在影响人大制度认同的中介变量中，个体主流意识形态认同影响最大（标准化回归系数为 0.44）。这说明，大学生对主流意识形态认同度越高，他们对人大制度的认同度也越高。也就是说，大学生如果越认可马列主义、毛泽东思想、邓小平理论、"三个代表"重要思想及科学发展观，他们对人大制度就越认同。从非标准化回归系数来看，对主流意识形态认同度最高的人，对人大制度的认同程度比对主流意识形态认同最低的人高 30.2 个百分点。

大学生的政治制度价值倾向，包括效率倾向与自由权力制衡倾向对人大制度认同的影响比较复杂。大学生的效率倾向对人大制度认同具有正向作用（标准化回归系数＝0.3284）。这个正向影响通过两条途径实现，一个是直接影响（标准化回归系数＝0.17），另一个通过对主流意识形态认同的间接影响（标准化回归系数＝0.1584）。然而，大学生的自由权力制衡价值倾向对他们的人大制度认同度产生了负向作用（标准化回归系数＝－0.0965）。从非标准化回归系数来看，自由权力制衡倾向最高的学生对人大制度认同的程度比自由权力制衡倾向最低的学生低 26.8 个百分点。这个作用途径同样是通过两条路径来实现的，一个是直接影响（标准化回归系数＝－0.32），一个

117

是以效率价值倾向（标准化回归系数＝0.2397）和个体批判性思维（标准化回归系数＝－0.0162）为中介的间接影响。

在所有影响因素中，高中政治教育对大学生人大制度认同影响最大（标准化回归系数为0.51）。高中时期的政治教育对个体主流意识形态认同度、个体的批判性思维、效率倾向价值观、自由权力制衡倾向价值观产生了较强且显著的影响，通过个体的内化，最终影响到了大学生对人大制度的认同。高中政治教育通过个体内化而间接影响大学生人大制度认同的标准化回归系数为0.20，直接影响的标准化回归系数为0.31，这说明高中政治教育直接和间接影响大学生对人大制度认同态度的塑造，直接影响大于间接影响。高中政治教育通过个体意识形态认同、批判性思维、效率倾向、自由权力制衡倾向四条路径来间接影响大学生人大制度认同，回归系数分别为0.1628、－0.0126、－0.0125、0.0624。从高中政治教育对人大制度认同的非标准化回归系数来看，通过参加政治活动和学习政治知识得到最充分的政治教育的学生对人大制度的认同程度比接受高中政治教育最不充分的学生高12.6个百分点。

大学专业课老师的政治态度主要通过直接与间接来影响大学生的人大制度总体认同，直接影响的标准化回归系数为0.10，间接影响的标准化回归系数为0.0388。大学专业课老师政治态度还通过个体主流意识形态认同和批判性思维间接影响大学生人大制度的总体认同，两条间接路径回归系数分别为0.0484和－0.0096。其中，主流意识形态的认同和个体批判性思维对人大制度的总体认同的非标准化回归系数分别为0.302和－0.054，即对主流意识形态认同程度最高的学生对于人大制度的认同程度比对主流意识形态认同最低的学生高30.2个百分点，而批判性思维最强的学生对人大制度认同的程度比批判性思维最弱的学生低5.4个百分点。

在虚拟回归分析中，我们发现男生比女生对人大制度的认同度要低。那么性别又是如何作用于大学生的人大制度认同的呢？路径分析结果显示，性别并不能直接影响到大学生的人大制度认同，而是通过影响个体对主流意识形态的认同度而间接影响到人大制度认同度，其标准化回归系数为－0.022。也就是说，相对于女生，男生对我国主流意识形态的认同度更低，最终导致他们对人大制度的认同也偏低。

第五节 结论与讨论

一 总结与启示

第一,我们通过研究大学生对于中国人大制度的认同特点发现,他们对于人大制度的认同包含了情感认同、合法性认同、合理性认同、实效性认同及现实性认同五个维度,后四个维度是评价性的认同。其中情感认同又具体包含去个性化情感认同、吸引性情感认同及批判性情感认同三个子维度。情感认同是指个体对于人大制度所产生的归属感;合法性认同是指个体对于人大制度是否具有理念上的正义性的评价;合理性认同指个体对于人大制度是否具有形式上、程序上的合理性与规范性的评价;实效性认同指个体对于人大制度是否在现实中产生了积极的政治、经济与社会效用的评价;现实性认同指个体对于人大制度是否具有可行性,是否符合社会政治历史条件,是否符合国情的评价。

第二,大学生对人大制度的认同主要表现为以下特征。首先,总体上认同程度处于中等水平。其次,大学生对人民代表大会制度的合法性、现实性与实效性的评价都比较高,并且这三个维度的认同对于人大制度的总体认同影响权重较大。尽管合理性认同和情感性认同对于人大制度总体认同影响权重较小,但是大学生对人大制度在运作中的合理性与规范性认同程度的相对较低还是最终影响到了总体的人大制度认同程度。最后,情感认同趋于理性化与批判化。他们倾向于客观、批判的角度来审视与评价我国的人民代表大会制度,会因为"爱"制度去批判人大制度中出现的问题。

第三,路径分析的结果表明对人大制度认同产生影响的因素包括外生变量(性别、高中政治教育、专业课老师政治态度)与中介变量(个体对主流意识形态的认同度、个体批判性思维、自由权力制衡倾向、效率倾向)。分别作不含外生变量与中介变量的线性回归,计算出中介变量与外生变量的偏确定系数分别为 0.288 和 0.113，说明在人大制度认同的回归方程中，中介变量的作用更大。

在中介变量中，个体对主流意识形态认同度对人大制度认同程度有正向预测作用。大学生越注重政治体制的效率倾向，对于人大制度认同也有正向预测作用。并且，注重效率倾向的大学生对主流意识形态越认同，从而间接提高对人大制度的认同。但是大学生对于政治制度的价值倾向是一个多面的矛盾复合体，他们越强调自由和权力制衡，就会同时越看重制度效率的重要性，最终对人大制度的评价也会从两个维度进行判断，一个是从自由的角度，一个是从效率的角度。从自由和权力制衡的角度来看，他们认为现在的人大制度不是一个理想的制度；从效率来看，他们又认为这个制度也具有很强的优越性，但自由倾向的影响还是超过了效率倾向的纠正力度。此外，个体批判性思维对人大制度认同的负向影响说明，大学生对人大制度认同不是被动灌输的结果，对于大学生的政治教育，应该考虑学生的批判性思维特点更加客观地进行教育。

二 讨论与创新

有研究者对大、中学生群体的调查显示学生对我国制度的认同度比较高（罗章、张俊伟，2009；孙留华、任园，2010），但是我们的调查结果并没有这么乐观。大学生对人大制度的认同度处于中等水平，这与唐文方的研究结果基本一致，即"中国既不是危机四伏也不是国泰民安"（唐文方，2008：64）。相对于唐文方的研究，我们的研究在研究主体、研究方法和研究工具上有很大的差别。

唐文方的研究是基于1999年中国城市居民的调查，从政权合法性、政治保守主义以及民众对意识形态的看法三方面来讨论中国民意是否存在危机，并且探讨了政治环境的体制影响、政治文化等外在因素对于公民政治意识的影响（唐文方，2008：59-66）。而我们聚焦于大学生群体对人大制度的认同。从大学生主体出发，考虑到对于人大制度认同不仅受到外在因素的影响，更重要的影响因素是主体内部的特点。因此，在回归分析的基础上，采用了结构方程模型的分析方法，通过路径分析我们区分了影响人大制度认同的外生变量（性别、高中政治教育、专业课老师的政治态度）和中介变量（个体对主流意识形态的认同度、批判性思维、自由权力制衡倾向、效率倾向），揭示了各因素对人大制度认同的复杂影响。此外，在人大制度认同的五个维度下设置指标进行测量，量表的分析表明我们的测量是科学有效的。

第四章 大学生对政党制度的认同研究

政党制度认同是个体政治社会化的重要内容，也是政治科学和政治社会学研究的主要对象。本文采取问卷调查的方法对北京高校 1207 名大学生的政党制度认同状况进行研究。通过验证性因子分析发现，大学生对于政党制度的认同可以分为五个维度，即情感性认同、合法性认同、合理性认同、实效性认同及现实性认同。其中，情感性认同又可划分为去个性化情感认同、吸引性情感认同及批判性情感认同三个子维度。大学生对于中国政党制度总体上比较认同。大学生的性别、年级、专业和家庭社会经济地位在政党制度整体认同具有显著影响。通过结构方程做路径分析发现，影响大学生政党制度认同主要因素依作用大小依次为个体主流意识形态认同度、个体效率的价值取向、高中期间参加的政治实践活动、个体政治观点与主流媒体一致度、高中期间政治知识的学习、家庭社会经济地位和个体自由与权力制衡的价值取向。其中，家庭社会经济地位、高中期间参加的政治实践活动、高中时期政治知识的学习是影响政党制度认同的外生变量，个体主流意识形态认同度、个体效率的价值取向、个体政治观点与主流媒体一致度、个体自由与权力制衡的价值取向是影响政党制度认同的中介变量，且中介变量对政党制度认同度的影响要远远高于外生变量。上述发现对我们具有一定启示意义。

第一节 理论背景与问题的提出

政党制度作为一个国家政治意识形态及政治文化的集中体现，一直都是政治学研究中的重要对象。公民对于政党制度的认同也是政治学和政治社会学所关心的问题。中国正处于政治体制的改革期，民众对当今政党制度的态度势必会影响政治体制改革的成效，甚至还会引导政治体制改革的方向。

正如前文所述（具体见第三章理论背景部分），中西方媒体和学者对中国的政治制度存在着激烈的争论。我们需要探讨，中国民众对于中国政治制度的态度，他们对于政治制度认同的现状与特点，以及我们需要进一步发掘影响他们对政治制度认同的因素，丰富理论研究，为现实工作提供参考。我们选取了中国政治制度的两项基本内容：中国人民代表大会制度与政党制度为研究主题。上一篇文章，我们对大学生的人大制度认同状况进行了研究。本文主要探讨大学生对中国政党制度的认同状况及其影响因素。

对于政治制度研究的理论回顾上章已有详细论述（具体见第三章的文献综述部分），这里我们再次强调"好制度"的评价标准，包括合法性、合理性、现实性以及实效性。关于制度认同的内涵以及影响制度认同的因素（具体见第三章理论背景部分）。

在已有研究的基础上，本文重点回答以下几个方面的问题：

（1）大学生对中国政党制度的认同由哪几个维度构成？

（2）大学生对于中国政党制度认同状况如何？

（3）影响大学生对政党制度认同的因素有哪些？家庭、学校、媒体和个体因素中，哪些具体因素对政党制度认同具有显著影响？

第二节 资料与测量

与大学生的人大制度认同研究一样，本文分析的数据仍然来自2011年6月对北京9所高校进行的"大学生政治制度态度"的问卷调查（具体见第三章资料收集与分析部分）。

一 政党制度认同概念的操作化与指标设计

本研究的核心概念主要是政治制度认同中关于中国政党制度的认同。

参考国外学者关于社会认同和政党认同测量的两个维度：情感和认知（Steven，2002；Barry & Casey，2005；Douglas&Neil，2010），我们认为对政党制度认同也可分为对政党制度的情感归属和价值性评价。具体来说，对政党制度的情感归属，即 a 情感认同（共 9 个指标，具体见图 3 - 1），可操作化为去个性化情感认同（Campbell 等，1960；Fioruna，1981；Jay & Eliot，1999）、批判性情感认同（Jay & Eliot，1999；Frankin & Jackson，1983）和吸引性情感认同（Miller & Shanks，1996）。对于政党制度的价值性评价主要参考了"好制度"的评价标准，具体操作化为：b "合法性认同"、c "合理性认同"、d "实效性认同" 及 e "现实性认同"。合法性认同即个体对于政治制度是否具有公平、正义、民主、自由等价值理念的评价，包含了"b1 该政党制度有利于发展民主政治"等 3 个指标；合理性认同即个体对于政治制度操作程序、形式是否具有合理性、规范性的评价，包含 "c1 该政党制度可以有效遏制腐败的泛滥" 等 2 个指标；实效性认同指个体对于政治制度是否产生了政治、社会、经济等方面的效用的评价，包含 "d1 该政党制度让中国人能高效应对挑战、机遇及突发灾难事件" 等 3 个指标；现实性认同即个体对于政治制度是否具有可操作性、符合国情需要的评价，包含 "e1 该政党制度符合建国初期中国的国情" 等 3 个指标。根据我国政党制度具体的特点，我们从上述五个维度分别进行了指标设计。（具体见图 4 - 1、4 - 2）

二 政党制度认同量表分析

对政党制度的认同量表设计，采用李克特量表的计分方式，1 = 很不同意，2 = 不太同意，3 = 一般，4 = 比较同意，5 = 非常同意，以测量大学生对政党制度的认同度。在数据处理过程中，对问卷中涉及反题进行反向赋分，分值越高表示认同程度越高；之后又将所有题项的得分进行了标准化转换，将所有分值转化为 0 到 1 之间，方法是（得分 - 最小值）/（最大值 - 最小值）。如得分为 0.5 分，就表示百分值中的 50 分。

在人大制度认同量表的分析中发现制度情感认同可以分为去个性化情感认同、吸引性情感认同及批判性情感认同三个维度，前两个维度具有强烈的感性特点，批判性情感认同是一种带有理性特征的情感。那么，这一结论是否同样适用于政党制度的情感认同呢？

我们依然对政党制度情感认同量表进行了项目分析、因素分析及信度分析。项目分析的具体做法是，取该量表总分排名靠后的25%的被试与排名靠前的25%的被试，在各个题目上的得分进行T检验，考察每个项目的区分度。研究结果显示，该量表9个项目的T检验结果都达到了显著水平，项目区分度良好。对量表进行因素分析发现，该量表可以较好地聚为三个因子，分别为去个性化情感认同、吸引性情感认同及批判性情感认同，三个因子的累积方差贡献率为84.1%。各维度测量指标的信度值都较高，分别为0.901、0.897与0.841。具体如表4－1所示。

表4－1 中国政党制度情感认同量表项目分析、因素分析、信度分析

因素名称	题 目	项目分析 T	抽取的因素 1	抽取的因素 2	抽取的因素 3	贡献率（％）	累积贡献率（％）	信度
去个性化情感认同	a1.1 有人批评我国的政党制度时，我感到像在批评我一样	－26.002***	0.821			32.190	32.190	0.901
	a1.2 我国政党制度的成功就是我的成功	－25.983***	0.854	—				
	a1.3 当我谈到我国的政党制度时，我会用"我们的制度"	－27.093***	0.780					
吸引性情感认同	a3.1 我国的政党制度让我感到愉快	－22.634***		0.655		27.140	59.331	0.897
	a3.2 我认为自己是支持我国政党制度的	－17.135***	—	0.794	—			
	a3.3 我很高兴自己是支持我国政党制度的	－24.189***		0.735				
批判性情感认同	a2.1 如果我批判我国政党制度，也是出于爱	－24.016***			0.818	23.122	82.453	0.841
	a2.2 我反对我国政党制度中的一些问题，是希望它能更加进步与完善	－27.470***		—	0.879			
	a2.3 人们应该支持我国政党制度，即使现在还存在一些问题	－27.046***			0.550			

从初步分析结果看，大学生对于我国政党制度的情感认同依然可以划分为去个性化情感认同、吸引性情感认同与批判性情感认同三个维度。为了进一步验证该量表的结构效度，我们根据因子分析提供的结果在 AMOS 中建立了结构方程模型，进行了验证性因素分析。模型拟合度的统计参数如表 4-2 所示。

表 4-2 政党制度情感性认同验证性因素分析关键参数

项 目	RMSEA	CFI	TLI	GFI
适配标准值	<0.08	>0.9	>0.9	>0.9
实 际 值	0.057	0.993	0.983	0.987

由表 4-2 可知，模型拟合度系数都符合要求，且经过分析可知各指标的因子负载量基本都在 0.67 以上，表明研究假设模型与数据拟合得较好，可以接受该假设模型。经过验证性因素分析得出各维度的组合信度值分别为 0.895、0.853 与 0.889，且维度测量指标的平均变异数抽取量分别为 0.740、0.663 与 0.729，均高于各维度之间相关系数的平方，表明各项指标对所测量的维度均有较高的结构效度（吴明隆，2009：54-55）。因此，可以说政党制度情感认同包含了三个维度：去个性化情感认同、吸引性情感认同与批判性情感认同。

与对人大制度认同测量量表一样，我们对政党制度认同量表的设计包括了五个维度：情感性认同、合法性认同、合理性认同、实效性认同和现实性认同。根据这五个维度进行了认同量表的项目分析与信度分析。项目分析的做法依然是取总量表得分排名靠后的 25% 的被试与排名靠前 25% 的被试在各个项目上进行 T 检验。结果如表 4-3 所示。

表 4-3 中国政党制度认同量表项目分析、信度分析

维 度	指 标	项目分析	信 度
情感认同	a1 去个性化情感认同	-30.745***	
	a3 吸引性情感认同	-31.948***	0.872
	a2 批判性情感认同	-17.930***	

续表

维　度	指　标	项目分析	信　度
合法性认同	b1 该政党制度有利于发展民主政治	-37.600***	0.862
	b2 与西方的两党制和多党制相比，该制度更能推进我国民主政治的发展	-35.410***	
	b3 该政党制度是中国人民的选择	-30.842***	
合理性认同	c1 该政党制度可以有效遏制腐败的泛滥	-31.716***	0.600
	c2 该政党制度能够保证各民主党派发挥参政议政作用	-36.622***	
实效性认同	d1 该政党制度让中国能高效率应对挑战、机遇及突发灾难事件	-27.461***	0.842
	d2 该政党制度保证了中国政府是一个负责任的政府	-37.142***	
	d3 该政党制度使得中共成为一个代表全体中国人民的党	-34.784***	
现实性认同	e1 该政党制度符合建国初期的中国国情	-20.260***	0.829
	e2 该政党制度符合现在的中国国情	-35.183***	
	e3 与西方的两党制和多党制相比，该制度更适用于现在的中国	-29.518***	

量表的项目分析结果显示量表的区分度良好。各维度的信度值分别为 0.872、0.862、0.600、0.842、0.829，各项指标对所测量的维度均有较高的可信度。

我们进一步在 AMOS 中建立了结构方程模型，对该结构进行了验证性因素分析。关键统计参数如表 4-4 所示。

表 4-4 政党制度认同验证性因素分析关键参数

	RMSEA	CFI	TLI	GFI
适配标准值	<0.08	>0.9	>0.9	>0.9
实 际 值	0.06	0.982	0.971	0.965

由表 4-4 可知，模型拟合度系数符合要求，经过分析可知因子负载量基本在 0.61 以上，表明研究假设模型与数据拟合得较好。经过验证性因素分析得出各维度的组合信度值分别为 0.90、0.861、0.810、0.847、0.874，维度测量指标的平均变异数抽取量分别为 0.756、0.674、0.682、0.649、0.704，均高于它们之间相关系数的平方，各项指标对所测量的维度均有较高的结构效度（吴明隆，2009：54-55）。

与人大制度认同一样，对政党制度认同的研究表明，政党制度认同包含了五个维度，即情感性认同、合法性认同、合理性认同、实效性认同与现实性认同。

第三节 研究发现

一 大学生对政党制度认同现状

我们依据上述制度认同的五个维度，对大学生政党制度认同程度进行了描述性统计分析，结果如图 4-1、图 4-2 所示。

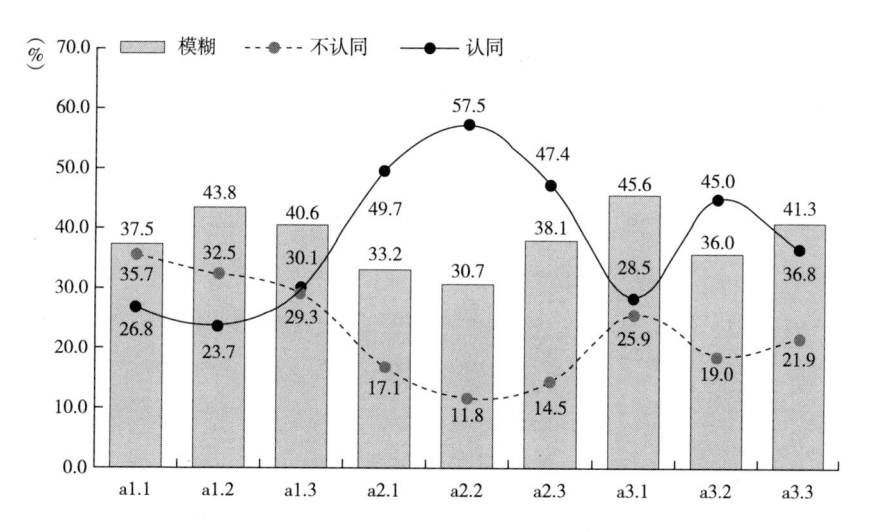

图 4-1 大学生对中国政党制度情感性认同状况

情感性认同：54.61 分

去个性化情感认同：47.70 分

a1.1 当有人批评中国的政党制度时，我感到就像在批评我一样（46.33 分）

a1.2 中国的政党制度的成功就是我的成功（46.91 分）

a1.3 当我谈到中国的政党制度时，我会用"我们的制度"（49.85 分）

批判性情感认同：61.70 分

a2.1 如果我批判中国的政党制度，也是出于爱（60.16 分）

a2.2 我反对中国政党制度中的一些问题，是希望该制度能更加进步与完善（65.03 分）

a2.3 人们应该支持中国的政党制度，即使该制度现在还存在一些问题（59.91 分）

吸引性情感认同：54.43 分

a3.1 中国的政党制度让我感到愉快（50.61 分）

a3.2 我认为自己支持中国的政党制度（57.93 分）

a3.3 我很高兴自己是支持中国的政党制度的（54.74 分）

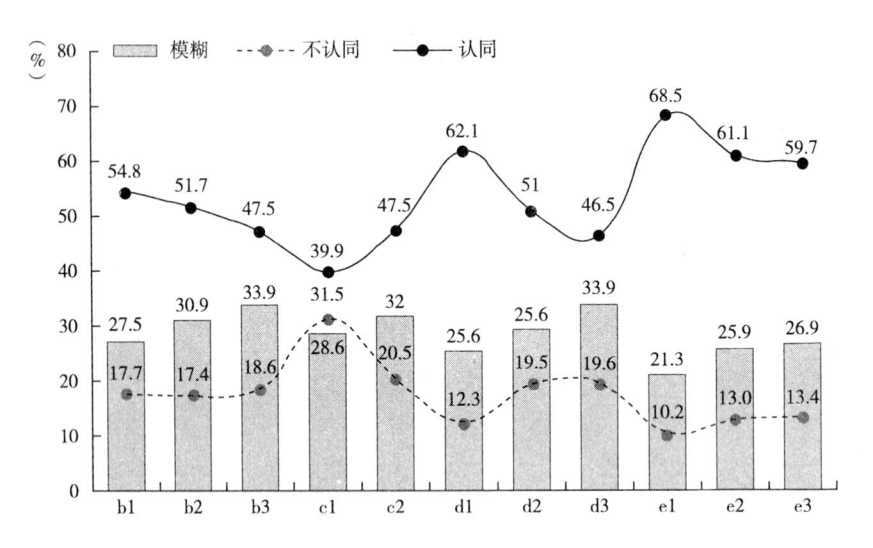

图 4-2 大学生对中国政党制度合法性、合理性、实效性、现实性认同状况

合法性认同：61.22 分

  b1 该政党制度有利于发展民主政治，62.49 分

  b2 与西方的两党制和多党制相比，该制度更能推进我国民主政治的发展，61.28 分

  b3 该政党制度是中国人民的选择，59.91 分

合理性认同：55.61 分

  c1 该政党制度有效遏制了腐败的泛滥，52.37 分

  c2 该制度能够保证各民主党派发挥参政议政作用，58.85 分

实效性认同：62.30 分

  d1 该政党制度让中国人能高效率应对挑战、机遇及突发灾难事件，66.72 分

  d2 该政党制度保证了中国政府是一个负责任的政府，60.84 分

  d3 该政党制度使得中共成为一个代表全民的政党，59.33 分

现实性认同：67.52 分

  e1 该政党制度符合建国初期中国的国情，70.72 分

  e2 该政党制度符合现在中国的国情，66.14 分

  e3 与西方的两党制和多党制相比，该政党制度更适用于现在的中国，65.69 分

总体看来，大学生对于我国政党制度持比较肯定的态度，政党制度认同总分为60.25分，处于中等偏高水平。

在五个维度中，大学生对我国政党制度合法性认同、实效性认同以及现实性认同得分都较高，都在60分以上。其中他们对于该政党制度的现实性最为认同，认为这是符合中国国情需要的政党制度。现实性认同得分为67.52分，接近70%的大学生认为"该政党制度符合建国初期的中国国情"；61.1%的人认为"该政党制度符合现在的中国国情"；约有60%的人认为"与西方的两党制和多党制相比，该制度更适用于现在的中国"。对这三个观点持明确反对意见的大学生比例都只有10%左右。因此，在大学生看来，中国共产党领导下的多党合作和政治协商制度是符合中国国情，适应中国发展需要的政党制度。

"高效率"是众多研究者与媒体对中国政治制度优势的一致观点。从大学生的评价情况来看，他们对于我国政党制度的实效性评价也比较高。近年来我国党和政府在应对重大事件时及时、有效的表现让中国民众对中国的政治体制产生了实效性的认同。有62.1%的大学生认为"该政党制度让中国人能高效率地应对挑战、机遇及突发灾难事件"；超过50%的大学生认为"该政党制度保证了中国政府是一个负责任的政府"；约有一半的大学生认为"该政党制度使得中共成为一个代表全民的政党"。

与现实性认同一样，大学生对于该政党制度的合法性评价也比较肯定，得分为61.22分。在大学生眼里，该政党制度在设计的基本理念上是正义的、民主的。47.5%的大学生认为"该政党制度是中国人民的选择"；约有55%的大学生认为"该政党制度有利于发展民主政治"；约52%的大学生认为"与西方的两党制和多党制相比，该政党制度更能推动中国民主政治的发展"。

大学生对我国政党制度合理性认同的得分为55.61，说明大学生对于政党制度的形式、程序的合理性与规范性的评价处于中度水平。39.9%的大学生认为"该政党制度有效遏制了权力滥用与权力腐败的泛滥"；有47.5%的大学生认为"该制度能够保证各民主党派发挥参政议政的作用"。值得注意的是，每一个问题中都约有30%的大学生不做明确表态，采取中立态度。因此，真正对政党制度合理性产生负向认同的大学生人数也不是很多，且认同的人数要高于不认同的人数。

在五个维度中，得分较低的是情感认同，为54.61分。具体分析其中的三个维度可以发现，大学生的情感认同更趋于理性化、批判化的情感认同，而不是纯感性的情感。57.5%的大学生认为"我反对中国政党制度中的一些问题，是希望该制度能够更加进步与完善"；49.7%的大学生认为"如果我批判中国的政党制度，也是出于爱"；47.4%的大学生认为"人们应该支持中国的政党制度，即使该制度现在还存在一些问题"。这说明他们在看待政党制度时更倾向于客观的角度，是一种批判性的情感认同。他们会出于对我国政党制度的情感而去批判该制度在现实运行过程中的问题，这种批判是希望该制度能够发展与完善。他们认为即使现在我国的政党制度还有不足，但是人们也应该支持该制度。因此，可以说大学生对政党制度的情感认同是一种理性而深刻的情感归属。

总之，大学生对于我国政党制度是比较认同的，但总体的认同程度并不算高。从认同性质来看，大学生对于我国政党制度是支持的，他们对于政党制度的合法性与现实性都持较为强烈的肯定态度。但是他们认识到了该制度在现实运行中出现的形式、程序等不合理、不规范的行为，致使他们在政党合理性认同方面的认可度偏低。在情感认同方面，大学生的认同情感较为理性与客观，对于我国政党制度是一种"批判性"的爱。

独立样本T检验和方差分析统计发现，性别、年级、政治面貌、专业、宗教信仰和社会经济地位在整体认同及各维度认同具有一定的差异（见表4-5）

由表4-5可知，男女两性在政党制度及其各维度认同方面均有显著的差异，其中男生在总体认同的得分（57.8）要显著低于女生（62.9），$F=5.763$，$DF=1004$，$P<0.05$；文理科专业的学生在政党制度整体认同及其子维度认同方面也均有显著的差异，其中理科生（57.7）对政党制度的整体认同要显著低于文科生（62.8），$F=7.479$，$DF=996$，$P<0.05$；家庭社会经济地位高低对政党制度整体认同具有显著差异（$F=5.746$，$DF=1006$，$P<0.05$）；宗教信仰和政治面貌则对政党制度认同没有显著的差异。除了宗教信仰外，其他因素在不同维度方面也具有不同程度的显著差异。

第四章 大学生对政党制度的认同研究

表4-5 性别、政治面貌、专业、宗教信仰、年级和社会经济地位与政党制度认同度关系的方差分析统计

变量		整体认同 M	P	情感性认同 M	P	合法性认同 M	P	合理性认同 M	P	实效性认同 M	P	现实性认同 M	P
性别	男	0.578	0.000***	0.535	0.014*	0.592	0.001***	0.533	0.002**	0.607	0.012*	0.660	0.004**
	女	0.629		0.560		0.644		0.584		0.644		0.699	
年级	一	0.618	0.024*	0.570	0.035*	0.624	0.098	0.564	0.153	0.645	0.014*	0.698	0.007**
	二	0.595		0.539		0.617		0.555		0.611		0.646	
	三	0.613		0.549		0.632		0.574		0.639		0.687	
	四	0.557		0.518		0.573		0.514		0.579		0.645	
政治面貌	党员	0.618	0.130	0.577	0.010**	0.631	0.195	0.563	0.541	0.645	0.092	0.695	0.081
	其他	0.592		0.539		0.607		0.551		0.615		0.668	
专业	理工	0.577	0.000***	0.530	0.001***	0.592	0.001***	0.526	0.008**	0.607	0.025*	0.658	0.002**
	文科	0.628		0.571		0.642		0.591		0.643		0.700	
宗教信仰	无	0.597	0.686	0.547	0.984	0.610	0.478	0.540	0.227	0.620	0.624	0.677	0.184
	有	0.606		0.547		0.628		0.580		0.632		0.646	
社会经济地位	低	0.562	0.003**	0.518	0.005**	0.576	0.010**	0.519	0.041	0.580	0.002**	0.651	0.044*
	中	0.601		0.546		0.620		0.559		0.626		0.672	
	高	0.626		0.576		0.635		0.501		0.651		0.700	

注：*代表 $P<0.05$；**代表 $P<0.01$；***代表 $P<0.001$；以上平均值为标准分数转化后的结果，0.575代表百分制中的57.5分。

为了深入了解各维度认同对政党制度整体认同的影响作用,我们以各维度为自变量,以政党制度整体认同度为因变量做回归分析,并结合各维度的得分情况分析大学生对各维度的认同状况及其对整体认同的影响状况,其中分别以各维度认同的平均分和回归系数平均数作为分界点,具体如图4-3所示(小卡尔·麦克丹尼尔,2000:455-456)。

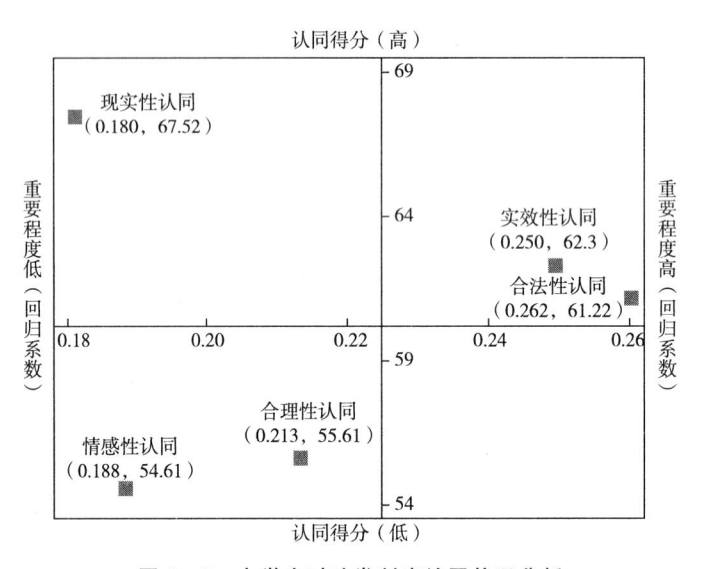

图4-3 大学生对政党制度认同状况分析

图中数据点:
- 现实性认同 (0.180, 67.52)
- 实效性认同 (0.250, 62.3)
- 合法性认同 (0.262, 61.22)
- 合理性认同 (0.213, 55.61)
- 情感性认同 (0.188, 54.61)

横轴:重要程度低(回归系数)← → 重要程度高(回归系数)
纵轴:认同得分(低)← → 认同得分(高)

回归系数为各子维度对决定整体认同度的重要性提供了估计。结果表明,合法性认同在决定整体认同度时最重要,合法性认同每提高一个单位,会导致整体平均认同度提高0.262个单位。从回归分析中可以看出,实效性认同在对整体认同度的影响方面也较为重要。从另一个极端上看,现实性认同和情感性认同在决定整体认同度时较不重要,而合理性认同的重要性居中。

认同得分则提供了不同的情况。从平均水平看,大学生对现实性认同得分最高,对情感性认同得分最低。为了同时考虑重要性估计和认同得分,图4-3表明,合法性认同和实效性认同在整体认同中处于非常强的地位,对整体认同具有十分重要的作用,且目前这两个认同度也较高。大学生对现实性认同得分最高,但这一认同对整体认同重要程度处于较低水平。值得注意的是,情感性认同和合理性认同得分相对较低,且这两个认同对整体认同的重要程度偏低。

二 大学生政党制度认同影响因素的回归分析

分别以政党制度整体认同、政党制度情感认同（去个性化情感认同、吸引性情感认同、批判性情感认同）、政党制度合法性认同、合理性认同、实效性认同、现实性认同的得分作为因变量，以人口统计学因素、家庭、学校、媒体、个体五个维度的具体指标作为自变量，进行虚拟回归分析。回归分析时，先以"逐步进入"方式进行，然后取显著性系数为 0.05 的指标再次做强行进入分析，如果有不显著的再剔除，最后保留显著性系数小于 0.05 的指标。具体结果如图 4-4 所示。

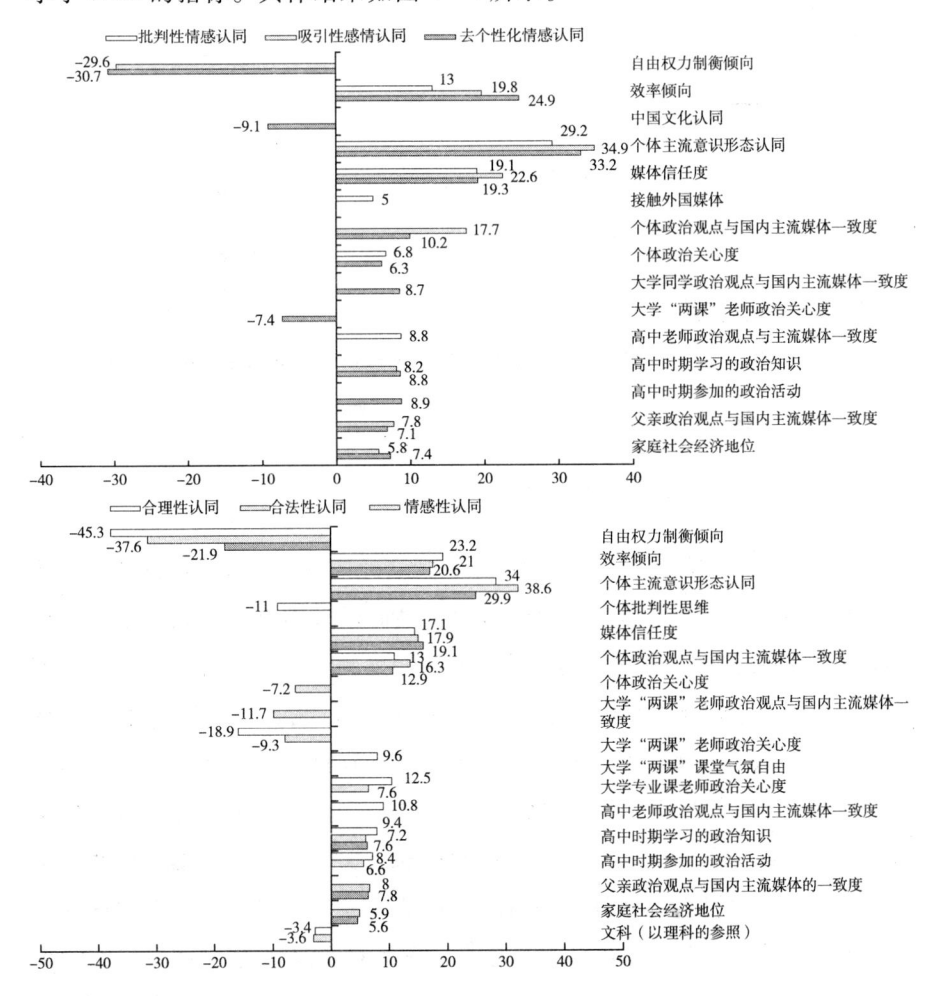

变量	批判性情感认同	吸引性情感认同	去个性化情感认同
自由权力制衡倾向	-29.6	-30.7	
效率倾向	13	19.8	24.9
中国文化认同	-9.1		
个体主流意识形态认同	29.2	34.9	33.2
媒体信任度	19.1	22.6	19.3
接触外国媒体		5	
个体政治观点与国内主流媒体一致度	17.7		
个体政治关心度	10.2	6.8	6.3
大学同学政治观点与国内主流媒体一致度	8.7		
大学"两课"老师政治关心度	-7.4		
高中老师政治观点与主流媒体一致度	8.8		
高中时期学习的政治知识	8.2	8.8	
高中时期参加的政治活动	8.9		
父亲政治观点与国内主流媒体一致度	7.8	7.1	
家庭社会经济地位	5.8	7.4	

变量	合理性认同	合法性认同	情感性认同
自由权力制衡倾向	-45.3	-37.6	-21.9
效率倾向	23.2	21	20.6
个体主流意识形态认同	34	38.6	29.9
个体批判性思维	-11		
媒体信任度	17.1	17.9	19.1
个体政治观点与国内主流媒体一致度	13	16.3	12.9
个体政治关心度	-7.2		
大学"两课"老师政治观点与国内主流媒体一致度	-11.7		
大学"两课"老师政治关心度	-18.9	-9.3	
大学"两课"课堂气氛自由	9.6		
大学专业课老师政治关心度	12.5		
高中老师政治观点与国内主流媒体一致度	7.6	10.8	
高中时期学习的政治知识	9.4	7.2	
高中时期参加的政治活动	7.6	8.4	
父亲政治观点与国内主流媒体的一致度	6.6	7.8	
家庭社会经济地位	5.9	5.6	
文科（以理科的参照）	-3.4	-3.5	

大学生政治社会化的结果研究

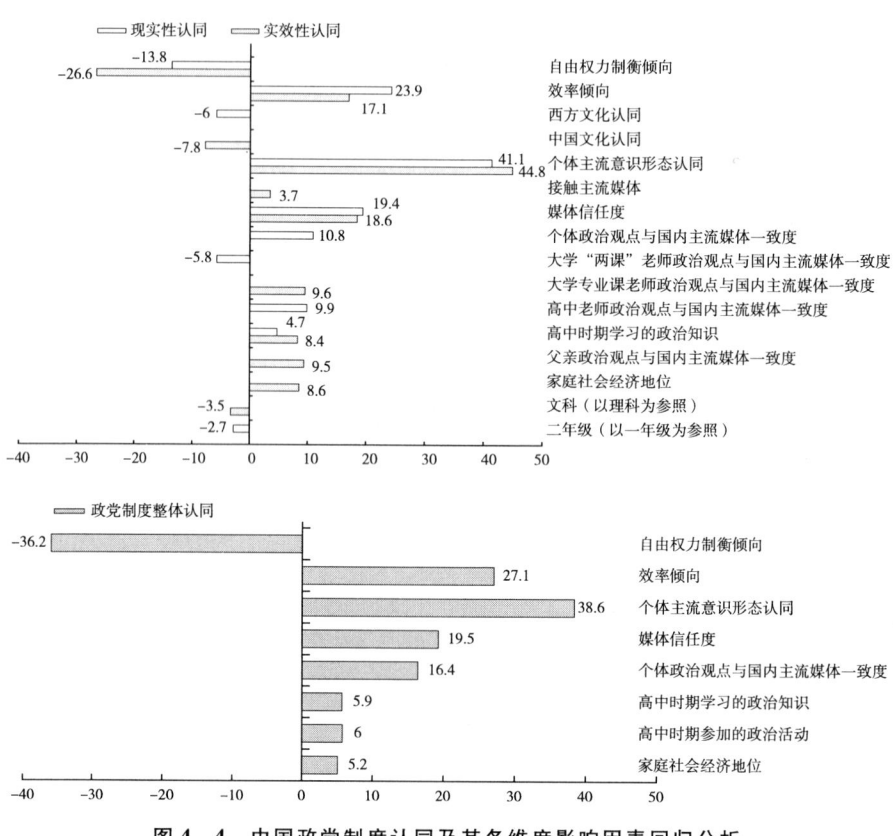

```
现实性认同  实效性认同
-13.8
-26.6                    自由权力制衡倾向
         23.9            效率倾向
         17.1
-6                       西方文化认同
-7.8                     中国文化认同
         41.1            个体主流意识形态认同
         44.8
         3.7   19.4      接触主流媒体
         18.6            媒体信任度
         10.8            个体政治观点与国内主流媒体一致度
-5.8                     大学"两课"老师政治观点与国内主流媒体一致度
         9.6             大学专业课老师政治观点与国内主流媒体一致度
         9.9             高中老师政治观点与国内主流媒体一致度
         4.7             高中时期学习的政治知识
         8.4             父亲政治观点与国内主流媒体一致度
         9.5             家庭社会经济地位
         8.6
-3.5                     文科(以理科为参照)
-2.7                     二年级(以一年级为参照)
-40 -30 -20 -10 0 10 20 30 40 50
```

```
政党制度整体认同
-36.2                    自由权力制衡倾向
         27.1            效率倾向
         38.6            个体主流意识形态认同
         19.5            媒体信任度
         16.4            个体政治观点与国内主流媒体一致度
         5.9             高中时期学习的政治知识
         6               高中时期参加的政治活动
         5.2             家庭社会经济地位
-40 -30 -20 -10 0 10 20 30 40 50
```

图 4-4 中国政党制度认同及其各维度影响因素回归分析

($p<0.05$ 非标准化回归系数,%)

(一)家庭社会经济地位、年级、专业

从图 4-4 可以看出,大学生的家庭社会经济地位对政党制度的整体认同有显著的正向影响,家庭社会经济地位最高的大学生对于政党制度的认同要比家庭社会经济地位最低大学生的认同度高 5.2 个百分点。此外,家庭社会经济地位对政党制度认同的一些子维度影响也较大,对情感性认同、合法性认同与实效性认同都具有显著的正向影响作用(标准化回归系数分别为 0.057、0.051 和 0.077),这说明大学生的家庭社会经济地位越高,他们对政党的情感性认同、合法性认同与实效性认同、现实性认同也就越高,且家庭社会经济地位最高的比最低的大学生在这三方面的认同度分别高 5.6 个、5.9 个与 8.6 个百分点。家庭社会经济地位越高的大学生

对政党制度的情感认同越偏向于去个性化的认同（最高与最低相差7.4个百分点），他们会感性地去爱这个制度，认为"中国政党制度的成功就是我的成功""当有人批评这个制度时，我感到就像在批评我一样"。同时，家庭社会经济地位也显著地影响到了大学生对政党制度的吸引性情感认同，标准化回归系数为0.051。也就是说，家庭社会经济地位越高，政党制度对他们的吸引性就越强，他们就越认为"政党制度让我感到愉快"。我们对家庭社会经济地位和父亲的政治观点与国内主流媒体一致度进行了相关性分析，发现二者呈显著的正相关关系，相关系数为0.121。这说明社会阶层越高，在社会结构中越是占据优势地位的家庭对政治体系更具支持态度，进而影响到了大学生对于现行政党制度的认同。

大学生的年级、专业对政党整体认同没有显著的影响，但是在某一具体维度上有不同程度的影响。首先，与理工科的学生相比，文科学生对政党制度的合理性认同和实效性认同分别要低3.4个和3.5个百分点，理工科学生对政党制度实效性的看法更为乐观。其次，与一年级相比，二年级学生对政党制度的现实性认同要低2.7个百分点，但是三年级和四年级的大学生相对于一年级来说，在政党制度认同及各维度方面并没有显著的区别。这一结果需要引起重视，按照常理，文科学生相对于理科学生对政治相关知识的了解更广更深，他们对我们这一社会主义政党制度就应该更为理解和支持。另外，现在大学的公共政治理论课程基本都集中于大一到大二两年，按理说，刚接受完系统政治理论课程教育的大二学生也应该比大一学生更认同我们的政党制度，是什么原因导致他们反而相比于理工科、大一学生还要更低呢？这仍有待深入研究。

（二）家庭政治观点与主流媒体的一致度

我们主要通过父亲对政治新闻或政治事件的关心度及父亲的政治观点与国内主流媒体观点的一致度，来了解大学生家庭的政治态度。由图4-4可知，尽管父亲的政治观点与国内主流媒体观点的一致度对政党制度的整体认同没有显著影响，但对大学生政党制度认同的部分维度有显著正向影响。父亲的政治观点与国内主流媒体观点的一致度越高，他们对于政党制度的情感性认同、合法性认同与实效性认同就越高（标准化回归系数分别为 0.079、0.070 和 0.086)。总体上来看,父亲的政治观点与国内主流媒体观点的一致度对大学生政党制度整体认同影响并不显著,但是在情感性认同、合法性认同和实效性认同上,父亲的政治观点与国内主流媒体观点的一致度具有显著正向影响。即是说,父亲的政治观点与国内主流媒体观点的一致度越高,大学生对于政党制度的情感性认同、合法性认同和实效性认同越高,且最高与最低之间分别相差 7.8 个、8.0 个和 9.5 个百分点。这一结果充分说明了家庭政治氛围对于大学生政治态度的熏陶作用,一个关心政治、支持政治体系的家庭更能塑造一个具有高度政治制度认同感的大学生。

(三) 学校教育

从回归分析的结果来看,对大学生政党制度认同影响最大的学习阶段依然是高中时期,高中政治教育对他们产生了基础性与关键性影响。高中时期,如果他们了解更多的政治知识,对政治问题进行了更多的思考,参加了更多能了解国家与社会的实践活动,他们对于我国政党制度的整体认同程度就越高。大学生在高中时期参加的政治活动和对政治知识的学习对其政党制度认同具有显著的正向影响,标准化回归系数分别为 0.70 和 0.69。此外,大学生在高中时期政治知识的学习对其政党制度认同各维度也具有显著的正向影响,高中时期政治知识学习越充分,大学生对政党制度的情感性认同、合法性认同、合理性认同、实效性认同和现实性认同程度也越高,标准化回归系数分别为 0.094、0.076、0.09、0.092 和 0.054,且政治知识学习最充分的与最不充分的大学生在各维度的认同上分别相差 7.6 个、7.2 个、9.4 个、8.4 个和 4.7 个百分点。大学生在高中时期参与的政治活动也显著正向地影响到了其对政党制度的合法性认同和合理性认同,标准化回归系数分别为 0.07 和 0.08,且在高中时期参加政治活动最多的要比参加政治活动最少的大学生的合法性认同和合理性认同分别高个 6.6 和 8.4 个百分点。

大学政治教育的作用程度与高中政治教育形成了较为强烈的反差。大学专业课老师的政治关心度(对政治新闻或政治事件的关心度)对大学生的合法性认同、合理性认同具有显著的正向影响(标准化回归系数分别为

0.072、0.108）；大学"两课"老师的政治关心度（对政治新闻或政治事件的关心度）对大学生的合法性认同、合理性认同和去个性化情感认同有显著负向影响（标准化回归系数分别为-0.089、-0.165和-0.070）；大学"两课"老师的政治观点与国内主流媒体一致度对合法性认同和现实性认同有显著影响（标准化回归系数分别为0.105和-0.057）；大学专业课老师的政治观点与国内主流媒体的一致度对政党制度的实效性认同具有显著的正向影响（标准化回归系数为0.082）；大学校园的其他各种因素对大学生政党认同及各维度认同都没有显著的影响。这说明，在大学中，专业课老师与大学同伴才是真正能够影响到大学生政党制度认同的两个群体。大学公共政治理论课程如何提高自身的实效性，体现自身思想政治教育主阵地的地位值得反思。

（四）媒体使用情况

在媒体这一维度，最重要与最关键的影响变量是大学生对媒体的信任度。与媒体信任度最低的同学相比，媒体信任度最高的大学生政党制度整体认同要高19.5个百分点。也就是说，如果大学生认为他们所接触到的电视、电台、报纸、杂志与互联网对于新闻报道的客观性越高，他们对我国政党制度的认同度在总体和每一个具体维度上就越高。这一结论也可以从个体政治的政治观点与国内主流媒体观点的一致度的影响作用得到印证。由图4-4可知，个体政治的政治观点与国内主流媒体观点的一致度也基本对政党制度认同的每一维度都产生了正向影响作用。大学生如果认为媒体的报道是客观真实的，那么他们就会更认可这些报道，与媒体的观点就更倾向于一致，最后也就会更认同我们的政治制度。相对于媒体信任度，大学生对于各类媒体的使用频率并未明显影响到他们对于政党制度的认同。这提示我们，要通过媒体来提高大学生的政党制度认同感必须注重质量而不是数量，要在提高新闻、评论的客观性与可信度上下工夫。

另外，大学生所接触的媒体类型也是影响他们对政党制度认同度的重要变量，但这种影响体现在批判性情感认同和实效性认同这两个子维度，在其他维度认同方面基本没有产生影响。大学生接触的主流媒体，即正面宣传中国政治体系的媒体数量越多，他们对我国政党制度的实效性认同就越高，越觉得中国政党制度是规范化运作的（标准化回归系数为0.063）。与我们的预期相反，国外媒体对大学生政党制度情感认同也产生了正向的影响作用。大学生接触国外的媒体越多，他们对我国政党制度的批判性情感认同度就越高（标准化回归系数为0.07）。这提示我们，不要谈外媒而色变，大学生能够带着对我国政党制度的爱护去阅读和收听批判性的信息，这些信息最后强化的是大学生理性、客观而深刻的"爱"。

（五）个体批判性思维

在思想政治教育日常实践中，很多教育者不愿培养教育对象的批判性思维，害怕这样的思维会对教育对象的政治认同度产生负面影响。本研究发现，除了在合理性认同方面，个体批判性思维对于大学生政党制度认同及各维度并不存在显著的影响。但是，在合理性认同方面，批判性思维程度最高的大学生要比批判性思维程度最低的同学认同度低11个百分点，这说明大学生的批判性思维越高，他们就越能在政治制度运行中发现问题，对政党制度的合理性认同度就越低。我们认为，这未尝不是一件好事，在对合法性、现实性、实效性和情感性认同不变的前提下，大学生能够在政党制度运行中发现问题、提出问题，对我们政党制度运行的进一步规范化、合理化也是一种重要的促进力量。

（六）个体文化认同

大学生对于中国主流意识形态（马列主义、毛泽东思想、邓小平理论、"三个代表"重要思想、科学发展观）的认同非常重要地影响到他们对于我国政党制度的认同，这种影响分布在整体认同及其每一个具体的维度中，并且都是较强正向的影响。对政党制度整体认同、去个性化情感认同、吸引性情感认同、批判性情感认同、情感性认同、合法性认同、合理性认同、实效性认同和现实性认同影响的标准化回归系数分别为0.390、0.294、0.322、0.291、0.316、0.348、0.278、0.417和0.406。这说明，大学生越认可这些主流意识形态思想，他们对于中国政党制度整体认同度就越高，且认同度最高的大学生对政党制度的整体认同要比最低的大学生高38.6个百分点。

另外，大学生对中国传统文化的认同显著影响他们对政党制度的去个性化情感认同与实效性认同，且都是负向影响（标准化回归系数为 -0.075 与 -0.068）。这可能是因为，对于那些认同中国传统价值的大学生来说，他们对新中国成立之后政党制度的规范性、实效性方面的期待更高。西方文化负向显著性地影响到了大学生对我国政党制度的现实性认同，对西方文化认同最高的大学生比认同最低的大学生在现实性认同这一指标上相差6个百分点。这一发现也提示我们广大思想政治教育者要及时发现流行于大学生中的社会思潮，引导大学生全面、客观、理性地认识中西文化思想中的精华与糟粕，因势利导地将他们引到中国特色社会主义建设的大潮中来。

（七）个体政治制度价值取向

从图4-4我们可以发现一个特点，如果大学生更注重自由、权力制衡对于"好制度"的重要性，他们对政党制度的整体认同及各维度（情感性认同、合法性认同、合理性认同、实效性认同和现实性认同）的认同程度就越低，标准化回归系数分别为 -0.322、-0.202、-0.296、-0.324、-0.216 和 -0.119。但是，如果他们认为实际产生的效率与效用是衡量"好制度"的主要标准的话，他们对于我国政党制度就有更为积极的认同。效率倾向最高的学生要比效率倾向最低的学生对政党制度的总体认同度高27.1个百分点，而自由权力制衡倾向最高的大学生比自由倾向最低的大学生的政党制度总体认同度低36.2个百分点。我们认为，这与我国政党制度在实际运行中产生的效果与问题是紧密相连的。在中国共产党领导下，我国发生了翻天覆地的变化，应对机遇、挑战甚至是灾难的能力都明显高于西方资本主义国家，让民众看到了这一政党制度至少在效率方面是具有无可比拟的优势的。因此，持实用主义倾向的人会因为这一点而强烈认同该制度。但是，不可否认，我国的政党制度在具体的操作、运行及相关细则方面还不完善，在实践中出现了一些权力滥用、党政不分等行为，这些不合理的行为容易影响认同程度。

我们还通过计算各个回归分析的 R^2 得出上述这些自变量对整体及各维度认同的影响解释度。通过自变量对整体认同度和各子维度（情感性认同、合法性认同、合理性认同、实效性认同、现实性认同）的回归分析得出的 R^2 分别为 0.512、0.405、0.411、0.370、0.391 和 0.436，这说明全部自变量进入回归模型可以解释大学生政党制度总体认同度 51.2% 的变异，具有较强的解释力。

为了深入研究上述各影响因素对政党制度认同的作用大小，我们还计算了方程中各个自变量组的偏确定系数。具体做法是，分别做不含有人口统计学、家庭、学校、媒体、个体批判性思维、个体文化认同和个体政治制度价值取向的线性回归，得到回归方程的确定系数，并根据算式 $R^2_{y(klm) \cdot 1,2,\cdots,k-1} = \dfrac{R^2_{y \cdot 1,2,\cdots,k,l,m} - R^2_{y \cdot 1,2,\cdots,k-1}}{1 - R^2_{y \cdot 1,2,\cdots,k-1}}$ 计算其增量并排序（郭志刚，1999：58）。如个体文化认同的偏确定系数为（0.512 - 0.423）/0.577 = 0.1542，其他自变量的偏确定系数求法同上，具体结果如表 4 - 6 所示。

表 4 - 6　含不同自变量的回归结果及变量的偏确定系数

所有影响的变量	具体变量	R^2	$1 - R^2$	$R^2_{偏}$
		0.512	—	—
人口统计学因素	家庭社会经济地位	0.510	0.490	0.0041
家庭因素				
学校因素	高中时期参加的政治活动	0.502	0.498	0.0201
	高中期间政治知识的学习			
媒体因素	个体政治观点与主流媒体一致度	0.465	0.535	0.0879
	媒体信任度			
个体批判性思维		—	—	—
个体文化认同	主流意识形态认同	0.423	0.577	0.1542
个体政治制度价值取向	效率的价值取向	0.468	0.532	0.0827
	自由权力制衡的价值取向			

注：本表所有影响自变量具体见第三章，本篇只显示显著变量。

从表 4 - 6 可以看出，方程中变量对大学生政党制度整体认同作用大小顺序为：个体文化认同、媒体因素、个体政治制度价值取向、学校因素、人口统计学因素，家庭因素和个体批判性思维对政党制度整体认同没有任何影响。同理，我们通过上述公式计算各维度中有显著性影响的自变量的偏确定系数发现，在情感性认同方面，方程中变量作用大小顺序为个体文化认同、媒体因素、个体政治制度价值取向、学校因素、家庭因素；在合法性认同方面，方程中变量作用大小顺序为个体文化认同、个体政治制度价值取向、媒体因素和学校因素；合理性认同方面，在方程中变量作用大小顺序为个体文化认同、个体政治制度价值取向、媒体因素、家庭因素、个体批判性思维和人口统计学指标；在实效性认同方面，在方程中变量作用大小顺序为个体文化认同、人口统计学指标和家庭因素、个体政治制度价值取向、媒体因素、学校因素；现实性认同方面，在方程中变量作用大小顺序为个体文化认同、媒体因素和个体政治制度价值取向。

为了检查自变量之间是否存在多重共线性问题，还分析了容限度（Tolerance）和方差膨胀因子（VIF）这两项指标，以检查所有存在显著相关的指标。按容限度为 0.1 以及 VIF 为 10 的常规界限进行检查，发现与因变量存在显著相关度的指标之间均不存在多重共性的关系，表明上述各自变量可以独立解释它们对因变量的影响度。

三 大学生政党制度认同影响因素的路径分析

在大学生政治社会化的过程中，各影响因素对大学生的作用是多角度、多方位、多路径的。因此，为了从整体上把握各影响因素对大学生政党制度认同的作用路径，我们先对自变量以逐步进入的方式做多元回归分析，保留显著影响的因素，并以强行进入的方式再次做回归分析，继续剔除不显著的因素，最终保留完全显著的影响因素。作为分析的补充，我们以回归分析的结果为依据尝试着在 AMOS 中建立了多个模型进行路径分析，最终参考拟合度参数 CMIN、CMIN/DF、CFI、IFI、RFI、NFI、RMSEA（邱皓政，2009：245－250），选择了最优模型，如图 4－5 所示。此外，我们还参考了非标准化回归系数对各影响因素进行具体的分析。

该模型的关键参数 CFI、TLI、RFI、NFI、RMSEA 都达到了适配要

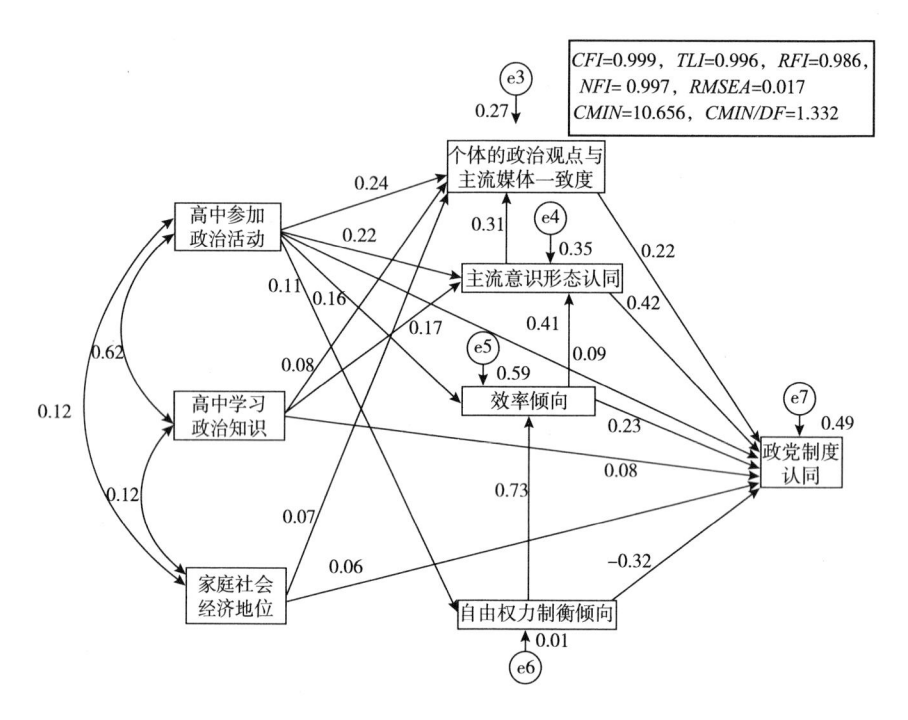

图 4-5 大学生政党制度认同影响因素标准化模型

求，表明该模型可以接受。以政党制度总体认同为因变量的路径分析的 R^2 为 0.49，表明该路径模型可以解释大学生政党制度认同 49% 的变异。

我们选择的最优模型显示，家庭社会经济地位、高中时期参加的政治活动和高中时期政治知识的学习是最根本的外生变量。外生变量是指路径图中会指向任何一个其他变量而不被其他任何变量所影响的变量（邱皓政，2009：30）。而家庭社会经济地位、高中时期参加的政治活动和高中时期政治知识的学习又通过个体因素，即主流意识形态认同、效率倾向、自由权力制衡价值取向和个体政治观点与主流媒体的一致度这四个重要核心中介变量间接影响政党制度认同度。中介变量指既是"果"变量，又是"因"变量的变量（袁方，1997：573）。路径分析结果显示，所有的外在影响因素都通过直接和间接两种方式作用于大学生对政党制度的认同，其他因素则对大学生政党制度认同无显著影响（见表 4-7）。

表4-7　大学生政党制度认同的影响因素（标准化系数）

自变量 \ 因变量	政党制度认同		
	直接影响	间接影响	综合影响
家庭社会经济条件	0.06	0.015	0.075
高中时期参加政治活动	0.09	0.228	0.318
高中时期学习政治知识	0.08	0.101	0.181
个体的政治观点与国内主流媒体的一致度	0.22	—	0.22
个体主流意识形态认同	0.42	0.068	0.488
效率倾向	0.23	0.200	0.430
自由权力制衡倾向	-0.32	0.314	-0.006

从表4-7可以看出，个体主流意识形态认同对大学生的政党制度认同的影响力最高，综合影响系数为0.488。尽管个体的主流意识形态的认同通过其对政治观点与国内主流媒体的一致度间接地影响到政党制度的认同，但与直接影响（系数为0.42）相比，间接影响（系数为0.068）显得有点微不足道。我们可以得出，大学生对中国主流意识形态（马列主义、毛泽东思想、邓小平理论、"三个代表"重要思想和科学发展观）的认同度越高，他们对政党制度的认同度也越高。结合回归分析结果的非标准化系数可知，与主流意识形态认同度最低的大学生相比，主流意识形态认同度最高的大学生的政党制度认同度要高38.6个百分点。

个体效率政治制度价值倾向对大学生政党制度的认同影响位居第二，综合影响系数为0.430。其除了直接影响大学生政党制度认同外，还通过个体的主流意识形态和个体的政治观点与主流媒体一致度两个中介变量间接影响大学生的政党制度认同。从表4-7可以看出，个体效率倾向的价值取向直接影响的作用比间接影响的作用强，影响系数分别为0.230和0.200。如果大学生认为实际产生的效率与效用是衡量"好制度"的主要标准的话，他们对于我国的政党制度就有更为积极的认同，且通过虚拟回归的非标准化系数可知，个体效率价值取向最高的大学生要比倾向最低的大学生的政党制度认同度高27.1个百分点。同时，如果他们越看重制度实际产生的效率与效用，他们对主流意识形态认同度和自身对政治问题与政治事件的看法与主流媒体的一致度也越高，进而间接地影响到其对政党制度的认同。

　　高中时期的政治实践活动对大学生政党制度认同的影响位居第三，综合影响系数为 0.318。高中时期的政治实践活动除了对高中时期政治知识的学习产生显著的正向影响外，还对个体的政治观点与主流媒体一致度、个体意识形态认同、效率的价值取向、自由权力制衡的价值取向四个方面产生了显著的正向影响，通过个体的内化，最终影响到了大学生对政党制度的认同。高中期间参加的政治实践活动通过个体内化而间接影响大学生政党制度认同的回归系数为 0.228，高于直接影响的回归系数 0.09，这说明高中政治实践活动从直接和间接两条路径塑造了大学生对政党制度的认同态度，但以间接路径为主。通过虚拟回归的非标准化系数可知，高中期间最经常参加政治实践活动的大学生要比最不经常参加政治实践活动的大学生对政党制度的认同要高 6 个百分点，因此，鼓励学校在高中期间开展政治实践活动对提高大学生政党制度认同具有较大的意义。

　　个体政治观点与国内主流媒体的一致度也影响到了大学生对政党制度的认同，回归系数为 0.22。与其他影响因素不同的是，个体政治观点与国内主流媒体的一致度并没有间接影响政党制度认同，而只是单纯地以直接的方式影响到政党制度的认同。可以看出，大学生如果认为媒体报道是客观真实的，那么他们就会更认可这些报道，与媒体的观点会更倾向一致，最后也会影响到他们的政党制度认同。结合虚拟回归分析结果可看出，个体政治观点与国内主流媒体一致度最高的大学生要比个体政治观点与国内主流媒体一致度最低的大学生对政党制度的认同度高 16.4 个百分点。

　　高中时期政治知识教育也是主要通过提高个体政治观点与主流媒体的一致度和主流意识形态认同两条路径来影响大学生的政党制度认同的，直接影响路径的回归系数为 0.08，间接影响路径的回归系数为 0.101，综合影响系数为 0.181，间接影响略高于直接影响。其中，以个体政治观点与国内主流媒体的一致度和主流意识形态为中介变量的间接路径回归系数分别为 0.018 和 0.083。由此看来，提高个体对主流意识形态的认同也是提高高中政治知识教育实效性的重要路径。与高中时期参加的政治实践活动相比，高中政治知识教育的影响力明显较低，可知学校在高中时期要继续重视政治活动的基础上,优化高中政治知识的教育。此外,结合虚拟回归结果可知,高中时期政治知识教育最充分的学生比高中时期政治知识教育最不充分的学生对政党制度的认同高5.9个百分点。

家庭社会经济地位对大学生政党制度认同也有显著的正向影响,综合影响系数为0.075。其除了直接对政党制度认同有显著影响外(回归系数为0.06),还通过以高中时期的政治活动和政治知识的学习及个体政治观点与国内主流媒体的一致度作为中介变量间接地作用于政党制度的认同(回归系数为0.015)。说明社会阶层越高,受到的教育机会就越多,受到教育质量也随着升高,且在社会结构中越是占有优势地位的家庭对政治体系更具支持度,进而影响到大学生对政党制度的认同度。虚拟回归分析结果的非标准化系数表明,家庭社会经济地位最高的大学生比家庭社会经济地位最低的大学生对政党制度的认同度高5.2个百分点。

在模型中还有一个值得关注的现象,大学生的自由权力制衡的价值倾向对他们的政党制度认同产生负向作用(回归系数=-0.006),但这个作用途径同样是通过两条路径来实现的,一个是直接影响(回归系数=-0.32),一个是以效率的价值倾向、个体的政治观点与国内主流媒体一致度和主流意识形态认同为中介的间接影响(回归系数为0.314)。这说明大学生对于政治制度的价值倾向是一个多面的矛盾复合体,他们越强调自由和权力制衡,同时就会越看重制度效率(制度效率又会影响到他们对主流意识形态的认同以及他们的政治观点与主流媒体的一致度),最终对政党制度的评价也会从两个角度进行判断,一个是直接地从自由的角度,一个是间接地从效率的角度。从自由和权力制衡角度来看,他们认为从效率看,这个制度具有很强的优越性,但自由倾向的影响还是超过了效率倾向等因素的纠正力度。这提示我们,虽然自由思想对大学生的政党制度认同总体会产生负面影响,但对于那些自由倾向很强的大学生,我们可以引导他们关注政治制度运行所产生的效率和成绩而抵消一大部分负面作用。从虚拟回归分析结果的非标准化系数可知,自由权力制衡倾向最高的大学生比最低的大学生对政党制度的认同度低36.2个百分点。

为了探究家庭社会经济地位、高中政治教育(高中期间参加的政治活动和政治知识教育)和个体内在中介变量(个体的政治观点与国内主流媒体的一致度、主流意识形态认同、效率的价值取向和自由权力制衡的价值取向）对政党制度认同的作用大小，我们通过方程 $R_{y(klm)\cdot 1,2,\cdots,k-1}^2 = \dfrac{R_{y\cdot 1,2,\cdots,k,l,m}^2 - R_{y\cdot 1,2,\cdots,k-1}^2}{1 - R_{y\cdot 1,2,\cdots,k-1}^2}$ 计算这两个变量组的偏确定系数来比较它们作用的大小，偏确定系数越大代表影响作用越大（郭志刚，1999：58）。最终可以得出外生变量组的偏确定系数 $R_{偏}^2 = 0.042$，中介变量的偏确定系数 $R_{偏}^2 = 0.351$，这说明个体内在因素等中介变量对政党制度认同的影响作用要远远大于外生变量。

第四节　结论与讨论

一　结论与总结

通过本次定量研究，重点回答了以往研究所缺少的关于政党制度认同现状及其影响因素，并得出以下几方面的结论。

1. 大学生对政党制度认同的结构及水平判断

大学生政党制度认同包含了情感认同、合法性认同、合理性认同、实效性认同及现实性认同五个维度，其中情感认同又包含去个性化情感认同、吸引性情感认同与批判性情感认同三个子维度。大学生对于中国政党制度总体上是认同的，但不同维度的认同程度不一样。大学生对于政党制度的认同主要表现为以下特征。首先，总体上认同，但认同程度还有待提高；其次，大学生对这些政治制度的合法性、现实性与实效性的评价都比较高，但是对于这些制度在运作中的合理性与规范性都表示出了较低的认同度，最终影响总体的政党制度认同程度。最后，情感认同趋于理性化与批判化。大学生倾向于客观、批判的角度来审视与评价我国的政治制度，会因为"爱"制度去批判政治制度中出现的问题。

调查结果表明，有些人提到的民众政治认同处于危机状态这一说法是不成立的，同时也与一些人认为"大学生对中国政治制度认同感强烈"（罗章、张俊伟，2009；孙留华、任园，2010）这一过高期望具有一定的差距。唐文方在1999年对中国六大城市的民意调查中发现，城市居民对政治体制支持度较高，且对政治的合法性和支持度都较高，并认为中国当前既不是危机四伏也不是国泰民安（唐文方，2008）。这一结论尽管来自于对城市居民的调查，但与本研究对大学生群体的调查结果不谋而合。

对政党制度认同的研究不能停留在理论研究层面，也要与实证研究相结合。研究民众对政党制度的认同度，重点研究大学生这一精英群体的认同无疑具有重大的意义。并且不能只是从宏观角度单纯研究对政党制度整体认同度如何，而应对其进行详细操作化，深入研究政党制度认同的各维度具有更为重大的意义。以往研究在上述几方面有所欠缺，在本研究中却得到了弥补。此外，我们还对政党制度各维度的认同及其与整体认同的贡献情况进行分析，除了发现大学生对不同维度的认同有所差异之外，还更深入挖掘了各维度的认同在整体认同中的权重，这也是以往研究所缺乏的。

2. 大学生对政党制度认同的影响因素

大学生对政党制度认同产生影响的因素按作用从大到小分别为个体主流意识形态认同度、高中时期参加的政治活动、个体效率的价值取向、个体的政治观点与国内主流媒体观点的一致度、高中时期政治知识的学习、家庭社会经济地位和个体自由与权力制衡的价值取向。对我国主流意识形态越认同，对媒体报道客观性越信任，接受高中政治教育越深入，政治制度价值取向越偏向于效率倾向而不是自由和权力制衡倾向的大学生，对我国政党制度的认同度就越高。大学生高中时期的政治实践活动和政治知识学习作用于政党制度认同有直接和间接两种路径，且均以间接路径为主，即学校教育首先要经过个体的内化，通过改变其政治态度和价值取向才能最终影响到他们对政党制度的认同。

本研究除了利用虚拟回归分析方法之外，还通过利用AMOS建立结构方程模型分析影响大学生政党制度认同的具体因素，并发现了影响大学生政党制度认同的外源变量与中介变量。外源变量主要有家庭社会经济条件、高中时期参与的政治活动、高中时期所受到的政治知识教育；中介变量主要为个体政治观点与国内主流媒体的一致度、个体对主流意识形态认同度、效率的价值取向、自由权力制衡的价值取向等。通过计算外生变量和中介变量的偏确定系数可以得出,中介变量对政党制度认同的影响作用显著强于外生变量。在做独立样本T检验和方差分析时发现,大学生的性别、年级、政治面貌、专业和家庭社会经济地位在政党制度整体认同方面具有显著的差异,但是在回归分析结果中,除了家庭社会经济地位对政党制度认同具有显著影响外,性别、年级、政治面貌和专业对政党制度认同却不显著,这说明外生变量很大程度上需要通过中介变量来间接影响政党制度认同,而未必都以直接途径进行影响。可以看出,影响大学生政治体制改革认同具有多方面的因素,包括人口统计学变量、制度性因素和社会心理因素等。尽管制度性因素和人口统计学因素对其认同有一定的影响,但从研究结果可以发现,与上述外源因素相比,社会心理因素显得更为核心。这说明,大学生对改革认同的影响因素具有一定的选择性,而且这种选择机制是内在的东西,且这种选择与中介变量具有重大的关系。

唐文方在1999年对中国六大城市的居民进行的民意调查,在影响因素中主要从性别、收入、教育程度及政治面貌等人口统计学因素进行,并发现收入、性别、教育程度和党员资格有助于提高对改革的满意度和支持度(唐文方,2008)。本文除了分析人口统计学因素外,还着重探讨家庭因素、学校因素、媒体因素、个体因素对政党制度认同的影响,发现个体主流意识形态认同度、高中期间参加的政治实践活动、个体效率的价值取向、个体政治观点与主流媒体一致度、高中政治知识的学习、家庭社会经济地位和个体自由与权力制衡的价值取向对政党制度认同具有显著的影响。不同的是,唐文方主要研究居民对改革的满意度,而本文主要研究大学生对政党制度的认同度,虽然没有横向的可比性,但归根到底都是对政治认同进行研究。唐文方发现性别、收入、教育水平和是否党员对改革满意度具有显著的影响(唐文方,2008),这一发现在大学生群体中不能得到有效的支持。我们认为他发现的这些具有显著的影响因素,在我们研究结果中,除了社会经济地位外,很可能是通过中介变量间接影响到政党制度认同。与唐文方的研究发现一致,我们发现家庭社会经济地位对政党制度认同具有显著的正向影响,这在一定程度上说明政治传递具有一定的代际性。

二 对提高大学生政党制度认同的启示

当今大学生对于我国政党制度总体认同，但还有待于进一步巩固和提高。根据研究发现，可以得出如下提高大学生政党制度认同的启示。

首先，个体意识形态认同度对政党制度的认同具有最重要的影响，说明了当前中国共产党对主流意识形态进行宣传是十分有用的，对主流意识形态的教育也是十分必要的，但如何加强却值得研究与探讨。

其次，大学生效率的价值取向和权力制衡的价值取向对其政党制度认同有所影响，因此，对大学生的效率价值取向和自由权力制衡价值取向进行合理的引导和培养是有必要的，且应具有针对性。同时，研究结果也可得知，"以学生为本"的政治知识和理论的教育是合理的。在教育过程中，是否适应他们思维发展的规律，对形成全面的政党制度价值观具有重要作用。

再次，高中时期的政治实践活动的开展及政治知识的学习对大学生政党制度的认同也具有十分重要的作用，这说明政治教育的效果不仅要注意学生政治知识的授予，更应该让学生多参与政治实践活动，从活动中受到启发。同时，也要多关注媒体对大学生的影响，认识到个体的政治观点与国内主流媒体一致度影响到大学生的政党认同，其实我们应充分利用好媒体这一工具。

最后，处于社会结构占优势地位的家庭对整体体系更具支持度，说明政党制度认同具有一定的代际相关性，在研究中仍不能够忽视，在现实生活中更应给予重视。

此外，由于各子维度的认同得分及其对整体认同的重要程度有所差别，说明中国共产党在政党制度实效性与合法性方面的建设取得较好成效，应继续保持。同时，也应采取一定的措施提升现实性认同对整体认同的作用。值得注意的是，情感性认同和合理性认同得分较低，且重要程度较小，是否该往这两方面努力，仍有待深入研究。

第五章 大学生对政治体制改革的认同研究

政治体制改革认同是个体政治社会化的重要内容，也是政治科学和政治社会学研究的主要对象。本章采取问卷调查方法对北京高校 1207 名大学生的政治体制改革认同状况进行研究。通过验证性因子分析发现，大学生对于政治体制改革的认同可以分为三个维度，即合法性认同、合理性认同、实效性认同。大学生对于当前的政治体制改革认同处于中等水平，但在各维度认同度却有所差别，其中合法性认同得分最高，实效性认同得分处于中等水平，合理性认同处于较低水平。大学生的政治面貌在政治体制改革整体认同上具有显著差异，性别、年级、专业、宗教信仰和家庭社会经济地位在整体认同度上均无显著的差异。通过结构方程做路径分析发现，影响大学生政治体制改革认同的主要因素作用大小依次为个体主流意识形态认同、父亲政治观点与国内主流媒体一致度、"两课"自由气氛、个体公正的价值取向、个体批判性思维、媒体接触频率。其中，个体主流意识形态认同、公正的价值取向、批判性思维是影响政治体制改革认同的中介变量，媒体接触频率、父亲政治观点与国内主流媒体一致度、"两课"自由气氛是影响政治体制改革认同的外生变量，而且中介变量对政治体制改革认同的影响要远远高于外生变量。研究发现对我们也具有一定的启示。

第一节 研究背景与问题的提出

作为当今世界上最大的社会主义国家，并且在改革开放以来取得了举世瞩目的成就，中国政治制度的优势引起了学者们广泛关注。国外《新兴市场观察》(*Emerging Markets Monitor*)杂志通过分析中国的宏观、微观经济认为,中国经济在未来 50 年的发展中仍存在优势(Emerging Markets Monitor,2006)。唐文方通过对中国民意进行调查发现,民众对中国政治体制的支持度还是挺高的,中国不存在严重的政治危机,且政府的合法性和支持性都很高(唐文方,2008:63)。房宁通过对中国政治制度进行分析认为,改革开放所形成的当代中国的政治模式是中国实现人类历史上最成功的工业化、现代化的根本制度原因,应坚定不移地走中国特色社会主义民主政治道路(房宁,2007,2009)。蔡元明通过对中西制度比较分析认为,民主不等于多党竞争,合作协商优于对抗拆台(蔡元明,2012)。宋鲁郑全面总结了中国制度相对于西方资本主义国家制度具有六大优势:可以制定国家长远的发展规划和保持政策的稳定性;对出现的挑战和机遇能够做出及时有效的反应;在社会转型这一特殊时期内可以有效遏制腐败的泛滥;政府更为负责;人才培养和选拔机制可避免人才的浪费;可以真正代表全民(宋鲁郑,2010)。

国外一些批评家认为尽管中国对经济体制进行了改革,但是中国的改革开放导致了一种所谓的过渡体制,这种体制既不是资本主义也不是社会主义,而经济上保留有的官僚体制必将导致不良的后果(Nolan P.,1994)。国外《新兴市场观察》(*Emerging Markets Monitor*)杂志曾提到中国政府当前不仅逃避了政治体制的改革,在经济体制改革上也是迟疑不决(*Emerging Markets Monitor*,2006)。也有人认为中国在改革过程中存在的许多经济问题原因在于缺乏社会的制衡力量(Jean-FrangoisHuchet,2006),而中国的腐败问题越发严重,问题的原因在于中国的政治体制(Michael,1995)。有学者认为"社会主义法治"不足以成为"法治",中国现存的政治体制加剧了中国法治进程中的矛盾(Cabestan,2005)。一些国外投资者也对中国的法律体制提出质疑,他们认为中国法律的模糊性、地方政府的非法税费等影响了商业发展的不确定性(The Economist Intelligence Unit Limited,1999)。

作为未来政治与社会建设主要接班人的大学生对于这一影响深远的改革是如何评价的呢?他们是否认同当今的政治体制改革呢?本研究正是在这种政治实践背景下,在分析当前制度认同研究问题的基础上,提出了研究的主题。

在对"好制度"的评价标准以及制度认同内涵相关文献进行梳理基础上（具体见第三章），本文重点回答以下几个方面的问题，这些问题同时也构成本文的研究框架。

①大学生对政制体制改革认同包含哪些？可由哪几方面组成？

②大学生对于中国政治体制改革认同度如何？在不同方面是否有所差异？

③影响大学生对政治体制改革认同的因素有哪些？家庭、学校、媒体及个体因素中，哪些具体因素对政治体制改革认同具有显著影响？

第二节　资料与测量

本文的研究数据主要来自于2011年6月对北京9所高校进行的"大学生对政治制度的态度"的问卷调查（问卷调查情况与样本情况见第三章）。

一　政治体制改革认同概念操作化与指标设计

本研究的核心概念主要是政治体制改革认同，在对已有关于政治制度的文献进行梳理和研究的基础上，重点对"好制度"的评价标准进行了参考。我们认为，政治体制改革认同是个体对于政治体制改革产生的价值性评判。我们将政治体制改革认同操作化为：a 合法性认同、b 合理性认同和 c 实效性认同三个维度。合法性认同即个体对于政治体制改革是否具有公平、正义、民主、自由等价值理念的评价，关系到个体对于政治体制改革根本上的信心，主要包含"a1 政治改革关系到广大人民切身利益"等4个指标；合理性认同即个体对于政治体制改革操作程序、形式是否具有合理性、规范性的评价，主要包含"b1 政治改革的目标实际上是加强中共的领导"等三个指标；实效性认同指个体对于政治制度是否产生了政治、社会、经济等方面的效用的评价，主要包含"c1 目前看来政治体制改革极大地克服了党和政府的官僚主义，提高工作效率等五个指标"。

二 政治体制改革认同量表分析

我们对政治体制改革认同量表进行了探索性因子分析与信度分析,发现所有测量指标可以较高程度地聚为三个因子,分别为实效性认同、合法性认同与合理性认同,三个因子的方差累积贡献率达到了71.762%。各指标对相应维度的测量信度值均在0.8以上,量表总信度为0.769,说明该量表具有较高的测量信度(见表5-1)。

表5-1 政治体制改革认同量表因素分析、信度分析

因素名称	指标	抽取的因素 1	抽取的因素 2	抽取的因素 3	贡献率(%)	累积贡献率(%)	信度
实效性认同	c1 目前看来,政治体制改革极大地克服了官僚主义,提高了工作效率	0.863			29.056	29.056	0.901
	c2 目前看来,政治体制改革推动了我国民主发展	0.801					
	c3 目前看来,政治体制改革促进了我国党政分开与政企分开	0.804					
	c4 目前看来,政治体制改革促进了我国经济的发展	0.695					
	c5 目前看来,政治体制改革有效地遏制了权力腐败	0.855					
合法性认同	a1 政治改革关系到广大人民切身利益		0.774		23.295	52.351	0.816
	a2 政治改革是为了巩固社会主义制度,发展社会主义生产力		0.786				
	a3 政治改革是为了发扬社会主义民主,调动广大人民的积极性		0.804				
	a4 未来,我们应该不断进行政治体制改革		0.698				

续表

因素名称	指标	抽取的因素 1	抽取的因素 2	抽取的因素 3	贡献率（%）	累积贡献率(%)	信度
合理性认同	b1 政治改革的目标实际上是加强中共领导（反题）	—	—	0.765	19.411	71.762	0.845
	b2 政治改革并不会带来真正的民主（反题）			0.925			
	b3 政治改革只是治标不治本（反题）			0.895			

从因子分析结果看，大学生对中国政治体制改革的评价同样可以从合法性认同、合理性认同以及实效性认同三个方面来衡量。合法性认同指个体对于政治体制改革是否具有理念上的正义性的评价，关系到个体对于政治体制改革根本上的信心。合理性认同指个体对于政治体制改革是否在程序上、形式上与正义性理念一致的评价。实效性认同指个体对于政治体制改革实际效果的评价。

为了进一步验证该量表的结构效度，我们根据因子分析提供的结果在AMOS中建立了结构方程模型，进行了验证性因素分析。在结构方程中，由于卡方值对受试样本的大小非常敏感，样本数越大，卡方值越容易显著，导致模型遭受拒绝的概率越大（吴明隆，2009：41）。因此，当运用卡方分布进行模型检验时，会因为参数数目与样本数的技术特性影响模型的拟合度检验，在文章涉及结构方程分析中，一般舍弃卡方，综合考虑各参数的拟合度参数 RMSEA、CFI、TLI、GFI（邱皓政，2009：18-19，76）。最终，根据拟合度参数选出最优模型，模型拟合度的统计参数如表5-2所示。

表5-2 政治体制改革认同量表验证性分析关键参数

项 目	RMSEA	CFI	TLI	GFI
适配标准值	<0.08	>0.9	>0.9	>0.9
实 际 值	0.071	0.966	0.950	0.959

由表5-2可知，该模型拟合度系数符合要求，经过分析可知各指标的

因子负载量均在 0.64 以上，且经过验证性因素分析得出各维度的组合信度值分别为 0.816、0.856 和 0.899，各维度测量指标的平均变异抽取量分别为 0.533、0.699 和 0.640，说明各项指标对所测量的维度均有较高的可信度（吴明隆，2009：54－55）。各维度之间的变异抽取量的平均数要高于它们之间相关系数的平方，说明各维度之间具有理想的区辨力（邱皓政，2009：140－141）。因此可以说，政治体制改革认同包含三个维度：合法性认同、合理性认同和实效性认同。

第三节 调查结果及分析

一 大学生对政治体制改革认同现状

我们以上述三个维度对大学生对于我国政治体制改革的评价进行了统计分析，结果如图 5－1 所示。

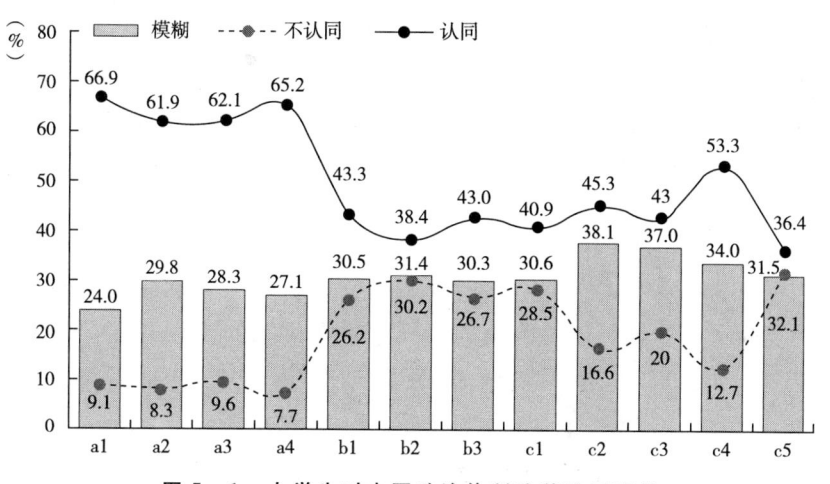

图 5－1 大学生对中国政治体制改革认同现状

合法性认同：70.24 分

　　a1：政治体制改革关系到广大人民切身利益，71.98 分

　　a2：政治体制改革是为了巩固社会主义制度，发展社会主义

生产力,68.7分

　　a3:政治体制改革是为了发扬社会主义民主,调动广大人民的积极性,68.63分

　　a4:未来,我们应该不断进行政治体制改革,71.65分

合理性认同:44.20分

　　b1:政治体制改革的目标实际上加强党的领导,42.71分(反题)

　　b2:政治体制改革并不会带来真正的民主,46.15分(反题)

　　b3:政治体制改革只治标不治本,43.74分(反题)

实效性认同:57.41分

　　c1:目前看来,政治体制改革将极大地克服官僚主义,提高工作效率,54.56分

　　c2:目前看来,政治体制改革推动我国民主发展,59.55分

　　c3:目前看来,政治体制改革促进我国党政分开与政企分开,58.22分

　　c4:目前看来,政治体制改革促进我国经济的发展,63.26分

　　c5:目前看来,政治体制改革有效地遏制了权力腐败,51.46分

　　注:反题的得分表示反对该题目的得分,得分越高表示认同度越高;反题中认同的比例表示对该说法持不认同的比例。

　　总体来看,大学生对于我国政治体制改革的认同分数为57.28分,处于中等偏上水平。其中,他们对于政治体制改革的合法性评价最高,为70.24分;对政治体制改革的实际效果评价也处于相对较高的水平,为57.41分;对政治体制改革的合理性评价处于中等水平,为44.20分。

　　可以看出,大学生对于我国政治体制改革的合法性认同是很高的,他们认同这场政治体制改革的正义性,认为政治体制改革是为了发展民主政治,从根本上给予了政治体制改革很高的信任。66.9%的大学生认为"政治体制改革关系到广大人民切身利益";61.9%的人认为"政治体制改革是为了巩固社会主义制度,发展社会主义生产力";62.1%的人认同"政治体制改革

是为了发扬社会主义民主，调动广大人民的积极性"；有65.2%的人认为"未来，我们也应该不断进行政治体制改革"；而对上述这四种说法明确表示反对的大学生分别只有9.1%、8.3%、9.6%和7.7%。由此来看，大学生对于中国政治体制改革的"本意"是信任与认可的，对于政治体制改革的未来也是充满信心的。

对于政治体制改革的实效性，大学生偏向于认可态度，认可程度相对较高。其中，他们认为政治体制改革对于经济所产生的效果最为明显，有53.3%的人认为"政治体制改革促进我国经济的发展"；只有12.7%的人不认同。对于政治体制改革对权力腐败的遏制效果，他们大部分认可，虽有32%左右的人不认同"政治体制改革有效遏制了权力腐败"，但也有36.4%的人认同该指标，且还有31.5%的人对此持保留意见，所以相对不认同的人来说，大多数人对此还是持认同的态度。另外，有45.3%认同"政治体制改革推动了我国民主的发展"，约有43%的人认同"政治体制改革促进了我国党政分开与政企分开"，反对者的比例分别为16.6%与20%，都低于1/5。这说明，大学生对政治体制改革的实效性持较为认同的态度。

大学生对于当前政治体制改革的合理性得分为44.20分，说明他们对于现实中政治体制改革的操作满意程度还有待进一步提高。对于"政治体制改革实际上就是在加强中国共产党的领导地位"（反题），有43.3%的人持不认同的意见；对于"政治体制改革，只是治标不治本"（反题）这一观点，有43%的人对此不认同。对上述两个观点持赞同意见的人分别为26.2%和26.7%。这说明从总体来看，大部分大学生认为政治体制改革有待深入，他们更倾向于政治体制改革实际对百姓利益起到的重大作用。

近年来国家一直对政治体制进行相应的改革，尽管这些改革的成效没有马上立竿见影，但这确实产生了一定的效用，让民众看到了党和政府改革的决心。

独立样本T检验和方差分析统计发现，性别、年级、政治面貌、专业、宗教信仰和社会经济地位在整体认同及各维度认同具有一定的差异（见表5-3）。

表5-3 性别、政治面貌、专业、宗教信仰、年级、社会经济地位与政治体制改革认同及各维度关系的方差分析统计

变量		整体认同 平均值	p	合法性认同 平均值	p	合理性认同 平均值	p	实效性认同 平均值	p
性别	男	0.573	0.987	0.705	0.564	0.445	0.548	0.568	0.250
	女	0.573		0.699		0.436		0.584	
年级	一	0.579	0.611	0.703	0.903	0.463	0.193	0.571	0.543
	二	0.573		0.697		0.432		0.591	
	三	0.576		0.709		0.441		0.578	
	四	0.564		0.707		0.423		0.561	
政治面貌	党员	0.594	0.003**	0.736	0.001***	0.451	0.467	0.594	0.099
	其他	0.566		0.693		0.438		0.567	
专业	理工	0.569	0.242	0.686	0.000***	0.472	0.000***	0.549	0.000***
	文科	0.578		0.726		0.398		0.609	
宗教信仰	无	0.573	0.854	0.705	0.167	0.443	0.636	0.570	0.154
	有	0.571		0.678		0.433		0.600	
家庭社会经济地位	低	0.570	0.897	0.714	0.068	0.452	0.002**	0.547	0.008**
	中	0.573		0.689		0.459		0.571	
	高	0.575		0.720		0.400		0.610	

注:*代表 $P<0.05$;**代表 $P<0.01$;***代表 $P<0.001$;以上平均值为标准分数转化后的结果,0.573代表百分制中的57.3分。

由表 5-3 可以看出，从整体认同上看，除了政治面貌在政治体制改革认同度上具有显著的差异外（$t=-3.053$，$p<0.05$），性别、年级、专业、宗教信仰和社会经济地位在整体认同度上均无显著的差异，但是它们分别在一些不同的子维度认同上有显著的差异。如文理不同专业在合法性认同（$t=-3.502$，$p<0.05$）、合理性认同（$t=5.190$，$p<0.05$）和实效性认同（$t=-4.412$，$p<0.05$）方面均有显著的差异；是否党员的政治面貌在合法性认同方面也存在显著的差异，$t=-3.314$，$p<0.05$。此外，家庭社会经济地位在合理性认同（$F=6.209$，$DF=2$，$p<0.05$）和实效性认同（$F=4.801$，$DF=2$，$p<0.05$）方面也存在显著的差异。

为深入了解各子维度认同对政治体制改革整体认同的影响作用，我们以各子维度为自变量，以政治体制改革整体认同度为因变量做回归分析，并结合各子维度的得分情况分析大学生对各维度的认同状况及其对整体认同的影响状况，其中分别以子维度认同平均分和回归系数平均数作为分界点（小卡尔·麦克丹尼尔，2000：455-456），具体如图 5-2 所示。

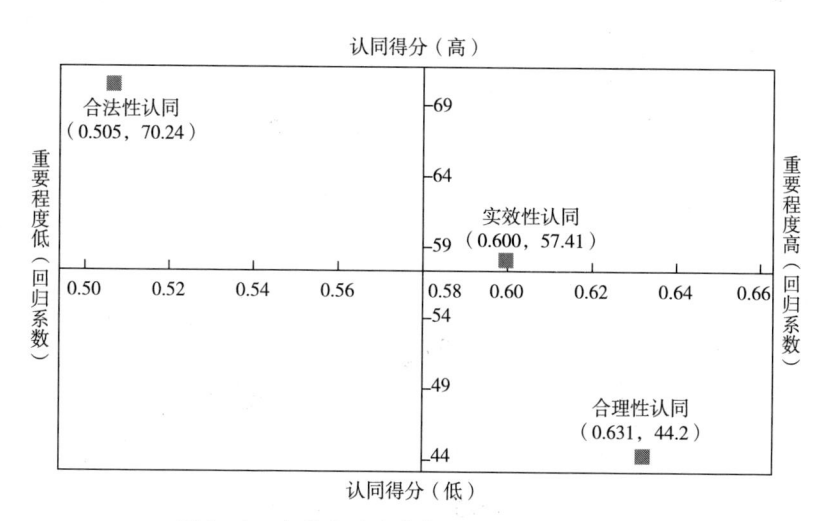

图 5-2 大学生对政治体制改革认同状况分析

回归系数为各子维度对决定整体认同度的重要性提供了估计。结果表明，合理性认同在决定整体认同度时最重要，在合理性认同每提高一个单位，会导致整体平均认同度提高 0.631 个单位。从回归分析中可以看出，实效性认同在对整体认同度的影响方面也较为重要。从另一个极端上看，合法性认同在决定整体认同度时较不重要。

认同得分则提供了不同的情况。从平均水平看，大学生对合法性认同得分最高，而对合理性认同得分最低。为了同时考虑到重要性估计和认同得分，图5-2表明，实效性认同在整体认同中处于较强的地位，对整体认同具有十分重要的作用，其认同度处于中等水平，有待在保持的基础上进一步努力。目前大学生对合法认同得分最高，但这一认同对整体认同重要程度处于相对较低水平。值得注意是，合理性认同得分相对较低，但其重要性最高，说明如果在这方面加以努力，就能够大幅度提高整体认同水平。

在大学生眼中哪些制度需要改革呢？大学生对于这些制度的期望是怎样的呢？我们在问卷中主要调查了大学生对于我国四项基本政治制度的态度，结果如图5-3所示。

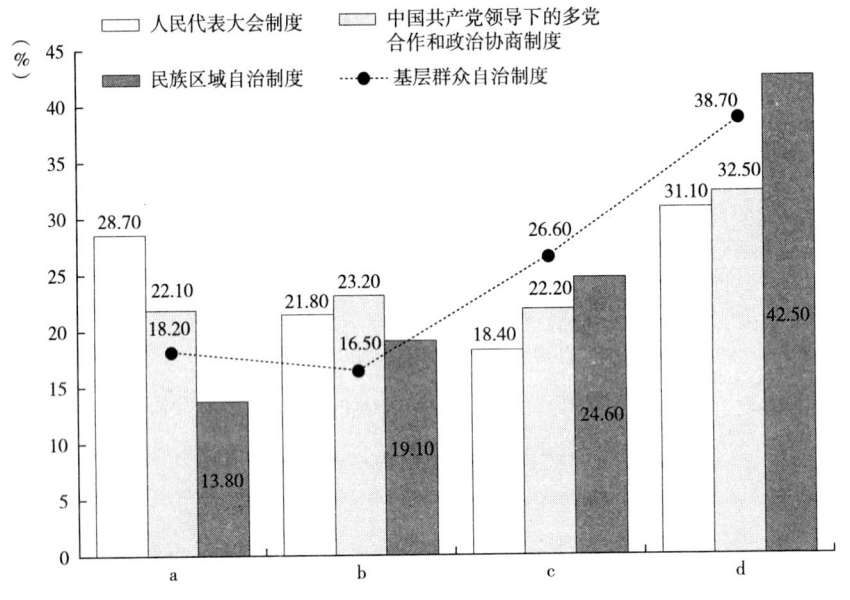

图5-3 政治体制改革态度百分比

注：a 应该改革

b 虽然有问题，但没有更好的办法，所以应当维持现状

c 只要生活水平能提高，无所谓

d 很好，应该坚持

在四项基本政治制度中，大学生对于民族区域自治制度、基层群众自

治制度的认可度最高。有接近40%的人觉得这两项制度"很好,应该坚持",认为"应该改革"的比例在四项制度中也最小。对于人民代表大会制度,超过1/4的人认为"应该改革",但也有31.1%的人觉得"很好,应该坚持",此外,约有20%的人认为该制度存在问题。

大学生在评价政治制度时有较为明显的实用主义倾向,他们认为只要制度产生了较高的效率与效用就可以称得上是"好制度"。这一特点在此处依然得到了印证。对于上述的四项制度,基本上都有接近20%的大学生认为"只要生活水平能够提高就无所谓",对于这部分大学生来讲,他们只关注制度是否能产生好的经济效益与效用,认为其他的问题都是次要的。

二 大学生政治体制改革认同影响因素的回归分析

大学生对于政治体制改革的认同是长期政治社会化的结果。政治社会化研究者们都认为,家庭、学校、媒体等是个体政治社会化过程中的重要机构,也是影响政治社会化结果的主要因素。这种观点特别得到了政治社会化研究中社会教化派研究者的认同。而个体学习派的研究者则认为,个体在政治社会化过程中不只是被动地接受教育,而且还是一个主观的选择与内化过程。因此,个体的思维特点、价值观等因素也是影响政治社会化结果的重要因素。我们在选取自变量时,尽量做到了全面,从家庭、学校、媒体、个体等多个方面来测量对大学生政治制度认同的影响,那么哪些因素对大学生政治体制改革认同有较大影响呢?

我们分别以政治体制改革认同、合法性认同、合理性认同和实效性认同作为自变量,以人口统计学因素、家庭、学校、媒体、个体五个维度的具体指标作为自变量(具体见第三章),进行了虚拟回归分析,以期深入挖掘各个因素的具体影响及作用机制,结果如图5-4所示。

1. 性别

从整体上看,除了性别对合法性认同具有显著正向影响外,年级、专业和家庭社会经济地位对大学生政治体制改革整体认同及其三个维度并没有明显影响。与女生相比,男生对政治体制改革的合法性认同高出3.5个百分点。相对于女生,男生更加认可当前政治体制改革是正义的,是为了广大人民利益、为了更好地发展社会主义民主而进行改革的,对政治体制改革的信心更坚定。

2. 家庭因素

我们主要通过学生父亲对政治新闻或政治事件的关心度、对政治问题或政治事件的看法与国内主流媒体观点的一致度(父亲政治态度),来了解大学生家庭的政治关心度和政治态度。从图5-4可知,父亲对政治问题或政治事件的看法与国内主流媒体观点的一致度对于大学生政治体制改革的整体认同有显著的正向影响,父亲对政治问题或政治事件的看法与国内主流媒体观点的一致度最高的学生在政治体制改革整体认同上要比父亲对政治问题或政治事件的看法与国内主流媒体观点的一致度最低的学生高7.4个百分点,这让我们看到了家庭政治态度影响的重要性;但父亲对政治新闻或政治事件的关心度并未产生任何影响。

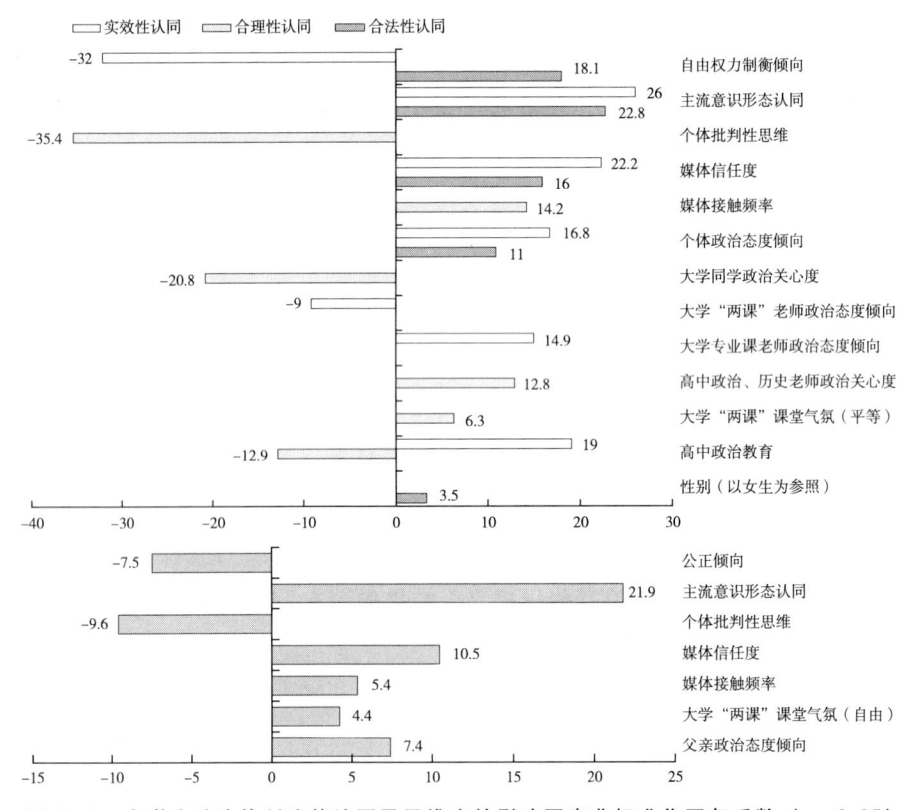

图5-4 大学生政治体制改革认同及子维度的影响因素非标准化回归系数 ($p<0.05$)

3. 学校教育

从回归分析的结果来看，高中时期与大学时期的教育都对大学生的政治体制改革认同产生影响。高中时期的政治教育及政治、历史老师的政治关心度（对政治新闻或政治事件的关心度）是高中阶段影响大学生政治体制改革认同的两个重要因素。高中政治教育对大学生的政治体制改革实效性认同产生了显著的正向影响（标准化回归系数为0.189），而对政治体制改革的合理性认同产生了显著的负向影响（标准化回归系数为-0.122）。高中政治、历史老师政治关心度则主要影响了大学生对政治体制改革合理性的评价（标准化回归系数为0.117）。说明如果高中政治、历史老师更关心、爱谈论政治，那么学生就会更倾向于看到政治体制改革中合规范、有序的一面。

大学阶段对大学生政治体制改革认同产生影响的因素有平等的"两课"气氛、自由的"两课"气氛、专业课老师的政治态度倾向（对政治问题或政治事件的看法与国内主流媒体的一致度，下同）、"两课"老师的政治态度倾向以及大学同学的政治关心度。"两课"课堂气氛对大学生政治体制改革认同有正向的预测作用。如果在"两课"课堂上老师尊重每一个学生的意见并鼓励他们勇敢表达，营造一种"平等"的课堂气氛，那么大学生对当今改革的合理性就更具包容性。如果在课堂上老师能鼓励大家围绕一个问题进行多方观点讨论，营造"自由"的课堂气氛，那么大学生总体上对政治体制改革的认可度要更积极。

另外，"两课"老师、专业课老师和大学同学是影响大学生对政治体制改革认同度的三个重要群体，然而他们发生作用的方向却存在差异。专业课老师能够带来正向的影响，他们的政治态度越积极，大学生对改革实效性方面的认同程度就越高。相反，"两课"老师政治态度越积极，大学生对改革实效性方面的认同程度就越低。我们认为，这可能由现实中大学生对"两课"产生的抵触心理而导致的。大学生可能会认为不以灌输政治理论为任务的专业课老师发表的政治观点更为真实、可信，"两课"老师的政治目的性太强，反而让学生怀疑他们的政治观点的客观性。这也再次提醒我们要重视隐性教育渠道对大学生进行全方位的政治教育。大学同学作为大学生最重要的同辈群体，也对他们的政治体制改革认同度产生了影响。身边的同学越关心、爱讨论政治，大学生更容易发现政治体制改革中出现的不规范问题，对改革的合理性认同就越低。

4. 媒体使用情况

大学生对媒体的信任度和接触媒体频率对其政治体制改革整体认同具有显著正向影响。除合理性认同外，大学生的媒体信任度对其政治体制改革认同及各维度认同都有显著的正向影响，标准化回归系数分别为 0.147、0.148 和 0.172（分别为政治体制改革整体认同、合法性认同和实效性认同的标准化回归系数），说明大学生对媒体新闻报道、评论的客观性认可程度越高，他们就会越认同政治体制改革的合法性和实效性。这一特点也可以从个体的政治态度倾向（对政治问题或政治事件的看法与国内主流媒体观点的一致度）发挥的影响得到印证。如果个体认为媒体所报道的新闻事件是客观真实的，那么他们的观点就会与媒体更一致，最终对当前政治体制改革的合法性与实效性评价就越高（标准化回归系数分别为 0.121 和 0.157）。个体接触媒体的频率对政治体制改革整体认同也具有显著的正向影响。与媒体接触频率最低的大学生相比，媒体接触频率最高的大学生对政治体制改革整体认同要高 5.4 个百分点。这说明大学生对当前的政治体制改革越是了解得多，他们越会给予积极的评价。但大学生接触媒体的类型对其政治体制改革认同没有显著的影响。

5. 个体批判性思维

个体批判性思维对大学生的政治体制改革认同具有重要影响。由回归分析结果可得，个体批判性思维最强的大学生比个体批判性思维最弱的大学生在政治体制改革认同方面低 9.6 个百分点。也就是说，个体批判性思维越强，大学生政治体制改革认同就越低。这一影响主要集中在合理性认同这一维度上。个体批判性思维对大学生政治体制改革的合理性认同具有显著的负向作用（标准化回归系数为 -0.243），即大学生的个体批判性思维越强，他们就越会看到政治体制改革实施过程中不合规范、程序的一面。

6. 个体主流意识形态认同

大学生对中国主流意识形态（马列主义、毛泽东思想、邓小平理论、"三个代表"重要思想、科学发展观）的认同影响他们对政治体制改革的认同。从图 5-4 可以看出，主流意识形态认同度最高的大学生要比主流意识形态认同度最低的大学生的政治体制改革整体认同高 21.9 个百分点，说明大学生的主流意识形态认同度越高，他们的政治体制改革认同度就越高。主流意识形态认同度对大学生政治体制改革的合法性认同和实效性认同存在显著的正向影响（标准化回归系数分别为 0.255 和 0.245）。也就是说，大学生越认可马列主义、毛泽东思想、邓小平理论、"三个代表"重要思想以及科学发展观，他们对当前改革的正义性和取得的效果就会越认可。与有些学者所称的"西方文化威胁论"不同，大学生对西方文化的认同并没有对他们的政治体制改革认同产生显著影响。

7. 个体政治制度价值取向

从图 5-4 可以看出，大学生越注重公正价值理念的"好制度"的重要性，他们对我国的政治体制改革认同就越低（标准化回归系数为 -0.103），公正倾向度最高的大学生要比公正倾向度最低的大学生对政治体制改革的认同低 7.5 个百分点。我们认为，公平的价值往往是左派政治理论家所强调和呼吁的，而我国的政治体制改革是不断回应社会主义市场经济体制改革的结果，因此，持偏左政治价值的大学生对政治体制改革的认可度要偏低一些。这一解释也可以从另外一个方面得到印证，持自由和权力制衡价值的大学生对当前改革的合法性评价更高（标准化回归系数为 0.177），而这正是右派政治理论家所看重的价值。

我们还通过计算各个回归分析的 R^2 得出上述自变量对整体及各维度政治体制改革认同的影响解释度。通过自变量对整体认同度和各子维度（合法性认同、合理性认同、实效性认同）的回归分析结果得出的 R^2 分别为 0.235、0.252、0.146 和 0.367，说明全部自变量进入回归模型可以解释大学生总体政治体制改革认同度 23.5% 的变异。

为了深入研究上述各影响因素对大学生政治体制改革认同的作用大小，我们还用方程中各个自变量组的偏确定系数来确定它们作用的大小。我们分别做不含有人口统计学因素、家庭、学校、媒体、个体批判性思维、个体文化认同和个体政治制度价值取向的线性回归，得到回归方程的确定系数，并根据算式 $R^2_{y(klm) \cdot 1,2,\cdots,k-1} = \dfrac{R^2_{y \cdot 1,2,\cdots,k,l,m} - R^2_{y \cdot 1,2,\cdots,k-1}}{1 - R^2_{y \cdot 1,2,\cdots,k-1}}$ 计算其增量并排序（郭志刚，1999：

58)。如 F 的偏确定系数为（0.235 - 0.148）/0.852 = 0.1021，其他自变量的偏确定系数求法同上，具体结果如表 5 - 4 所示。

表 5 - 4　含不同自变量的回归结果及其变量的偏确定系数（政治体制改革整体认同）

方程所含变量	R^2	$1 - R^2$	$R^2_{偏}$
A、B、C、D、E、F、G	0.235		
B、C、D、E、F、G	0	0	0（A）
A、C、D、E、F、G	0.223	0.777	0.0154（B）
A、B、D、E、F、G	0.231	0.769	0.0052（C）
A、B、C、E、F、G	0.212	0.788	0.0292（D）
A、B、C、D、F、G	0.222	0.778	0.0167（E）
A、B、C、D、E、G	0.148	0.852	0.1021（F）
A、B、C、D、E、F	0.228	0.772	0.0091（G）

注：A 为人口统计学因素，B 为家庭因素，C 为学校因素，D 媒体因素，E 为个体批判性思维，F 为个体文化认同，G 为个体政治制度价值取向。

从表 5 - 4 可以看出，方程中变量对大学生政治体制改革认同作用大小顺序为个体文化认同（F）、媒体因素（D）、个体批判性思维（E）、家庭因素（B）、个体政治价值观（G）、学校因素（C），人口统计学因素对整体认同没有任何影响。同理，我们通过上述公式计算各维度中有显著性影响的自变量的偏确定系数发现，在合法性认同方面，方程中变量作用大小顺序为个体文化认同、媒体因素、个体政治制度价值取向和人口统计学因素，其他因素对此没有显著影响；在合理性认同方面，方程中变量作用大小顺序为个体批判性思维、学校因素和媒体因素，其他因素对此没有显著影响；在实效性认同方面，方程中变量作用大小顺序为个体政治制度价值取向、媒体因素、个体文化认同和学校因素，其他因素对此没有显著影响。

此外，为了检查自变量之间是否存在多重共线性问题，我们还分析了容限度（Tolerance）和方差膨胀因子（VIF）这两项指标，以检查所有存在显著相关性的指标。按容限度为 0.1 以及 VIF 为 10 的常规界限进行检查，发现与因变量存在显著相关度的指标之间均不存在多重共性的关系，表明上述各自变量可以独立解释它们对因变量的影响度。

三 大学生政治体制改革认同影响因素路径分析

在大学生政治社会化的过程中,各影响因素对大学生的作用是多角度、多方位、多路径的。为了从整体上把握各影响因素对大学生政治体制改革认同的作用路径,我们先对自变量以逐步进入的方式做多元回归分析,保留显著影响的因素并以强行进入的方式再次做回归分析,继续剔除不显著的因素,最终保留完全显著的影响因素。作为分析的补充,我们以回归分析的结果为依据尝试着在 AMOS 中建立多个模型进行路径分析,最终参考拟合度参数 *CMIN*、*CMIN/DF*、*CFI*、*IFI*、*RFI*、*NFI*、*RMSEA*(邱皓政,2009:250),选择了最优模型,如图 5-5 所示。

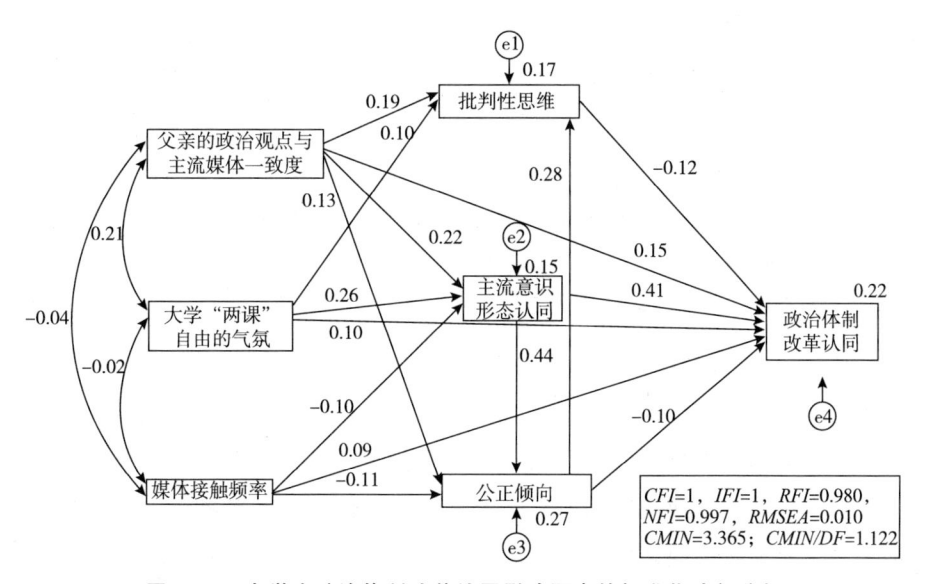

图 5-5 大学生政治体制改革认同影响因素的标准化路径分析

该模型的关键参数 *CFI*、*IFI*、*RFI*、*NFI*、*RMSEA* 都达到了适配要求,表明该模型可以接受。以政治体制改革总体认同为因变量的路径分析 R^2 为 0.22,表明该路径模型可以解释大学生政治体制改革认同 22% 的变异。

选择的最优模型显示,父亲的政治观点与国内主流媒体的一致度、大学"两课"自由的气氛、媒体接触频率是重要的三个外生变量。外生变量是指路径图中会指向任何一个其他变量而不被其他任何变量所影响的变量（邱皓政，2009：30）；而个体因素（包括批判性思维、个体主流意识形态认同和公正的价值倾向）是这些外生变量最终发挥教育效果的核心中介变量。中介变量指既是"果"变量，又是"因"变量的变量（袁方，1997：573）。路径分析结果显示，所有的外在教育影响因素都要通过直接和间接两种路径作用于大学生对政治体制改革的认同（见表5-5）。

表5-5 大学生政治体制改革认同的影响因素

自变量 \ 因变量	政治体制改革认同		
	直接影响	间接影响	综合影响
个体批判性思维	-0.12	—	-0.12
个体主流意识形态认同	0.41	-0.059	0.351
公正价值倾向	-0.10	-0.034	-0.134
父亲的政治观点与国内主流媒体一致度	0.15	0.046	0.196
大学"两课"自由的课堂气氛	0.10	0.079	0.179
媒体接触频率	0.09	-0.02	0.07

从图5-5可知，个体批判性思维、个体主流意识形态和公正倾向主要作为中介变量影响了大学生对政治体制改革的认同；父亲的政治观点与国内主流媒体的一致度、大学"两课"自由的课堂气氛及媒体接触频率则作为外生变量分别直接和间接地影响大学生政治体制改革认同；自变量的其他因素则对大学生政治体制改革认同无显著影响。

个体主流意识形态认同对政治体制改革认同的影响最大（综合影响系数为0.351），其主要以直接的方式和间接的方式影响大学生政治体制改革认同。尽管个体主流意识形态认同通过个体批判性思维和公正的价值倾向间接负向地影响到大学生政治体制改革认同（影响系数为-0.059），但这丝毫未能改变其显著的正向影响（影响系数为0.41）。这说明大学生对主流意识形态认同度越高，对政治体制改革的认同度也越高。也就是说，大学生越认可马列主义、毛泽东思想、邓小平理论、"三个代表"重要思想及科学发展观，那么他们对当前改革措施和效果就越认同。通过虚拟回归非标准化系数可知，个体主流意识形态认同度最高的大学生要比认同度最低的大学生对政治体制改革认同高21.9个百分点。

父亲的政治观点与国内主流媒体一致度对大学生的政治体制改革认同影响位居第二（系数为0.196）。其分别以直接和间接的方式显著影响到大学生的政治体制改革认同，且直接影响（系数为0.15）大于间接影响（系数为0.046），这说明父亲的政治观点与国内主流媒体的一致度往往更能从感性的路径直接影响到个体的政治观点与国内主流媒体的一致度。在家庭中，如果父亲对当前政治体系持支持态度，那么个体在看待政治体制改革时也会直接继承这种积极的心态。但毕竟大学生是具有主观能动性的政治社会化主体，家庭政治教育也只能通过大学生自身的消化吸收而间接地发生政治教育效果。具体来说，家庭政治教育还通过作用于大学生的批判性思维、主流意识形态认同和公正价值倾向而最后对大学生政治体制改革认同产生正向或负向的间接影响（系数分别为 -0.02168、0.0902和 -0.02268）。这说明通过提高大学生对主流意识形态的认同是家庭教育起到积极作用的间接途径。同时也要看到，父亲的政治观点与国内主流媒体的一致度越高，大学生的批判性思维就越强，也会越注重公平公正价值的重要性，这反而会稍微消解大学生对政治体制改革的认同度。通过虚拟回归分析结果可知，父亲的政治观点与国内主流媒体一致度最高的大学生要比最低的大学生对政治体制改革认同度高7.4个百分点。

学校"两课"教育中自由的课堂气氛对大学生政治体制改革认同的影响次于父亲的政治观点与国内主流媒体一致度的影响，其系数为0.179。它也是从直接与间接两种路径对大学生的政治体制改革认同产生影响。从回归系数上看，两种路径的影响程度大致相当，直接影响略高于间接影响，回归系数分别为0.100和0.079。这说明高校"两课"的课堂气氛既能从直接感性也能从间接理性方面影响到大学生对当前政治体制改革的认同。在课堂上，如果老师能够在讲授一个问题时陈述多方观点，并鼓励大家去讨论还存在争议的政治问题，能形成几种不同的看法，营造一种宽松自由的课堂气氛的话，大学生就更能理解并支持我们的政治体制改革。同样，这种气氛也会间接培养大学生的批判性思维以及他们对主流意识形态的认同和公正倾向的价值取向度，最终影响他们对政治体制改革的认同度（回归系数分别为 -0.01584、0.1066 和 -0.01144）。通过虚拟回归分析结果可知，与"两课"气氛自由度最低相比，"两课"气氛自由度最高的大学生对政治体制改革认同度要高 4.4 个百分点。

个体公正的价值倾向度也对大学生政治体制改革认同度产生显著影响，但是对大学生的综合影响是负向的，综合影响系数为 -0.134。它不仅直接对大学生的政治体制改革认同产生负向影响（系数为 -0.10），同时也通过个体批判性思维而间接地产生负向的影响（系数为 -0.034）。也就说，大学生越注重公正价值理念的"好制度"的重要性，他们对我国的政治体制改革认同就越低。通过虚拟回归非标准化系数可知，公正价值倾向最高的大学生比公正价值倾向最低的大学生的政治体制改革认同度低 7.5 个百分点。我们认为，公平的价值往往是"左派"政治理论家所强调和呼吁的，而我国的政治体制改革是不断回应社会主义市场经济体制改革的结果，因此，持偏左政治价值的大学生对政治体制改革认可度要偏低一些。

个体批判性思维仅以直接的方式影响大学生对政治体制改革的认同，影响系数为 -0.12。也就是说，个体批判性思维越强，大学生政治体制改革认同就越低。结合虚拟回归分析非标准化结果可知，与个体批判性思维最低的大学生相比，个体批评性思维最高的大学生的政治体制改革认同度要低 9.6 个百分点。即大学生的个体批判性思维越强，就越会看到政治体制改革实施过程中不合规范、程序的一面，进而降低其对政治体制改革的认同。

媒体接触频率依然是从直接和间接两条途径影响大学生对政治体制改革的认同度，直接影响大于间接影响，直接途径产生的是正向影响（回归系数为 0.09），而间接途径产生的是负向影响（回归系数为 -0.02），综合影响为正向影响（系数为 0.07）。总体来看，大学生接触媒体越频繁，他们对我们的政治体制改革就越认同。且通过虚拟回归分析结果非标准化系数可知，媒体接触频率最高的大学生比媒体接触频率最低的大学生的政治体制改革认同度要高 5.4 个百分点，说明媒体确实在宣传、报道政治体制改革这一主题上下了功夫，起到了积极的引导作用。但从间接途径来看，媒体在宣传中国特色社会主义意识形态方面所做的工作还值得反思。因为频繁接触媒体新闻的大学生在主流意识形态认同方面反而更低，最终极大地消减了媒体的政治引导功能。

总之，从路径分析的结果来看，家庭、学校以及媒体等外在教育因素都是从直接与间接两条途径影响大学生对政治体制改革的认同，直接途径的影响作用略大于间接途径，但间接途径的影响同样不容小觑。外在教育因素最主要通过作用于大学生的主流意识形态认同度而最终影响到政治体制改革认同度。因此，在教育过程中加强中国特色社会主义意识形态的教育是提高教育实效性的关键。

为探寻外在变量和中介变量对政治体制改革认同的作用大小，我们把父亲的政治观点与国内主流媒体的一致度、大学"两课"自由的课堂气氛和媒体接触频率归为一组并视为外在变量组，把个体批判性思维、个体主流意识形态认同和公正的价值倾向归为一组并视为中介变量组，通过方程 $R^2_{y(klm)\cdot 1,2,\cdots,k-1} = \dfrac{R^2_{y\cdot 1,2,\cdots,k,l,m} - R^2_{y\cdot 1,2,\cdots,k-1}}{1 - R^2_{y\cdot 1,2,\cdots,k-1}}$ 郭志刚，1999：58）计算这两组的偏确定系数来比较它们作用的大小，偏确定系数越大表示对政治体制改革认同影响越大。最终可以得出外在变量组的偏确定系数 $R^2_{偏} = 0.051$，中介变量组的偏确定系数 $R^2_{偏} = 0.143$，这说明中介变量对大学生政治体制改革认同的影响作用要远远大于外在变量，且可以看出中介变量为个人心理层面、内化方面的因素。

第四节 结论与讨论

一 结论与总结

通过研究分析，得出以下结论。

1. 大学生对政治体制改革认同的结构及水平判断

大学生对政治体制改革的认同包含了合法性认同、合理性认同、实效性认同三个维度。大学生对于我国政治体制改革总体上是认同的，但不同维度的认同程度不一样。主要表现为以下特征。首先，总体上认同，但认同程度还有待提高。他们对我国政治体制改革的认同处于中等认同水平，这说明当前有些人提到政治体制改革认同处于"危机"是不成立的，同时也与一些人对于政治体制改革认同过高期望具有一定的差距。其次，大学生对改革的合法性与实效性的评价都比较高，但是对于改革过程中的合理性与规范性表示出否定的态度，最终影响到了政治体制改革总体认同程度。这说明大学生坚信当前的改革是具有正义价值的，是为广大人民谋利益的，是应该继续坚持下去的，改革也已取得了许多重要的阶段性成就。但是，在改革过程中还有一些改革方式以及操作程序不太规范，需要进一步改进与完善。

调查结果表明，有些人提到的民众政治认同处于危机状态这一说法是不成立的，同时也与一些人认为"大学生对中国政治制度认同感强烈"（罗章、张俊伟，2009；孙留华、任园，2010）这一过高期望具有一定的差距。唐文方在1999年对中国六大城市的民意调查中发现，城市居民对政治体制支持度较高；且对政治的合法性和支持度都很高，并认为中国当前既不是危机四伏也不是国泰民安（唐文方，2008：64）这一结论尽管来自于对城市居民的调查，但也与本研究对大学生群体进行调查而得出的结论不谋而合。唐文方对六大城市的调查主要从经济机会、政治自由、公共服务、改革速度这四方面对中国改革总体满意度进行研究（唐文方，2008：55-56），而本文主要从政治体制改革认同的合法性、合理性和实效性三个方面进行操作化，与其具有一定的区别。对政治改革的研究，我们提出了与唐文方不一样的操作化，对今后研究无疑具有重要的借鉴意义。

我们认为，对政治体制改革认同的研究不能停留在理论研究层面，也要与实证研究相结合。研究民众对政治体制改革的认同度，重点研究大学生这一精英群体的认同无疑具有重大的意义。并且不能只是从宏观角度单纯研究对政治体制改革整体认同度如何，而应对其进行详细的操作化，深入研究改革认同的各维度意义更为重大。以往研究在上述几方面有所欠缺，在本研究中却得到了回复。此外，我们还对政治体制改革各维度的认同及其与整体认同的贡献情况进行分析，除了发现不同维度得分不同之外，还更深入挖掘了各维度的认同在整体认同中的权重，这也是本文值得关注的地方。

2. 影响大学生政治体制改革认同的因素

对大学生总体政治体制改革认同产生影响的因素按作用从大到小分别为个体主流意识形态认同、父亲政治观点与国内主流媒体一致度、大学"两课"课堂自由气氛、个体公正的价值倾向、个体批判性思维、媒体接触频率。本研究除了利用虚拟回归分析方法之外，还通过利用 Amos 建立结构方程模型分析影响大学生政治体制改革认同的具体因素，并发现了影响大学生政治体制改革认同的外源变量与中介变量。外源变量主要有父亲的政治观点与国内主流媒体的一致度、大学"两课"自由的课堂气氛和媒体接触频率；中介变量主要为个体批判性思维、个体对主流意识形态认同度、公正的价值倾向等偏向个体心理层面的因素。通过计算对外生变量和中介变量的偏确定系数可以得出，中介变量对政治体制改革认同的影响作用要显著强于外生变量的影响作用。研究中我们还发现，在做独立样本 T 检验和方差分析时，政治面貌在大学生政治体制改革整体认同方面具有显著差异，但在回归分析时这一显著差异却不存在，说明有些外生变量对政治体制改革认同的影响不一定是直接的，有可能需要通过中介变量而间接地产生作用。可以看出，影响大学生政治体制改革认同具有多方面的因素，包括人口统计学变量、制度性因素和社会心理因素等。尽管制度性因素和人口统计学因素对其认同有一定的影响，但从研究结果可以发现，与上述外源因素相比，社会心理因素显得更为核心。这说明，大学生对政治体制改革认同的影响因素具有一定的选择性，而且这种选择机制是内在的东西，且这种选择与中介变量具有重大的关系。

唐文方在对中国六大城市居民对改革的满意度的影响因素研究中，主要从居民的收入、性别、年龄、职业、教育、党员资格等人口统计学因素入手，并发现收入、性别、教育程度和党员资格有助于提高居民对改革的满意度和支持度（唐文方，2008：54－55）本研究除了研究人口统计学变量外，还从家庭、学校、媒体环境和个人因素方面进行研究，并发现唐文方研究的改革满意度的显著影响因素在本研究中却不能得到充分证明。这也进一步验证了中介变量对政治体制改革认同具有的重大作用，外生变量对改革认同的影响在很大程度上需通过中介变量间接地产生作用。需要注意的是，唐文方发现，收入、教育水平对改革满意度具有显著的影响（唐文方，2008：54-55）。他这一发现在大学生群体中不能得到有效的支持。我们发现，家庭社会经济地位对大学生的政治体制改革认同度没有显著的影响，但父亲政治观点与国内主流媒体的一致度对大学生的政治体制改革认同度具有显著的影响，说明政治传递的代际性不一定直接从社会经济地位中体现出来，也有可能从父母的政治观点和政治态度方面得到体现。

二 对提高大学生政治体制改革认同的启示

大学生对于我国政治体制改革总体较为认同和肯定，但仍有很大的提升空间。根据本研究的相关研究结果，我们得出如下提高大学生对政治体制改革认同的启示。

首先，大学生对于中国共产党的意识形态思想，包括马列主义、毛泽东思想、邓小平理论、"三个代表"重要思想的认同程度越高，对当前政治体制改革的正义性以及改革取得的成果就越肯定，对未来的改革也就越有信心。并且，大学生对主流意识形态的认同还是外在教育因素最终发挥教育功能的核心中介，在很大程度上左右了间接教育途径的效果。可以说明，当前中国共产党对主流意识形态的宣传是很有必要的，但如何提高大学生对主流意识形态的认同度，却仍有待进一步研究。

其次，自由讨论、多方观点碰撞的课堂气氛不仅没有消解大学生的政治体制改革认同，反而对他们的政治体制改革认同产生了积极的影响。这说明，把大学"两课"教育的课堂营造为一个自由、宽容的场所，值得一试。此外，文理科生对政治体制改革认同的差异性仍值得我们深入探讨。

最后，大学生公正的价值倾向影响到其政治体制改革认同度，说明大学生在关注效率的同时，也逐渐认识到公正的重要性。在对政治体制改革认同过程中，对大学生价值取向方面进行适当引导是很有帮助的。

此外，由于各子维度的认同情况对整体认同的贡献情况有所差别，继续保持在实效性方面的建设具有重大的意义。同时也应采取一定的措施提升合法性认同对整体认同的作用。值得注意的是，合理性认同重要程度高但认同度却低，说明在此方面做出一定的努力对整体认同的提升更大。

当然，对大学生的政治教育是一项需要政府、社会、家庭、学校共同参与的系统工程，将如此庞大的重任完全附加于学校教育是不现实的。对于党与政府来说，应该重点在政治体制改革中加强制度形式及制度程序的合理性建设，深入整治现实中的权力腐败、党政不分等行为；对于媒体来说，应该加强新闻报道的客观性，让大学生能够信任他们所接收到的信息，为大学生政治社会化提供良好的环境与平台。

第六章 大学生对中西政治制度认同的比较研究

本章以北京地区 9 所高校 1207 名大学生为研究对象，采用问卷调查方法收集数据，运用 SPSS 18.0 与 AMOS 18.0 统计分析软件对问卷调查数据进行分析。描述性分析发现，大学生对中西方的政治制度基本认同；与西方政治制度相比，大学生对中国政治制度的认同度更高。通过探索性因素分析，我们从情感性认同、工具性认同以及价值性认同三个维度上比较大学生对中西制度认同的复杂关系。通过结构方程路径分析发现，大学生对于西方议会制及多党制的认同并不会导致对中国人大制度及政党制度的不认同，反而有积极的促进作用。具体来说，大学生对西方政党制度的工具性认同更能提高他们对中国政党制度的价值性认同；大学生对西方议会制度的价值性认同更能提高他们对中国人大制度的价值性认同。

第一节 问题的提出与概念测量

政治制度作为一个国家政治意识形态及政治文化的集中体现，一直以来都是政治学研究的重要对象。千百年来，无数政治思想家都在构建"好制度"这一领域留下了自己的智慧，每一个政体都希望自己选择了最优越的制度，可以说人类进步与发展的历史就是一部追求"好制度"的历史。

对于中西的政治制度学者们有激烈的争论，都有着各自的观点。那么中国民众是如何看待中西方的制度？唐文方的研究结果表明，中国民众认为美国是对中国威胁最大的国家，但同时又认为美国的经济模式是最佳的经济模式。至于政治模式，中国民众还是认为中国的政治模式优于美国

（唐文方，2008）。那么中国大学生是如何看待中西政治制度的呢？他们对于这两种制度的认同情况如何呢？他们对中国政治制度的认同与对西方资本主义国家政治制度的认同之间是一种什么样的关系呢？是相容还是相斥的呢？

通过对北京9所高校进行的"大学生政治制度态度"的问卷调查中的数据分析，我们在本章将着力回答这些问题。

为了便于集中测量大学生对于中西政治制度的情感与评价，我们设计了一连串表示情感、评价的形容词对四项政治制度（中国人民代表大会制度、中国政党制度、西方议会制度、西方两党或多党制度）进行测量，让大学生在1~7分之间根据自己对相关形容词的认可程度进行打分。

我们对所有形容词进行了因子分析及验证性因素分析，发现这些形容词可以归为三类，即情感性认同、工具性认同及价值性认同。情感性认同包括的形容词有：喜欢的、可恨的、充满希望的、自豪的、愉悦的；工具性认同包括的形容词有：有效果的、有用的、没用的、有效率的；价值性认同包括的形容词有：公平的、正义的、自由的、民主的。

情感性认同实际上就是指个体对政治制度的喜欢感及归属感，与我们之前提到的情感认同一样；工具性认同指个体对于政治制度效率与效果的评价，与我们之前提到的实效性认同是同一概念；价值性认同指个体对于政治制度是否具有正义的理念，以及在执行过程中是否与这一理念一致的评价，包含了我们之前所提到的合法性认同与合理性认同的内涵。

第二节　大学生对中西制度的认同比较

一　中西政治制度认同结果比较

长期以来，中国的政治制度都被当做与西方资本主义制度比较的对象。改革开放之后，特别是网络技术的发展，中国大学生接触西方文化的途径与频率都得到了大幅度的扩展与提高。他们对两种性质不同的政治制度是如何评价的呢（见图6-1）？

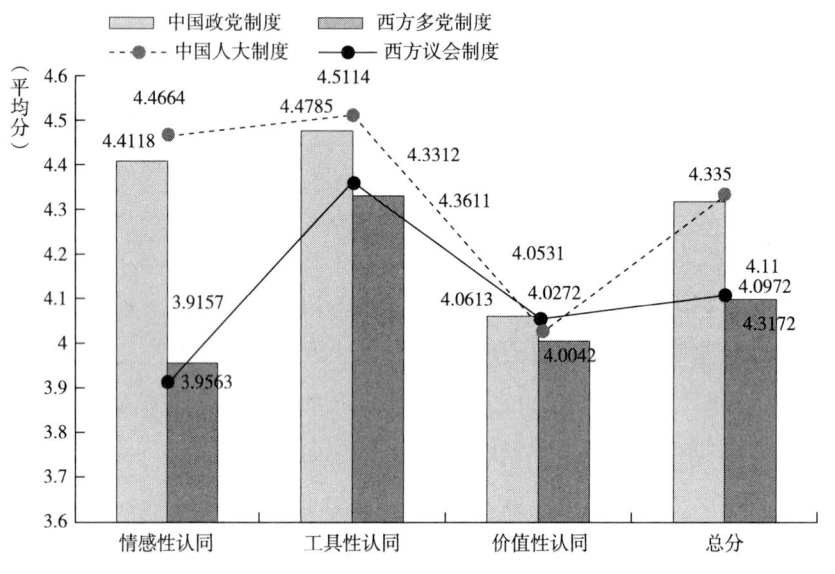

图6-1 中西政治制度认同结果分析

总的看来，中国大学生对于中西的政治制度基本是认同的，二者得分均处于中等偏上水平。相比之下，大学生对于中国政治制度的认同程度要明显高于西方政治制度。从情感性认同来看，大学生对于中西两类政治制度的情感性评价明显不同，他们对于西方政党制度和议会制度的情感认同程度低于4分，而对中国的政党制度和人大制度的情感认同得分在4分以上。表明相对于西方的政治制度，大学生对中国的政治制度产生的是喜欢与归属的情感。从工具性认同来看，大学生对于中国政治制度的工具性评价要普遍高于西方政治制度，换言之，他们认为中国政治体制能产生更大的社会、经济等效益，是更为有用的制度。从价值性认同来看，大学生对于中西政治制度的价值性评价都不高，基本都处于4分边缘。总之，在情感认同与工具性认同两方面，大学生更倾向于对中国政治制度的肯定，而在价值性认同方面，中西政治制度并没有明显差异。

二 中西政治制度认同的相互关系

在日常的思想政治工作中，广大思想政治教育者为了提高教育对象对中国政治体系的认同程度,常常对西方政治文化保持着一种警惕的态度。许多研究者也认为,如果个体越接受西方资本主义的政治文化,那么他对中国的政治认同度就越低。简言之,不管是理论界还是实践中的思想政治工作者都认为,个体对于中西两类政治体系的认同是非此即彼的关系。那么,大学生对于中西政治制度的认同是否真是这样一种关系呢?我们运用AMOS统计分析软件建立了结构方程模型,以考察大学生中西政治制度认同的相互关系。

(一) 中西政党制度认同的相互关系

我们以中西政党制度认同各自的三个子维度为变量建立了多个结构方程模型,最终通过一系列参数的比较,选择了最优模型,如图6-2所示。该模型的关键参数 CFI、IFI、RFI、NFI、$RMSEA$ 都达到了适配要求,表明该模型可以接受。

从两类政党制度认同各自内部三个子维度之间的关系来看,政党价值性认同、工具性认同与情感性认同之间有着强烈的正向影响关系(见表6-1)。不管是中国政党制度认同还是西方政党制度认同,制度的价值性认同都是最核心与最根本的子维度,对制度的情感性认同与工具性认同均产生了高强度的正向影响作用(中国政党制度认同中,价值性认同对情感性认同与工具性认同的影响回归系数分别为0.8984和0.86;西方政党制度认同中,价值性认同对情感性认同与工具性认同的影响回归系数分别为0.8042和0.78)。这也再次说明,是否体现公平、正义、民主、自由等人类政治价值理念是一项制度能否得到民众认可并取得合法性的根本所在。大学生如果认为某一项政党制度是公平正义的,那么他们会自然而然产生出对这一制度的喜爱之情,并对这一制度所取得的实际效果更为肯定。大学生对中国政党制度的正义性给予了较高的评价。这一结果也从另外一个角度解释了为什么大学生在每一具体维度上,对中国政党制度的认同都要高于对西方政党制度的认同。

总的来看,大学生对西方政党制度的认同非但不会降低反而会更加促进他们对中国政党制度的认同。相关分析结果显示,大学生对西方政党制度的认同与中国政党制度认同及中国政党制度情感性认同、价值性认同、工具性认同之间的相关系数分别为 0.196、0.193、0.212 和 0.155，显著值 p 均小于 0.01，表明西方政党制度认同与中国政党制度认同及三个子维度之间存在较强而显著的正相关关系。大学生对西方政党制度的认同可以正向预测他们对中国政党制度的认同。

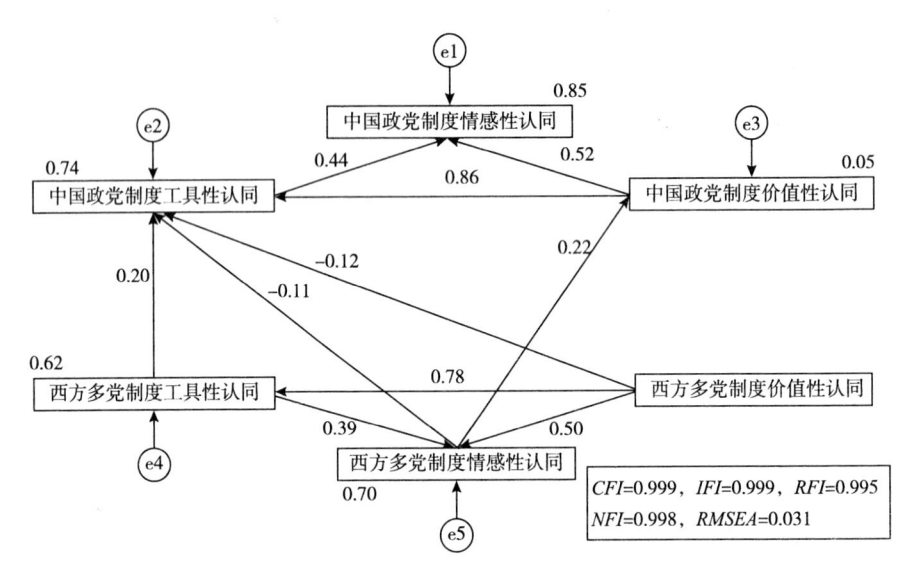

图 6-2 中西政党制度认同的关系

表 6-1 中西政党制度认同影响因素

类 别	中国政党制度情感性认同			中国政党制度工具性认同			中国政党制度价值性认同		
	综合影响	直接影响	间接影响	综合影响	直接影响	间接影响	综合影响	直接影响	间接影响
中国政党制度工具性认同	0.44	—	0.44	—	—	—	—	—	—
中国政党制度价值性认同	0.52	0.3784	0.8984	0.86	—	0.86	—	—	0.86
西方多党制度工具性认同	—	0.1462	0.1462	0.20	0.03088	0.23088	—	0.858	0.858

续表

类别	中国政党制度情感性认同			中国政党制度工具性认同			中国政党制度价值性认同		
	综合影响	直接影响	间接影响	综合影响	直接影响	间接影响	综合影响	直接影响	间接影响
西方多党制度价值性认同	—	0.1359	0.1359	-0.12	0.1956	0.0756	—	0.1769	0.1769
西方多党制度情感性认同	—	0.1492	0.1492	-0.11	0.1892	0.0792	0.22	—	0.22

两种政治制度认同之间的相互作用方式与途径是非常复杂的。首先，对于中国政党制度的工具性认同，大学生对西方政党制度的价值性认同、情感性认同与工具性认同三个子维度都对其产生了直接与间接的影响，回归系数分别为0.0756、0.0792与0.23088。大学生对西方政党制度的工具性认同最能直接与间接提高他们对中国政党制度的工具性认同，回归系数分别为0.20与0.03088。这说明大学生如果认为西方政党制度是有效率、出效果的，那么他们也会更加认为中国的政党制度是高效的。大学生对西方政党制度的情感性认同也从直接与间接两条路径影响他们对中国政党制度的工具性认同，回归系数分别为-0.11和0.1892。从理性来看，他们在喜欢西方政党制度的同时，也更加肯定了中国政党制度的正义性，并最终提高了他们对中国政党制度实效性的肯定。两条路径相比，理性路径产生的正向影响作用更大。大学生的西方政党制度价值性认同对中国政党制度工具性认同的直接回归系数与间接回归系数分别为-0.12和0.1956，间接的正向作用抵消了直接的负向作用，说明大学生对西方政党制度的价值性认同并不会消解他们对中国政党制度的工具性认同。

其次，对于大学生的中国政党制度情感性认同，西方政党制度认同的三个子维度并没有对其产生直接作用，而全部通过间接的途径发挥影响，西方政党制度情感性认同、工具性认同、价值性认同对中国政党制度情感性认同的间接回归系数分别为0.1492、0.1462和0.1359。虽然影响路径非常复杂，但大学生对西方政党制度每一维度的认同都会最终促进他们对中国政党制度的喜爱之情。

最后，对于大学生的中国政党制度价值性认同，西方政党制度情感性认同、价值性认同、工具性认同对其的回归系数分别为 0.22、0.1769 和 0.858。除了情感性认同产生的是直接影响之外，其他两个维度均通过间接途径起到作用。这说明，大学生对西方政党制度的喜欢会更促使他们产生对中国政党制度的正义性、民主性评价。

不管是从总体还是从具体来看，大学生对于中西政党制度的评价都是相容的，这种相容的关系也可以从类似的题目中得到印证。有高达 64.2% 的大学生认为"以后的中国也应该在坚持中国共产党领导下的多党合作和政治协商制度的同时，不断吸收西方政党制度中有用的东西"。因此，在大学生看来，两种制度应该是一种相互学习、相互吸引的制度，并不会因为肯定一方而否定另一方。

(二) 中西政体制度认同的相互关系

我们以上述同样的方式在 AMOS 中建立了多个模型，并最终选择了最优模型，如图 6-3 所示。该模型的关键参数 *CFI*、*IFI*、*RFI*、*NFI*、*RMSEA* 都达到了适配要求，表明该模型可以接受。

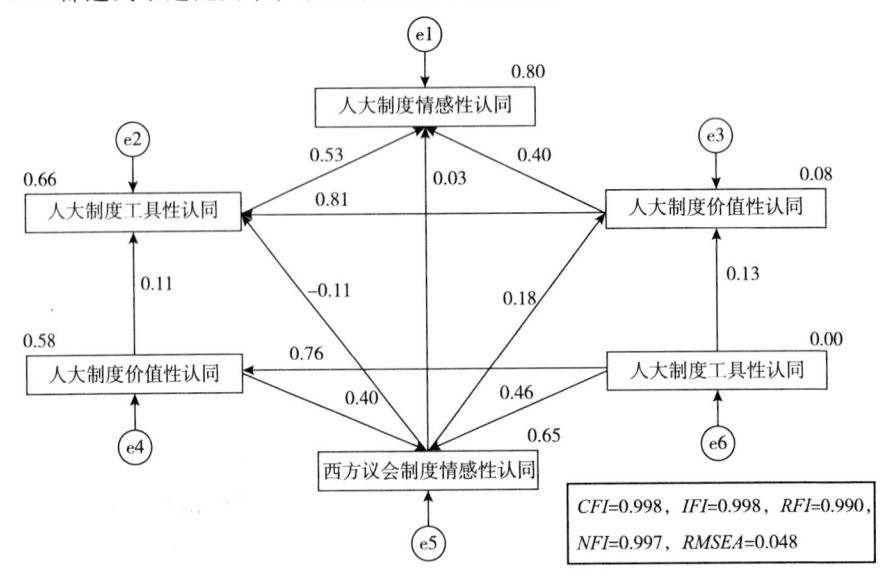

图 6-3 中西政体制度认同关系

与政党制度类似,从两类政体制度认同各自内部三个子维度之间的关系来看,政体价值性认同、工具性认同与情感性认同之间有着显著的正向影响关系。不管是中国人大制度认同还是西方议会制度认同,制度的价值性认同都是最核心与最根本的子维度,对制度的情感性认同与工具性认同均产生了高强度的正向影响作用(中国人大制度认同中,价值性认同对情感性认同与工具性认同的影响回归系数分别为0.8293和0.81;西方议会制度认同中,价值性认同对情感性认同与工具性认同的影响回归系数分别为0.764和0.76)。说明大学生如果认为某一项政体制度是公平正义的,那么他们对该制度就能产生更为强烈的归属感。

从总体相关分析来看,大学生对西方议会制度的认同对人大制度认同有正向预测作用。相关分析显示,大学生对西方议会制度的认同与中国人大制度整体认同及中国人大制度情感性认同、价值性认同、工具性认同之间的相关系数分别为0.259、0.241、0.272和0.212,显著值P均小于0.01,表明西方议会制度认同与中国人大制度认同及三个子维度之间存在较强而显著的正相关关系。

同政党制度一样,两种政体制度认同之间的相互作用方式与途径也是非常复杂的。首先,从大学生的人大制度工具性认同来看,他们对西方议会制度工具性认同、情感性认同及价值性认同对其均产生了显著的正向影响作用,回归系数分别为0.12432、0.0358和0.1109。他们对西方议会制度的工具性认同能直接正向影响到对人大制度的工具性认同,而对西方议会制度的情感性认同虽然从直接的路径会对人大制度工具性认同产生负向影响,但间接路径的正向影响抵消了这部分消极影响。西方议会制度的价值性认同没有对人大制度工具性认同产生作用,但从间接的途径对其产生了积极影响。其次,从大学生对人大制度的情感性认同来看,西方议会制度的情感性认同、工具性认同与价值性认同对其的回归系数分别为0.120974、0.1067和0.2445。这说明,大学生对西方议会制度的肯定评价并不会削减他们对中国人大制度的归属感,反而会增强对人大制度的自豪感。最后,从大学生对人大制度的价值性认同来看,西方议会制度的情感性认同、工具性认同及价值性认同对其也都产生了积极正向的影响作用,回归系数分别为0.18、0.072和

0.26752。这说明大学生对西方议会制度的肯定会增强他们对人大制度公平性、正义性、民主性的认同,对西方议会制度民主的评价并不会让他们产生中国人大制度不民主的看法,反而会提高他们对中国人大制度民主的认同。

表6-2 中西政体制度认同影响因素

类别	人大制度情感性认同			人大制度工具性认同			人大制度价值性认同		
	综合影响	直接影响	间接影响	综合影响	直接影响	间接影响	综合影响	直接影响	间接影响
	直接影响	间接影响	综合影响	直接影响	间接影响	综合影响	直接影响	间接影响	综合影响
人大制度工具性认同	0.53	—	0.53	—	—	—	—	—	—
人大制度价值性认同	0.40	0.4293	0.8293	0.81	—	0.81	—	—	—
西方议会制度工具性认同	—	0.1067	0.1067	0.11	0.01432	0.12432	—	0.072	0.072
西方议会制度价值性认同	—	0.2445	0.2445	—	0.1109	0.1109	0.13	0.13752	0.26752
西方议会制度情感性认同	0.03	0.0909	0.1209	-0.11	0.1458	0.0358	0.18	—	0.18

总之,大学生对于西方议会制度的认同确实影响他们对中国人大制度的认同,但这种影响是积极正向的。从大学生对中西政体制度的认同关系来看,两种制度在他们的心中是一种相互促进的关系,呈现一种相容的状态,而不是排斥的状态。这也可以从另外一个题目的测量结果反映出来,对于"将来的中国也应该采用人大制度,并吸收议会民主制中

有用的成分"这一说法，有58.5%的大学生表示同意，只有9%的人表示反对。

第三节 结论与讨论

大学生对于中国政治制度总体上是认同的，但不同维度的认同程度不一样。大学生对于政治制度的认同主要表现为以下特征。首先，总体上认同，大学生对人大制度与我国政党制度的认同都处于中等认同水平。其次，合理性认同程度偏低。不管是中国人民代表大会制度还是中国共产党领导下的多党合作与政治协商制度，大学生对这些政治制度的合法性、现实性与实效性的评价都比较高，但是对于这些制度在运作中的合理性与规范性都表示出否定的态度，最终影响到总体的政治制度认同程度。最后，情感认同趋于理性化与批判化。他们倾向于客观、批判的角度来审视与评价我国的政治制度，会因为"爱"制度去批评政治制度中出现的问题。

唐文方通过对中国六大城市居民的调查数据分析发现，中国民众对中国的政治模式的赞美高于美国的政治模式，但教育程度高者、年轻人和发达地区的人们更亲近西方（唐文方，2008：61-62）。我们的研究发现，与西方政治制度相比，大学生更认同中国的政治制度。从某种程度上说，我们的研究结果与唐文方的研究结果存在一致性，并且，我们聚焦于大学生这一群体，他们是教育程度较高的年轻人，尽管他们可能亲近西方，但是他们依旧更认同中国的政治制度。

在发现大学生对中国政治制度更加认同的基础上，我们进一步探求了大学生对中西政治制度认同的复杂关系。因子分析结果发现大学生对中西制度认同可分为情感性认同、工具性认同以及价值性认同三个子维度。通过路径分析我们发现，大学生对于西方议会制及多党制的认同并不会导致对中国人大制度及政党制度的不认同，反而有积极的促进作用。具体来说，大学生对西方政党制度的工具性认同最能提高他们对中国政党制度的价值性认同；大学生对西方议会制度的价值性认同最能提高他们对中国人大制度的价值性认同。因此，在大学生眼中，中西政治制度并不是非此即彼的关系，而是可以相互包容、相互学习与借鉴。因此我们认为，不要听到大学生谈"西"就色变，要采取包容的态度引导大学生正确认识人类政治发展中创造出来的优秀成果，帮助他们拓宽眼界，以全面、深刻的思维来认识并认同中国的政治制度。

第七章 大学生对执政党的认同研究

一个执政党能否持久地保持旺盛生命力在很大程度上依赖于本国公民在内心深处对该党执政能力的认可度以及在此基础上形成的对该党的归属感、依恋感。尤其是在国际化、信息化飞速发展的今天，各个国家间的距离空前缩小，人们对全球各处的资讯的掌握也早已不再是难题，这很自然地营造出一种比较各国、各政党执政状况的氛围。作为目前世界上一个经济高速发展的开放性的大国，我国也处在这样的大环境之中。在这种氛围下的我国公民，尤其是大学生们对我国执政党——中国共产党的认同状况如何值得我们探讨。同时，哪些因素可能影响执政党认同也值得我们分析。因此，本章将在综述前人研究的基础上，分析我国大学生对我国执政党——中国共产党认同现状，并通过对不同群体的认同状况及因果关系的分析推测可能影响政党认同的因素。

第一节 研究回顾及问题提出

一 研究回顾

（一）政党认同的概念界定

对政党认同的理解可以有广、狭两种方式。广义的理解认为，政党认同包含对政党政治（以政党为掌握国家政权的基本单位，与君主制以及民众直接参政相对立）的认同、对政党制度（世界上存在着众多政党制度，例如，两党制或多党制的竞争性的政党制度，非竞争性的多党合作性的政党制度)的认同以及对某一政党(尤其指执政党)的认同(例如,认同该党的政治意识形态、政党组织、政治纲领、政党领袖、执政绩效等)(柴宝勇,2009:65)。狭义的理解则专门指对某一政党的认同。本章中的政党认同采用的是狭义的理解方式,也即对某一政党的认同。

对政党认同含义界定主要可归纳为两种:一是态度观,二是"组"认同观。

态度观的一般看法是,政党认同是个体基于对政党、政党候选人及在该政党执政期间国家经济、政治发展状况等的评价,产生的一种内在认知和情感状态(Franklin & Jackson,1983)。也即一种建立在认知评价基础上的态度。当然,也有研究者建议,尽管认知评价是政党认同的一个重要的部分,但其最核心的却是父母遗传,并将在一生中长期存在的情感取向(Greene,2000)。无论是强调认知还是情感状态,"态度观"始终认为政党认同是一种因评价而产生的态度。

"组"认同观的一般看法则是将政党当成是与宗教、民族、种族等一样的组(团体),通过对各组间优、劣势的比较(比如,在该团体内,公民在教育、收入、种族成分、性别平衡上是否拥有优势)(Stanley & Niemi,1996)产生的一种对组的认同和归属感,即一种"我属于哪个党派"的归属感。组认同归属观念的理论基础是社会认同理论(social identity theory,SIT)。依照该理论,每个人的自我概念均源自他们作为某个组成员的身份感,他们总会赋予组成员身份以价值感和感情,并最终带来态度上的偏颇,造成支持组内一切,反对组外或不属于该组事物的反应倾向。也即"组"认同观特别强调个人对团体的依附性(Greene,1999)、归属感。应该说,这种观点是从社会心理学的角度分析政党认同理论,强调一种认同的结果,即对某个政党的心理归属感,以及由此生成的群体意识、固定的价值体系及政治信念,并最终影响政策偏好与投票抉择(柴宝勇,2007:49)。

事实上,最初提出政党认同概念的人便已涵盖了这两个观点,他们认为政党认同是"个体在其所处环境中对重要的团体目标的情感倾向,是在心理上对某一政党的归属感或忠诚感"。强调政党认同是一种由评价而产生的认知感情态度,这种态度在长远的发展中,可能会以一种归属感的形式较为长期稳定地存在下去。即态度观和组认同两者并不矛盾，可能是一个事物的不同发展阶段，也可能是从不同层次上看待同一个概念（柴宝勇，2009：66）。因此，在本章中，我们将政党认同界定为个体对某政党在各个领域的执政绩效的认可与喜爱以及基于此产生的对该政党的情感依附和归属状态。

（二）政党认同的操作化测量

在西方，政党认同的相关研究之所以能保持旺盛生命力，一个关键原因是政党认同的结果可以在一定程度上预测总统及各级大选的投票情况。也恰因为此，政党认同的测量显得格外重要。一直以来，研究者应用最为广泛的测验有两种，一是密歇根测验（Michigan Measure），二是国家选举测验（National Election Studies, NES）。

密歇根测验由两个部分构成。第一部分题目为"一般说来，您是否通常把自己看做是民主党党员？共和党党员？独立的？或者其他"？对于那些选择了自己是民主党党员或者共和党党员的人，第二部分紧接着问："您是否认为您自己是一个坚定的民主党党员（共和党党员）或者不是个坚定的民主党党员（共和党党员)？"对那些选择了认为自己是独立的（无偏好者），第二部分紧接着问："您是否考虑过自己应当是更接近于民主党（共和党）的或者两者都不甚接近？"很显然，这个测验可以非常简单明了地区分出被调查者的党派归属取向。但是，该测验仅用一两个项目考察政党归属，信度相对较低。与之相似的，NES 也同样有信度过低的问题。鉴于此，研究者提出，可以借用社会认同理论测量政党归属。他们改良了社会认同测验，提出了政党社会认同测验（Parisian Social Identity Scales）（Greene, 1999）。该测验的项目如，当有人批评某党时，我感到就像在批评我一样；如果媒体中的哪个故事暗讽了某党，我会觉得很尴尬；某党的成功就是我的成功；等等。很明显，多项目的使用令该测验的信度得到了保证。同时，与传统的密歇根测验以及 NES 的相容效度也证实了该测验的有效性（Greene, 1999）。

事实上，对比对政党认同概念的分析，我们不难看出，密歇根测验所相信的政党认同概念属于"组"认同类的概念取向。因为该测验的落点是对某个政党的身份归属。研究者后又逐渐开发了政党情感晴雨表测验（Feeling Thermometers）等测量情感和认知态度（Roscoe and Christiansen, 2010）的测验。其中，情感部分的题目如，"谈到该党，你的感觉是"？答案备选项中有"生气的""有希望的""自豪的""尴尬的""害怕的"等。而认知部分的题目则是给出了该党在一系列事物上的表现，例如，"创造财富上做得不错""让我们远离战争上做得不错""在全球事物中提供了有效的领导力""在国内问题上提供了强有力的领导力"等供被调查者做认同程度的选择。此外，我国的研究者（蒋荣、代礼忠，2011：34）也从人们对中国共产党的执政效能（例如，对执政党在大学生就业支持、医疗改革、房价调控、反腐倡廉、教育改革、生态环境保护、缩小收入差距、民主政治建设等方面表现如何）和执政价值（对共产主义意识形态的认可态度，例如，中国只有坚持社会主义道路才有前途）的态度的角度分析了我国大学生的政党认同。相似的，沈传亮（2008）也以内隐问题获得了我国公务员对我国执政党处理各类关系（党群、党政、党与人民代表大会等）的态度。

通过对上述测验的整理分析不难看出，无论是组认同取向（Greene, 2002）测验还是态度取向测验的支持者（Roscoe & Christiansen, 2010），均未否定另外一方面的重要性。而且，目前对政党认同的测量已经进入了比较规范的阶段，研究者均试图使用标准化、结构化的多项目量表，以期获得对政党认同的规范化测量。本研究拟借用态度测验测量个体对执政党绩效的认可与喜爱，同时借助组认同测验以更全面地测量大学生对某政党的情感依附与归属感。

（三）影响政党认同因素分析

究竟哪些因素会影响人们对党派的认同？若要分析这个问题，首先要回答的问题是，一个人对某个政党的认同是一生不变的还是会发生变化的？若是一生不变，那么自然促使其形成的因素将是最重要的影响因素；如果会在一生中发生变化，那么我们就需要观察哪些因素会带来这些变化。

密歇根学派首先对此给出了自己的回答：政党认同是一个相对稳定的

心理特征，也即一旦某个人的政党认同形成后，便不再发生变化，他可以成为某个政党的一贯支持者。而促使一个人形成稳定的政党认同的核心过程是家庭社会化。例如，美国选民从小在家庭中继承父辈的政党认同。1958~1962年，大约五年级以前，美国具有党派偏爱的儿童比例迅速增长，到五年级时，已有55%的学生有政党偏爱，而到12年级后，有政党偏爱的学生就增长到64%。

随后的菲奥里纳（Fiolina）模式对此进行了反驳，他们认为对政党和候选人执政绩效的评价完全可以改变一个人对某个政党的认同，尤其是经济方面的绩效。例如，对1956~1988年美国总统选举量化分析表明，选民对政党业绩的否定性评价造成了政党认同的转换。在其他因素不变时，可支配性收入每增加一个百分点，在职总统候选人的选票份额能增加2个百分点。也即若执政党在促进国家经济发展上表现得更好，便可能使公民的政党认同的天平更有可能向该执政党方向倾斜。除执政党在经济发展上的绩效外，公民固有的家庭经济地位也可能影响其对政党的认同。研究表明，社会经济地位（家庭经济收入、受教育水平、职业）越高者越支持保守党（共和党、保守党、基民盟），越低者越支持改革党（民主党、工党、社会党）。尽管近些年来两头小、中间大的"纺锤"形社会分层结构对此影响有所削弱，但依旧不容忽视。

目前看来，尽管人们相信带有家族遗传和情感色彩的家庭社会化过程是很多人形成一生政党认同的基础，但更多的研究者倾向于相信公民对某个政党的认同是随着个人发展、社会变化以及执政党（非执政党）的绩效等长期或短期的因素变化而变化的。有研究（柴宝勇，2007）提示，个人社会特征如SES（教育、职业、收入）、种族、宗教、性别、年龄，以及居住地区才是决定政治态度的关键。

上述对政党认同稳定性及影响因素的研究多来自西方国家。在我国，尽管研究相对较少，但也涉及了可能影响政党认同的因素，比如价值观（孙太怀，2004）。由于我国采取的是有别于西方国家的政党制度，因此，对影响我国政党认同的研究也就相应具有更多的独特性：对政党认同可能与国家认同有密切关系。因此，本研究除了对西方研究所提示的可能影响因素进行分析外，也会加入对国家认同变量。

国家的认同是否会对政治、政党参与造成影响？以往鲜有直接探讨，但有研究表明，带有批判、建设等理性色彩的国家认同与情感成分会提高公民的政治参与程度（更丰富的政治知识、更浓厚的政治兴趣、更频繁的政治动作等）；相反的，感性色彩的认同则不会提高政治参与度（Schatz, Staub & Lavine, 1999）。也即与感性、盲目爱国者相比，带有批判精神、能够理性爱国者的政治参与积极性更高。但也有研究争论到，真正带来积极政治参与的是国家身份归属。身份归属越强者越倾向于更积极关注政策、了解国家大事、参与各项政治投票等，且身份归属感是唯一一个预期政治投入的变量（Huddy, 2007）。这提示，国家认同中的理性认同、身份归属可能带来政治或政党认同或参与，然而，还需要直接证据。

二 问题提出

对上述研究综合分析不难看出，已有的研究存在以下问题：第一，整体上实证研究相对较少。第二，即使有实证研究，测量题目信度也偏低。第三，对政党认同概念混淆，实证研究间缺少可比性。这三个问题在我国现有的政党认同研究中显得更为突出。鉴于此，本研究基于我国的实际情况，在对政党认同概念进行澄清的基础上，对政党认同的测验工具进行本土化，并借助该工具对我国大学生政党认同现状及可能影响因素进行探讨。

具体说来，本章拟探讨以下三个问题：①我国大学生对执政党的政党认同状况；②影响我国大学生政党认同的个体背景变量；③我国大学生的国家认同与政党认同的关系如何。为解决以上三个问题，还要首先对政党认同的结构进行验证。

在结构安排上，第一，本文在辨析目前存在的关于政党认同相关研究的基础上，根据已有的模型理论确定政党认同的完整测验及结构。第二，以此结构为基础，对大学生的政党认同的整体状况进行分析。第三，分析不同个体背景的大学生政党认同状况。第四，对国家认同各维度与政党认同各维度间关系分析。第五，整合各部分结果，并讨论对大学生政党认同教育的意义和启发。

第二节 政党认同结构分析

根据对已有政党认同测验的分析，本研究中的政党认同测验应包括三个部分：个体对执政党绩效的认可；个体对执政党的喜爱；对某政党的归属感。政党归属感部分结构基础在社会认同理论中。我们有必要先对该部分的结构进行验证。

我们确立了15个题目，并依据社会认同理论将15个题目划归为三个维度——去个性化、吸引力认同、建设性认同（见图7-1）。

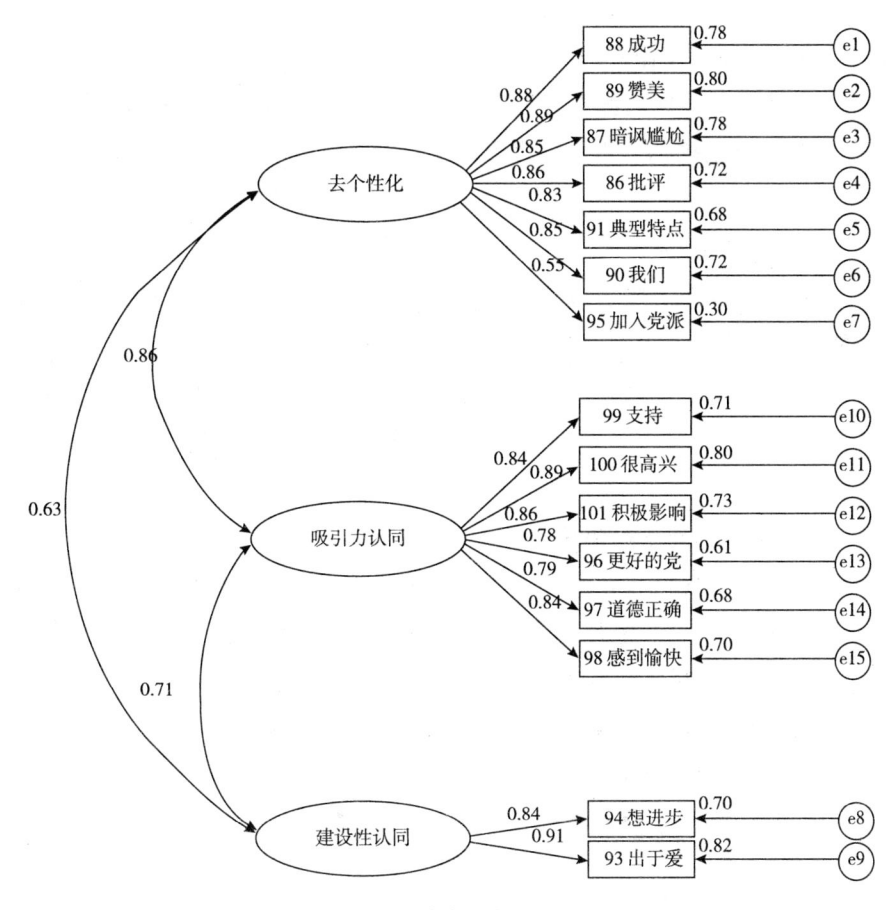

图7-1 政党归属性结构验证

其中,"中国共产党的成功就是我的成功""当有人表扬中国共产党,就像在赞美我一样""如果媒体中的哪个故事暗讽了中国共产党,我会觉得很尴尬""当有人批评中国共产党时,我感到就像在批评我一样""我有很多特点都是与中国共产党党员典型特点一致的""当我谈到中国共产党时,我会用'我们'而不是'他们'""那些不全心全意支持中国共产党的人就应该加入别的党派"七个项目聚在一起。该维度代表了一种较高层次的融入,体现更多的是一种"你中有我,我中有你"的归属状态。由于其题目所涉及的更多的是一种个体成员用集体特性代表了个性的状态,因此,我们借用社会认知理论的说法,将其称之为"去个性化"。

"我认为自己是支持中国共产党的""我很高兴自己是支持中国共产党的""我认为支持中国共产党给我带来了积极的影响""一般说来,中国共产党是比中国的其他党派更好的一个党""我相信中国共产党的政策在道德上经常都是正确的""中国共产党令我感到愉快"六个项目聚在一起。该维度是对中国共产党的执政相关问题的评判,或者是对党内环境的认知,代表的是一种认识层面的特征,因此,我们也借用社会认知理论的说法,将该维度称为"吸引力认同"。

此外,"我反对中国共产党的一些政策也是因为我在意她,想让她进步""如果我批评中国共产党,也是出于爱"这两个项目,根据 Huddy (2007) 的理论,属于环境吸引力的批判性、建设性感知部分,故我们将该维度命名为"建设性认同"。

表 7-1 中所列出的是模型拟合的各项指标。一般的,*RMSEA* 低于 0.1 表示好的拟合,我们的 *RMSEA* 等于 0.086,比较好;*CFI* 在 0~1 之间,大于 0.9(越大越好),本模型为 0.952,所拟合的模型是一个好模型。*GFI* 也应大于等于 0.90,本模型为 0.902。同样,*TLT* 也应当在 0~1 之间,越接近 1 表示模型拟合度越好,本模型为 0.942。本研究的指标均在理想范围内,证明这个结构是合理的。

表 7-1 政党归属性验证分析指标

X^2	df	X^2/df	P	GFI	TLI	RMSEA	CFI
765.166	87	8.795	0	0.902	0.942	0.086	0.952

第三节 大学生政党认同现状分析

本文对政党认同的分析可以从对执政绩效的认可度以及对政党的归属感这两大部分进行。

一 执政绩效的认可度现状

对执政绩效的认可度分析主要通过对我国在中国共产党的领导下在各个方面所取得的成绩的评价的分析进行。本测验采用 5 点计分法，对项目的陈述很不赞成计 1 分，不太赞成计 2 分，一般计 3 分，比较赞成计 4 分，很赞成计 5 分。我们将比较赞成、很赞成计为认同做得好；很不赞成计 1 分，不太赞成计为做得不够好。并以此为基础，计算在每个项目上认同做得好以及认为做得不够好的人占总数的比重。

具体看来，本研究共涉及对 16 个方面成绩评价。其中，既包括对中央的整体认可度（中国共产党在实现国家繁荣上做得很好，中国共产党在避免将人民陷入战争上做得很好，中国共产党在有效实现全球事务中的领导作用上做得很好，中国共产党在解决国家内部事务上做得很好，中国共产党可以带领着中国向正确的方向发展，中国共产党是全心全意为人民服务的，中国共产党代表了最广大人民的根本利益，中国共产党在党政关系的处理上做得很好，中国共产党在党群关系的处理上做得很好，中国共产党在与民主党派的关系上处理得很好，中国共产党在民主制度建设上处理得很好，中国共产党在经济发展上处理得很好），也包括对各层党组织的分别认可度（省党委是全心全意为人民服务的，市委是全心全意为人民服务的，县委是全心全意为人民服务的，乡党委是全心全意为人民服务的）。也不难看出，对中央的考虑包括了经济、政治、军事、内政、外交、民主建设等国家发展的方方面面，又包括了对执政党及各类群体的关系的处理。为分析时简便清晰，下文分析将分为三个大部分进行：第一，对中央发展国家的认可度；第二，对中央处理各类关系效力的认可度；第三，对各级党组织的认可度。

大学生对我国在中国共产党领导下各个方面所取得成绩的认可度总体状况分析如表7-2所示。结果表明，大学生对中央发展国家的认可度、中央处理各类关系效力的认可度、对各级党组织的认可度等方面均表现出明显的认可倾向，最低也在40%以上。值得注意的是，大学生对各部分认可度存在着很大的差异。

表7-2 大学生对执政绩效认可度总体状况

单位:%

分　类		认同做得好	无所谓好与不好	认为做得不够好
对中央发展国家的认可度	国家繁荣	70.0	20.7	9.3
	避免战争	76.8	17.0	6.2
	全球事务	59.9	29.4	10.7
	内部事务	54.9	29.8	15.3
	正确方向	64.5	26.5	9.1
	人民服务	50.8	28.0	21.2
	人民利益	50.3	29.1	20.6
	经济发展	67.9	24.2	7.8
对中央处理各类关系效力的认可度	党政关系	55.4	28.7	15.9
	党群关系	53.0	29.2	17.7
	民主党派	56.6	27.9	15.5
	民主建设	50.4	29.3	20.4
对各级党组织的认可度	省　委	46.2	30.8	22.9
	市　委	44.2	32.3	23.5
	县　委	40.7	32.8	26.5
	乡党委	40.8	32.6	26.6

具体看来，认可程度最高的是"避免战争"，认可做得好或比较好的大学生约达77%；紧接着是"国家繁荣"、"经济发展"和"正确方

向",认可中国共产党在上述三点上做得好或比较好的也均将近2/3;对全球事务的处理效力的认可的人数也基本达到了总人数的3/5。认可党对"内部事务"的处理,对"党政关系"和与民主党派关系的处理,为人民服务、为人民利益、民主建设、党群关系处理等方面也均有过半的大学生表示认可。但是,也应当注意到,与对中央各领域相比较,大学生对各级党组织认可度相对较低,而且越接近基层,该差异就越突出。

首先,大学生对我国执政党表现最满意的部分是有效避免了战争。我们认为,该结果具有一定的合理性,原因可能是基于对当今世界和平与发展主题的判断,在党的领导下,我国积极发展经济,提高人民生活水平,同时也积极发展国防力量,既用实力又用外交捍卫和平,避免人民陷入战争。此外,战争给人民带来的创伤太重,因而,能够避免战争更容易给人们带来更大的幸福感(Inglehart,2008)。这启示我们,继续用政治、外交等手段化解战争,给国人以和平的生存环境是符合大学生根本利益的,也是可以继续为政党加分的。

其次,将近2/3的大学生赞同中国共产党在国家繁荣和经济发展以及正确方向这三方面的表现。我们认为,国家的繁荣通常很容易理解为经济和文化的繁荣发展,我国自改革开放以来在经济领域取得了突出的成绩、无论是从人民的生活水平切实的提高,还是从来自世界各国对我国发展的评论,都可以体会到这种巨大变化的发生。这也同样给了我们启示,即在我国,继续坚定以经济发展为中心的发展道路,是有利于提高我党在国人尤其是在大学生心中的地位的。当然,目前,我国产业结构的调整、走科技创新的产业发展之路、减少对资源的浪费等高效率经济发展道路的选择,势必更能提高经济发展对执政党形象的促进作用。

再次,与处理内部事务上的认同感相比,我国大学生对我党在处理外部事务上的认同感会较强。其原因:第一,我党的确在全球事务的处理中斡旋得当,无论是维持世界和平,还是在国际贸易上的表现上,均得到了大家的认可。第二,即使是大学生,对全球事务了解毕竟还是比较少的,但是对于国内事务,每一件都是关乎百姓衣食住行,了解自然更全面,要求也会更高。第三,与内部事务的处理比较起来,人们都更容易认为国际事务的处理更难,相应地也就更容易保持宽容的心态。

值得引起重视的是,在各类关系的处理中,认同在此方面表现非常好或者比较好的人也仅超过半数(沈传亮,2008),这是值得引起重视的。可能的原因,我国公民对执政党在群众问题上的处理表现尤为敏感,因为群众相信执政党是代表最广大人民群众的根本利益的,因此,有着较高的期待,若实际情况与期待之间有差距,就很容易促使失落感的产生。

应当看到,与经济建设相比,我国大学生对于执政党在民主建设上绩效的满意度低近20个百分点。尽管相对而言民主建设是一个更多包含主观评价色彩的指标,但是近20个百分点的差异还是在一定程度暴露了我党在指导经济发展和民主建设上存在一些不平衡。这一点在已有的研究(蒋荣、代礼忠,2011)中也有所体现。当然,这也提示我们,若我党能够在民主建设上发挥更大的作用,对提高大学生政党认同将有事半功倍的效果。

最后,还有一个不容忽视的问题,在对执政党不同层级的执政单位分别评价时,无论对省级、市级还是县级党委,相信他们全心全意为人民服务的比例不到一半,尤其是在县级和乡水平上,只有2/5的人认可该点。为何会出现该结果呢?我们认为,很多大学生是从农村走到城市,对农村和城市的生活有一定的亲身体验,也许是存在于基层一些工作中的缺点和某些不正之风令他们对基层的信任有所降低。当然,作为青年,大学生在事物评价中也可能有批判性过强的弱点。这也可能会使他们放大对基层的不信任。尽管如此,该结果还是需要引起足够重视的。它提示我们,在重视中央层面工作的同时,更要顾及各级党组织,尤其是基层组织的发展,因为这些组织是与广大人民的利益息息相关的。

二 政党归属感现状

基于对政党归属感的结构分析,下文对大学生政党归属感现状的分析均从去个性化、吸引力认同以及建设性认同三个维度展开。本测验采用5点计分法,对项目的陈述很不赞成计1分,不太赞成计2分,一般计3分,比较赞成计 4 分，很赞成计 5 分。得分越高，政党认同度越高。需要指出的是，每个维度上的得分是该维度所包含所有题目得分的算术平均数。例如，去个性化分数为"中国共产党的成功就是我的成功"等七个项目得分的算术平均数。

大学生在去个性化、吸引力认同以及建设性认同三个维度上均表现出明显的认同倾向（见图 7-2）。该结论与已有研究（蒋荣、代理忠，2011）的结论有不一致之处。他们的研究中之所以发现大学生对党执政效能认可度较低，是因为他们对政党认同概念理解有偏差。蒋荣等的研究所理解的政党认同主要包括的是对政党工作效能的评价以及由此产生的满意感。事实上，这并没有能包含政党认同的全部含义，政党认同还有很重要的一部分内容，是基于对历史的评价，通过家庭遗传促发的一种情感归属性。

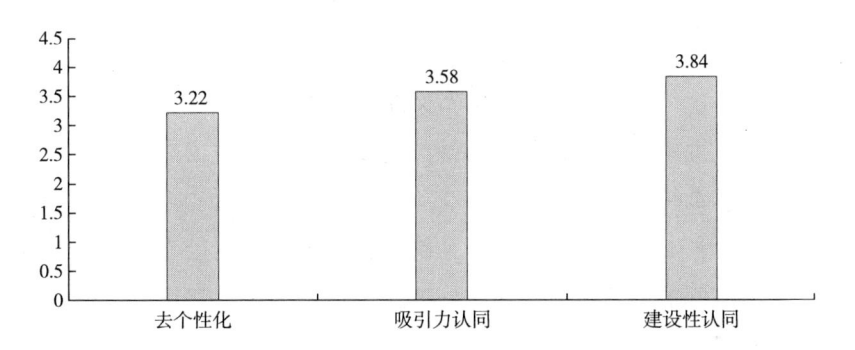

图 7-2 大学生政党归属感的现状分析

三个维度间也存在显著差异，吸引力认同显著高于去个性化（$t=19.467$，$df=1064$，$p=0$）；对党的建设性认同度也较高，高于对吸引力的认同（$t=9.818$，$df=1064$，$p=0$）。只有在对吸引力的认同达到一定程度后，个体才会自然地忘记自己特性，用政党代表自己。我国大学生表现出了对党吸引力的较高认同，但与党更高层次的融合还略显不足。此外，值得重视的是，带有批判色彩的建设性认同部分得分也高。这提示，大学生认同成分中存在为政党事务建言献策的成分，这是大学生成熟思维的一种表现。

三 小结

(一) 期待"平衡"

与整体上相对积极的评价相比,在面对具体的领域时,大学生的评估还是表现出了一些不平衡的特征,"抑"内政"扬"外交,"盼"政治"赞"经济,"叹"基层"信"中央。

"抑"内政"扬"外交。在对执政党执政绩效的认识上,大学生对于内政事务的认可强度相对较低,对于执政党处理国内的几种重要关系的能力的信赖上也有所保留,但却表现出对执政党处理外交、国家安全(避免战争),以及涉外事务等方面更高的认可。这固然与外交和内政事务与人民生活的距离不同,以及外交和内政事务可能带来的创伤度不同有关,但也反映了大学生比较善于捕捉党的优势,并对具有的不足给予客观陈述。

"盼"政治"赞"经济。除扬外交抑内政外,大学生们还表现对我党在促进经济发展中所作出的卓越贡献的高度认可,同时也表达了对更完善民主制度等的期待。

"叹"基层"信"中央。大学生捕捉到了在实地践行为人民利益奋斗这个宗旨时,基层的党组织还存在一些需要改进之处。但同时,他们也给予中央及省级、市级执政党以更高的信任。他们相信党在各个领域,尤其是外交、军事和文化、经济方面已经付出了极大的努力,作出了重大的贡献,也更信任党中央正在为人民群众利益而奋斗。

(二) 层层"融入"

对一个政党的融入并非一蹴而就,而是一个层层递进的渐进过程。认识层面的认同,相伴的积极情绪,最终达到对该政党组织的信奉依赖。最高水平的融入便是信奉依赖政党,将自己视为这个党的一员,以该党的共同属性特征代替自己的独特个性。一旦对政党的融入达到该水平,那么便能够做到与该党休戚与共。很自然,每前进一层难度就会增大一些,自然融入的人也就会减少一些。但是,难能可贵的是,尽管我们所调查的只是普通在校大学生，但是整体上却表现出了较强的融入水平。这无疑是一种积极的信号，它提示，尽管大学生对某些领域的我党执政效能的评价还有保留，但这并未干扰他们在情感上对党的依恋。

还应该看到，更多的大学生表现出了建设性认同成分，即他们的认同并不仅仅停留在党内环境优越性的认识上，还表达出对党的建设性建议。当然，这一方面暗示了在培育政党认同时应当关注大学生思维中辩证甚至逆反的一面，但同时也提示我们应更深入地了解大学生所认为的应该改进的地方，以便于促进他们对执政党的身心融入。

第四节 影响政党认同因素分析

一 影响执政绩效认可度的因素分析

（一）专业

对不同专业大学生执政绩效认可度分析发现，无论是在"对中央发展国家的认可度""中央处理各类关系效力的认可度"，还是"对各级党组织的认可度"表现，均是有显著差异的。相对而言，在三个部分均有司法类专业大学生对执政绩效的认可度显著高于人文社科类学生（见图7-3a、图7-3b、图7-3c、表7-3）。

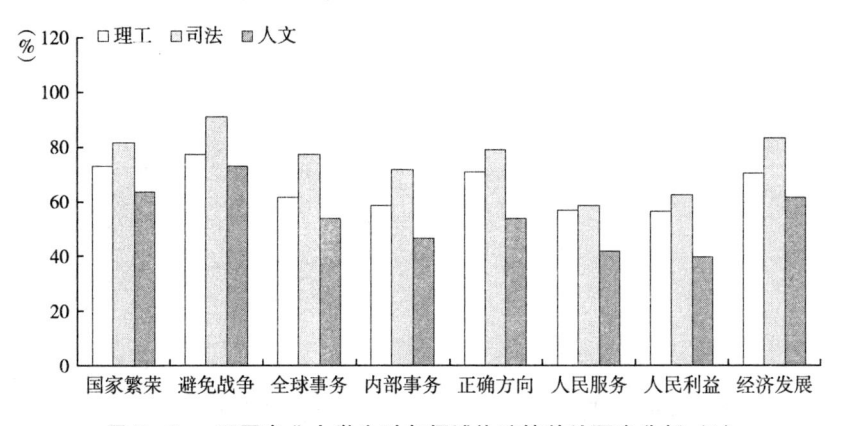

图7-3a 不同专业大学生对各领域执政绩效认可度分析（1）

表7-3 不同专业大学生执政绩效认可度的状况分析

单位：%

类别		专业			卡方检验
		理工	司法	人文	
对中央发展国家的认可度	国家繁荣	73.20	81.70	63.80	34.874**
	避免战争	77.40	90.80	73.00	23.225**
	全球事务	61.60	77.10	53.90	24.417**
	内部事务	58.70	71.60	46.40	31.493**
	正确方向	70.80	78.90	53.70	43.880**
	人民服务	57.00	58.70	41.70	28.520**
	人民利益	56.30	62.40	39.80	38.016**
	经济发展	70.50	83.20	61.50	26.728**
中央处理各类关系效力的认可度	党政关系	60.50	63.30	47.60	24.046**
	党群关系	59.90	60.60	43.20	32.529**
	民主党派	60.80	67.00	49.30	24.981**
	民主建设	57.90	61.50	38.40	48.819**
对各级党组织的认可度	省委	50.30	59.60	38.40	26.503**
	市委	48.50	57.80	35.90	28.567**
	县委	45.70	49.50	32.70	24.930**
	乡党委	46.70	50.50	31.60	28.239**

注：* 表 $p<0.05$；** 表 $p<0.01$；*** 表 $p<0.001$。

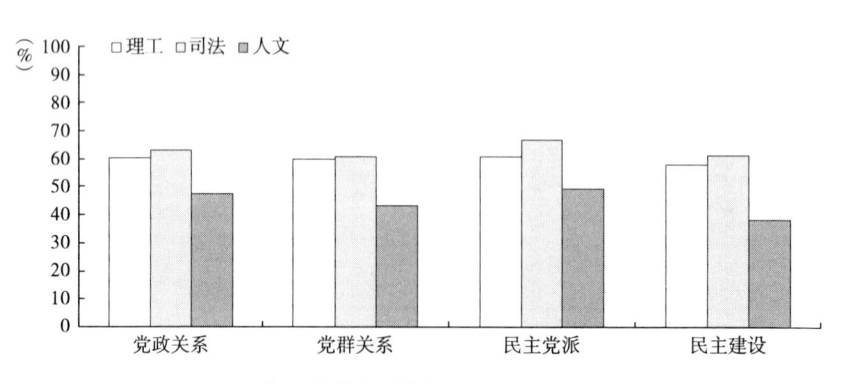

图7-3b 不同专业大学生对各领域执政绩效认可度分析（2）

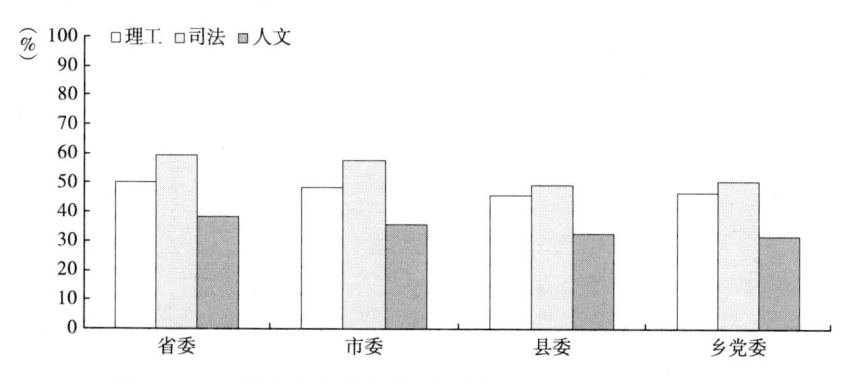

图 7-3c　不同专业大学生对各领域执政绩效认可度分析（3）

这一结论与我们在国家认同所获得的结论一致。这个一致的结论提示我们一个内在的逻辑：也许正是因为司法类学生更多地认可执政党的执政能力，而同时，这个政党正在带领国家走向进步，因此也才会有更高的国家认同感。这也暗示我们，在我国，爱国与爱党有着很大一致性。

究竟为何司法类学生无论在国家认同还是政党认同上的表现都更积极呢？正如国家认同所说，也许正是更多接触有效执法的机会或是有更多成为国家未来执法者的可能性，这均在不同程度上提高了他们对党和国家的认可。

人文社科类学生依旧如在对国家认同上的表现一样，保持较低的认可状况，尤其对基层组织认可度更低。这可能是因为，人文社科类学生本就有着对社会解读和反思的责任，他们更多地表现出批判性。当然，我们也要注意到，由于所调查的群体是面临巨大就业竞争的大学生，就业前景自然也成为一个重要的影响因素。相对于司法和理工类学生，人文社科类的就业难度较大，也就更可能成为社会中一些不公平现象的牺牲品，尤其是在用人缺口少、对工作技术要求较低的基层，因此，他们表现更多不信任状态也就不难理解了。

（二）年级

对不同年级大学生执政绩效认可度分析发现，"对中央发展国家的认可度""中央处理各类关系效力的认可度"以及"对各级党组织的认可度"等方面，不同年级大学生表现均有显著差异（见表 7-4）。相对而言，大一、大三学生执政绩效认可度显著高于大二、大四学生（见图 7-4a、

图7-4b、图7-4c)。

表7-4 不同年级大学生执政绩效认可度的状况分析

单位:%

类 别		年 级				卡方检验
		大一	大二	大三	大四	
对中央发展国家的认可度	70 国家繁荣	69.60	67.20	76.50	60.90	18.987*
	71 避免战争	74.50	79.70	81.20	65.20	14.246
	72 全球事务	61.30	55.10	62.90	60.90	6.987
	73 内部事务	58.10	47.20	58.00	48.90	18.658*
	74 正确方向	66.80	55.60	71.60	56.50	30.011**
	75 人民服务	55.90	40.00	53.10	54.30	24.640**
	76 人民利益	57.90	37.00	52.60	46.70	34.841**
	85 经济发展	69.90	63.10	73.00	54.30	14.794^
中央处理各类关系效力的认可度	81 党政关系	58.40	46.70	60.80	54.30	17.394*
	82 党群关系	59.40	41.60	54.90	47.80	26.972**
	83 民主党派	61.00	48.90	58.70	50.00	15.299
	84 民主建设	57.10	38.00	53.80	42.20	38.427**
对各级党组织的认可度	77 省 委	53.30	33.40	46.00	52.20	36.893**
	78 市 委	51.40	32.20	43.70	41.30	36.804**
	79 县 委	49.70	29.20	36.20	39.10	40.110**
	80 乡党委	48.00	30.80	39.80	30.40	31.084**

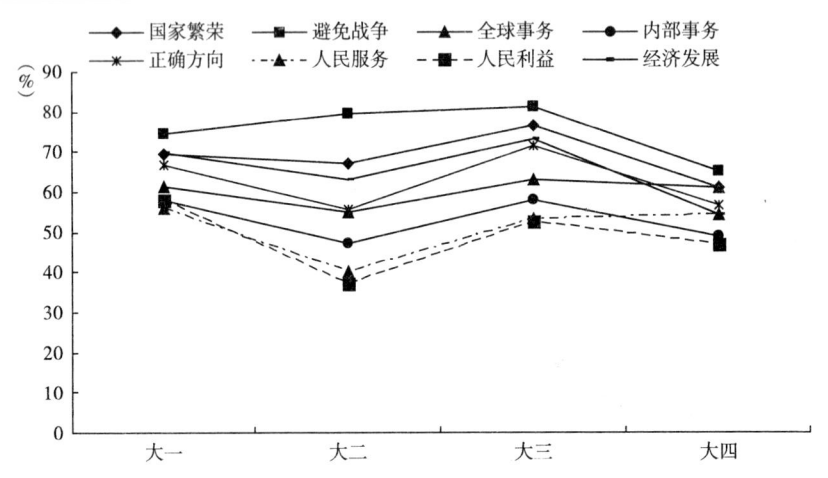

图7-4a 不同年级大学生执政绩效认可度状况分析（1）

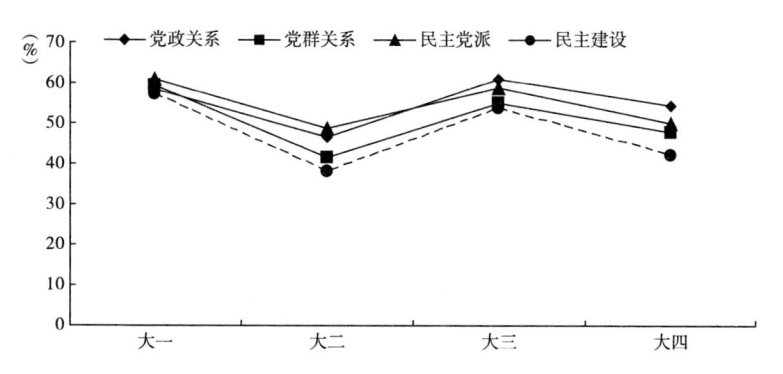

图 7-4b　不同年级大学生执政绩效认可度状况分析（2）

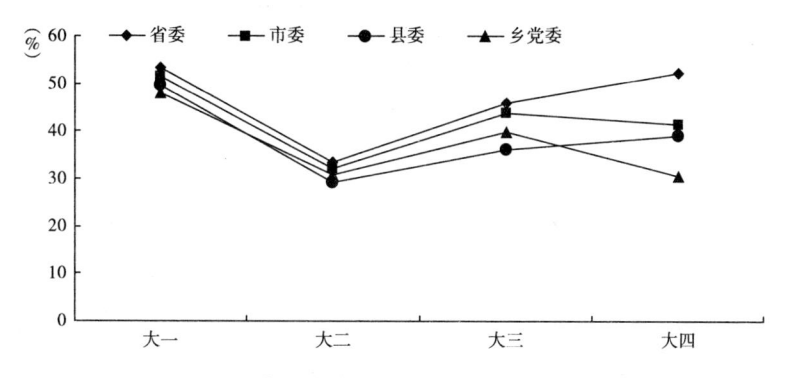

图 7-4c　不同年级大学生执政绩效认可度状况分析（3）

在为人民服务、重视人民利益、内部事务、国家繁荣、正确方向等方面的执政绩效认可度上，大二、大四学生明显下降的趋势比较突出。也正如国家认同部分所说，大二年级学生最有可能因心理落差而产生消极情绪。当然，大四初涉社会，遇到障碍自然也难免令他们失望。

尽管有因涉世未深、遇到障碍等带来的消极情绪干扰，但可能也反映了很多客观上存在的执政力度不足，而这些不足会在特定的时刻（大二和大四）表现得更突出。事实上，在避免战争、对全球事务的处理上的执政绩效评价上并未出现大二、大四年级的明显下滑。也许在他们的评价体系中，理想大学和现实大学的差距所带来的失落感仅与服务宗旨等内部事务有关，他们并不会随便扩大打击面，对本来做得很好的领域给出差评。

此外，对各基层党组织的效能判断上，除大一学生高认同水平外，其他学生的认可度都持续走低。可能是因为大学一年级学生刚刚通过自己的努力收获成绩，成为高校内部事务处理的受益者，所以对内、外各项政策评价都会较高。随后而来的就业压力、学业挫败、对未来选择的迷茫让他们接触到了更多的社会，当然也就更有可能体会到执政绩效的不足。但是，正如前文所言，存在于基层工作中的执政绩效不足也可能令大四年级的大学生对基层的信任有所降低。

（三）政治面貌和政治倾向

对不同政治面貌和政治倾向大学生执政绩效认可度分析发现，无论是在"对中央发展国家的认可度""中央处理各类关系效力的认可度"，还是"对各级党组织的认可度"，不同政治面貌和政治倾向大学生表现均有显著差异（见表7-5、表7-6）。相对而言，中共党员和有共产主义信仰倾向者表现出比民主党派和群众或有民主党派信仰及无政治信仰者更高程度的执政绩效认可（见图7-5a、图7-5b、图7-5c、图7-6a、图7-6b、图7-6c）。

表7-5 不同政治面貌大学生对执政绩效认可度状况分析

单位：%

类 别		政治面貌			卡方检验
		中共党员	民主党派	群众	
对中央发展国家的认可度	70 国家繁荣	71.30	50.00	69.30	8.521
	71 避免战争	76.30	53.80	77.20	14.517*
	72 全球事务	62.50	35.70	59.30	9.503
	73 内部事务	57.80	57.80	57.80	8.056
	74 正确方向	67.80	57.10	62.20	11.502
	75 人民服务	60.80	57.10	45.60	27.865**
	76 人民利益	57.80	46.20	46.80	20.804**
	85 经济发展	71.90	64.30	65.40	14.447*
中央处理各类关系效力的认可度	81 党政关系	64.20	50.00	51.00	29.831**
	82 党群关系	60.10	57.10	49.00	13.533*
	83 民主党派	60.20	50.00	54.10	19.737**
	84 民主建设	56.60	35.70	48.20	20.689**
对各级党组织的认可度	77 省　委	54.70	57.10	41.60	24.495**
	78 市　委	50.90	57.10	40.30	20.329**
	79 县　委	47.00	50.00	36.90	18.946**
	80 乡党委	45.50	42.90	37.80	26.980**

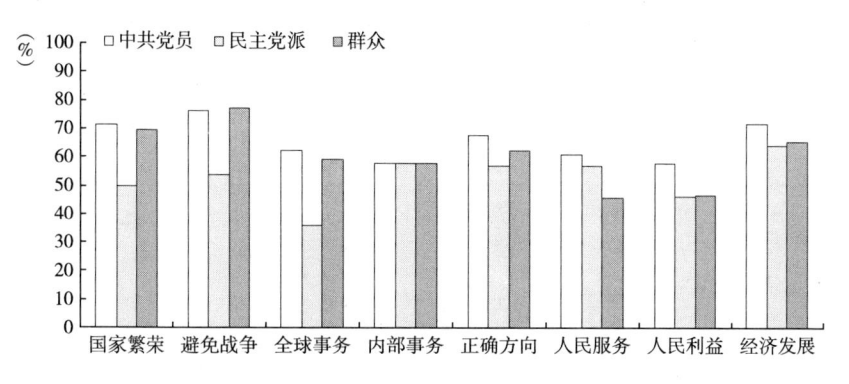

图 7-5a 不同政治面貌大学生对执政绩效认可度状况分析（1）

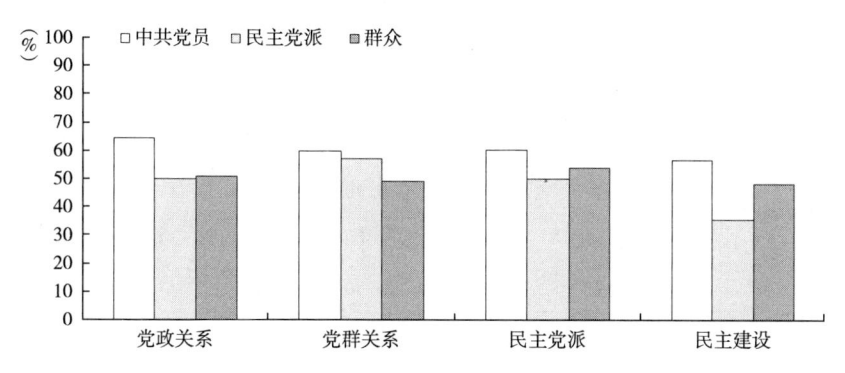

图 7-5b 不同政治面貌大学生对执政绩效认可度状况分析（2）

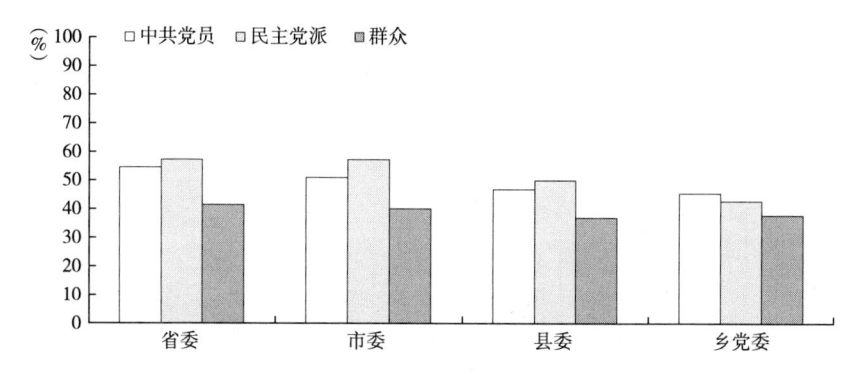

图 7-5c 不同政治面貌大学生对执政绩效认可度状况分析（3）

表7-6 不同政治倾向大学生对执政绩效认可度状况分析

单位：%

类　别		政治倾向				卡方检验
		中共党员	民主党派	无党派	群众	
对中央发展国家的认可度	70 国家繁荣	71.30	50.00	64.40	70.50	10.836
	71 避免战争	76.30	53.80	74.10	78.00	16.226*
	72 全球事务	62.50	35.70	56.30	60.00	10.194
	73 内部事务	57.80	50.00	51.50	53.60	8.276
	74 正确方向	67.80	57.10	59.30	62.90	16.019*
	75 人民服务	60.80	57.10	43.00	46.30	28.337**
	76 人民利益	57.80	46.20	44.40	47.40	21.653**
	85 经济发展	71.90	64.30	60.90	66.50	20.432**
中央处理各类关系效力的认可度	81 党政关系	64.20	50.00	48.50	51.60	33.076**
	82 党群关系	60.10	57.10	48.90	49.10	16.785*
	83 民主党派	60.20	50.00	55.60	53.70	26.318**
	84 民主建设	56.60	35.70	49.30	47.90	22.197**
对各级党组织的认可度	77 省　　委	54.70	57.10	42.20	41.40	25.246**
	78 市　　委	50.90	57.10	44.40	39.30	21.493**
	79 县　　委	47.00	50.00	40.00	36.10	22.743**
	80 乡党委	45.50	42.90	45.50	35.80	35.048**

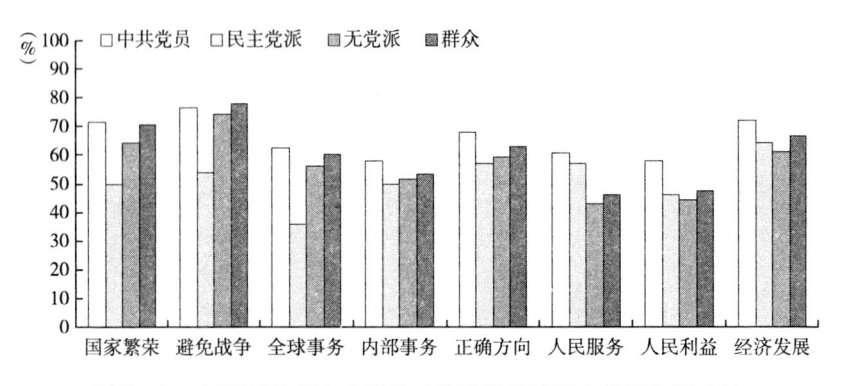

图7-6a 不同政治倾向大学生对执政绩效认可度状况分析（1）

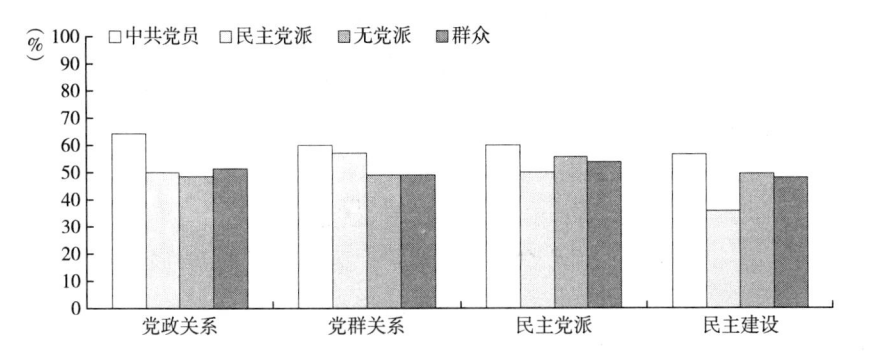

图7-6b 不同政治倾向大学生对执政绩效认可度状况分析（2）

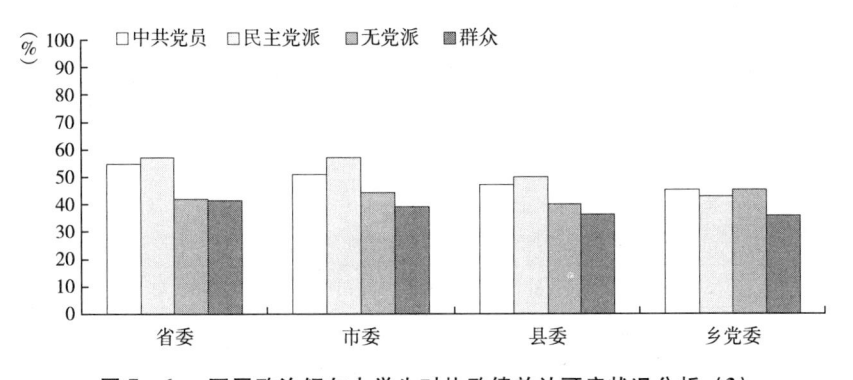

图7-6c 不同政治倾向大学生对执政绩效认可度状况分析（3）

在对国家繁荣、避免战争、全球事务、正确方向、民主建设、民主党派六个领域的执政效能的认识上，中共党员评价最高，群众次之，民主党派的评价最低。这可能是因为，民主党派作为监督党，其职责就是追踪执政党在各个领域的表现并给予意见和建议。所以，尽管他们也很赞赏我党在处理全球事务以及避免战争上的做法，肯定在这些领域所取得的成就，但他们还需要冷静思考，更多观察到了在这些成绩背后所隐藏着的一些不足之处。

对基层组织的认识上，群众整体的认可度相对较低。基层事务繁杂，程序等可能有失偏颇，群众对此当然更可能切身体会。相对而言，民主党派的表现反而比群众要积极些。我们认为，一则，民主党派相对比群众更理性一些；二则，作为监督者，他们在基层的一些合法权益比群众更容易得到有效保护。我们可以用"关心则乱"对此做一个解释。切身的利益往往会成为左右人们判断的关键变量。最关心的事物，往往也是最容易给出消极评价的事

211

物。同样,民主党派认为最有待提高的恰是党与民主党派的关系;而群众则把党和群众的关系、为人民服务的宗旨放到了最突出的位置上。

(四) 母亲最高学历

对母亲最高学历不同的大学生执政绩效认可度分析发现,母亲的最高学历只会影响大学生对执政党在国家繁荣、避免战争以及经济发展等方面的认同。其他方面均不受母亲最高学历的影响。相对而言,基本上呈现一种随母亲最高学历增高,绩效认可走低的趋势(见表7-1、图7-7a、7-7b、7-7c)。

表7-7 母亲受教育水平不同大学生对政党表现认知的状况分析

单位:%

类别		小学及以下	初中	高中/中专	大专	大学及以上	卡方检验
对中央发展国家的认可度	70 国家繁荣	80.80	76.40	66.10	71.50	62.70	27.951**
	71 避免战争	84.20	82.40	72.90	77.20	74.90	18.592*
	72 全球事务	61.70	60.80	58.80	65.80	56.10	10.360
	73 内部事务	57.50	56.90	53.40	57.70	50.90	5.997
	74 正确方向	69.20	67.80	64.00	67.70	56.90	9.964
	75 人民服务	50.80	53.20	49.30	53.50	49.10	9.247
	76 人民利益	60.80	53.20	47.10	52.60	45.00	16.065
	85 经济发展	73.70	71.10	68.60	69.20	61.20	21.385*
中央处理各类关系效力的认可度	81 党政关系	63.30	55.70	52.80	58.00	52.40	11.685
	82 党群关系	56.70	55.40	53.10	57.00	47.20	10.068
	83 民主党派	58.00	57.90	56.60	57.60	54.20	8.032
	84 民主建设	56.30	53.00	51.00	50.00	44.80	9.923
对各级党组织的认可度	77 省 委	50.00	46.40	44.70	51.60	42.00	7.124
	78 市 委	37.50	44.20	43.30	51.90	42.20	9.680
	79 县 委	35.80	40.80	37.30	48.40	41.00	7.813
	80 乡党委	38.70	40.30	37.80	46.20	42.70	7.570

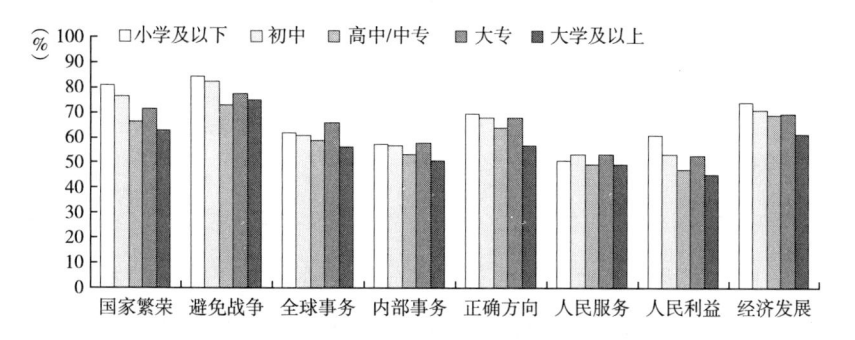

图 7-7a 母亲受教育水平与不同大学生对执政绩效认可度状况分析（1）

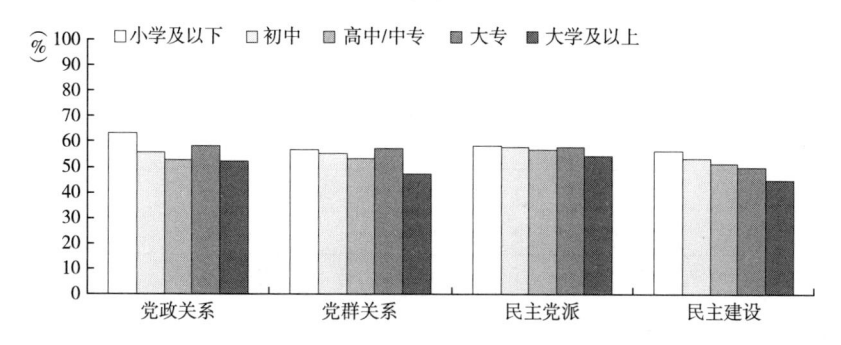

图 7-7b 母亲受教育水平与不同大学生对执政绩效认可度状况分析（2）

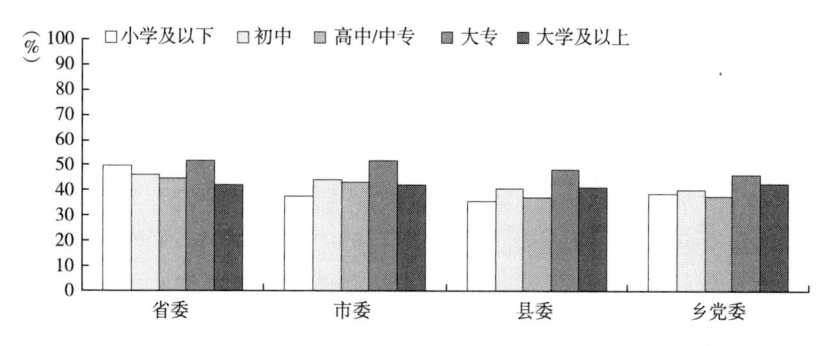

图 7-7c 母亲受教育水平与不同大学生对执政绩效认可度状况分析（3）

家庭社会经济地位（SES：家庭收入、受教育水平、职业状况）可能会影响到政党认同，比较贫困的家庭更可能倾向于激进改革的党派风格，富裕家庭则更可能倾向于稳中求生存的保守风格（王庆兵，2004：19）。此处我们仅考虑了母亲的受教育水平。在我国目前环境中，母亲的受教育水平与家庭的收入及职业状况高相关，因此，高学历母亲可能带来家庭的相对富裕，相对激进的认同评价也就不太可能出现了。当然，我们也知道，在家庭教育以及信仰形成过程中，母亲往往有着关键的作用，高教育水平的母亲更可能培养出有更多的批判性思维的学生，更愿意以客观真实为准绳，在积极的事物中看到不足，不盲目给予积极评价。

(五) 性别

对不同性别大学生执政绩效认可度分析发现，在"对中央发展国家的认可度""中央处理各类关系效力的认可度"以及"对各级党组织的认可度"等方面，不同性别大学生表现均有显著差异（见表7-8）。相对而言，男性表现出比女性做更高的评价（见图7-8a、图7-8b、图7-8c）。

表7-8 不同性别大学生对政党表现认知的状况分析

单位：%

类 别		性 别		卡方检验
		男	女	
对中央发展国家的认可度	70 国家繁荣	69.2	71.6	6.405
	71 避免战争	75.8	79.2	8.268
	72 全球事务	59.6	60.4	5.941
	73 内部事务	57.5	48.9	10.050*
	74 正确方向	66.1	60.6	11.391*
	75 人民服务	56.0	39.2	27.426**
	76 人民利益	54.5	40.9	20.117**
	85 经济发展	69.0	65.6	6.394
中央处理各类关系效力的认可度	81 党政关系	57.3	51.1	5.044
	82 党群关系	56.8	44.5	14.554**
	83 民主党派	57.9	53.8	3.546
	84 民主建设	54.6	40.9	18.482**
对各级党组织的认可度	77 省 委	50.3	37.2	17.041**
	78 市 委	48.5	34.4	22.182**
	79 县 委	45.3	30.5	21.903**
	80 乡党委	45.4	30.4	24.415**

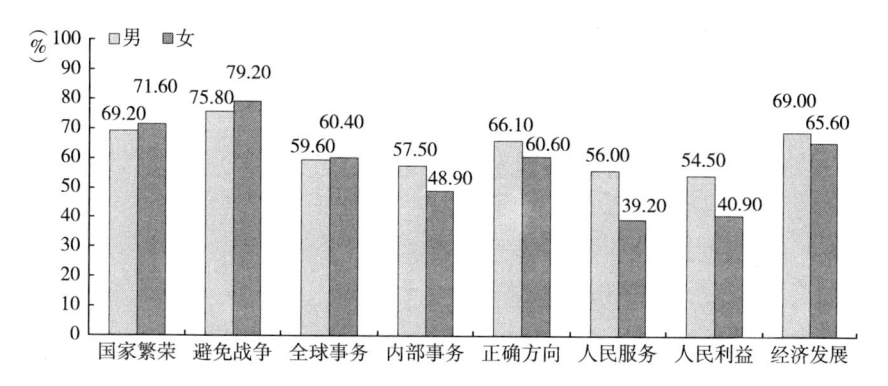

图 7-8a 不同性别大学生对执政绩效认可度状况分析（1）

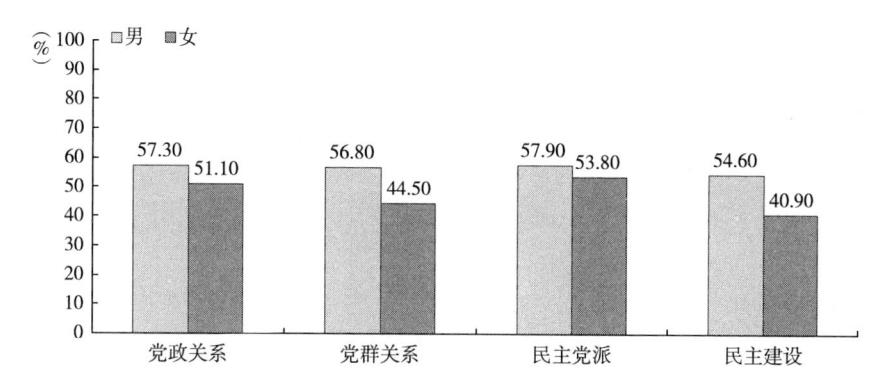

图 7-8b 不同性别大学生对执政绩效认可度状况分析（2）

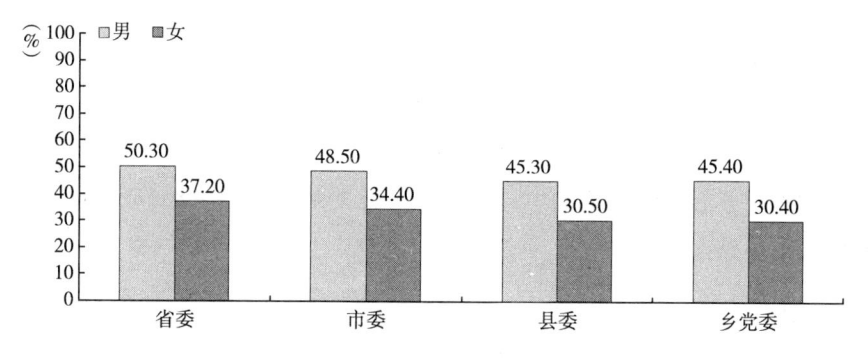

图 7-8c 不同性别大学生对执政绩效认可度状况分析（3）

越是整体上评价消极的项目，这种差异越明显。为何会有此结果呢？我们推测，女性思维体系中的感性成分占据很重要的地位，感性成分的最突出表现是，即使面临相同证据，女性的积极或消极评价通常都会更多。

事实上，在一些评价积极的领域，比如避免战争上，女性便表现了更积极的评价。

二　影响政党归属感的因素分析

1. 专业

方差分析表明，在去个性化、吸引力认同、建设性认同上，不同专业大学生均表现了显著差异（$F=20.596$，$p=0$；$F=32.782$，$p=0$；$F=13.209$，$p=0$）。三个维度均有司法类大学生政党认同显著高于人文社科类大学生（见图7-9）。

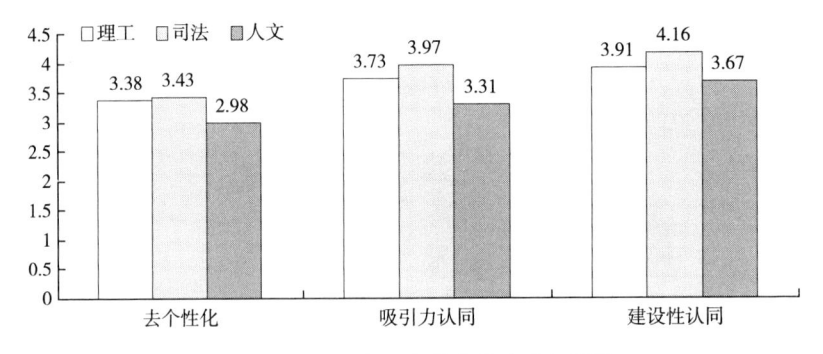

图7-9　不同专业大学生的政党归属性

这一结论的产生让我们有理由相信，司法类大学生整体上表现更高的认同，这可能是因为司法类学生接触到了更多公平与正义的例子、更多仪式化训练、更多的政治教育等。这些经历均可能在不同程度上强化其认同，帮助建立起理性的认同模式，当然也就更多地形成了积极的政党归属和情感依附感。

2. 年级

方差分析表明，在去个性化、吸引力认同、建设性认同上，不同年级大学生亦均表现了显著差异（$F=9.768$，$p=0$；$F=10.444$，$p=0$；$F=3.371$，$p<0.05$）。在三个维度上均有大一、大三学生政党认同度显著高于大二、大四学生（见图7-10）。

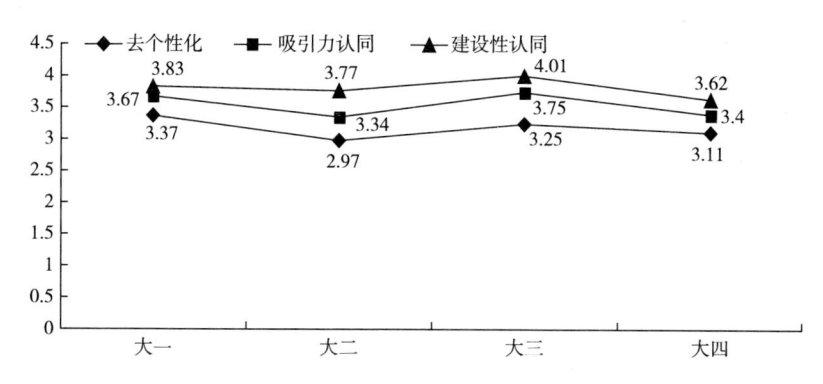

图 7-10 不同年级大学生的政党归属性

政党归属感也与对执政绩效的认可一样，呈现随年级变化起伏波动的趋势，这可能是主观的心态和客观的执政表现共同造就的。值得重视的是，建设性认同的波动幅度较小，即外部环境对带有理性色彩的归属影响力相对有限。这暗示，若大学生的政党归属中只是感性成分，就容易在环境改变时消失。相反，若归属中充满了经过否定之否定获得升华的理性归属色彩，尽管表面看来带有反抗的成分，但一旦建立，这种归属却更倾向于持久地保持下去。

3. 政治面貌和政治倾向

方差分析表明，在去个性化、吸引力认同及建设性认同上，政治面貌不同的大学生亦均有显著差异（$F = 18.941$，$p = 0$；$F = 17.008$，$p = 0$；$F = 4.304$，$p < 0.05$）。相对而言，中共党员表现比民主党派和群众更高程度的认同（见图 7-11）。

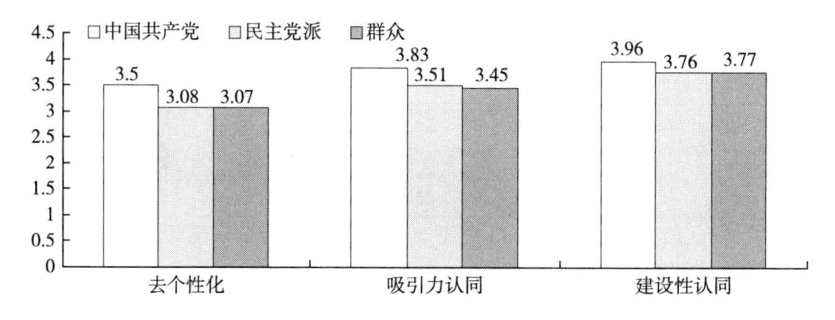

图 7-11 不同政治面貌大学生的政党归属性

方差分析表明，在去个性化、吸引力认同及建设性认同上，政治倾向不同的大学生亦均有显著差异（$F = 12.616$，$p = 0$；$F = 13.239$，$p = 0$；$F = 3.706$，$p < 0.05$）。倾向于加入中国共产党者比其他政治倾向者有更高程度的认同（见图 7 – 12）。

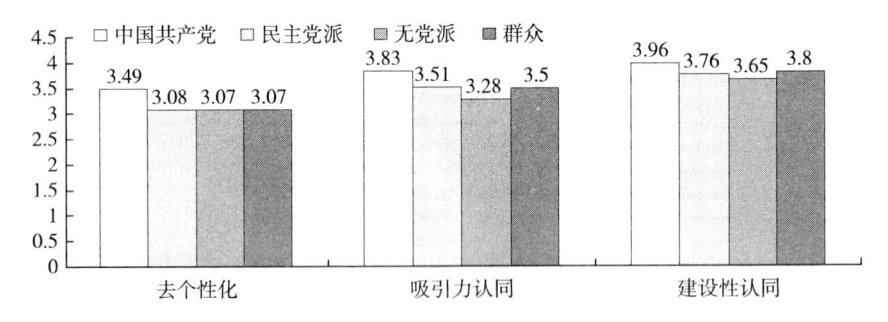

图 7 – 12　不同政治倾向大学生的政党归属性

4. 母亲最高学历

对母亲最高学历不同的大学生政党归属性的分析可以发现，母亲最高学历不同的家庭的大学生在吸引力方面是有显著差异的（$F = 3.555$，$p < 0.05$）。我们可以看到，基本上随着母亲最高学历越高，大学生的群体吸引力认同程度似乎更低。当然，大专表现有些例外。

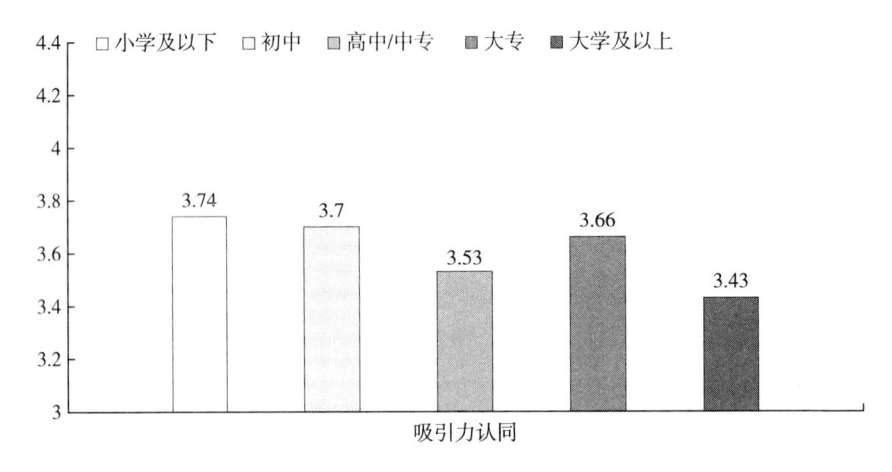

图 7 – 13　母亲最高学历不同的大学生的政党归属性

5. 性别

对不同性别大学生对国家的态度的分析可以发现，在吸引力认同、去个性化、批判性认同等方面，不同性别的大学生表现是有显著差异的（$F=21.081$，$p=0$；$F=27.085$，$p=0$；$F=5.413$，$p<0.05$）。我们可以看到，相对而言，无论是在吸引力认同、去个性化，还是批判性认同方面，男性均表现出比女性更高的政党归属。

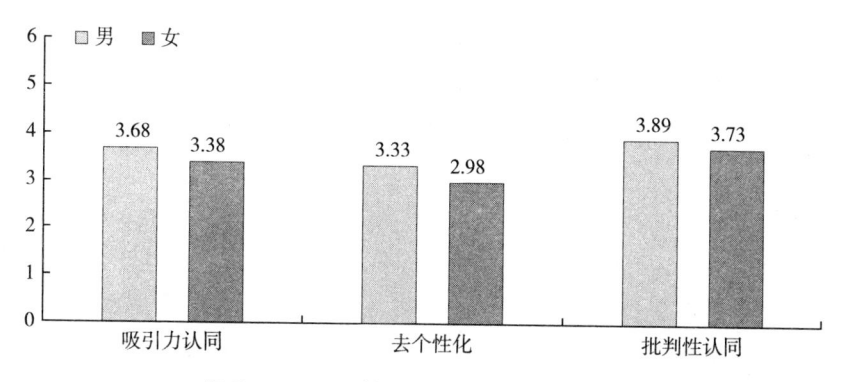

图 7-14 不同性别的大学生的政党归属性

三 小结

与国家认同部分相似，当代中国的大学生对执政党也有很高的评价和归属，他们相信执政党本身也以其荣辱为自己的切身利益。同时，不会盲目表达自己的归属感，而是在对执政党的优越性进行评估的基础上再做出相对理性的归属决策。不过，对政党的认同也会因利益的纠葛而表现出波动。

1. "关心未必乱"

民主党派给予党与民主党派的关系更多关注，群众则将关注的焦点放在党群关系以及监督党为人民服务的宗旨之上，对执政党执政能力的评判随着自己遭遇的困境而发生变化……这一切都说明，利益影响了政党认同的程度。

大二学生尽管会因理想和现实生活的落差出现低认同，但并没有泛化到避免战争、维护国家安全等领域上；相似的，大四学生对基层党组织信任度的显著分化也表达了这种复杂的情绪。大学生对乡级党委为人民服务的宗旨的践行认可度较低,但这种较低的认可度并没有泛化到对省级党委的认可上来。因此我们认为,尽管利益可能成为改变大学生政党认同的核心因素,但理性的成分始终弥漫在青年人的政党认同里。

2. 敏锐的群众

共产主义信仰能否增强大学生对中国共产党的归属感,促进对中国共产党执政能力的积极评价?很明显,我们的研究给出了清晰的结论,即对共产主义的信仰的确能够促进大学生对中国共产党执政能力的积极评价,增强他们对中国共产党的归属感。

我们也应当看到,在人数上占据大多数的群众对我党执政能力某些方面的评价也很高,有的(例如,避免战争上做得好)甚至高于中共党员。这似乎说明,在我国,最广大的人民群众对党的执政能力还是非常认可的。同时,我们也不能忽视,在一些普遍认为需要党更多做出改善努力的领域上(例如,基层组织为人民利益服务),群众的消极反应表现得更为突出。

这种积极的表现和消极表现更多反映出的恰是群众的敏锐。群众的眼睛始终是雪亮的。因此,中国共产党若要更好地赢得公信力,在争取对大学生进行必要的理想和信仰教育外,也要更切实关注群众的评判。

第五节 国家认同对政党认同的影响

在我国,认同国家的程度是否影响到认同执政党的程度?

本文中国家认同的程度以具体领域自豪感、国家情感两个部分来指代。具体领域自豪感越强,爱国程度越高;国家情感程度越深(非建设性爱国、建设性爱国、符号爱国、身份认同程度越深),爱国程度越高。执政党认同则以政党归属感来指代,去个性化程度、政党吸引力认同越强,建设性爱党越高,政党归属感越高。

第七章 大学生对执政党的认同研究

我们使用多元回归分析研究国家认同与政党认同的关系。政党认同这一因变量是由去个性化程度、政党吸引力认同，建设性爱党三个维度构成的。因此，我们分别以这三个维度为因变量进行多元回归分析。结果如表7-9、图7-15、表7-10、图7-16、表7-11、图7-17所示。

表7-9 大学生的国家认同对去个性化的影响

类别		去个性化		
		标准化回归系数 β	t	Sig
国家自豪感	政治自豪感	0.20	7.77	0.00
	文化自豪感	—	—	—
	非批判性爱国	0.53	20.69	0.00
爱国情感	符号爱国	0.11	4.20	0.00
	建设性爱国	—	—	—
	身份认同	—	—	—
Adjusted R^2		0.505		
F		362.793		
Sig		0.000		

注：1. 标准化回归系数 β 的含义是，国家自豪感、爱国情感等对去个性化政党认同的影响程度。系数为正表示影响是正向的。例如，政治自豪感对政党吸引力的认识影响中，$\beta=0.20$，表示大学生对国家的政治等领域的自豪满意程度每增大一个标准单位，其去个性化政党认同就增大0.20个单位。

2. sig<0.05即代表与该 t 值相应的 β 值是具有非常显著的统计意义的。

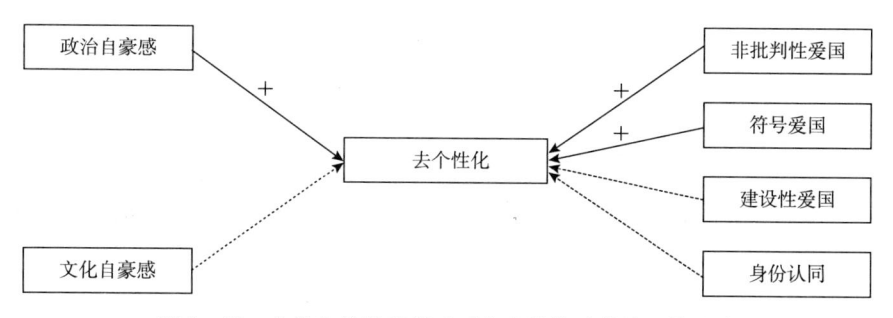

图7-15 大学生的国家情感对去个性化政党认同的影响

表7-10 大学生的国家认同对政党吸引力认同的影响

类　别		吸引力认同		
		标准化回归系数 β	t	Sig
国家自豪感	政治自豪感	0.23	8.40	0.00
	文化自豪感	—	—	—
	非批判性爱国	0.43	16.53	0.00
爱国情感	符号爱国	0.26	8.43	0.00
	建设性爱国	-0.08	-2.67	0.01
	身份认同	—	—	—
Adjusted R^2		0.489		
F		255.246		
Sig		0.000		

注：1. 标准化回归系数 β 的含义是，国家自豪感、爱国情感等对吸引力认同的影响程度。系数为正表示影响是正向的。例如，政治自豪感对政党吸引力认同的影响中，β = 0.23，表示大学生对国家的政治等领域的自豪满意程度每增大1个标准单位，其政党吸引力的认同就增大0.23个单位。相反，系数为负则表示影响是负向的。以建设性爱国的影响为例，β = -0.08，表示大学生对建设性爱国的满意程度每增大1个单位，其政党吸引力的认同就减少0.08个单位。

2. sig < 0.05 即代表与该 t 值相应的 β 值是具有非常显著的统计意义。

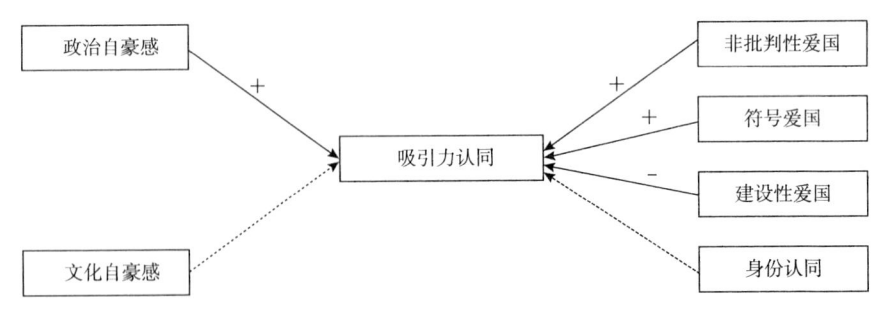

图7-16 大学生的国家情感对政党吸引力认同的影响

注："+"表示影响是正向的，即影响因素取值越高，大学生对政党吸引力的认同程度也越高；相反，"-"表示影响是负向的，即影响因素取值越高，大学生对政党吸引力的认同程度越低；虚线表示没有影响。

表 7-11 大学生的国家情感对建设性政党认同的影响

类别		建设性认同		
		β	t	Sig
具体领域自豪感	政治自豪感	—	—	—
	文化自豪感	—	—	—
	非批判性爱国	0.14	4.64	0.00
一般领域自豪感	符号爱国	0.10	2.52	0.01
	建设性爱国	0.29	7.54	0.00
	身份认同	0.10	2.26	0.02
Adjusted R^2		0.33		
F		84.83		
Sig		0.000		

注：1. 标准化回归系数 β 的含义是，国家自豪感、爱国情感等对建设性政党认同的影响程度。系数为正表示影响是正向的。例如，建设性爱国对建设性政党认同的影响中，$\beta=0.29$，表示大学生对国家的建设性爱国每增大一个标准单位，其建设性政党认同就增大 0.29 个单位。

2. sig<0.05 即代表与该 t 值相应的 β 值是具有非常显著的统计意义的。

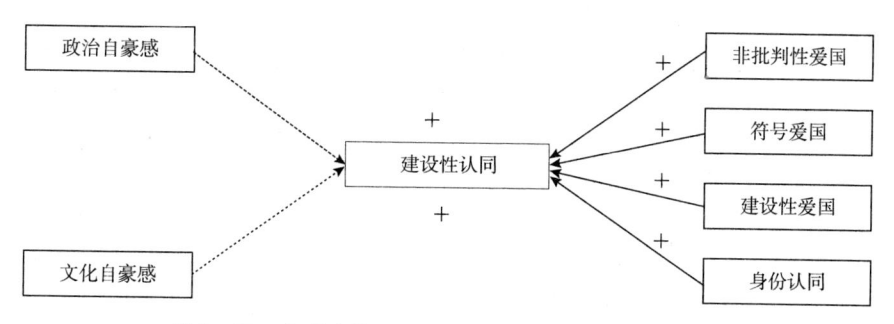

图 7-17 大学生的国家认同对建设性政党认同的影响

一 具体领域自豪感与政党认同

不同领域自豪感对政党认同的影响存在差异。对国家在政治领域表现的自豪将会正向预测吸引力认同与去个性化，对文化领域表现的自豪却不能预测吸引力认同与去个性化。当大学生对我国的政治、民主、经济、社会安全系统、科学技术的发展感到越满意时，他们对执政党的认同感、归属感就会越强；相反，他们对我国文艺、历史以及体育等方面的表现感到满意或不满意并不会影响其对执政党的认同归属感。

为何对政治领域的满意会提高政党认同，而对文化领域的满意却不能提高认同呢？可能有两方面的原因：一是政治、经济、民主等领域的发展更能直接展现出政党的作为，国家在这些方面的表现优秀，执政党功不可没。相比较之下，文化领域中却有历史传承成分在，尽管国家在这些领域的优异表现也与执政党的努力分不开，但是也有历史的因素在其中。因此，公民更倾向于将政治领域的优异表现归功于执政党，自然更能感受到其的优越性，更愿意成为其的一员。二是无论是民主化，还是社会安全系统，尤其是经济的发展，这些领域均与大学生的切身利益息息相关，人们对这些领域的期待更大。相比之下，文化领域对大学生的影响相对间接。即使进步程度一样，政治领域对大学生的意义更大，因而，对政党认同的促进作用也就更容易发挥。

二　建设性国家认同与政党认同

建设性国家认同会负向预测对政党吸引力的认同，正向预测对政党的建设性认同，但却不能预测去个性化部分。即若大学生建设性国家认同越高，他们对政党优越性认同的回答越谨慎，但对政党的融入程度不变，这与Schatz, Staub和Lavine（1999）的研究一致。

为何建设性国家认同会对政党认同有此影响呢？我们认为有两方面原因：一方面，在认同中建设批判性的成分高可能表明该大学生批判性思维能力较强，这个思维品质不但会令其批判性地看待国家发展，也会令其批判性地看待执政党的发展。另一方面，非建设性认同带着一定的国家主义的成分，总是与排斥外国，保护和认同本国、本党相连，因此对党的认可度也可能越高。但是，该影响似乎并未波及去个性化部分。我们由此推论，大学生认同中的批判性并不如表面上看起来的那么消极，并不会干扰其在情感上与执政党之间紧密联系的维持和发展。

第六节 总结

本研究通过对政党认同的结构分析,既区分了政党认同的感性与理性两个方面,又揭示了态度与融入两个层次,并在此基础上,有针对性地分析了我国大学生对执政党的认同状况,专业、年级、政治面貌及政治倾向、母亲受教育水平以及性别等背景变量对执政绩效态度及归属感的影响,以及在我国现阶段,大学生国家的认同与对我党认同间的关系。

一 整体较高,层次分明

总的看来,当代中国大学生对党认同较高,他们相信执政党在很多方面的执政能力,也将党的荣辱视为自己的荣辱,将自己视作党的一员。

与此同时,无论何种群体(专业、年级等),大学生的认同中均饱含着"批判性、建设性"的理性成分。他们不盲目乐观,实事求是对党在各领域的表现给出意见建议。对军事、外交、经济等优异之处给予热情支持,对于不足之处(例如,民主建设、基层组织建设)也反映出客观情况。既在恰当的地方给予党的工作以积极反馈,同时也有助于发现党在工作中需要进一步提高的部分。这种整体水平较高,同时层次分明的认同结构充分反映出我国当代大学生在不失感性的同时,仍保持着相对清晰的头脑。

二 影响因素:主观利益及客观表现

无论是随着年级而发生的认同波动,还是不同专业、不同政治面貌群体的认同差异,都蕴涵着一些比较突出的规律——谁的利益受到了影响,谁的认同程度便会受到一定的干扰。关键是大二、大四年级普遍出现的认同下滑,竞争中相对弱势的人文社科专业、在政治上相对弱势的群众都在一定程度上表现较消极的认同。此外,民主党派尤其关心党与民主党派的关系，群众则尤其关心党群关系，这是出自各个群体内部的利益的需求。

三 培育国家经济、政治自豪感

大学生对政治、经济发展、民主、安全系统、科学技术等相关领域的认可度高，将会促发更高的政党认同。与之相对，对历史、文化、体育等文化相关领域的认可却并没有明显地提高大学生对政党的认可度。这也就启示我们，若希望提高大学生对党的认同程度，可以在经济建设、民主化建设、科技建设等与国人生活息息相关的领域上下工夫。近年的经济腾飞、民主化建设进程的加快、汶川地震等突发重大事件中所表现出的对国民安全及民生重视力度的加强，以及在科学技术上所取得的重大突破，均能加强大学生对执政党的认同程度。

第八章 大学生对政府角色期待及其治理评价研究

"政府应该在社会发展中充当怎样的角色"是一个备受关注的问题。20世纪70年代末80年代初兴起的"改革政府"的浪潮,使"重塑政府角色"成为政府改革的主旋律。20世纪90年代之后,由于公民社会的发展、公民民主意识的日益增强以及改革的不断深化,绩效评价以其强调公共服务质量和顾客满意的理念被各国纷纷提上改革的重要日程。这一阶段对政府绩效的评价不仅关注经济及效益,而且更侧重对政府提供公共服务的质量和公民满意度的评价。中国政府一方面探求塑造适应社会主义市场经济体制的合理而有效的政府角色,另一方面也越来越注重公民对政府工作的评价。调查研究显示,我国公民对政府工作的满意度和信任水平等都不容乐观。

通过以往的大量研究可以得知,对政府角色预期与感受到的政府工作之间的差异是政府评价的主要依据,如果感受到的政府角色没有预期的好,则满意度就会低。政府角色可以分成两种。一种是官方的、学术的政府角色,本章称之为外显政府角色。如十六大报告指出,"经济调节、市场监管、社会管理、公共服务"是我国政府职能总体性的要求。另一种是公民心中的政府角色,本章称之为内隐政府角色。本章假设公民的政府角色内隐观与其感受的政府角色之间的差异是影响公民对政府评价的主要原因。本研究以实证研究的方法分析大学生公民政府角色内隐观的维度,并通过与感受到的政府角色进行对比,进而分析政府评价的原因。通过本研究,有利于分析公民的外显政府角色与内隐政府角色的差异,内隐政府角色与感受到的政府角色的差异,为"重塑政府角色"提供参考。

在行文上,本章首先对研究涉及的重要概念,如政府角色、内隐理论、政府评价等进行梳理。其次，介绍研究的方法、被试，并对研究结果进行系统分析。最后，文章以研究结果为依托讨论重塑政府角色等问题。

第一节 研究的背景及其问题

以往研究大都探讨了外显政府角色的理论，随着社会心理学研究的发展，研究者意识到，人们隐藏的"内隐理论"对人们的社会理解和判断会产生重要的作用。本研究初步探讨政府角色的内隐观，并以此为变量预测公民对政府工作的评价。

在本章的研究中，我们选择大学生为被试。首先，考察大学生政府角色内隐理论的内在结构。其次，描述当代大学生政府角色内隐理论、政府感受、政府工作的满意度、信任水平的情况。最后，建构内隐政府角色理论、政府工作感受、政府工作满意度、政府信任之间的关系。

研究结果发现，大学生政府角色内隐理论包含传统政府和现代政府两个维度；大学生预期中的政府为服务型、有效性政府；大学生感受到的政府处在变化当中，我国政府正由经济型、管制型政府向服务型、有效性政府转化；大学生对当前政府的满意度以及信任情况都处在中等水平；内隐观不仅直接影响大学生对政府工作的评价，同时作为政府工作感受等因素的中介变量影响其对政府工作的评价。

一 政府角色理论

社会角色是指与人们的某种社会地位、身份相一致的一套权利、义务的规范与行为模式，它是人们对具有特定身份的人的行为期望，是构成社会群体或组织的基础。政府角色是将政府的职能和作用"人格化"了，将政府当成类似于人的行为主体。"政府角色"也就是政府在行使公共权力过程中发挥的作用，它与政府的性质、地位、权力、功能、职能、任务等紧密相关，涉及政府的权力界限、功能范围、行为方式等诸多方面。是指政府应该做什么，哪些应该做，哪些不应该做，也就是一个政府活动范围的问题。

政府角色理论可以分为两大类。一是外显理论，即官方的、学术的政府角色定位。这一直是政治思想史上探讨的重要问题，因此外显理论非常丰富。如卢梭认为"国家是由于它自身而存在的，但政府则只能是由主权者而存在。政府就是在臣民与主权者之间建立的一个中间体，以便两者得以互相适合，它负责执行法律并维持社会的以及政治的自由"（卢梭，1980：76—77）。又如，马克思主义经典作家提出，"国家是阶级矛盾不可调和的产物"。按照马克思主义观点，"政府"就是代替国家行使最高强制性权威的组织，是国家表示意志、发布命令和处理公共事务的机关（《马克思恩格斯全集》，1956：479）。正因为政府是国家的代表，是国家机器的主要组成部分，因而国家的性质决定了政府的性质，国家的职能决定了政府的职能。任何国家都具有内、外两种职能，它既是阶级统治的工具，又是社会生活的组织者。

二是内隐理论，即公民个体心中的政府角色定位。这一部分内容并没有得到研究者的关注，但新公共管理运动所倡导的政府绩效评价，其重要依据是公民对政府工作的期望与公民对政府工作感受之间的差异，而政府角色的内隐理论正是公民对政府工作预期和感受的认知基础，因此对政府角色内隐观进行研究有着极强的理论和现实意义。

本章首先对政府角色的外显理论进行梳理，并提出政府角色的内隐观。

（一）外显政府角色理论

政府角色是一个动态的概念，不同的历史时期，政府职能作用的侧重点会有所不同，政府在社会生活中扮演的角色也会有所变化。通过对以往文献的整理可以发现，外显政府角色理论可以概括为小政府理论、大政府理论、有限政府理论和有效政府理论（于海，2007；何晓杰，2004）。

1. 小政府理论

小政府理论产生于资本主义初期，以亚当·斯密为代表的经济学家认为："政府最好的经济政策是让市场机制自由调节经济的运行，而政府的职能也仅限于保护本国的社会安全，使之不受其他独立社会的暴行与侵略；保护人民，不使社会中任何人受其他人的欺侮压迫，换言之，就是设立一个严正的司法行政机构，建设并维持某些公共设施。"小政府理论奉行职能最少的政府就是最好的政府的原则，主张尽量缩小公共事务的范围以限制政府职能的扩张，其政府角色的内涵是：维护公共秩序、处理外交与国防等最基本的核心公共产品。

2. 大政府理论

20世纪初，资本主义进入垄断资本主义阶段。这一时期，经济危机频繁爆发，使人们看到市场固有的缺陷，庇古和凯恩斯等西方经济学家在对市场失灵进行论证的同时，深入探讨了国家干预的必要性与合理性，大政府理论应运而生。大政府理论认为要全面增强国家作用，政府在社会和经济生活中不应该只充当一种工具，扮演消极角色，而应发挥积极的作用，要求政府承担起大力干预经济发展、刺激有效需求以及缓和危机等管理方面的职能。此时政府角色的内涵除了亚当·斯密界定的经典职能之外，还被赋予了诸如提供公共物品、实现社会公平、维持物价稳定、实现充分就业、维持宏观经济平衡、经营国企、管制私人企业等职能。

3. 有限政府理论

20世纪70年代以后，国家干预使西方资本主义世界陷入了滞胀的严重衰退之中，为了克服政府全面干预社会经济而导致的机构膨胀、行政效率低下和财政负担沉重等消极后果，英、美等国先后进行了一系列的行政改革，其内容主要是大规模的私有化、地方分权或权力下放，政府职能快速膨胀的势头得到有效控制。这一时期，政府奉行"尽可能——市场，必要时——政府"的原则，削减政府的职能，放松对私营经济的管制，最大限度地让市场机制发挥作用。

有限政府理论强调政府机构规模职能有限，对政府机构膨胀、效率低下等现实问题有积极的效果，然而，由于其将政府规模大小和职能多少视为政府机构膨胀和效率低下的最终原因，不注重政府机构素质的提高和职能的重构，已经越来越不适应公共管理实践的发展和公众日益增长的对政府绩效的要求。

4. 有效政府理论

1997年，世界银行在其题为"变革世界中的政府"的世界发展报告中，系统地分析了世界各国政府的改革与经济表现，得出了一个结论性观点：经济和社会的可持续发展所需要的，既不是"小政府"，也不是"大政府"，而是有效政府。因此，优化政府职能，选择合理政府角色，提高政府效率，建构一个有效政府，成为各国追求的目标。有效政府没有一个明确的政府工作定位，因为"有效"需要的是与各个国家发展状态相匹配的政府。

5. 我国政府角色的演变

通过以上的分析可以看出，"政府"本身是个历史性的概念。建立什么样的政府并不是以我们的主观意志为转移的，而是由社会历史发展的客观规律决定的，政府发展的水平总是和一定阶段的经济、政治、文化状况相适应。我国政府的角色也在经历着变化。

改革开放之前，我国政府为"全能主义政府"或"无限政府""管制型政府"，其特点是政府成为社会经济活动的组织者和领导者，统一计划、统一组织、统一指挥，通过政府领导和管理职能的发挥，创造有利于社会生产力发展的条件，推动社会经济的全面发展。这导致政府职能的无限膨胀和社会职能的极度萎缩，导致了社会资源和财富的极大浪费，同时也造成社会生活的僵化和政府官员的腐败。

改革开放之后，我国的经济体制进行了一系列变革，形成了"经济建设型政府"，以 GDP 的增长为主要任务，极大地推动了我国经济的持续快速发展。但是经济与社会发展失衡、区域经济发展失衡、经济发展与生态的失衡等问题日益突出，进行政府改革对于实现我国市场经济、政府行为和社会的可持续发展有着极为重要的现实意义。在此过程中提出的两个主要的政府角色，一是"服务性政府"，强调政府要有所为有所不为，将自己的行为严格地限定在制定规则和实行监督、为经济社会发展创造良好的制度环境、为社会提供稳定而有保障的公共产品和公共服务。二是"有效型政府"，强调政府的作用范围的有限性，具有良好的政府能力，具有较高的行政效率，注重社会公平。"服务型政府"强调政府工作的内容领域，"有效型政府"强调政府工作的方式方法，两者相互补充。

（二）内隐政府角色理论

外显理论是经过研究者反复研究论证后对现实情况的高度概括，是研究者对政府过去角色或未来角色走向的理性分析。个体持有的理论可以包括外显理论和内隐理论两部分（黄四林、林崇德、王益文，2005）。外显理论一般处于抽象的水平，它们并不一定能够直接帮助人们解决所面临的实际问题，所以人们总是要在一定程度上依据自己的内隐原型，对实际问题进行解释和评估。

内隐理论总会对外显理论的建构、选择和运用有影响。所以内隐理论是外显理论的起点，内隐理论的研究可以促进外显理论的研究（Sternberg，1985）。以下将介绍内隐理论，并通过以往有关内隐理论的研究提出内隐政府角色的概念。

内隐理论（Implicit Theories）起源于社会心理学。心理学者把一般公众（layman，相对于专业人员 professional）对某一概念或术语的朴素理解称为"内隐观"（Implicit Theory）。国内外的内隐观方面的研究很多，如对智力、创造力内隐观的研究（Sternberg, Conway, Ketron, Bernstein, 1981; Sternberg, 1985；白学军、刘海健，2008）。

内隐观是人们心目中的理论，具有解释和预测功能。信息加工的观点是，当人们遇到外界环境刺激时，首先习惯于提取已经存在于长时记忆系统中的与刺激物有关联的图式、知识结构，即内隐理论，用来与刺激物进行知觉匹配。个体会自觉地把关于该类别所共有的特征信息赋予当前的刺激对象，从而形成对事物初步的认知，并成为解释和评估的重要依据（Lord & Maher，1991）。

借鉴内隐理论的相关研究（Pavitt & Sackaroff，1990），本文对内隐政府角色理论进行如下解释。内隐政府角色理论是储存于公民记忆中的政府的原型，是公民拥有的关于政府应该具有的特质或行为的预期和信念，是公民用于评价政府工作的"内部标签"。内隐政府角色理论是人们运用注意、选择、编码、加工以及对过去特殊事件的记忆所形成的关于政府角色的认知结构，它存在于公民的记忆系统中，并且当它与特定的、具体的政府工作相结合时被激活，为公民提供理解、解释政府工作的认知基础。

类似于内隐理论，内隐政府角色理论具有以下特征：第一，结构性特征。内隐政府角色理论是公民对政府工作的认知加工，公民对政府工作组成要素和要素之间的连接形成一定的结构。第二，过程性特征。内隐政府角色理论的形成是通过公民的实践经历积累而成的。公民通过长期学习和实践逐渐形成自己独特的内隐理论,一旦形成后便会对自己的认识评价等行为产生影响。

二 政府绩效评价

政府是公民实现自己利益的一种制度装置。公民向政府进行公共权力委托时,以政治契约的方式赋予政府公共服务的职责。政府只有实现公众委托的职责,才获得其存在以及运用公共权力的合法性依据。因而,将政府行为和绩效公布于众,让公民参与和监督,应当是政府的责任。政府绩效评价即对政府的行为做出评估,就是根据效率、能力、服务质量、公共责任等方面的分析与判断,对政府公共部门管理过程中投入、产出、中期成果和最终成果所反映的绩效进行评定和划分等级。对于政府的评价,主要集中在政府工作满意度和政府信任水平两个方面。

(一) 政府工作满意度

满意是一种基于主观感知对某项行动、组织、个人等持认可的心理状态。随着20世纪80年代以后西方国家"新公共管理"运动的兴起,"公众满意"被提到了一个格外突出的位置。政府的主要职责既然是根据公众的需要提供公共服务与公共产品,所以就必须根据公众对公共服务与公共产品的满意程度来评估政府管理绩效,公众满意度就成为政府绩效评估的主要依据(蔡立辉,2003)。

公民参与涉及政府评价(政府绩效评估)主体体系建设。政府绩效评估主体即政府绩效的评估者,是指对政府绩效进行价值判断的个体或组织。我国自改革开放以来基本上完成了从计划经济体制向市场经济体制的经济转型,随着我国政治民主化进程的发展,公众本位的价值取向在我国政府改革中体现得越来越明显。公民作为现代国家和社会生活中的个体基石,是政府行为和绩效的主要评判者。因此以公众满意为导向,构建公众满意的服务型政府应成为我国政府行政改革的目标。

(二) 政府信任

信任的存在有助于增强社会成员的向心力，可以降低社会运行成本，提高效率，因此信任是稳定社会关系的基本因素。信任分为两类：人际信任和制度信任。人际信任是指在人与人的交往互动中建立起来的以情感联系为基础的信任，它存在于任何社会形态和任何历史阶段中。任何社会都是由一定的人群组成，只有一定程度的人际信任水平，人们之间才能正常交往。现代社会交往日趋复杂，制度信任取代人际信任已经成为一种客观趋势。制度信任也称系统信任，是人在社会交往中受到的以规范准则、法纪制度的管制和约束为基础的信任，是对抽象体系和抽象能力的信任。

政府信任中的主体泛指公民，是个体、群体和组织的总和，客体则是政府。政府信任可以定义为公众在与政府交往过程中的一种心理预期，是指公众对政府结构和政治制度的一种信任，相信政府能够按照自己的心理预期来实现自己的利益。公众对政府绩效以及公共产品和公共服务越信任，政府实施政策就越容易，而且在政策失误时，人们仍会信任政府。一些学者指出，公众对政府的信心关系到政府能否顺利地执行法律和推行政策（Hetherington，1998）。

(三) 政策参与

公民公共政策参与是公民表达和实现自身利益的最直接、最有效的政治活动形式，是公民以政策主体和客体的双重身份影响公共政策过程的行为，它体现公民与政策体系关系的民主性质。公民对政府信任的高低极大影响公民对政府出台政策的信任水平以及公民自身政策参与的水平。信任属于一种系统简化机制，通过信任可以降低环境和系统的复杂性。信任实际上为政府信任关系形成提高了一个充分的情境前项，减少了公众对环境的不确定性，公民也更加愿意参与公共事务。公众对政府及其工作人员的治理活动需持有合理的期待，相信政府及其工作人员能够满足他们的要求，只有公众相信政府能做到这一点的时候，才会积极参与，而不是采取冷漠排斥的态度。本研究在调查公民对政府评价基础上，分析政府满意度、信任对其政策参与的影响。

三 期望对政府评价的影响

已有不少研究者调查了我国公民对政府工作的评价，获得了不少有益发现，如我国公民对地方政府的满意度低，而对中央政府的满意度高等。但在调查研究中还存在一些问题。与传统重视成本效益分析和量化数据的客观测评模式不同，强调满意度等软指标的主观评价模式受到更多因素的影响（倪星、李佳源，2010）。珀西建立了一个理论框架，认为公民对特定服务行为的评价受到了他们对这些行为的知觉、对行为的期望、服务环境的特征以及公民个体特征的影响。珀西认为，早前研究的不足之处在于没有将公民对服务的期望纳入回归分析方程中，而这是影响公民对服务质量知觉的关键变量之一（Percy，1986）。

在日常行为中，人们会不断地对环境事件产生预期，并将这些预期与实际结果比较，通过反馈刺激对结果进行评价。结果评价是人类大脑一项重要的认知功能，是人们对自身行为所导致的结果或外部反馈进行评价的过程（孙世月、罗跃嘉，2008）。然而，不同的反馈刺激信息会使人们产生不同的情绪体验。"获益"或"正性"的反馈刺激会诱发个体积极的情绪体验；"损失"或"负性"的反馈刺激则会诱发个体消极的情绪体验。营销领域关于满意度的研究也发现了期望对主观评价的影响，并提出了期望差异理论（disconfirmation of expectations model）（Oliver，1980；张欢、张强、陆奇斌，2008）。该理论认为，用户在使用某项产品或者享受某项服务前会对该产品或服务有一个消费前期望，而消费后用户就会获得一个感知质量，将两者加以比较，如果两者不一致就会出现差异，正差异会使用户感到满意，负差异就会使用户感到不满意。期望差异理论可简单表示为：用户满意度＝感知质量－用户期望。该理论还可演化为：用户满意度＝感知质量/用户期望（大于1表示满意，小于1表示不满意）。

四 本研究的主体框架

以往研究大都探讨外显政府角色理论，并以政府预期与感受到的政府之间的差异预测公民对政府工作满意度以及信任水平等。随着社会心理学研究的发展，研究者意识到人们隐藏的"内隐理论"对人们的社会理解和判断会产生重要的作用。有研究结果发现，如果人们把智力看成是固定不变的，那么他们就会根据简单任务的绩效信息推断人们的一般智力；如果人们认为智力是可以塑造的，那么他们就会根据同样的绩效信息判断人们的努力程度或任务策略（Dweek & Leggentt，1988）。但是在政府绩效评价领域尚未引入内隐理论这一概念。本研究初步探讨政府角色的内隐观，并以此为变量预测公民对政府工作的评价。

本研究以大学生为研究对象，基于以下三方面的考虑：①从发展心理学的角度看，青年已具备了思考抽象宏观概念的能力，并且相对于其他年龄段，青年对事物有更强的批判能力。②社会从传统型向现代型转变，其重要特征在于社会发展经过量的积累达到一定程度时，突破原有的社会模式而发生全方位的革命性转变。传统性与现代性的消长、矛盾冲突甚至激烈斗争就成为转型社会的重要特征。这种传统与现代的矛盾会对社会个体的精神、心理、道德观、价值观、生活方式等方面产生巨大冲击。③阿尔蒙德认为公民能力感是公民对自我政治影响力的主观意见。在通常情况下，一个主观上有能力的公民更有可能是一个积极的公民。公民能力感的强弱直接影响到现实政治生活中的公民能力的发挥。综上，青年本身具有继承与创新的独特特点，他们在继承父辈传统观念的同时又对新的思潮最为敏感。因此，大学生对政府角色的认识也可能存在传统和现代的分化，大学生对政府工作满意度的水平如何，这些认识分化如何影响他们对政府工作的评价，以上问题是本研究的重点。

本研究的目的：第一，确定大学生政府角色内隐理论的内在结构；第二，描述当代大学生政府角色内隐理论、政府感受、政府工作的满意度、信任水平的情况；第三，建构内隐政府角色理论、政府工作感受、政府工作满意度、政府信任之间的关系。

本研究的基本假设如下：①大学生政府角色内隐理论包含传统政府和现代政府两个维度。②大学生预期中的政府为服务型、有效性政府。③大学生感受到的政府处在变化当中，我国政府正由经济型、管制型政府向服务型、有效性政府转化。④大学生对当前政府的满意度以及信任情况都处在中等水平。⑤内隐观不仅直接影响大学生对政府工作的评价，同时作为政府工作感受等因素的中介变量影响对政府工作的评价。

第二节　研究设计

一　问卷编制与分析

为了实现以上目的，本研究围绕内隐政府角色、政府工作感受、政府工作满意度、政府信任、政策信心与政策参与六个变量设计问卷。

（一）内隐政府角色

内隐政府角色涉及政府工作的四个方面：政府的经济工作、政府公共支出、政府责任、政府文化。其中政府的经济工作、政府公共支出、政府责任重点参考国际社会科学项目（International Social Science Program，简称 ISSP）中的 *Role of government*（《政府角色问卷》）。该调查项目始于1985年，目前会员国已经扩大到47个国家和地区，问卷具有较好的信效度以及理论依据。在参考国内研究的基础上，结合我国特有国情，将《政府角色问卷》进行翻译和本土化修改。三个方面均由 4~5 道小题组成，采用李克特 5 点量表，分别表示非常同意、比较同意、一般、不太同意、非常不同意。政府文化共四道题目，亦采用李克特 5 点量表，分别表示非常同意、比较同意、一般、不太同意、非常不同意，四道题目分别反映传统政府文化和现代政府文化。由于考察的是被试的内隐观，因此题干的询问方式都是以"您认为""您觉得"等方式进行的。

（二）政府工作感受

政府工作感受涉及三个方面：政府的公平性、官员贪污情况、政府的民主情况。政府的公平性询问被试常不常得到公务员的平等对待，采用 5 点量表；政府的贪污情况询问被试感受到的政治人物以及普通公务员的贪污情况是否严重,采用5点量表;政府的民主情况询问被试感受到的民主程度如何,以及民主化进程快慢,采用10点量表。

(三) 政府评价

政府评价主要包括政府工作满意度、政府信心以及政策的认可程度三个方面。政府工作满意度涉及经济工作、民生工作、政府办事风貌等不同领域共16道题目,如对政府提高人民生活水平的满意度,从非常满意到非常不满意,采用5点量表。政府信心涉及对消费者协会、法院等的信任程度共19道题目,从非常信任到非常不信任,采用5点量表。对政策的信心涉及与大学生密切相关的教育、医疗、住房、就业四类政策,主要询问被试对政策的认可程度,从非常认同到非常不认同,采用5点量表。

二 被试选取

研究样本来自北京市6所高校的本科生,共发放调查问卷1300份,回收有效问卷1129份,回收率为86.8%。样本的基本情况如表8-1所示。

表8-1 样本的基本情况

单位:%

变量名称	类 别	占 比
性 别	男	60.9
	女	39.1
年 级	大一	27.7
	大二	46.3
	大三	17.2
	大四	8.8
政治面貌	党员	12.7
	共青团员	81.9
	群众	5.4

第三节 结果分析

问卷分析分为三个层次。首先，运用因子分析和结构方程模型确定大学生内隐政府角色理论的结构，并描述大学生内隐理论的现状。其次，描述当代大学生对政府感受、政府评价的情况。最后，运用路径分析确定内隐政府角色理论、政府工作感受与政府评价之间的关系。

一 大学生内隐政府角色理论

（一）内隐政府角色理论的结构

1. 政府经济措施的内隐观

随着国家经济、教育的发展，毕业生的就业方式也由国家统包统分转变为自主择业。伴随着高等教育发展以及扩招等情况的出现，越来越多的大学毕业生进入劳动力市场，导致劳动力市场上的供需失衡，大学生的就业压力越来越大。对于大学生，就业是重要的经济问题之一。因此大学生对就业问题也有一定独特的看法，经研究提炼，结果如表8-2所示。

表8-2 政府经济措施内隐观的因素分析

因素名称	题　目	抽取的因素 1	抽取的因素 2	贡献率（%）	累积贡献率（%）
创新就业	扶助创造就业的计划 支持发展新产品与技术	0.87 0.86	— —	37.91	37.91
保障就业	保障就业而支援衰退的产业 减少个人工时，让更多人就业	— —	0.86 0.85	36.73	74.65

通过因素分析的结果显示，四种促进就业的方法最终合成两个新的因素，其中创新就业主张通过开发新技术、新产品、扶持新兴产业以提供就业岗位，保障就业则采用保守的方式，通过维持衰退产业或缩短个人工作

时间以使更多人就业。这两个因素的特征值均大于1，两个因素共同解释了74.65%的变异量。

2. 政府公共支出的内隐观

政府的公共支出是满足社会共同需要的社会资源配置活动。公共支出的结构组成是指各类公共支出占总支出的比重，它直接关系政府动员社会资源的程度，从而对经济运行产生影响。在经济发展的不同阶段，公共支出侧重点不同，所以公共支出结构会随经济发展而不断调整优化（见表8-3）。

表8-3 政府公共支出内隐观的因素分析

因素名称	题 目	抽取的因素 1	抽取的因素 2	贡献率（%）	累积贡献率（%）
服务支出	失业保险与救助	0.82	—	38.88	38.88
	养老与津贴	0.81	—		
	医疗保健	0.74	—		
	教育	0.64	—		
安防支出	警察与治安	—	0.82	25.27	64.15
	军事与国防	—	0.80		

随着社会主义市场经济的建立与完善，政府和财政的主要职能是弥补市场缺陷，即提供公共产品和服务，以满足社会公共需要。具体来说主要包括：维护政权建设、保卫国家和领土安全，本研究称之为安防类政府支出；另外，提供公共基础设施，支持文化教育、科技、卫生事业发展，调节收入分配等，本研究称之为服务性政府支出。通过因素分析发现，公共经济支出组合为两个新的因素，分别为社会服务支出和安全防御支出，其特征值均大于1，且两个因素共同解释了64.15%的变异量。

3. 政府责任的内隐观

改革开放以来，中国逐步形成了一个以经济建设为责任的政府，政府主导资源配置，充当经济建设主体和投资主体的角色。在一段时间内以经济建设为责任的政府适应了中国发展的需要，但是随着我国经济的进一步发展，单纯追求经济发展而忽视经济社会协调发展和社会公平的政府暴露出了诸多问题，如收入分配差距不断扩大导致的"两极分化"问题，就业难、养老难等。这要求政府的职责进行调整，一方面政府从过去直接投资搞建设，转变为为经济主体创造良好的经济社会环境,通过良好的公共服务创造更多的就业岗位,稳定物价,缩小贫富差距;另一方面,要建设有效的公共卫生服务体系,完善医疗、养老、就业、住房等,维护整个社会的稳定与安全。

本研究对政府责任进行了多方面的考察,共涉及了如养老、稳定物价等十方面的内容。因素分析的结果显示,这十个方面可以概括为两个大的领域,分别为社会服务责任和平衡经济责任,其特征值均大于1。另外统计结果也显示,两个因素共同解释了52.31%的变异量(见表8-4)。

表8-4 政府责任内隐观的因素分析

因素名称	题 目	抽取的因素 1	抽取的因素 2	贡献率(%)	累积贡献率(%)
服务责任	为失业者提供合理的生活水准	0.76	—	29.62	29.62
	提供住宅给买不起房子的人	0.67	—		
	为工商业成长提供所需协助	0.66	—		
	提供工作机会给想就业的人	0.64	—		
	为老年人提供合理的生活水平	0.59	—		
	扶助低收入的大学生	0.56	—		
	为病患提供医疗照顾	0.55	—		
平衡经济责任	稳定物价	—	0.80	22.69	52.31
	减少工业对环境的破坏	—	0.78		
	缩减贫富差距	—	0.70		

4. 政府文化的内隐观

政府文化也是一个随着社会发展而不断变化的概念。管理型政府文化形成于管理型政府,管理型政府是为了适应工业经济而建构起来的。政府作为公共管理的主体,为了适应社会发展的需要,在其体系内迅速分化为许多专门领域,并渗透到社会的方方面面。这种文化的特点是强调政府是公共管理的主体,高成本、低效率。有效型文化对应于有效型政府,强调不断提高政府管理的效率和效益。有效政府体现在多个方面,如经济方面,政府有效体现在能够充分发挥市场对资源配置作用、优化作用以及对产业结构的整合作用。又如政府职能方面,有效政府除了规模适度之外,还应该是一个能有效提供公共产品和服务的政府。

对政府文化的因素分析显示，四种政府文化的描述最终组合成两个新的因素，其特征值均大于1，两个因素共同解释了69.95%的变异量。我们给这两个新的因素分别起名为有效型政府文化和管理型政府文化（见表8–5）。

表8–5 政府文化内隐观的因素分析

因素名称	题 目	抽取的因素 1	抽取的因素 2	贡献率（%）	累积贡献率（%）
有效型政府文化	政府应该更多关注自身的工作效率	0.88	—	38.61	38.61
	政府并不是缺少资源，而是缺少对资源的有效利用	0.86	—		
管理型政府文化	政府应当扩大公共服务范围，而不是降低税收	—	0.80	31.34	69.95
	政府应当加强对国有企业的控制	—	0.76		

5. 内隐政府角色理论的结构

在对政府经济措施、经费支出、政府责任、政府文化进行因素分析后，每个概念中提取了2个因子，共8个因子，对这8个因子进一步降维处理，以提炼政府角色内隐理论的结构。结果发现，8个变量组合分成两个新的因素，其特征值均大于1。另外统计结果也显示，2个因素共同解释了51.99%的变异量。我们给这2个新的因素分别起名为现代政府和传统政府（见表3–6）。

表8–6 内隐角色理论的因素分析

因素名称	题 目	抽取的因素 1	抽取的因素 2	贡献率（%）	累积贡献率（%）
现代政府	经济责任	0.84	—	—	—
	有效型政府文化	0.71	—		
	服务支出	0.70	—	36.80	36.80
	服务责任	0.63	—		
	创新就业	0.59	—		
传统政府	保障就业	—	0.80		
	管理型政府文化	—	0.64	15.19	51.99
	安防支出	—	0.56		

第八章 大学生对政府角色期待及其治理评价研究

依据模型中各潜变量的构成在 AMOS 18.0 中建立结构方程模型（见图 8-1），模型的核心统计参数主要有 5 个：x^2（卡方）、df（自由度）、CFI（比较拟合指数）、GFI（拟合优度指数）和 $RMSER$（估计误差均方根），结果如表 8-7 所示。

表 8-7 内隐政府角色理论的拟合参数

X^2	df	X^2/df	$RMSEA$	CFI	IFI	GFI
131.58	16	8.22	0.08	0.97	0.94	0.97

根据 Bentler（1980）等人的研究表明，在拟合指数大于 0.9 时，假设模型可以接受。因此 AMOS 18.0 运行结果表明研究假设模型与数据拟合得较好，可以接受该假设模型。现代政府和传统政府之间的相关系数为 0.54，说明两者是既相互联系又相互独立的两个潜在变量，模型的关键参数等如表 8-8 所示。

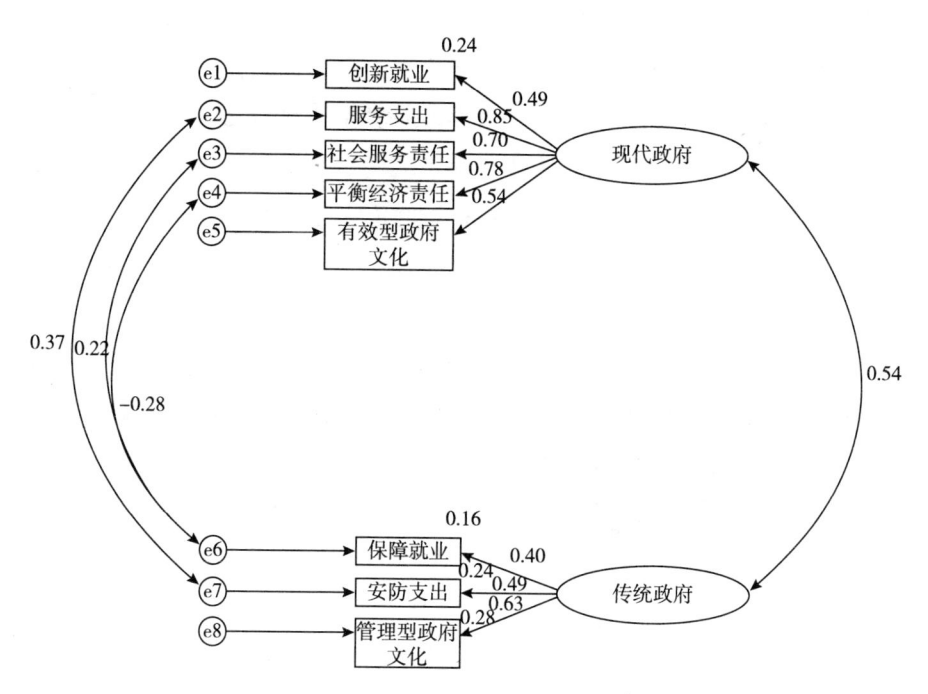

图 8-1 内隐政府角色理论的结构模型

表8-8　内隐政府角色理论结构模型的关键参数

潜变量	观测变量	回归系数	标准误	临界比（t值）	显著性
现代政府	创新就业	1	—	—	—
	服务支出	1.265	0.078	16.132	***
	社会服务责任	1.173	0.079	14.827	***
	平衡经济责任	1.192	0.081	14.648	***
	有效型政府文化	0.926	0.074	12.548	***
传统政府	保障就业	1	—	—	—
	安防支出	0.994	0.123	8.099	***
	管理型政府文化	0.941	0.129	7.313	***

结合我国现在的社会发展背景，大学生对政府角色的内隐定位具有结构性，包含现代政府和传统政府两个维度。现代政府是促进经济发展与社会服务并重的政府，并且关注技术创新和自身工作的有效性。传统政府则是注重保障就业、安全防御，具有管制型文化。现代政府的基本价值诉求为服务、公开、绩效和责任政府；传统政府强调经济发展和权力控制。

中国正发生着深刻的社会转型，政府也由过去强调控制、发展经济向强调服务、效率等进行转变，这种转变不仅发生在政府之中，也发生在人们的思想意识里。本研究的结果正反映了这一点。大学生对于政府角色的内隐观正体现了政府在当前社会中所扮演的传统与现代并存的角色。

(二) 不同大学生内隐理论的差异

通过因素结构分析发现，大学生的政府角色内隐观有传统政府和现代政府两个维度，传统政府维度的内涵具有管理型文化，强调政府的主体地位，以保守的方式保障就业，公共支出多用于治安管理和国防；现代政府维度的内涵是强调政府的服务性，为民众提供公共服务，不是主导经济，而是协调经济发展，强调政府自身的运行效率，突出以创造、创新的形式提供就业岗位。

分析发现，大学生在现代政府维度上的平均得分为4.47分，在传统政府的平均得分为3.75分，配对样本的t检验显示大学生在这两个维度上的分数存在极其显著的差异（见表8-9），说明大学生更期望当前政府向现代政府的方向发展，以服务为主导，讲求效率，注重创造、创新等。

表 8-9 大学生内隐政府角色理论维度比较

政府类型	M	SD	t
现代政府	4.47	0.41	40.57***
传统政府	3.75	0.60	—

注：* 代表 0.05 水平显著，** 代表 0.01 水平显著，*** 代表 0.001 水平显著，下同。

不同性别、年级、政治身份大学生的政府角色内隐观是否存在差异？通过对比可以发现，所有大学生在现代政府上的得分都普遍高于传统政府上的得分，说明大学生作为新兴文化的接收者，他们更期待政府是服务型的高绩效、注重服务和创新的政府（见表 8-1）。

表 8-10 不同类型大学生政府角色内隐观比较

政府类型	性别、年级、政治身份	M	SD	F
现代政府	男	4.45	0.44	2.767
	女	4.49	0.37	—
	大一	4.44	0.44	1.740
	大二	4.50	0.37	—
	大三	4.43	0.47	—
	大四	4.45	0.45	—
	党员	4.49	0.49	0.367
	团员	4.46	0.41	—
	群众	4.49	0.38	—
传统政府	男	3.80	0.61	15.536***
	女	3.66	0.57	—
	大一	3.68	0.63	—
	大二	3.76	0.57	2.982*
	大三	3.84	0.60	—
	大四	3.73	0.60	—
	党员	3.75	0.60	0.489
	团员	3.74	0.59	—
	群众	3.82	0.59	—

从不同人口学特征对比可以看出，不同性别的个体的内隐观有所不同。虽然男女生都更强调现代型政府，但是男生相对于女生更看重传统型政府。这可能与男女两性的性别差异有关。在人类进化以及各种社会文化中，男性更多扮演的是工具性角色，如抵御外部侵害，为家庭提供物质保障，而女性更多扮演的是表达性角色，如对家人的需求敏感，照顾家庭等。此外，不同年级、不同身份的大学生对政府工作的期待不存在显著差异。

二 大学生对政府工作的感受

（一）贪污

世界各国政府官员在现代化进程中都有不同程度的腐败现象发生，中国政府也不例外。"透明国际"在《2011年贪腐印象指数》中，中国在全球的排名为第75位，指数得分为3.6分（印象指数10分代表最廉洁，1分代表最腐败），可见中国的贪污情况不容乐观。

本研究调查了大学生感觉到的政治人物和普通公务员的贪污情况，结果发现，大学生感受到的政治人物的贪污情况显著高于普通公务员的贪污情况（见表8-11）。出现这样的结果可能有多方面的原因。首先，腐败是公共权力的滥用，在客观上，政治人物相对于普通公务员拥有更多的公共权力，当他们的主观道德堕落，良心泯灭，失去是非界限，就更容易出现贪污行为。其次，与媒体的报道也有关系，媒体一旦发现政府要员出现的贪污，则会给予充分的宣传，普通公务员较少引起媒体的关注。

表8-11 大学生感受政治人物贪污与公务员贪污的比较

类　别	M	SD	t
政治人物贪污	3.63	1.04	6.30***
公务员贪污	3.45	1.02	—

对不同性别、年级、政治身份的大学生对贪污的感受进行分析，发现男女在感受到的政治人物的贪污存在显著差异，女生认为有更多的政治人

物存在贪污行为。另外，不同年级感受到的贪污程度不同，大学二年级感受到最多贪污行为（见表 8-12）。

表 8-12 不同类型大学生感受到的贪污情况比较

类别	性别、年级、政治身份	M	SD	F
政治人物贪污	男	3.56	1.06	7.107**
	女	3.73	0.98	—
	大一	3.48	1.05	—
	大二	3.75	1.03	5.174**
	大三	3.56	0.98	—
	大四	3.47	1.10	—
	党员	3.44	1.04	2.410
	团员	3.65	1.03	—
	群众	3.61	1.11	—
公务员	男	3.47	1.05	0.443
	女	3.42	0.98	—
	大一	3.28	1.05	—
	大二	3.55	1.01	4.024**
	大三	3.47	0.99	—
	大四	3.43	0.933	—
	党员	3.28	1.04	2.686
	团员	3.46	1.01	—
	群众	3.60	1.059	—

（二）民主

改革开放以来，中国在深化经济体制改革的同时，也在推进政治体制改革，中国的民主制度不断健全，公民的基本权利得到尊重和保障。本研究以 10 点量表考察了大学生感受到的中国当前的民主状态，并考察大学生认为当前我国民主进程的快慢，分数越大说明民主程度越高，民主进程越快。大学生感受到的民主程度以及我国现在的民主进程都在平均分 5 分以下，结果如图 8-2 所示。

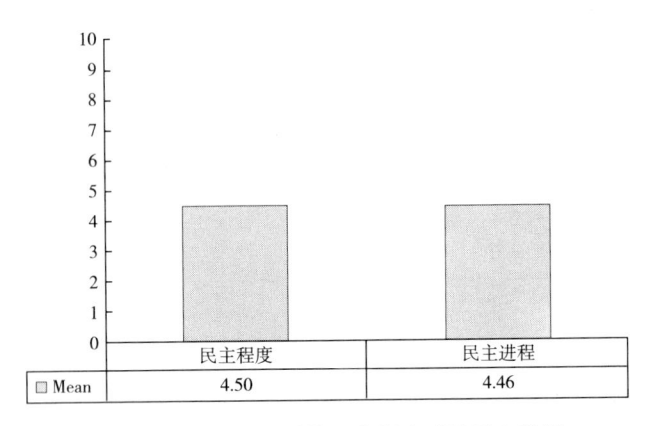

	民主程度	民主进程
Mean	4.50	4.46

图 8-2 大学生感受的民主程度以及民主进程

在对比不同性别、年级、政治身份个体心目中的民主情况时，发现不同性别、年级以及不同政治身份个体之间感受到的中国民主程度以及民主进程都不存在差异，结果如表 8-13 所示。

表 8-13 不同类型大学生感受到的民主情况比较

类别	性别、年级、政治身份	M	SD	F
民主程度	男	4.46	2.298	0.57
	女	4.57	2.084	—
	大一	4.68	2.346	—
	大二	4.44	2.083	1.284
	大三	4.52	2.420	—
	大四	4.23	2.030	—
	党员	4.36	2.339	1.590
	团员	4.55	2.192	—
	群众	4.08	2.208	—
民主进程	男	4.44	2.366	0.14
	女	4.49	2.155	—
	大一	4.50	2.368	—
	大二	4.43	2.218	0.100
	大三	4.52	2.433	—
	大四	4.43	2.026	—
	党员	4.49	2.385	0.658
	团员	4.47	2.277	—
	群众	4.13	2.156	—

三 大学生对政府工作的评价

（一）政府工作满意度

1. 满意度的结构

伴随着政府工作的转型，对政府的评价方式也发生了深刻变化，由过去重视成本效益分析和量化数据的客观测评向强调满意度等软指标的公众主观评价模式转化。本研究考察了大学生对政府办事效率等14个方面的满意程度（见表8-14）。

表8-14 政府工作满意度因素分析

因素名称	题 目	抽取的因素 1	抽取的因素 2	贡献率（%）	累积贡献率（%）
形式满意度	廉洁	0.88	—	34.78	34.78
	透明度	0.84	—		
	民主选举	0.78	—		
	道德性强	0.77	—		
	办事效率高	0.75	—		
	法治	0.72	—		
	尊重个人自由	0.68	—		
	环境保护	0.58	—		
内容满意度	基础设施建设	—	0.78	30.08	64.87
	义务教育	—	0.75		
	发展经济	—	0.72		
	社会治安	—	0.70		
	公共卫生	—	0.70		
	社会保障	—	0.68		
	提高人民生活水平	—	0.61		
	有一个完整的思想体系	—	0.55		

通过分析可以看出，这16个观测变量组合成2个新的因素，其特征值均大于1。另外统计结果显示，2个因素共同解释了64.87%的变异量。大学生对政府的评价集中在政府工作形式和政府工作内容两个方面。政府工

作形式体现的是政府在工作行为过程中展现的风貌，反映了政府内部的工作理念；政府工作内容反映的是政府提供的公共服务内容。

2. 大学生对政府工作的满意度

本研究对比了大学生对两类满意度的评价是否存在差异，并比较不同类型大学生在两类满意度上是否存在差异（见表 8-15）。

表 8-15 大学生对两种政府工作满意度的比较

类别	M	SD	t
工作形式满意度	2.7248	0.91076	-25.077***
工作内容满意度	3.2323	0.80713	—

由表 8-15 可以看出，大学生对政府工作内容的满意度普遍高于对政府工作形式的满意度。说明当前政府工作涵盖的内容较全面涉及大学生所关心的领域，但是政府在执行工作过程中表现的风貌和工作理念并没有得到大学生高度认可。

政府工作模式不仅客观地决定于整个社会经济关系，同时取决于历史文化传统和人们的价值观念。通过数据可以看出，公职人员的工作理念，如廉洁、透明、民主、道德、效率、法治、尊重、保护环境等未能契合大学生的心理要求。另外，不同性别、不同年级、不同身份的大学生对政府工作两方面的满意度没有表现显著差异，结果如表 8-16 所示。

表 8-16 不同类型大学生政府工作满意度的比较

类别	性别、年级、政治身份	M	SD	t/F
工作形式满意度	男	2.76	0.94	2.9
	女	2.67	0.86	—
	大一	2.82	0.92	1.51
	大二	2.69	0.91	—
	大三	2.68	0.93	—
	大四	2.68	0.81	—
	党员	2.72	0.9	1.53
	团员	2.73	0.9	—
	群众	2.52	0.96	—

续表

类 别	性别、年级、政治身份	M	SD	t/F
工作内容满意度	男	3.23	0.84	0.09
	女	3.24	0.76	—
	大一	3.3	0.81	1.89
	大二	3.24	0.77	—
	大三	3.15	0.9	—
	大四	3.14	0.76	—
	党员	3.18	0.81	1.3
	团员	3.25	0.8	—
	群众	3.1	0.88	—

（二）政府信任

1. 政府信任的结构

信任是一种社会的稀缺资源，公众对政府越信任，则政府工作的开展就会越顺利。本文考察了大学生对县/市政府、信访机关等19个与政府紧密相关的机构信任情况。通过分析可以看出，这19个观测变量组成2个新的因素，其特征值均大于1。另外统计结果也显示，2个因素共同解释了57.97%的变异量。我们给这2个新的因素分别起名为党政机构信任和一般机构信任（见表8-17）。

表8-17 政府信任因素分析

因素名称	题 目	抽取的因素 1	抽取的因素 2	贡献率（%）	累积贡献率（%）
党政机构	中国共产党	0.82	—		
	检察院	0.78	—		
	人民代表大会	0.75	—		
	政党	0.67	—		
	政府部门	0.66	—	29.65	29.65
	法院	0.66	—		
	人大代表	0.64	—		
	公安机关	0.63	—		
	县/市政府	0.60	—		

续表

因素名称	题目	抽取的因素 1	抽取的因素 2	贡献率（%）	累积贡献率（%）
一般机构	村委会	—	0.74	28.32	57.97
	新闻媒体	—	0.72		
	信访机关	—	0.67		
	妇联	—	0.63		
	政治家	—	0.62		
	律师行业	—	0.61		
	工会	—	0.60		
	工作单位	—	0.59		
	公共管理	—	0.58		
	消费者协会	—	0.57		

结果表明，大学生对政党机构和一般机构的信任程度有所不同。对此，在后边的数据分析中将具体介绍。

2. 大学生对政府信任情况

通过因子分析发现大学生对党政机构和一般机构信任的分化，进一步的配对样本 t 检验发现大学生对两者的信任存在显著差异，对党政机构的信任水平显著低于对一般机构的信任水平（见表8-18）。

表8-18 大学生对两种政府信任的比较

类别	M	SD	t
党政机构信任	2.9072	0.82217	−12.756***
一般机构信任	3.0964	0.72834	

在对人口统计学变量进行对比分析时发现，性别之间、年级之间对党政机构和一般机构的信任不存在差异，不同政治身份对一般机构的信任也不存在差异，但对党政机构的信任存在显著差异，党员对党政机构的信任程度显著低于团员和群众（见表8-19）。

表8-19 不同类型大学生政府信任的比较

类别	性别、年级、政治身份	M	SD	t
党政机构信任	男	2.9052	0.86075	0.022
	女	2.8977	0.75098	—
	大一	2.9256	0.86873	0.724
	大二	2.9220	0.81697	—
	大三	2.8285	0.79922	—
	大四	2.9313	0.75703	—
	党员	2.7331	0.74475	3.984*
	团员	2.9267	0.82270	—
	群众	3.0099	0.90559	—
一般机构信任	男	3.0899	0.77307	0.025
	女	3.0970	0.64872	—
	大一	3.1402	0.71450	2.058
	大二	3.0975	0.73313	—
	大三	2.9904	0.75708	—
	大四	3.1677	0.68626	—
	党员	3.0099	0.73610	1.149
	团员	3.1076	0.71688	—
	群众	3.1174	0.83781	—

3. 政策信心及政策参与

公共政策是政府实现社会治理的基本工具。政府通过公共政策对社会公共利益进行分配，以调整社会利益关系，解决社会公共问题，达到治理的目的。本研究考察了大学生对公共政策的信心和大学生对制定公共政策的参与水平。问卷的分数从1分到5分，分数越大代表信心越大，参与程度越高。

研究结果显示，大学生对公共政策的信心和制定公共政策参与的得分分别为3.33分和3.67分，说明大学生对于公共政策的信心和制定公共政策参与热情处于中等偏上水平（见图8-3）。研究对比了不同性别、年级、政治身份大学生对公共政策信心及制定政策参与的差异，结果发现在政策信心上不存在任何差异，但在制定政策参与方面，不同年级和政治身份个体之间存在显著差异。事后检验发现，大学二年级的政策参与显著高于其

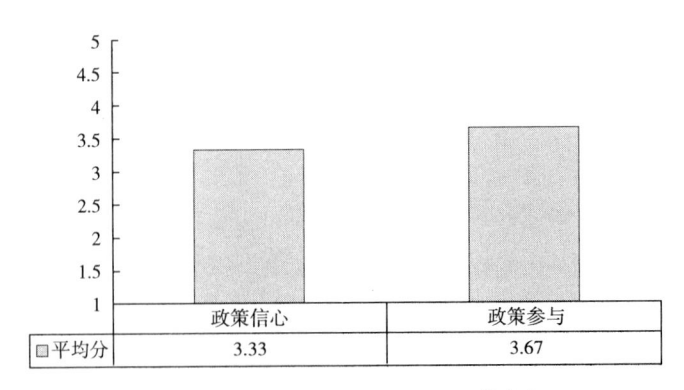

	政策信心	政策参与
平均分	3.33	3.67

图 8-3　大学生的政策信心及政策参与

他三个年级,党员和团员的政策参与意愿低于一般群众的政策参与意愿(见表 8-20)。

表 8-20　不同类型大学生政策信心及政策参与的比较

类　别	性别、年级、政治身份	M	SD	F
政策信心	男	3.31	0.88	0.414
	女	3.35	0.77	—
	大一	3.39	0.87	—
	大二	3.29	0.79	1.15
	大三	3.32	0.93	—
	大四	3.40	0.81	—
	党员	3.39	0.86	0.558
	团员	3.32	0.83	—
	群众	3.30	0.91	—
政策参与	男	3.66	0.90	0.423
	女	3.69	0.80	—
	大一	3.69	0.84	—
	大二	3.73	0.82	3.31*
	大三	3.54	0.95	—
	大四	3.53	0.93	—
	党员	3.58	0.88	3.30*
	团员	3.67	0.86	—
	群众	3.92	0.83	—

对以上结果进行解释。与政策信心相比，政策参与需要个体在时间和精力上更多的投入，大学二年级相对于其他年级是最为平稳的一年，大一需要适应新的生活，大三、大四分别面临考研和就业的压力，因此大二有更好的客观条件用于政策参与。党员和团员的政策参与意愿显著低于群众的参与意愿，可能与我们的被试选取有一定的关系，党员、团员和群众所占样本百分比分别为12.7%、81.9%、5.4%。问卷在收集过程中运用的是自愿参加的方式，可能5.4%的群众本身具有高参与度的个体，因此在政策参与方面也表现得更加积极。

四 政府决策内隐观对政府工作评价影响的效应模型

以上研究描述了当代大学生的政府角色内隐观、政府工作感受以及对政府工作的评价情况。下边分析以上变量之间的关系。

（一）相关分析

通过分析发现，大部分变量呈相关关系。如果大学生感受到的政府民主程度越低，贪污情况越多，则大学生的内隐观更倾向于现代政府维度，在这种情况下，大学生对政府的满意度也较低。

传统政府与民主程度呈显著正相关，与贪污呈显著负相关，与政府工作形式、内容满意度呈显著正相关，与党政机构信任、一般机构信任呈显著负相关。说明在感受到较多民主和较少贪污的情况下，大学生的内隐观倾向于传统政府，并且会对政府的满意度较高。

感受到的民主程度与贪污情况呈显著负相关，与两类政府工作满意度呈显著正相关，说明感受到的民主程度越高，感受到的贪污情况就越少，对政府工作的满意程度也越高。与之相对应，感受到的贪污情况越多，则感受到的民主程度越低，对政府工作的满意度也越低。

两类工作满意度之间呈正相关，大学生对政府工作类型满意度倾向于对政府工作形式满意，反之亦然。工作内容满意度与一般机构信任呈显著正相关，党政机构信任与一般机构信任呈显著正相关（见表8-21）。

表 8-21 政府角色内隐观、政府工作感受、政府工作评价相关分析

内　容	2	3	4	5	6	7	8
1. 现代政府	0.351**	-0.128**	0.200**	-0.146**	-0.048	-0.043	-0.054
2. 传统政府		0.112**	-0.136**	0.263**	0.108**	-0.072*	-0.059*
3. 民主程度			-0.291**	0.523**	0.457**	-0.210**	-0.085**
4. 贪污情况				-0.454**	-0.318**	0.099**	0.016
5. 工作形式满意度					0.693**	-0.042	0.040
6. 工作内容满意度						-0.032	0.076*
7. 党政机构信任							0.800**

(二) 政府工作预期、感受对政府工作满意度的影响

研究以大学生对政府工作的感受和内隐观作为自变量，以政府工作的满意度为因变量进行路径分析。分析结果如图 8-4 所示。图中的路径系数均为显著，说明自变量对因变量有较强的预测作用。

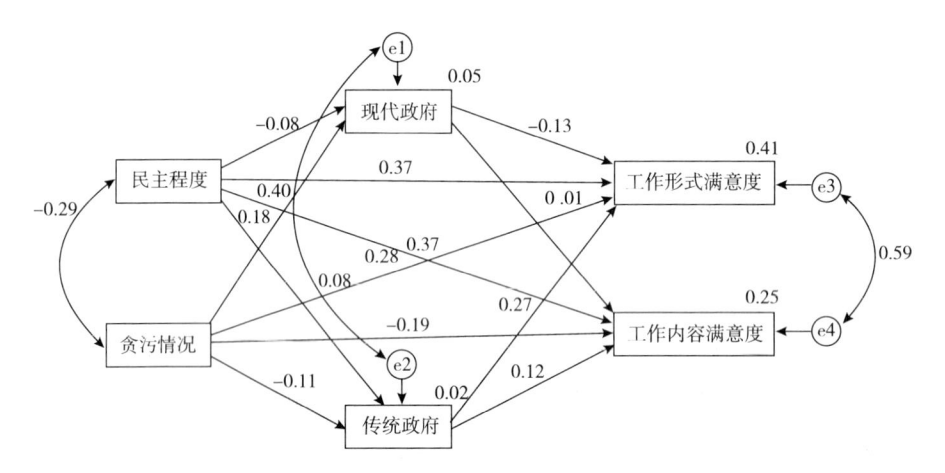

图 8-4 模型 1：大学生政府工作感受、内隐观对满意度的影响

图 8-4 为标准化估计值模型，两个外生变量是对政府民主程度和贪污情况的感受，两者之间呈负相关，相关系数为负 0.29；两个中介变量为对政府角色的内隐观，包括现代政府与传统政府两个维度，两者之间的相关系数为 0.40；两个因变量是对政府工作形式、内容的满意度，两者之间的相关系数为 0.59。相关系数显著性检验如表 8-22 所示。

表 8-22　模型 1 中的相关系数

类　别		相关系数	临界值	显著性
民主程度	贪污情况	-0.29	-9.38	***
e1	e2	0.40	12.41	***
e4	e3	0.59	17.00	***

单箭头方向路径系数为标准化回归系数,也就是直接效果值,如民主对工作形式满意度的直接效应为 0.37。在图 8-4 的模型中,路径系数全部显著,路径系数及显著性检验如表 8-23 所示,说明模型中变量的预测作用显著。

表 8-23　模型 1 中的路径系数

类　别		回归系数	临界值	显著性水平
传统政府	民主程度	0.076	2.516	0.012
传统政府	贪污情况	-0.114	-3.712	***
现代政府	贪污情况	0.178	5.848	***
现代政府	民主程度	-0.078	-2.556	0.011
工作形式满意度	民主程度	0.373	16.370	***
工作内容满意度	民主程度	0.373	14.183	***
工作形式满意度	贪污情况	-0.281	-11.533	***
工作内容满意度	贪污情况	-0.195	-7.178	***
工作形式满意度	现代政府	-0.129	-6.237	***
工作形式满意度	传统政府	0.269	13.203	***
工作内容满意度	现代政府	0.011	2.516	0.012
工作内容满意度	传统政府	0.117	16.370	***

间接效应由路径系数的乘积获得。如民主程度以现代政府为中介变量,对工作形式满意度的间接效应为 -0.08 × -0.13 = 0.0104。又如民主程度以传统政府为中介变量,对工作形式满意度的间接效应为 0.08 × 0.27 = 0.0216。那么民主程度对工作形式满意度总的间接效应为 0.0104 + 0.0216 = 0.032,则民主程度对工作形式满意度的总效应为直接效应加上间接效应,即 0.37 + 0.032 = 0.402,变量之间的直接效应和间接效应如表 8-24 所示。

表 8-24　模型 1 中的直接效果与间接效果

变　量	民主程度	贪污情况	现代政府预期	传统政府预期
直接效果				
现代政府预期	-0.08	0.18	—	—
传统政府预期	0.08	-0.11	—	—
工作形式满意度	0.37	-0.28	-0.13	0.27
工作内容满意度	0.37	-0.19	0.01	0.12
间接效果				
工作形式满意度	0.032	-0.0531	—	—
工作内容满意度	0.009	-0.0114	—	—

通过表 8-24 可以看出，外因变量民主程度和贪污情况不仅能单独预测工作形式满意度和工作内容满意度，还可以通过内隐观间接预测两类满意度。民主程度满意度有正向预测作用，对工作形式满意度的总效应为 0.402，对工作内容满意度的总效应为 0.379；贪污情况满意度有负向预测作用，对工作形式满意度的总效应为 -0.3331，对工作内容满意度的总效应为 -0.2014。

根据 Oliver（1980）提出的期望差异模型，满意经由大学生对政府工作的感知与期望比较后产生。当感知绩效超过期望，产生满意感；当感知低于期望，产生不满意感。以上的研究结果折射出我国政府当前的工作更倾向于是一个传统型的政府，因此能满足传统期待大学生的需求，而无法适应现代期待大学生的需求。另外也可以看出，大学生对政府的工作定位更多看重的是政府工作的形式，即政府工作的风貌和理念，并以此为依据对政府满意度进行评价。

（三）对政府工作预期、感受对政府信任水平的影响

研究以大学生对政府工作的感受和内隐观作为自变量，以政府信任为因变量进行路径分析，分析结果如图 8-5 所示。

两个外因变量是对政府当前民主程度和贪污情况的感受，两者之间呈负相关，相关系数为 0.29；两个中介变量为对政府的预期，包括现代政府预期与传统政府预期，两者之间的相关系数为 0.40；两个因变量是对党政机构、对一般机构的信任水平，相关系数显著性检验如表 8-25 所示。

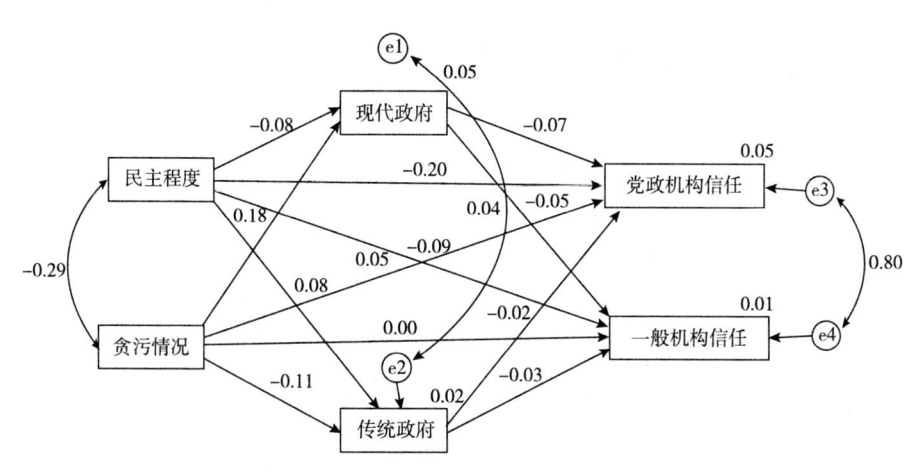

第八章 大学生对政府角色期待及其治理评价研究

图 8-5 模型 2：大学生对政府工作感受、内隐观对信任度的影响

表 8-25 模型 2 的相关系数

类 别		相关系数	临界值	显著性
贪污情况	民主程度	-0.291	-9.376	***
e3	e4	0.804	21.046	***
e1	e2	0.398	12.408	***

在图 8-5 的模型中，路径系数部分显著。感受到的民主程度、贪污情况对政府预期的路径系数显著；民主程度到党政机构信任和一般机构信任的路径系数显著；现代政府到党政机构信任的路径显著，路径系数显著性检验如表 8-26 所示。

表 8-26 模型 2 的路径系数

类 别		回归系数	临界值	显著性水平
传统政府	贪污情况	-0.113	-3.682	***
现代政府	民主程度	-0.076	-2.515	0.012
现代政府	贪污情况	0.178	5.857	***
传统政府	民主程度	0.079	2.570	0.010
党政机构信任	民主程度	-0.203	-6.624	***
一般机构信任	民主程度	-0.090	-2.876	0.004
党政机构信任	贪污情况	0.052	1.672	0.094

续表

类　别		回归系数	临界值	显著性水平
一般机构信任	贪污情况	-0.004	-0.113	0.910
党政机构信任	传统政府	-0.016	-0.513	0.608
一般机构信任	传统政府	-0.030	-0.925	0.355
党政机构信任	现代政府	-0.074	-2.275	0.023
一般机构信任	现代政府	-0.054	-1.645	0.100

通过表 8-26 可以看出，外因变量民主程度和贪污情况不仅能单独预测两类信任，还可以通过政府工作预期间接预测两类信任，对党政机构信任的总效果是 -0.196，对一般机构信任的总效果是 0.0024。感受到的贪污情况对党政机构信任的总效果是 0.0596，对一般机构信任的总效果是 -0.0097。另外，从直接效应和间接效应的对比来看，外因变量对因变量影响的直接效应远大于间接效应（见表 8-27）。

表 8-27　模型 2 中的直接效果与间接效果

变　量	民主程度	贪污情况	现代政府预期	传统政府预期
直接效果				
现代政府预期	-0.08	0.18	—	—
传统政府预期	0.08	-0.11	—	—
党政机构信任	-0.20	0.52	-0.074	-0.016
一般机构信任	-0.09	-0.004	-0.054	0.03
间接效果				
党政机构信任	0.004	-0.0104	—	—
一般机构信任	0.0016	-0.0057	—	—

中介变量为政府工作两种预期，其中现代政府预期对党政机构信任存在显著的负向预测作用，其他中介变量和因变量之间的关系并不显著。

（四）政府满意度、信心对政府政策的影响

研究以大学生对政府工作的满意度和信任水平作为自变量，以政策信心与政策参与为因变量进行路径分析，分析结果如图 8-6 所示。

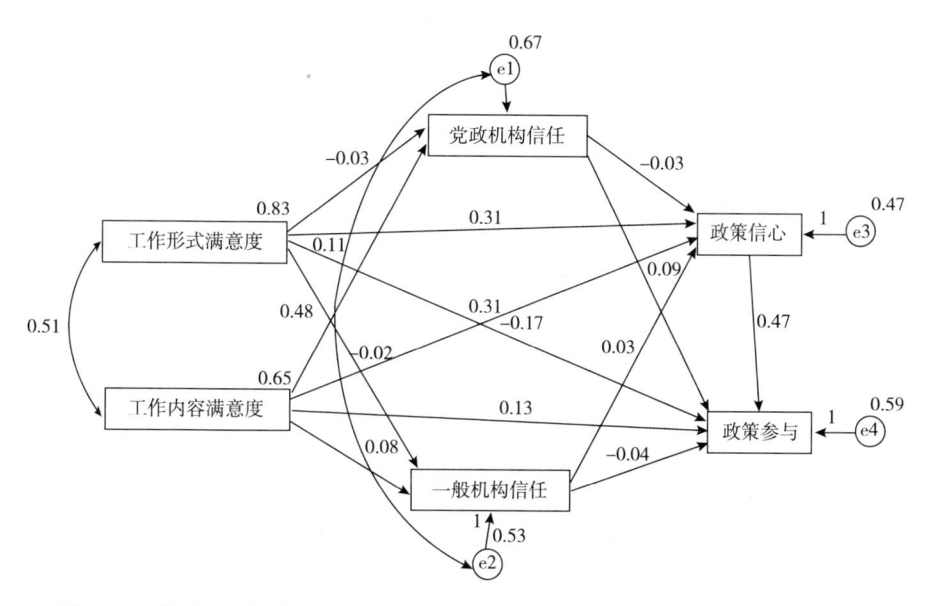

图 8-6 模型 3：大学生政府工作满意度、信任度对政策信心与政策参与的影响

两个外因变量是政府工作形式满意度和政府工作内容满意度，两者之间呈正相关，相关系数为 0.51；两个中介变量为对政府信任水平，包括党政机构信任和一般机构信任，两者之间的相关系数为 0.48；两个因变量是对政策的信心和政策参与的意愿。我们认为对政策的信心可以促进个体的政策参与，结果发现政策信心对政策参与有显著的正向预测作用。相关系数显著性检验如表 8-28 所示。

表 8-28 模型 3 的相关系数

类	别	相关系数	临界值	显著性水平
工作形式满意度	工作内容满意度	0.693	19.128	***
e1	e2	0.805	21.064	***

在图 8-6 的模型中，路径系数部分显著。通过表 8-28 可以看出，模型中的外因变量对因变量的影响间接效应都很小，其作用主要体现在直接效应上。另外，在对政策信心和政策参与的预测显著性上，两类工作满意度对其有显著的预测作用。另外，党政机构信任对政策参与的预测性显著，路径系数显著性检验如表 8-29 所示。

表8-29 模型3的路径系数

类 别		回归系数	临界值	显著水平
一般机构信任	工作内容满意度	0.092	2.240	0.025
党政机构信任	工作形式满意度	-0.038	-0.921	0.357
党政机构信任	工作内容满意度	-0.006	-0.141	0.888
一般机构信任	工作形式满意度	-0.024	-0.578	0.563
政策信心	工作内容满意度	0.298	8.811	***
政策信心	工作形式满意度	0.332	9.882	***
政策信心	党政机构信任	-0.033	-0.814	0.416
政策信心	一般机构信任	0.025	0.608	0.543
政策参与	工作形式满意度	-0.183	-4.760	***
政策参与	工作内容满意度	0.126	3.286	0.001
政策参与	一般机构信任	-0.032	-0.718	0.473
政策参与	政策信心	0.459	14.017	***
政策参与	党政机构信任	0.090	2.009	0.045

通过数据分析可以看出，模型3的直接效果显著大于间接效果，两类满意度对政策信心与政策参与的预测水平显著高于两类信任对两者的预测水平（见表8-30）。

表8-30 模型3的直接效果与间接效果

变 量	工作形式满意	工作内容满意	党政机构信任	一般机构信任	政策信心
直接效果：					
党政机构信任	-0.03	-0.02	—	—	—
一般机构信任	-0.01	0.08	—	—	—
政策信心	0.31	-0.17	-0.03	0.09	—
政策参与	0.31	0.13	0.03	-0.04	0.47
间接效果：					
政策信心	0.0003	-0.0019	—	—	—
政策参与	0.0027	-0.0041	—	—	—

值得注意的是，政策信心对政策参与有显著的正向预测作用，即大学生越是信赖政策的本质是好的，就越倾向于参与政策的制定。

第四节 讨论

一 大学生政府角色的内隐观

社会心理学和认知心理学领域中的研究发现，人们认识评价过程在一定程度上受内隐理论的影响。借助于对内隐理论的研究方法，本研究着力分析大学生的内隐政府角色理论。本研究在对以往内隐理论文献分析的基础上认为，内隐政府角色理论是公民对政府角色的内隐认知，它类似于认知图式，是对政府角色的组成要素、要素间关系等方面的内隐认知，是公民理解和解释政府行为的重要依据。经研究发现，大学生的内隐政府角色理论具有以下特点。

一是结构性。本研究通过结构模型发现，大学生内隐政府角色理论是一个二维的结构模型，两个维度分别是现代政府和传统政府。现代政府包含创新就业、服务支出、社会服务、平衡经济、有效型文化五个因素；传统政府包含保障就业、安防支出、管理型文化三个因素，因素之间呈现不同程度的相关。

二是差异性。本研究在对不同类型大学生内隐观对比中发现，不同性别、不同年级以及不同政治身份大学生对政府角色的内隐观在大体结构一致中呈现一定的差异性。

三是过程性，在本研究中又可以称之为时代性。内隐政府角色理论的形成是通过公民的实践经历积累而成的，公民通过长期的学习和实践逐渐形成自己独特的内隐理论，因此政府角色的内隐观必然具有很强的时代性。我国正处于急剧社会转型期，突出的社会矛盾和问题、各种社会思潮和多元价值观念的冲击都影响着青年公民对政府角色的认识。通过研究可以看出，在大学生的内隐观中，传统、现代政府并存，并且已经开始向现代政府倾斜。这种内隐观正是我国时代背景的体现。

二 大学生内隐观对政府评价的效应

伴随政府工作的转型，对政府的评价方式也发生了深刻变化，由过去重视成本效益分析和量化数据的客观测评向软指标的公民主观评价模式转化。本研究选取了两方面的软指标，一是政府工作满意度。通过数据分析得出两个满意度维度，分别为政府工作形式满意和政府工作内容满意度。政府工作形式反映的是政府在工作行为过程中体现的风貌，反映了政府内部的工作理念；政府工作内容反映的是政府提供的公共服务内容。二是政府信任。信任是一种社会的稀缺资源，公众对政府越信任，则政府工作的开展就会越顺利。本文考察了大学生对县/市政府、信访机关等19个与政府紧密相关的机构信任情况。通过分析得出两个新的维度，分别为党政机构信任和一般机构信任。

对软指标进行评价的方式由于其主观性引起不少研究者的争论。质疑者认为，公民经常受其他社会因素的影响，并不能够准确知觉公共服务的实际绩效，因而不能简单地采用公民主观评价的结果。支持者则认为，公民拥有知觉公共服务绩效的能力，可以运用公民主观评价的结果对特定公共服务项目的绩效进行评价，进而对公共服务机构总体绩效作出评价。以上两方面观点都有一定道理，将其结合起来，在引入主观评价的同时考虑其他社会因素，则能够使我们对政府工作有更加深刻的认识。如在本研究中引入内隐政府角色理论这个因素。政府角色内隐理论和政府工作评价之间存在复杂的关系。

本研究中的模型1和模型2都反映了内隐理论能直接预测公民对政府工作的满意度和信任水平。通过分析发现，现代政府负向预测政府工作形式满意度及政府信任；传统政府正向预测政府工作形式满意度、内容满意度，负向预测党政机构信任、一般机构信任。另外还可作为中介变量调节政府工作感受对满意度与信任水平的影响。如贪污情况显著负向预测了政府工作内容的满意度。因此本研究认为，内隐政府角色理论是公民对政府工作认知评价的基础。

通过分析发现，大学生在现代政府维度上的平均分为4.47分，在传统政府维度上的得分为3.75分，两者存在极其显著的差异，说明大学生更期望当前政府向现代政府方向发展，以服务为主导，讲求效率，注重创造、创新。

通过分析可以看出，对政府工作的主观评价是可取的方法，尤其是当引入内隐观这个变量之后，这种方法不仅能衡量政府工作的水平，同时能作为政府工作的"诊断器"，为政府工作的欠缺之处提供预警功能。

三 重塑政府角色的思路

研究政府职能的转变，重塑政府角色，摆在我们面前的一个首要问题是：我们究竟需要一个什么样的政府？如何才能使现有的政府达到这样的标准？这需要对政府职能的价值定位进行一番探讨，而价值在通常意义上讲就是人的判断。只有当人们明白了什么才是自己的真正需要之后，才有可能为实现这个目标而付出孜孜不倦的努力和行动。同样，也只有明白了政府职能的价值取向之后，我们才明白我们将要进行怎么样的转变，也才有可能针对其转变过程中出现的问题提出合理、有效的解决措施（拜建国，2007）。

内隐政府角色理论能回答以上问题。一方面，它是公民处在一定社会环境当中，在一定的知识和经验的基础之上，通过观察、比较和思考作出的一个评价性的结论，它提炼了政府职能的价值。另一方面，通过本研究可以看出内隐政府角色内隐观对于政府评价的重要作用，它既可以直接影响政府工作评价，也可以作为众多变量影响政府评价的中介变量，因此对内隐政府角色理论的研究，以内隐政府角色理论为依据引导政府角色重塑具有很强的现实意义。

内隐政府角色理论强调的是公民心中理想政府的原型，这要求政府首先要分析清楚公民所持有的内隐原型是什么样的，然后根据公民所共同持有的内隐原型适当改变或者塑造自己的行为，从而实施更有效的行为。通过本研究的数据分析可以发现，大学生的内隐观中更看重以创新就业、服务支出、社会服务、平衡经济、有效型文化为导向的现代型政府，因此政府要适应经济发展和公民要求实现自身转型。另外，在政府的评价中，大学生更看重政府的工作形式，即政府官员的工作理念，这就要求政府督促公职人员实现思想意识层面的转型，这是政府实现客观转型的内在动力和基础。

要引起重视的问题是内隐观重点强调的是公民对政府工作潜在的知觉加工，而不是政府工作实际。在内隐角色理论中，政府原型不是政府所表现的客观的、固有的特征，而是公民应用个人知觉表征的关于政府的标签。尽管公民的认知可能不是真实的，但是他们仍然运用这些知觉来评判和辨别政府工作。因此在实际工作中，除了要了解公民是如何知觉政府行为外，政府还要主动对公民的知觉过程施加影响，在互动中实现公民的内隐原型与政府的实际工作相匹配，从而提高政府工作的有效性，促进工作绩效。要引导好公民的内隐观，才能有效获得公民较高的满意度，实现和谐的政府与公民的关系。如何引导民众期望？有两个基本方面，首先，需要在法律上、制度上尽快明确政府的责任范围。其次，理性规划对政府工作的宣传策略，清晰、透明地宣传政府工作的现状和存在的问题，不仅有利于管理公民的期望，也能够让公民意识到自己所担负的责任，从而更好地响应政府工作。

四 未来研究展望

（一）研究的创新之处

本研究突破了传统的研究政府角色的方法，从内隐理论的角度来分析大学生的政府角色定位，并讨论内隐观对政府评价的影响。研究分析了内隐观与政府工作感受对政府评价产生影响的机制，从而为重塑政府角色提供干预思路。这为政府改革实践提供理论指导，对于改善我国目前的政府工作状况、提高政府改革效率是非常有益的。

（二）研究的不足与展望

本研究是首次对大学生公民的内隐政府角色理论及其与政府评价的关系做一些实证性的探索，存在需要进一步改进之处，具体表现为以下方面。

（1）本研究的样本取样。一方面，本研究特别关注大学生群体，因为这一群体对政府工作内隐观可能存在较为明显的分化，研究结果也证实了我们的假设，大学生的内隐观分为传统政府和现代政府两个维度。在其他被试群身上，这种现象是否也存在，或者有其独特性，这些特点又怎样影响他们对政府工作的评价，在未来研究中可以进一步探讨。另一方面，由于时间、精力的制约，本研究未能在全国范围内进行严格抽样。因此，今后的研究要设法拓宽取样的渠道和区域，进行更为深入的探讨，以使研究结论更具有说服力。

（2）本研究采用自陈报告的方式来收集数据，由大学生本人进行自评。这种方法可能会使研究的效度降低。另外，采用自我报告的方式，被试容易出现赞许行为，很难严格控制无关变量。以后的研究中，可以采取多渠道的方式获取数据，如自评与访谈相结合等，可在一定程度上减少方法偏差带来的变异。

（3）研究涉及的变量需要进一步扩展。本研究仅探讨了内隐政府角色理论、政府工作感受、政府工作评价等变量的关系，但是并未涉及其他变量。珀西提出的公众知觉和评价服务机构绩效的理论框架（见图8-7），展示了影响主观评价的诸多因素。在未来的研究中可以同时对这些影响因素进行系统考察，并建构一个评价机制模型，通过这样的模型可以客观地看待主观评价对政府工作的衡量效果，也有利于定位政府评价高或低的原因。

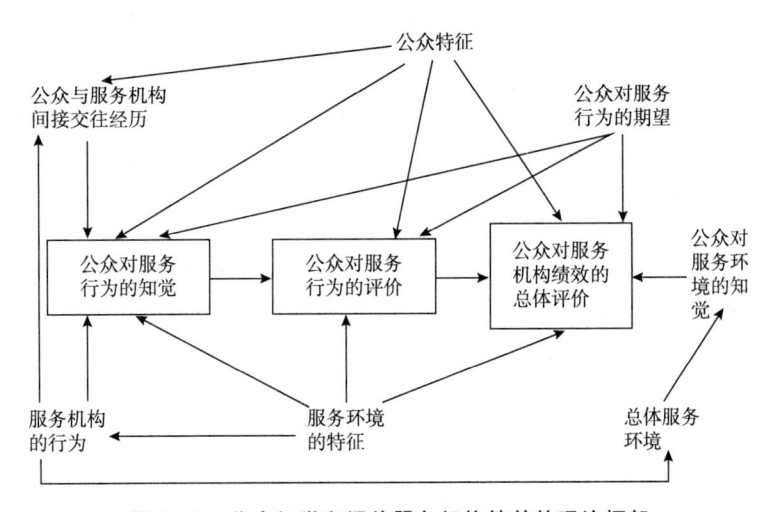

图8-7 公众知觉和评价服务机构绩效的理论框架

（4）本研究缺乏不同群体之间内隐观的比较。内隐观是一个具有过程性和时代性的概念，其形成与个体的经历有着密切的关系。通过不同时代群体的对比可以更清晰地看出政府角色内隐观的时代变化，为指明政府工作的未来走向提供更好的依据。

第九章 大学生政治参与研究

改革开放以来，中国公众在政治过程中的参与角色逐步明显，尤其是互联网的广泛应用，更是加快了公众参与政治的进程。大学生不仅是使用网络的主要群体，更是未来社会的主体。

本章研究探讨了他们的政治参与现状及其核心的影响因素。通过对1051名在校大学生的调查和分析，我们发现，当代中国大学生的网上和网下政治参与均存在冒险参与和保守参与两种形式，他们的政治参与存在以下特点：①网下和网上政治参与水平具有中等程度的正相关关系。也就是说，网上（或网下）参与各种政治活动越多的大学生，他们参与网下（或网上）政治活动的可能性就越大。②大学生网上政治参与的水平要高于网下水平。其中，男大学生的政治参与水平整体上高于女大学生的政治参与水平。不管是网上还是网下的政治参与，男生的参与水平都要高于女生的参与水平，尤其是在网上和网下冒险参与以及网上保守参与方面；大学一年级学生的政治参与水平总是要显著高于其他年级的参与水平；不同政治面貌大学生在网上和网下政治参与水平上几乎不存在差异；随着父母受教育程度的提高，大学生网上（下）政治参与的整体水平存在上升的趋势。此外，对其核心影响因素的分析发现，组织信任感对大学生的网上和网下政治参与具有正向预测作用。也就是说，当大学生对组织的信任感较高的时候，他们所采取的网上和网下政治参与水平则越高；大学生的政治兴趣以及关注的内容与政治参与存在显著的相关关系，其中，负性政治信息更容易引发关注，社会问题所引发的政治参与往往限于网络。

第一节 政治参与的相关研究

随着改革开放以来国家与社会间互动的扩展和深化，中国公众在政治过程中的参与角色逐步明显，尤其是互联网的广泛应用，更加快了公众参与政治的进程。大学生不仅是使用网络的主要群体，更是未来社会的主体，他们的政治参与现状如何？具有什么样的特点？影响其参与政治的核心因素有哪些？本研究将通过实证数据来回答这些问题。

一 政治参与的内涵

（一）政治参与的概念界定

政治参与（Political Participation）是现代西方政治学率先提出的一个重要术语，是现代民主政治的主要特征之一，是民主政治发展的本质要求，也是维系民主政治的基本条件和衡量民主政治的重要尺度。一般认为，现代民主政治发展的过程就是政治民主参与不断扩大的过程，一个国家公民政治参与的程度和水平越高，这个国家的政治发展程度就越高。

关于"公民的政治参与"的概念界定，多数研究者都比较认可美国著名政治学家塞缪尔·亨廷顿和琼·纳尔逊在《难以抉择：发展中国家的政治参与》一书提出的政治参与是指平民试图影响政府决策的活动的定义，但是又因政治环境、政治视角和思维方式等不同而有所不同，主要存在外延扩大和外延缩小两种情况。前者包括合法和非法的参与，后者仅指合法的参与（张明新，2011）。事实上，在中国，虽然许多政治参与的活动并非完全是程序化的，却对政治过程产生了实际影响。因此，本研究将采用外延扩大的政治参与的概念。具体地，大学生的政治参与是指大学生所采取的试图影响政治过程的程序性和非程序性的行为活动。

根据先前的研究，该概念具有以下特点。第一，剥离了政治态度和情感。本研究中的政治参与更多地指大学生个体参与政治的行为或活动，而不包括政治态度和情感。这是因为先前的文献大多认为，真正与态度和情感相关的是政治文化和政治社会化，而不是政治参与（孔奇，1989）。第二，剥离了政治知识。有的研究者认为个体所具有的政治知识也是政治参与的组成部分，本研究则认为对政治进程的认识并不意味着卷入到了该进程，认识最多是政治参与的影响因素（陈振明、李东云，2008）。

(二) 政治参与的类型和结构

关于政治参与的模式，研究者从不同的视角对其进行了较为广泛的探讨。基本的思路主要存在两种，一种是从政治参与的形式或类型上来进行探讨，另一种则是从政治参与的结构或维度上来进行探讨。

1. 政治参与的类型

依据不同的分类标准，研究者对政治参与的类型进行多种划分。如依据参与主体特征可将其分为个体参与和团体参与；依据参与者的主观态度可将其划分为主动参与、被动参与和消极参与；依据是否通过中间环节来影响政治过程可将其划分为直接参与和间接参与；等等。随着互联网的快速发展和广泛使用，研究者常将政治参与分为网上参与和网下参与两种类型。

网下参与主要是相对网上参与而言的，往往是指采用传统的前互联网时代的形式影响政治进程，如游行、参与政治集会等。这种形式的政治参与有不少的局限，如公民参与渠道较少、制度化程度低、公众积极性和主动性不高等（胡荣，2008）。

网上参与主要是指大学生凭借网络这一媒介进行影响政治进程的行为活动。如群体政治交流、发表观点、网上倡议、网上结社等。这种形式的参与具有便利、平等、自由、成本低廉和身份虚拟的特点，有助于激发公众参与的积极性（张明新，2011）。研究和实践显示，中国民众的网上政治参与表现异常抢眼，在政治民主化进程中将发挥越来越重要的影响。

2. 政治参与的维度

根据 Verba & Nie 的观点，政治参与既可以被看做是单维度的结构，也可以被看做是多维度的结构。将其看做是单维度的结构是因为它具有一个最一般的因子，即政治活动的倾向性，所参与的所有的政治活动都具有单一的影响政治进程的倾向性；将其看做是是多维度的结构是因为所有政治行为和活动因其在主动性、风险性等方面的不同而生成一些潜在的因子。

针对多维度的观点，研究者通过因子分析对政治参与的内在结构进行了探讨。如Tianjian Shi（1997）通过主成分分析得到政治参与有7个因子，分别是对抗行为（adversarial acts）、团队活动（campaigns）、抵抗行为（resistance）、选举（voting）、联合抵制（boycotts）、呼吁（appeal）和任用亲信（cronyism）。这种因子的分析方法更多的是从政治活动的行为方式上加以命名和区分，而且从其因子内涵上看，部分因子，如任用亲信则涉及政府官员的政治参与行为，与本研究中大学生的政治参与行为不符。此外，黄振辉（2011）也通过因子分析探讨了政治参与的因子结构，发现政治参与包括机构接触、人际接触和意见表达三个因子。这三个因子又分别在参与效果（象征和实质）、参与形式（正式和非正式）以及参与者的嵌入程度上存在差异。

二 政治参与的影响因素

研究者对政治参与的影响因素进行了较为深入的思考和探讨，并提出了几种不同的模型，分别是SES模型（socio-economic status mode）、资源模型（Resource Model）、社会-心理模型（Social-Psychology Theories）和社会关系模型（Social Connectedness）。

SES模型是Verba & Nie（1972）提出的模型，认为个体的社会经济地位（包括教育水平和收入）越高，参与政治系统的动机越强。随后大量的研究表明，SES是个体政治参与行为的决定因素，可以将其看做是跨民族和种族的影响个体政治参与行为的因素（Leighley & Nagler，1992a；Leighley & Texas，1997）。也就是说，当个体的受教育水平越高时、收入水平越高、社会地位越高时，他们越倾向于参加选举、接触政治、组织更多的政治活动。

资源模型是Rosenstone & Hansen（1993）提出的模型，认为个体拥有的各种资源对其政治参与有促进作用，这些资源包括时间、金钱、知识、技能和自信等。Boady等（1995）考察了时间、金钱和公民技能对政治参与行为的影响,指出,即便是对政治感兴趣的公众,也只有拥有这些必备的资源时才能够克服参与政治的障碍。

社会-心理模型(Miller & Krosnick,2004)是从个体的社会心理层面来解释其政治参与行为,强调个体心理倾向的重要性,如政治兴趣(political interest)、政治效能(political efficacy)、政府信任感(trust in government)和公民责任感(civic duty)等(Abramson & Aldrich, 1982; Aldrich, 1993)。其中,政治兴趣与政治效能与选举行为具有稳定而显著的预测关系(Leighley & Texas, 1997)。

社会关系模型认为公众政治参与行为的下降与个体间、个体与政府和社会机构间的关系疏远具有直接的相关关系(Putnam, 1995; Teixeira, 1992; Uslaner, 1995)。研究者所涉及的社会关系变量主要包括组织卷入(organizational involvement)、教堂出席率(church attendance)、主人翁身份(home ownership)等。如Tate(1991)对黑人的研究发现,组织归属感和教堂出席率与选举活动的参与存在正相关关系。

除了上述模型所提到的影响因素外,研究者还探讨了政治知识(张明新,2011)、组织认同感和组织冲突等变量与公众政治参与行为间的关系。

三 研究问题

本研究利用对1051名在校大学生的大型调查,拟探讨以下问题。

第一,大学生政治参与的结构及其特点如何。国内外研究者对大学生的政治参与现状进行了不少关注(Vienna, Austria, 2005; Jarvis, Montoya, & Mulvoy, 2005),但研究多停留在对某种政治行为的探讨,如选举(Banton, 2004),或者是停留在理论论证层面(宋立会,2007),主要是说明大学生政治参与的含义、现状以及促进因素,实证研究偏少。即便存在一些实证研究,研究也较浅,仅停留在现状调查,未对政治参与的结构进行深入探讨(高潮,2010; Paul, 2001),因此本研究将通过实证数据来探讨大学生政治参与的结构和现状。

第二,大学生网上政治参与和网下政治参与两者间的关系如何。研究表明,网上政治参与和网下政治参与可能存在某种联系。Calenda & Mosca

(2007) 的研究发现，参加各种社会和政治性组织越多的大学生，越有可能利用网络实现其特定的政治目的。另外，也有研究发现，网上政治参与也会影响网下的政治参与，如 Rojas & Puig-i-Abril（2009）发现，公众对 ICTs 的信息性使用显著地影响他们在网络中的政治表达，并进而经由移动电话和 SNS 来影响公众在现实社会中的各种政治参与行为。张明新（2011）更是考察了这种观点的跨文化适用性，对 1500 多名学历相对偏高、年龄较小的中国公众的调查发现，网上政治参与和网下政治参与具有中等强度的正相关关系。也就是说，网上（或网下）参与各种政治活动越多的个体，参与网下（或网上）政治活动的可能性也越大。虽然关于网上和网下政治参与的关系已经得到了探讨，但是探讨相对较少，因此，本研究拟采用中国大学生样本对其再次进行验证。

第三，SES 和社会心理变量对网上和网下政治参与的影响如何。根据影响公众政治参与的几种模式我们知道，SES、政治兴趣、政治信任以及政治效能等社会心理变量对公众的政治参与具有重要的影响，但是，对于中国的大学生而言，这些变量的作用是否同样存在，这需进一步做出验证。

第二节 政治参与的结构分析

基于对政治参与内涵和测量的分析，本研究基于大学生的实际情况，参考国际 ISSP 2004 年的公民权问卷，编制了大学生政治参与问卷。问卷共包括两部分，分别是网下政治参与问卷和网上政治参与问卷。下面分别分析两种政治参与的结果及其特点。

一 网下政治参与的结构分析

（一）网下政治参与的探索性因子分析

从调查数据中随机抽取 30% 的数据进行探索性因子分析。首先对问卷所含 9 个项目进行 Bartlett 球形检验,结果发现,$X^2 = 2264.893$($p < 0.001$),且 $KMO = 0.863$,表明该数据适合进行探索性因子分析。采用主成分分析和最大方差正交旋转进行因素分析,结果发现特征根值大于 1 的因子有 2 个,共可以解释 69.254% 的变异。但是,由于部分项目在两个因子上的负荷超过 0.4,故本研究将这些项目删除,再次进行因子分析。通过两轮的因子分析,共保留了 5 个项目,两个因子总共解释 74.774% 的变异。题目的因子载荷如表 9-1 所示。

表 9-1 网下政治参与问卷探索性因子分析结果

项 目	因子负荷 保守参与	因子负荷 冒险参与
C03.6 为社会或政治组织捐款或募捐	0.842	—
C03.9 为特定理想或事业加入社会组织或团体	0.787	—
C03.2 抵制或特别购买某些产品	0.757	—
C03.4 参加政治集会或造势活动	—	0.922
C03.3 参加示威游行	—	0.921

根据先前的研究以及因子分析的结果,我们将因子 1 命名为"保守参与",因子 2 命名为"冒险参与"。这主要是从个体参与相应的政治行为活动所要承担的风险进行划分的。从公众的心理角度分析,不管是参加政治集会或造势活动,还是参加示威游行、找政治人物或公务人员表达观点,都会使个体直接暴露,给个体带来的安全感较低,对个体来讲,属于相对冒险的行为;相反,借助媒介或社会组织表达观点,在请愿书上签名等行为对个体来讲具有一定程度的隐蔽性,安全感较高,属于保守参与。

(二) 网下政治参与的结构验证

运用 Lisrel 8.7 对 70% 被试的数据进行验证性因子结构分析,结果发现,将本研究中网下政治参与分为保守参与和冒险参与两个结构是比较合理的,具体的结构如图 9-1 所示。模型的各项拟合指数如表 9-2 所示。

表9－2 大学生网下政治参与模型的拟合指数

X^2	df	X^2/df	GFI	CFI	NFI	IFI	$RMSEA$
11.26	4	2.82	0.99	0.99	0.99	0.99	0.049

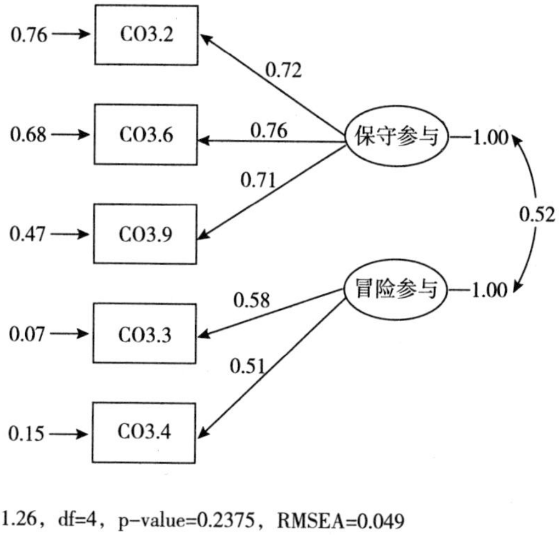

Chi-Square=11.26，df=4，p-value=0.2375，RMSEA=0.049

图9－1 网下政治参与的结构模型

二 网上政治参与的结构分析

（一）网上政治参与的探索性因子分析

从调查数据中随机抽取30%的数据进行探索性因子分析（同上）。首先对问卷所含八个项目进行Bartlett球形检验，结果发现，X^2 = 1121.755（$p<0.001$），且$KMO=0.846$，表明该数据适合进行探索性因子分析。采用主成分分析和最大方差正交旋转进行因素分析，结果发现特征根值大于1的因子有2个，共可以解释68.620%的变异。因子分析结果如表9－3所示。

与网下政治参与两因子的命名一样，根据个体对所从事的政治行为活动的危险性的心理评估，我们将其分别命名为守参与和冒险参与。

表9-3 网上政治参与问卷探索性因子分析结果

项 目	因子负荷	
	保守参与	冒险参与
D01.2 评论或转发政治新闻、事件或观点	0.850	—
D01.6 参与网上投票	0.823	—
D01.3 与网友在线讨论政治新闻、事件或观点	0.752	—
D01.8 在网上相应倡议	0.709	—
D01.1 发表政治新闻、事件或观点	0.700	—
D01.7 组织策划网络事件	—	0.898
D01.5 加入某网上组织	—	0.824
D01.4 给决策部门的意见箱留言或发电子邮件	—	0.751

(二) 网上政治参与的验证性因子分析

运用 Lisrel 8.7 对 70% 被试的数据进行验证性因子结构分析，结果发现，将本研究中网上政治参与分为保守参与和冒险参与两个结构是比较合理的，具体的结构如图9-2所示。模型的各项拟合指数如表9-4所示。

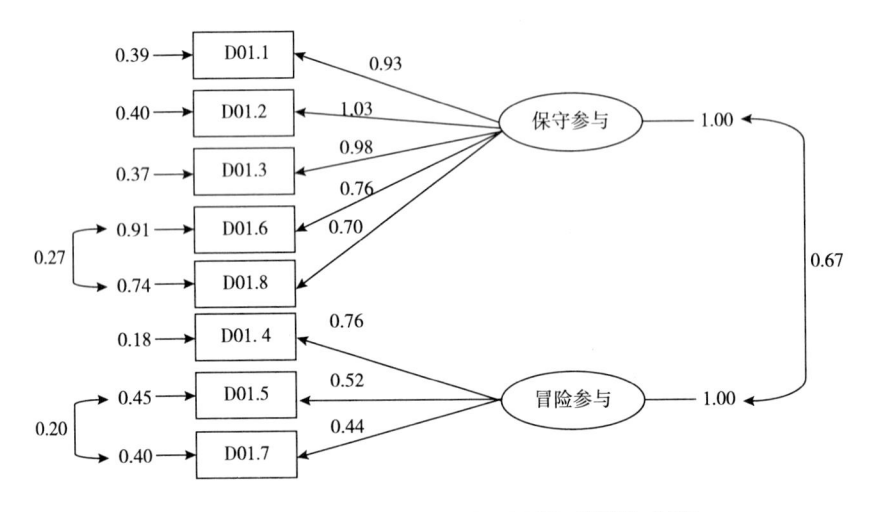

Chi-square=134.94, df=17, p-value=0.0000, RMSEA=0.096

图9-2 网上政治参与的结构模型

表 9-4　大学生网上政治参与模型的拟合指数

X^2	df	X^2/df	GFI	CFI	NFI	IFI	RMSEA
134.94	17	7.94	0.96	0.97	0.97	0.97	0.096

三　网上和网下政治参与的关系

研究发现，网下和网上政治参与水平具有中等程度的正相关关系（$r=0.565$，$p<0.001$），相关系数如表 9-5 所示。也就是说，网上（或网下）参与各种政治活动越多的大学生，他们参与网下（或网上）政治活动的可能性就越大。从参与的性质来看，网上采取保守参与的大学生，网下也越有可能采取保守参与（$r=0.512$，$p<0.001$）；网上采取冒险参与的大学生，其网下越有可能采取冒险参与方式（$r=0.485$，$p<0.001$）。

表 9-5　大学生网上和网下政治参与的相关系数

项　目	网上政治参与总分	网上保守参与	网上冒险参与
网下政治参与总分	0.565**	0.512**	0.514**
网下保守参与	0.528**	0.512**	0.421**
网下冒险参与	0.387**	0.274**	0.485**

注：** 代表 $p<0.001$

四　小结

通过对大学生网上和网下政治参与的结构进行分析可以发现，政治参与是一个多维度的结构。就本研究而言，是从个体参与相应的政治行为活动所要承担的风险层面将大学生的网上和网下政治参与分为冒险参与和保守参与两个维度。这一研究结论与先前的研究者观点一致，即政治参与的风险性是使政治参与这一结构存在潜在因子的可能原因。此外，网上和网下政治参与的关系研究表明两者是相关的，这验证了先前的研究结果。

虽然风险性是划分两个因子的根本性或明显的标准，但并不意味着冒险参与和保守参与仅涵盖了潜在的特性，它还能够体现政治参与的其他一些特点，如理性程度。保守参与一般来讲都是通过较为正规的渠道发表、讨论或评论某些观点，加入组织等，它们是相对理性的参与方式；而冒险参与则往往是指参加政治集会或造势活动、参加示威游行等网下活动，以及网上的策划事件或加入组织等行为，这些行为相对来讲属于非理性方式。这是因为，在不明晓客观事实的真相的时候，参加政治集会或造势活动，参加示威游行等网下活动往往会扩大事件的影响，造成难以弥补的失误。

网上给决策部门意见箱留言或者给决策部门发邮件被大学生看做是冒险参与。众所周知，这往往是当今政府或决策部门所开辟的广听意见的途径，可是为什么这一措施或途径却被大学生看做是一种冒险参与方式呢？原因可能在于大学生群体是一个拥有高知识背景的群体，他们在充当网络使用主体的同时，对网络的了解更加深入。之所以将这种方式看作是一种冒险参与方式，可能在于他们清楚地意识到网络的匿名性仅是相对的匿名。大量的网络"人肉搜索"事件告诉大学生们，虽然是匿名的，但是在某些时刻，对方是可以通过一定途径将发表留言或邮件的个体定位。针对这一研究结果，我们认为，政府或决策部门应该考虑如何提高大学生这种参与形式的安全感，或者是采用某种变通渠道，让大学生合理参与政治决策。

第三节　大学生政治参与的基本特点分析

一　大学生政治参与的总体状况

对网上和网下政治参与进行分析，结果表明（见图9-3），不论是网下政治参与还是网上政治参与，大学生都表现了"比较消极"的参与水平（以前做过，以后还会做的得分为3；以前做过，但以后不会做的得分为2；以前没有做过，但以后有可能做的得分为1；以前没有做过，以后也不会做的得分为0）。但是相对而言，大学生网上政治参与的水平要高于网下水平。

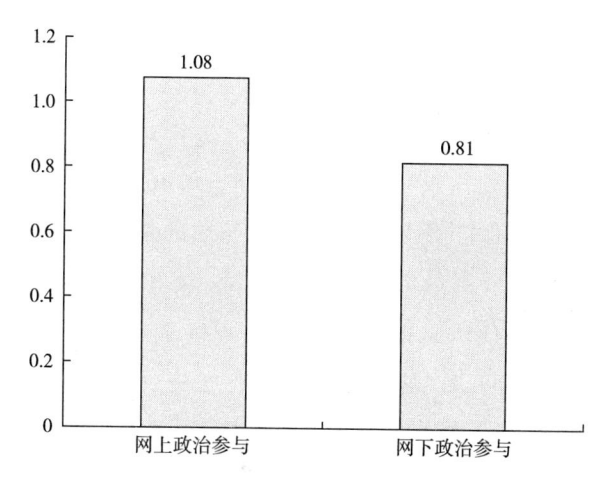

图9-3 大学生政治参与的总体状况

进一步对网上和网下保守参与以及冒险参与的进行分析。结果（见图9-4）表明，不论是网上还是网下，大学生都倾向于采用保守参与的方式。这说明，大学生的参与方式还是比较理性的。其根本原因在于保守参与给大学生带来的心理安全感比较强，相对比较安全。

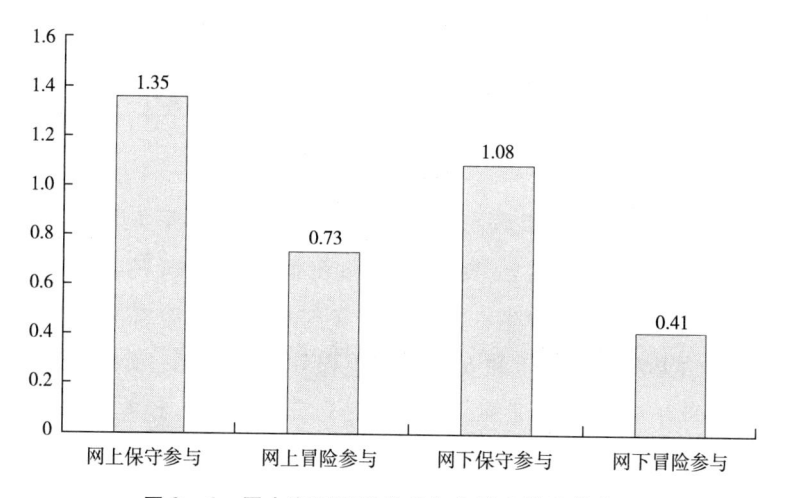

图9-4 网上和网下政治参与各维度的总体状况

二 不同群体大学生政治参与的比较

(一) 不同性别大学生

对不同性别大学生网下政治参与的情况进行对比分析。结果（见图9-5）发现，两者的参与水平没有差异（$F=0.866$，$p>0.05$）。进一步对男生和女生在网下保守参与和网下冒险参与的情况进行对比分析，结果发现，两者网下保守参与的水平没有差异（$F=2.160$，$p>0.05$），但是网下冒险参与水平存在显著差异（$F=7.09$，$p<0.001$），其中男生网下冒险参与水平显著高于女生的水平。

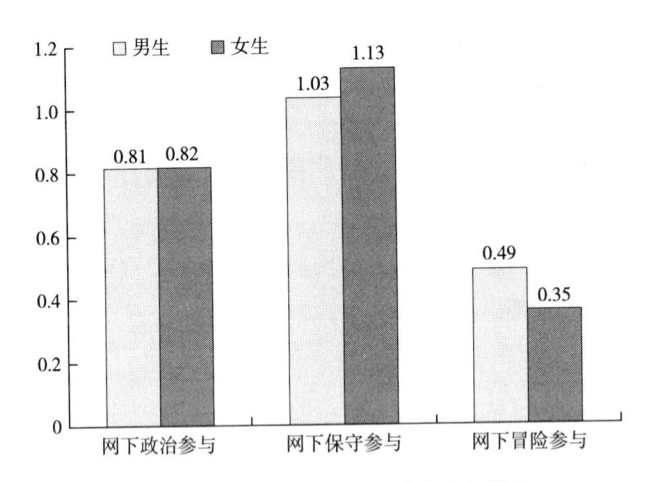

图9-5 男生和女生网下政治参与状况

对不同性别大学生网上政治参与的情况进行对比分析（见图9-6）发现，男生和女生的网上政治参与水平存在显著差异（$F=5.165$，$p<0.05$）。进一步对男生和女生在网上保守参与和网上冒险参与的情况进行对比分析，结果发现，男生和女生的网上保守参与水平（$F=4.947$，$p<0.05$）以及网上冒险参与水平（$F=5.165$，$p<0.05$）均存在显著差异。也就是说，不管是网上保守参与还是网上冒险参与，男生的网上政治参与水平都要高于女生。

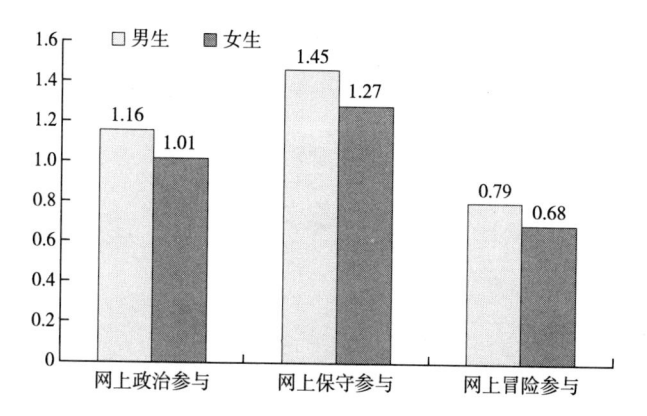

图 9-6 男生和女生网上政治参与状况

（二）不同年级大学生

大学各年级学生网下政治参与水平的描述性统计如图 9-7 所示。从图中可以发现，整体上，大学生的网下政治参与水平存在先降后升的发展趋势，也就是说，大学一、四年级的政治参与水平较高，而大学二年级和三年级的参与水平较低。对不同年级大学生网下政治参与水平进行差异分析，结果发现，除网下冒险政治参与水平（$F=3.161$，$p<0.05$）存在显著差异外，大学生网下政治参与总水平（$F=2.145$，$p>0.05$）和网下保守参与水平（$F=2.152$，$p>0.05$）均不存在显著的年级差异。事后分析表明，大学一年级和大学四年级学生的网下冒险政治参与水平要显著高于二年级的学生。

大学各年级学生网上政治参与水平的描述性统计如图 9-8 所示。从图中可以发现，整体上，大学生的网上政治参与水平存在缓慢持续下降的趋势。对不同年级大学生网上政治参与水平进行差异分析发现，网上政治参与总水平、网上保守政治参与水平以及网上冒险政治参与水平均不存在差异。也就是说，从大学一年级到大学四年级，大学生的网上政治参与总水平（$F=1.900$，$p>0.05$），以及网上保守政治参与水平（$F=1.680$，$p>0.05$）和网上冒险政治参与水平（$F=1.420$，$p>0.05$）都在不断地下降，而且下降的幅度不是非常明显。

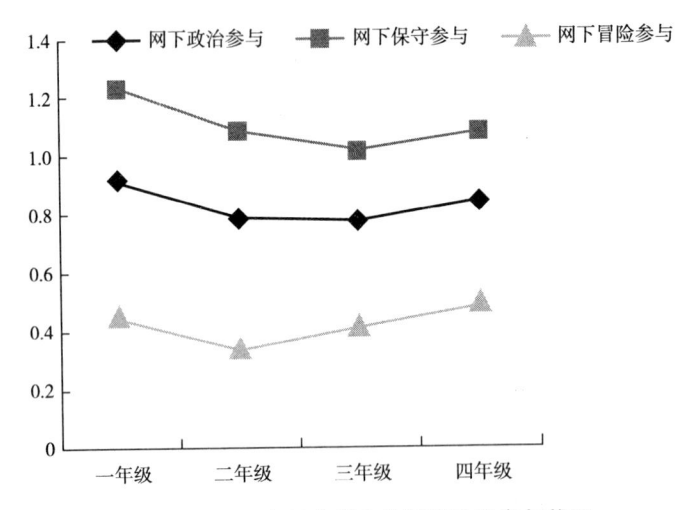

图 9-7 不同年级大学生的网下政治参与状况

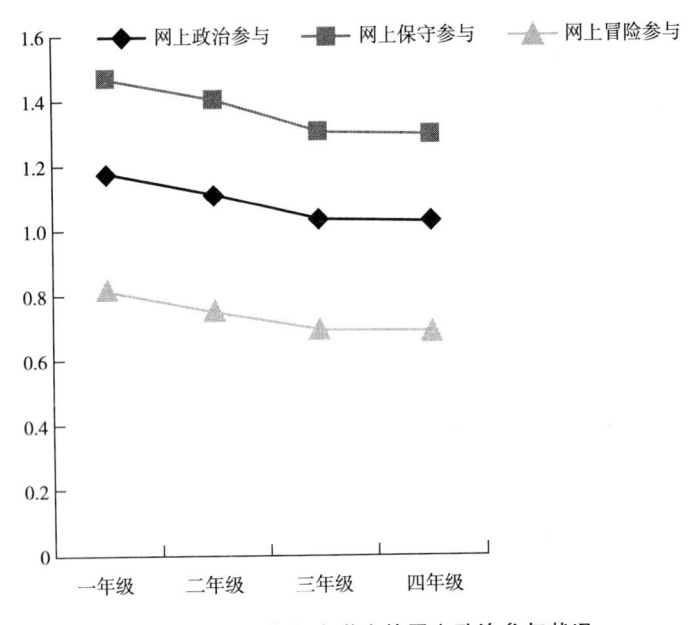

图 9-8 不同年级大学生的网上政治参与状况

(三) 不同政治面貌大学生

对不同政治面貌大学生网下政治参与情境进行分析,结果(见图 9-9)发现,中共党员、共青团员和一般群众的网下政治参与情况以及网下保守参与水平和网下冒险参与水平几乎不存在差异。从参与的绝对水平看，中共党员和共青团员网下保守参与水平略高于一般群众，但是一般群众的网下冒险参与水平略高于中共党员，中共党员的网下冒险参与水平又略高于共青团员。

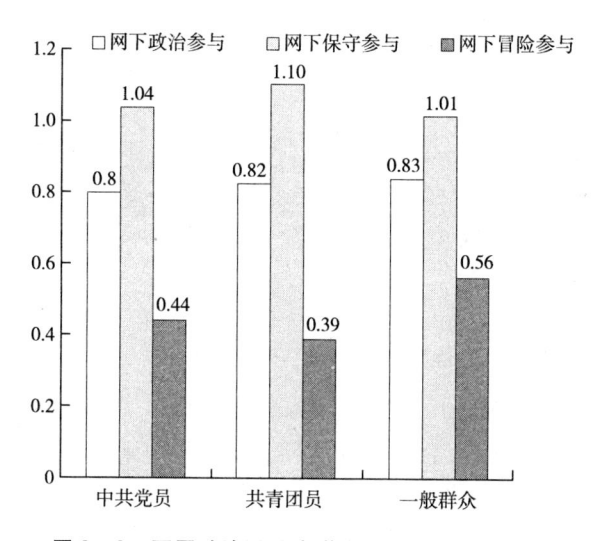

图 9-9　不同政治面貌大学生网下政治参与状况

类似地，不同政治面貌大学生在网上政治参与总体水平以及网上保守参与和网上冒险参与水平上几乎不存在差异（见图 9-10）。从参与的绝对水平看，中共党员和一般群众的网上政治参与总体水平略高于共青团员，中共党员的参与水平又略高于一般群众；中共党员的网上保守参与水平依次高于共青团员和一般群众；一般群众的网上冒险参与水平依次高于中共党员和共青团员。

（四）父母最高学历不同的大学生

相关研究（任春荣，2010）指出，SES 在计算父母受教育程度的时候，可以采取的方法是选择父母之中学历水平较高者作为分析的数据。因此，本研究所指的父母最高学历是以父母中学历水平较高者而言的。对父母受教育程度不同的大学生的政治参与情况进行分析，结果（见图 9-11）发现，除网下冒险参与（$F = 3.045$，$p < 0.05$）外，网下政治参与的总体

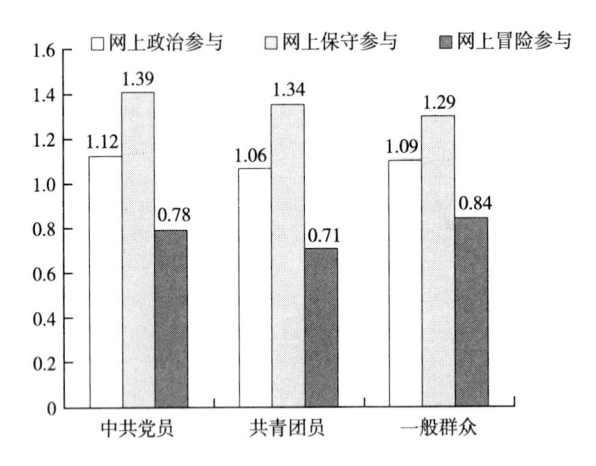

图 9-10 不同政治面貌大学生网上政治参与状况

水平（$F = 0.579$，$p > 0.05$）和网下保守参与（$F = 0.111$，$p > 0.05$）的水平均不存在显著的差异。LSD 事后比较分析发现，当父母的最高学历为高中或中专水平的时候，大学生采用网下冒险参与的水平要明显高于父母最高学历为初中和大专、本科的大学生。

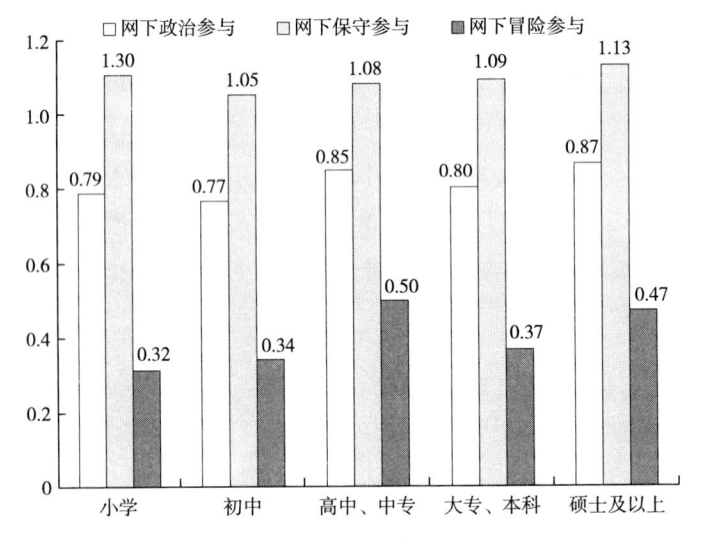

图 9-11 父母最高学历不同的大学生的网下政治参与状况

类似地，除网上冒险参与（$F = 3.043$，$p < 0.05$）外，网上政治参与的总体水平（$F = 1.350$，$p > 0.05$）和网上保守参与（$F = 0.787$，$p >$

0.05) 的水平均不存在显著的差异（见图 9-12）。LSD 事后比较分析发现，当父母的最高学历为硕士及以上水平的时候，大学生采用网上冒险参与的水平要明显高于其他大学生。

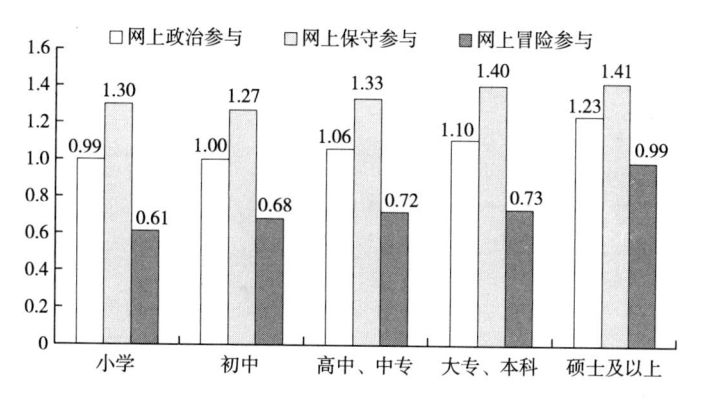

图 9-12　父母最高学历不同的大学生的网上政治参与状况

三　小结

通过对不同群体大学生网上和网下政治参与状况的分析可以发现，社会背景变量也是影响大学生政治参与的主要变量，尤其是性别、年级、父母最高受教育程度以及政治面貌等。这与先前的 SES 模型以及社会资源模型中的不少观点是一致的。下面对中国大学生政治参与现象进行总结和分析。

（一）大学生网上政治参与水平高于网下政治参与水平

数据分析表明，大学生的网上政治参与水平要高于网下政治参与水平，这点符合很多研究者的论断。为什么会出现这种情况？这可能是由网络的特点决定的。一方面，网上参与具有便捷性的特点，不管是个体从网上获取政治知识，还是通过网络发表评论，进行交流，都是非常便捷的；另一方面，网上参与具有一定程度的隐蔽性的特点。众所周知，很多网站都是采用匿名发言和登录的性质，这会给参与主体带来安全感，因此，网下不敢说的话，不敢做的事，就可以通过匿名的方式在网上公开表达。此外，若从社会资源模型的观点进行分析，大学生有网络参与的知识、技能和平台，但是通过网下政治参与，尤其是参加集会或造势活动，以及示威游行等，他们缺乏相应的知识、技能和平台，这也会导致他们的网上参与水平高于网下参与水平。

(二) 男生的政治参与水平整体上高于女生

研究表明，不管是网上还是网下的政治参与，男生的参与水平都要高于女生的参与水平，尤其是在网上和网下冒险参与以及网上保守参与方面。为什么中国男大学生的政治参与水平会高于女大学生呢？这可能与中国传统文化的影响有关。男主外女主内的传统思想依然影响大多数女性，这使得他们的关注点更多在与自己相关的事情上。此外，还存在某种程度的群体效应。也就是说，男生和女生在一起探讨的话题往往不同，男生聚集在一起往往会议论政治，群体的同化使得他们整体的政治参与水平要高于女生。

(三) 大学一年级学生的政治参与水平显著高于其他年级的参与水平

通过对不同年级大学生网上和网下政治参与的分析可以发现，一年级学生的政治参与水平要显著高于其他年级。为什么会出现这种情况？从认知发展的角度来讲，政治认知水平应该会随着年龄的增长而提高，也就是说，随着年级的升高，大学生的政治参与水平应该随之提高，但事实并非如此。出现这种情况，原因可能如下：第一，大学一年级是学生刚入校的第一年，他们刚刚脱离教师和家长的严格管制，从思想到行动都有了很大的自由空间，因此，愿意参与各种组织活动并发表自己的意见和观点。第二，从学习任务来讲，大学一年级主要是让学生适应大学生活的一年，学习任务相对比较轻松，因此，他们有时间、有精力参加各种组织和活动。然而，大学二年级、三年级以及四年级的学习任务则比较重，学生缺少相应的时间和精力用于参与相关的政治活动。第三，二年级、三年级和四年级学生的政治参与水平的下降，也许与他们自身的参与经验有关。也就是说，也许是一年级的政治参与的效果不佳，导致后续的政治参与水平降低。总之，年级与大学生政治参与水平呈现这种关系的原因解释是很复杂的，有待进一步的研究和探讨。

(四) 不同政治面貌大学生在网上和网下政治参与水平上不存在差异

通过对不同政治面貌大学生在网上和网下政治参与水平的分析我们可以发现，不同政治面貌大学生的政治参与水平几乎不存在差异。这说明，中共党员以及共青团员参与政治的意识水平还较低，国家要想发展民主政治，必须提高自身成员及其优秀后备军的政治参与意识和水平。尽管如此，不同政治面貌大学生政治参与的绝对水平却存在一定程度的差异，表现以下特点：第一，相对而言，中共党员的政治参与水平较高，尤其是网上和网下保守参与水平较高。这说明，相对来讲，中共党员的政治认知水平较高，既认识到政治参与对于民主化政治的重要作用，又认识到自己作为一名中共党员对于参与国家政治发展的必要性，因此他们既有较高水平的参与，而且所选择的参与方式也较为理性。第二，一般群众的政治参与水平也较高，相对而言，网上和网下冒险参与的水平较高。这说明，一般群众也具有较高水平的政治参与意识，但是，他们选择的方式常常缺乏理性。这就要求既要继续引发他们的政治参与意识，又要引导他们合理、理性地参与政治。第三，不管是保守参与还是冒险参与，相对来讲，共青团员的政治参与水平处于中共党员和一般群众中间。这可能与共青团员的特殊身份有关。一方面，共青团员是中国共产党的后备军，这些人有着较高的政治追求，渴望加入中国共产党；另一方面，他们又不是真正的党员，政治素养有待提高，这就使得他们在政治参与时采用折中的方式，既能够保护自己，又能够表达自己的心声。

尽管我们可以通过合理的途径来解释大学生党员和共青团员在政治参与中未凸显优势的原因，但是这种现状是值得我们思考的。大学生党员和共青团员是党和国家的中坚力量和后备军，是国家的希望和未来，他们应该是政治参与的主要力量，然而事实并非如此。这就要求教育者、政府以及国家决策者在未来要十分重视大学生党员和共青团员的政治参与，要分别在政治参与意识以及政治参与知识、行为、技能等多个层面对他们进行引导和干预，为国家民主政治发展打下基础。

(五) 随着父母受教育程度的提高，大学生网上 (下) 政治参与的整体水平存在上升趋势

通过对父母最高受教育程度不同的大学生群体的政治参与状况的分

析，可以发现以下特点：首先，父母受教育程度不同，大学生的网上和网下政治参与总体水平几乎不存在差异，但从绝对参与水平看，随着父母受教育程度的提高，大学生网上或网下政治参与的整体水平存在上升的趋势。这说明，父母受教育程度越高，大学生政治参与水平也越高。这一结论与SES模型的观点是拟合的。其次，父母最高学历不同的大学生网上和网下冒险参与存在显著差异。其中，当父母最高学历为高中或中专的时候，他们的网下冒险参与水平明显较高；而当父母最高学历为硕士及以上的时候，他们的网上冒险参与水平明显较高。出现这种情况可能是因为这部分学生的家长的经济基础或社会声望较高，导致他们有可能成为团体中的领袖，相应地，冒险参与水平较高。

第四节 大学生政治参与的影响因素分析

资源模型以及社会－心理模型都认为社会心理变量，如政治效能感、政治信任感等对公民的政治参与水平具有预测作用。为验证这些结论是否符合中国大学生的实际情况，本研究探讨了政治效能感、政治信任感以及政治兴趣对大学生网上和网下政治参与水平的影响。为测量大学生的政治效能感和政治信任感，本研究参考一般效能感以及信任感的研究，编制了调查问卷，并对问卷结构进行了分析。

一 大学生政治效能感与政治参与的关系

（一）政治效能感结构

为考察政治效能感的维度，本研究首先对问卷的7个项目进行Bartlett球形检验，结果发现，$X^2 = 1180.236$（$p < 0.001$），且KMO = 0.645，表明该数据适合进行探索性因子分析。采用主成分分析和最大方差正交旋转进行因素分析，结果发现特征根值大于1的因子有2个，共可以解释52.342%的变异。根据项目的内容，我们将2个因子分别命名为能力效能

和身份效能。因子分析结果见表9-6。

表9-6 大学生政治效能感问卷探索性因子分析结果

项 目	因子负荷 能力效能	因子负荷 身份效能
E03.4 我觉得我比一般人知道更多的政治情况	0.850	—
E03.5 我认为我完全有能力参与政治	0.789	—
E03.3 我觉得我对中国面临的重大政治问题很了解	0.736	—
E03.7 只要经常表达观点，我们也能影响社会的发展	0.470	—
E03.6 政治太复杂，不是我这样的人能够理解的	—	0.765
E03.1 我这样的人对政府行为没有发言权	—	0.731
E03.13 社会问题很复杂，我这样的人只能讨论简单问题	—	0.564

本研究也考察了大学生的政治效能感的特点，结果如图9-13所示。可以看出，大学生的政治效能感处于中等水平。其中，大学生参与政治的能力效能较高，但是身份效能偏低。这符合大学生的实际情况。从政治认知和政治知识水平看，他们已经受过多年教育，而且可以通过网络、报纸等多种媒体了解政治，因此，他们对自己参与政治的能力还是比较认可的。但是，他们的身份毕竟是学生，常言道"人微言轻"，大学生会被这种传统的观念束缚，认为自己不是实际的或接触政府决策较多的群体，不会对政府决策产生太大的影响。

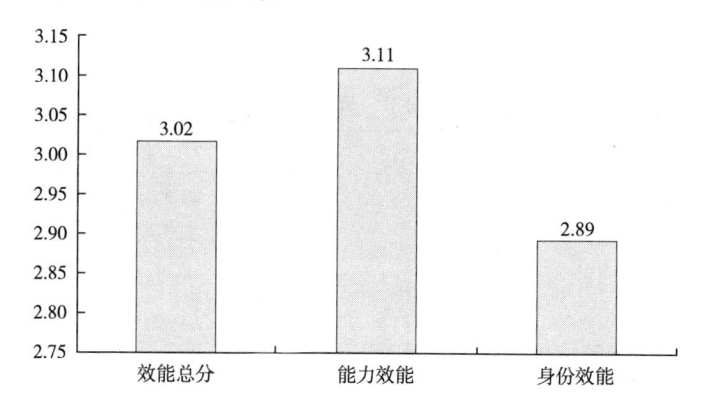

图9-13 大学生政治效能的总体状况

(二) 大学生政治效能感与政治参与的关系

1. 大学生政治效能感与政治参与的相关关系

通过相关分析（见表9-7）可以发现，除身份效能感外，政治效能感总分以及能力效能感都与政治参与总分以及保守参与和冒险参与存在显著的正相关关系。也就是说，大学生的政治效能感越高，尤其是能力效能感越高，他们的政治参与水平越高。

表9-7 大学生政治效能感和政治参与的相关

项 目	政治效能感	能力效能感	身份效能感
网下政治参与总分	0.134**	0.173**	-0.008
网下保守参与	0.098**	0.123**	0.000
网下冒险参与	0.152**	0.205**	-0.021
网上政治参与总分	0.199**	0.236**	0.014
网上保守参与	0.183**	0.204**	0.028
网上冒险参与	0.177**	0.232**	-0.015

注：** 表示 $p<0.01$。

2. 政治效能感与政治参与的关系

为考察政治效能感对政治参与水平的影响，本研究采用回归分析考察了政治效能各维度对网上和网下政治参与水平的影响。分别以网下政治参与水平和网上政治参与水平为因变量，以政治效能的两个维度身份效能和能力效能为自变量进行逐步回归分析，分析结果如表9-8所示。

表9-8 政治效能感对网下、网上政治参与水平的回归分析

自变量		网下政治参与水平			网上政治参与水平		
		标准化回归系数 β	t	Sig	标准化回归系数 β	t	Sig
政治效能	能力效能	0.181	5.698	0.000	0.281	7.783	0.000
	身份效能	0.005	0.148	0.883	0.031	1.035	0.301
Adjusted R^2		—	0.029	—	—	0.055	—
F		—	32.463	—	—	61.988	—
Sig		—	0.000	—	—	0.000	—

回归分析结果表明，大学生对自身参与政治的能力效能感能够显著地预测网上和网下政治参与水平，而大学生对自身参与政治的身份效能与其网上和网下政治参与水平并不存在显著的预测作用，影响作用如图 9-14 所示。也就是说，当大学生认为自己有能力参与政治的时候，他们的网上和网下政治参与水平就会较高。

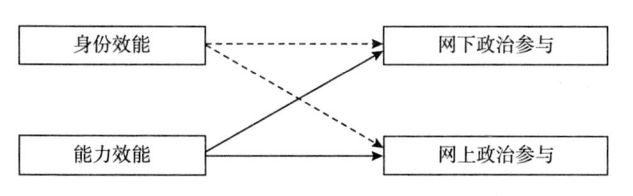

图 9-14　大学生政治效能与网上、网下政治参与的关系

（三）小结

研究表明，当大学生认为自己有能力参与政治的时候，不管是网下还是网上的政治参与，他们会倾向于更多地参与政治。这一研究结论与先前的研究结论是一致的。但是，需要正视的是，虽然大学生的能力效能得分较高，但是网上和网下政治参与的整体水平依然较低。某种程度上，这告诉我们，除了能力效能能够预测大学生的政治参与水平之外，还存在其他的因素在影响其参与水平，到底是哪些因素，这些需要我们做进一步的探讨。

二　大学生政治信任感与大学生的政治参与

（一）大学生政治信任感结构及其特点

为考察政治信任感的维度，本研究首先对问卷的 7 个项目进行 Bartlett 球形检验，结果发现，$X^2 = 2771.076$（$p < 0.001$），且 $KMO = 0.745$，表明该数据适合进行探索性因子分析。采用主成分分析和最大方差正交旋转进行因素分析，结果发现特征根值大于 1 的因子有 2 个，共可以解释 68.149% 的变异。通过对项目内容的分析，我们依次将这 2 个因子命名为政府官员的信任感和政府组织信任感。2 个因子命名的依据是信任主体的

差异。因子分析结果如表9-9所示。

表9-9 政治信任感问卷探索性因子分析结果

项目	因子负荷 官员信任感	因子负荷 组织信任感
E03.15 当选的人大代表很快不再联系选民	0.860	—
E03.16 代表只关心选票，而非选民的意见	0.841	—
E03.14 政府官员不会在乎我们的看法	0.810	—
E03.2 政府官员不太在乎我们这种人的想法	0.692	—
E03.12 多数情况下，警察能够帮助我这样的人	—	0.879
E03.11 多数情况下，政府部门能够帮助我这样的人	—	0.823
E03.10 地方人大制定法律法规会考虑我这样人的意见	—	0.798

为进一步考察大学生群体政治信任感的特点，对其总体分布进行了分析，结果如图9-15所示。可以看出，大学生对政治的信任度较高，超过了平均水平。其中，大学生对官员的信任度超过对政府组织的信任度，其中的原因可能是由于政府官员是具体的个人，大学生可以通过多种途径，如网络、报纸，甚至是实际的学习和工作生活接触到他们，因此，对他们的信任度偏高。相对而言，政府组织，如地方人大等是比较抽象的机构，大学生对其了解和接触较少，因此，信任度略低于对政府官员的信任。

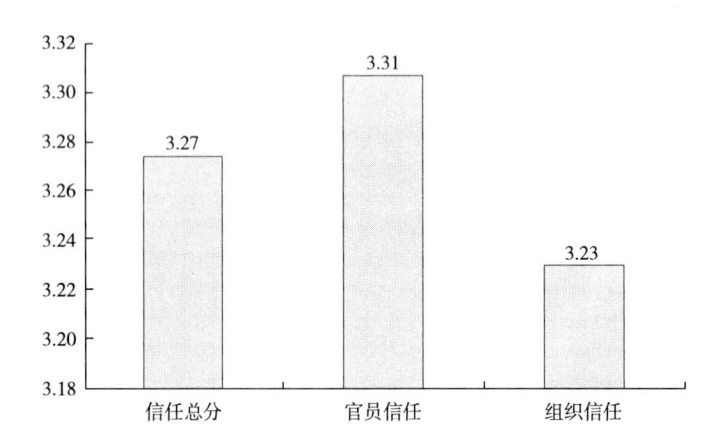

图9-15 大学生政治信任感的总体状况

（二）大学生政治信任感与政治参与的关系

1. 大学生政治信任感与政治参与相关关系

通过相关分析可以发现，政治参与总分与官员信任感存在显著的负向相关关系，而与组织信任感存在正向相关关系。对于网下政治参与而言，网下政治参与的整体水平以及网下保守参与水平与官员信任感均呈现显著的负向相关关系，而与组织信任感呈现正向相关关系，其他变量间不存在相关关系，结果如表9-10所示。也就是说，大学生对官员的信任感越强，他们的网下政治参与整体水平以及网下保守参与水平越低；对组织的信任感越强，他们网下政治参与的整体水平和网下保守参与的水平越高。对于网上政治参与而言，网上政治参与整体水平以及网上保守参与水平均与政治信任感的整体水平和官员信任感呈现显著的负向相关关系，网上冒险参与水平与官员信任感呈现显著的负向相关关系，而与组织信任感呈现显著的正向相关关系。也就是说，当对官员的信任感越强的时候，大学生所采取的网上政治参与总体水平，包括保守参与和冒险参与水平都较低；当大学生对组织的信任感较强的时候，他们采用网上冒险参与的水平会较高。

表9-10 大学生政治信任感和政治参与相关关系

项　目	政治信任感	官员信任感	组织信任感
政治参与总分	-0.054	-0.131**	0.078*
网下政治参与总分	-0.007	-0.074*	0.089**
网下保守参与	-0.019	-0.087**	0.084**
网下冒险参与	0.023	-0.012	0.059
网上政治参与总分	-0.085**	-0.153**	0.051
网上保守参与	-0.112**	-0.173**	0.026
网上冒险参与	-0.016	-0.080**	0.079**

注：** 代表 $p<0.001$；* 代表 $p<0.05$。

2. 政治信任感与政治参与的关系

为考察政治信任感对政治参与水平的影响，本研究采用回归分析考察了政治信任感各维度对网上和网下政治参与水平的影响。分别以网下政治参与水平和网上政治参与水平为自变量，以政治信任的两个维度官员信任和组织信任为自变量进行逐步回归分析,分析结果如表9-11所示。

表9-11 政治信任感影响网下、网上政治参与水平的回归分析

自变量		网下政治参与水平			网上政治参与水平		
		标准化回归系数 β	t	Sig	标准化回归系数 β	t	Sig
政治信任	官员信任	-0.087	-3.212	0.000	-0.171	-5.595	0.000
	组织信任	0.099	3.594	0.01	0.092	2.953	0.003
Adjusted R^2		—	0.018	—	—	0.030	—
F		—	9.395	—	—	17.040	—
Sig		—	0.000	—	—	0.000	—

回归分析结果表明,大学生对官员的信任和对组织的信任都可以显著地预测他们的网上政治参与水平和网下政治参与水平,影响作用如图9-16所示。其中,官员信任对网上和网下政治参与水平具有显著的负向预测作用,组织信任则对网上和网下政治参与水平具有显著的正向预测作用。这也就是说,当大学生对官员的信任感较高的时候,他们所采取的网上和网下政治参与水平较低;当大学生对组织的信任感较高的时候,他们所采取的网上和网下政治参与水平较高。

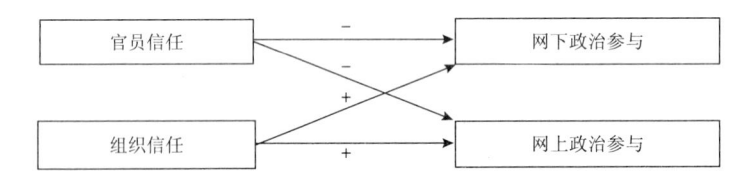

图9-16 大学生政治信任感与网上、网下政治参与的关系

(三) 小结

通过分析政治信任感对大学生网上以及网下政治参与的预测作用可以发现,组织信任感对大学生的网上和网下政治参与具有正向预测作用。也就是说,当大学生对组织的信任感较高的时候,他们所采取的网上和网下政治参与水平则高。这是因为,大学生对组织的这种信任感使得他们敢于表达自己的观点,使得他们相信,表达自己的观点是不会有危险的,或者

自己的观点是可以得到接纳的,甚至是认可的。

但是,当大学生对官员的信任感高的时候,网上和网下的政治参与水平却较低。为什么大学生对官员的信任感越高,反倒越不倾向于参加政治行为了呢?这是否意味着如果我们要提高大学生的政治参与水平,就要降低他们对官员的信任感呢?我们到底该如何理解这一结论呢?事实上,这一结论也是可以得到合理的解释的。当他们对官员的信任感越高的时候,他们越少参与政治,是因为他们相信政策或政府的决策者会为他们考虑到他们所要考虑的问题,解决他们遇到的问题。这一推论也与大学生的切身体验有关,比如大学生群体中存在的"上不起学"的问题,国家和政府官员能够敏锐地捕捉到这一点,并通过绿色通道等多种途径确保学生能够上得起学;再如所有大学生都面临的就业问题,也被国家和政府列为重点关注的问题,通过多种策略、采取多种途径帮助大学生实现灵活就业。这些经验会给大学生带来组织会想其所想的体验,这使得信任政府官员,并减少个体行为。

三 大学生的政治兴趣与政治参与的关系

(一) 大学生政治兴趣基本情况

从整体上看,大学生政治兴趣比较高(平均值为 3.17)。但是,从实际的关注行为来看,他们的关注频率还不是很高。本研究对大学生通过报纸、电视、广播等主要媒体的关注频率进行了研究,结果(见图 9-17)表明,多数大学生对各种媒体上的政治信息的关注频率并不是很高,1/3 强的大学生每周的关注频率都少于 1 天,仅有 10% 左右的学生每天都关注政治信息。

此外,本研究还对大学生所关注的政治内容进行了研究,结果发现,大学生对各类政治信息的关注度都比较高。其中,对政治事件的关注最高,其次是政治形势,再次是各类社会问题,结果如图 9-18 所示。其中,政治事件包括腐败事件和政治丑闻以及群体性事件,政治形势包括国内外政治局势以及重要的政府会议,社会问题则包括环境问题、人权问题、食品安全问题以及劳动就业等。

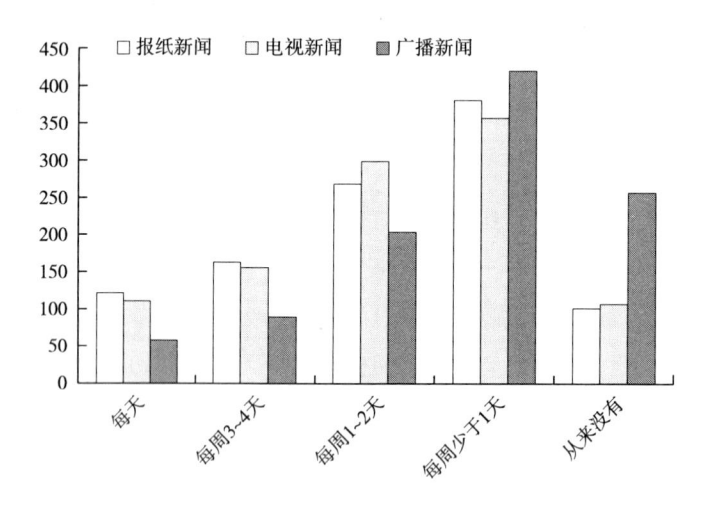

图 9-17 大学生政治关注的频次分布

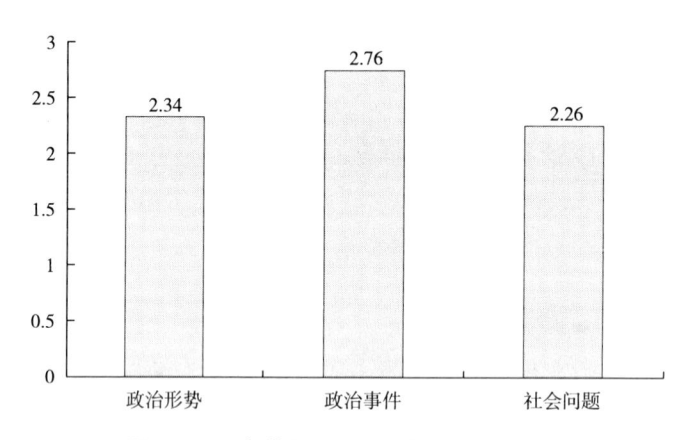

图 9-18 大学生政治关注内容的总体状况

(二) 大学生政治兴趣与政治参与的关系

本研究考察了大学生总体政治兴趣以及对主要媒体的关注频率、关注内容与其政治参与关系。相关分析结果（见表 9-12）表明，大学生对主要媒体上政治信息的关注频率与政治参与行为不存在相关关系（由于关注频率为等级数据，故此处的相关采用斯皮尔曼等级相关进行计算）。对于政治关注的整体水平而言，除网上（$r = 0.042$，$p > 0.05$）和网下（$r = 0.047$，$p > 0.05$）冒险参与外，都与网上和网下的政治参与总体水平以及保守参与水平呈现显著的正相关。对于关注的政治内容而言，除网下冒险参与与政治形势（$r=-0.057$，$p>0.05$）和政治事件（$r=-0.053$，$p>0.05$）不存在显著相关外，其他变量间均存在显著相关关系。

表 9-12　大学生政治兴趣与政治参与的关系

事项		网下政治参与	网下保守参与	网下冒险参与	网上政治参与	网上保守参与	网上冒险参与
政治兴趣		0.047	0.063*	-0.011	0.111**	0.135**	0.042
关注频率	报纸新闻	0.031	0.02	0.002	0.008	-0.047	0.079
	电视新闻	-0.059	-0.053	-0.065	0.016	0.043	-0.046
	广播新闻	0.035	-0.017	0.147	-0.118	-0.151	-0.048
关注内容	政治形势	0.152**	0.214**	-0.057	0.298**	0.347**	0.137**
	政治事件	0.156**	0.218**	-0.053	0.310**	0.360**	0.147**
	社会问题	0.153**	0.226**	-0.081**	0.317**	0.371**	0.143**

由于大学生的政治兴趣以及关注的内容与政治参与存在显著的相关关系，因此，本研究进一步考察了大学生的政治兴趣以及关注内容对政治参与的预测作用。分别以网上和网下政治参与为因变量，以政治兴趣以及关注内容的三个维度为自变量进行回归分析（stepwise method），分析结果如表 9-13 所示。

表 9-13　大学生政治关注对政治参与的回归分析

因变量	保留变量	标准化回归系数 β	调整后 R	F	Sig
网下政治参与	政治事件	0.109	0.024	26.237	0.000
网上政治参与	政治兴趣	0.086	0.011	12.912	0.000
	社会问题	0.161	0.105	62.470	0.000
	政治事件	0.118	—	—	—

从表 9-13 中可以看出，除大学生对政治事件的关注程度会影响网下政治参与水平外，其他变量对其均无预测作用；除了政治形势外，大学生对政治的整体关注度以及对社会问题和政治事件的关注度均能够显著地预测网上政治参与水平（见图 9-19）。

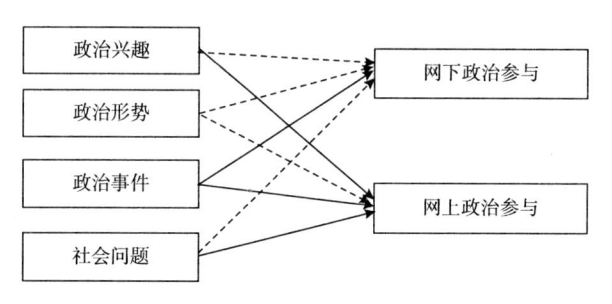

图 9-19　大学生政治兴趣与网上、网下政治参与的关系

(三) 小结

1. 政治兴趣不等于政治行为

本研究中，虽然大学生都表现了较高水平的政治兴趣，且政治兴趣能够显著地预测网上和网下政治参与水平，但是对大学生政治参与的绝对水平以及政治信息的关注频率来推断，我们可以得到一个结论，即政治兴趣不等于政治行为。这是因为，大学生的网上和网下政治参与水平较低，且对政治信息的关注度并不是很高，1/3 强的学生每周对核心媒体上的政治信息的关注频率都少于 1 天。也就是说，他们可能在一周内根本就不会关注相应的政治信息。虽然本研究中大学生对政治信息的关注频率与其政治参与水平不存在显著的相关，但是也有研究表明（张明新，2011），政治知识对个体政治参与行为具有预测作用，而关注各大核心媒体的政治信息则是获得政治知识的主要来源，如果学生关注较少，那么他们所积累的政治知识就偏少，这必然影响他们的政治参与水平。因此，本研究建议相应的机构，如学校，应该引导大学生尽可能多地关注各大媒体的政治信息，帮助学生积累政治知识。

2. 负性政治信息更容易引发关注

通过对大学生政治关注内容的分析可以发现，大学生最关注的是政治事件，包括群体性事件、腐败事件和政治丑闻等，其次是政治形势，再次是社会问题。这说明，负性的政治信息更容易引发大学生的关注。这一研究结论与实践是相符合。众所周知，俗语说"好事不出门，坏事传千里"，其形象地说明了大众更容易关注负性信息的事实。

回归分析的结果又表明，大学生对相关负性信息的关注能够显著地预测大学生的网上和网下政治参与行为。这说明，政治事件不仅能够引发大学生的关注，而且还会引发大学生的政治参与行为。负性信息为什么能够引发大学生的政治参与行为呢？因为负性事件往往要得到批判，而且往往是社会大众所普遍关注的，因此，大学生对其进行讨论、评论也符合社会大众倡导的舆论。也就是说，某种程度上，参与相应事件的危险性较低，因此更容易参与。

3. 社会问题所引发的政治参与往往限于网络

研究结果还表明，大学生对社会问题的关注能够显著地预测其网上政治参与水平，但是对网下政治参与水平的预测作用则不显著。也就是说，社会问题也能够引发大学生的政治参与，但是，这种参与较为显著地存在于网络之上。为什么呢？也许是因为本次研究中所涉及的社会问题，如食品安全问题、人权问题等往往离大学生的生活实际较远。也就是说，他们的现实生活圈子中很难找到相应的圈子或人群来论述这些问题，而且缺乏必须的原因来组织对这些问题的讨论、评论以及组织活动等，但是，网络却能跨越实际生活世界中存在的这个问题，它能够将全世界、全国范围内对这些问题感兴趣的个体集合到一起，创造一个小的圈子或社区，因此，社会问题所引发的政治参与多显现于网络之上。

第十章　重大政治仪式对大学生的教育意义：效用与局限

——以国庆六十周年庆典为例

我国党和政府一直很重视仪式、仪典在思想政治教育中的作用。2009年国庆六十周年庆典是党和政府运用仪式进行思想政治教育的重要事件。本章的主题就是研究国庆六十周年庆典中党和政府与大学生两方面对庆典的意义建构，考察国庆庆典的教育效果，以及庆典的效用与局限。

第一节　研究背景

我国党和政府一直很重视仪式、仪典在思想政治教育中的重要作用。近几年有关部门先后出台了几个纲领性文件，如《公民道德建设实施纲要》《中共中央　国务院关于进一步加强和改进未成年人思想道德建设的若干意见》以及2006年《教育部关于大力加强中小学校园文化建设的通知》中，都有关于加强仪典文化建设的申明。

2009年10月1日在天安门广场举行了盛大的国庆六十周年庆典，在国内外引起了强烈的反响，得到了社会各界普遍的关注。毫无疑问，对于此次耗费巨大人力、物力与财力兴办的国家政治性庆典，党和政府是希望通过庆典来实现一定的政治教育价值的。对于国庆六十周年阅兵与群众游行庆典的政治教育意义，我们也可以从中国人民解放军总政治部所印发的《庆祝新中国成立60周年首都阅兵宣传教育提纲》中得到强烈的印证。该提纲对于60周年庆典阅兵的三条意义阐发都是政治教育的意义。认为

"这次阅兵是我们党执政能力和综合国力的充分展示,对于进一步坚信党的领导、坚定中国特色社会主义信念具有重大政治意义"。"搞好这次阅兵,对于唱响共产党好、社会主义好、改革开放好、伟大祖国好的时代主旋律具有十分重要的作用,必将激励全党全军全国各族人民更加紧密地团结在以胡锦涛同志为总书记的党中央周围,始终做到高举中国特色社会主义伟大旗帜不动摇、坚持中国特色社会主义道路不动摇、坚持中国特色社会主义理论体系不动摇。""这次阅兵是振奋民族精神、激发爱国热情的重大举措,对于鼓舞和激励全国各族人民团结奋斗、开创美好未来具有深远历史意义。"(中国共产党新闻网)

党和政府对各种仪式教育给予了很美好的愿望。但是对于现实中各种仪式的实际教育效果,一些研究者持一种怀疑的态度。一些研究者对学校中的毕业典礼、成人仪式等做了较为详细的个案研究,认为这些仪式取得了一定程度的教育效果,但也存在很多缺失现象,甚至还引起了很多学生的反感和厌恶(阎崴,2009;田丽,2007)。

党和政府对于国庆庆典用心良苦,对于庆典实际带来的效果也是颇为关心的。大学生作为时代的青年精英,一直以来都是党和政府政治教育的重点对象,此次庆典也不例外。本次庆典的群众游行方阵集聚了来自于北京 50 余所高校的近十万大学生,而全国 2000 余万大学生基本上在当天也通过电视或网络直播收看了这一盛典。对于这一时代的大学生来讲,此次庆典无疑是他们共同的政治回忆。那么,他们是怎么看这次庆典的呢?庆典在他们的眼中是怎样的呢?庆典在他们身上实现了政治教育的价值了吗?哪些因素影响这种教育效果的实现呢?本研究正是希望通过问卷调查与深度访谈的研究方法,从广度和深度两个维度去寻找这些问题的答案。通过个体在仪式中的意义建构的视角来分析该庆典实际创造的教育效果,并对各种不同效果所产生的原因和过程进行深入剖析,在此基础上对相关的仪式教育提出相应的对策。

第二节 研究设计与方法

一 研究方法

(一) 文献分析

主要进行两类文献分析。一类是对已有的仪式、意义建构等方面的研究文献进行收集、整理、分析和综述。文献资料的收集主要是通过查找相关书籍，并以学术期刊网数据库和 EBSCO 数据库为主要来源，辅助以互联网络等方式查阅研究论文、党和政府文献和媒体文章。另外一类是对阅兵与群众游行中胡锦涛主席的讲话、中央电视台解说词、中央对于此次庆典的相关指示和文件，以及国内外报刊、网站的解读与评论文章进行深入分析。通过这些文献的分析来研究党和政府希望通过此次庆典建构起来的意义体系，即庆典的教育目的。

(二) 深度访谈

对于庆典参与者和观看者通过仪式所发生的认知图式变化，以及意义建构过程等一系列复杂的现象，采用半结构式深度访谈进行深入挖掘。在上述两类文献研究的基础上，进行访谈提纲的设计。共对八名大学生（四名参加者，四名观看者）进行了深度访谈，其中参加者和观看者都包括两名政治忠诚者以及两名政治冷漠异化者，以期了解不同类型认知结构的个体在此次规模宏大的政治仪式中的主观意义建构过程。对于政治忠诚型与冷漠异化型的判别，主要通过设计的量表来测量。量表包括国家认同、政党认同、政府认同以及政治制度认同四个部分，量表分数经过标准化转化为 0~100 分，0 分表示非常不认同，100 分表示非常认同，50 分则表示中立。以往政治社会化研究中，如阿尔蒙德在内的研究者认为，对于政治系统的中立态度实际上是一种冷漠与异化的态度。本研究对量表总分的分析以 60 分为界，高于 60 分即认为是忠诚型，低于 60 分即是冷漠异化型。由于在寻找各类访谈对象时带有很强的目的性与针对性，因此这两种类型的访谈对象都比较典型（见表10－1）。忠诚型访谈对象的量表总分都基本在80分以上，冷漠异化型则都基本处于50分左右。最后运用Nvivo7.0对此过程进行类属分析和情境化分析，访谈样本基本情况见表10－1。

表10－1 访谈样本基本情况

受访者编号	性　别	年　级	参加/观看	（政治）忠诚/冷漠异化
1	女	大三	参加者	冷漠异化型
2	男	大三	参加者	冷漠异化型
3	女	大三	参加者	忠　诚　型
4	男	大三	参加者	忠　诚　型
5	男	大四	观看者	冷漠异化型
6	男	大四	观看者	冷漠异化型
7	男	大四	观看者	忠　诚　型
8	女	大四	观看者	忠　诚　型

（三）问卷调查

对于庆典的教育效果及影响因素，本研究主要通过问卷调查的方式收集数据资料，于2010年12月对北京地区大学生进行了"国庆六十周年庆典的意义建构"调查。

对于样本容量的确定，将置信度设定为95%，允许抽样误差控制在4.0%，根据样本规模计算公式得出 n 为：$t^2/4e^2 = 1.962/4 \times 0.042 = 625$。考虑到样本内部还包括参加者与观看者两种类型，以及问卷的回收率和废卷等问题，将观看者样本容量确定为800人，参加者样本容量确定为600人，总共抽取1400人。通过抽签方式从北京地区的重点高校随机抽取了12所大学，包括清华大学、中国人民大学、中国政法大学、北京交通大学、中国农业大学、中央民族大学、北京邮电大学、北京师范大学、北京理工大学、中国地质大学、北京电影学院、中国青年政治学院。在每所高校确定两名学生调查员，分别负责发放国庆参加者与观看者的调查问卷，要求调查员尽量按照性别与年级平均发放。因为本研究带有一定的政治性质，为了避免被调查者的思想顾忌，没有选择从学校官方渠道来发放问卷，所有的问卷都是本校学生调查员通过入宿舍调查的方式发放，让被调查者随意填答，约过半小时之后调查员再返回回收。这一调查方式在一定程度上保证了调查结果的有效性与真实性。本次调查共发放问卷1400 份，回收有效问卷 1350 份，回收率为 96.4%，样本的基本情况如表 10-2 所示。

表 10-2 样本基本情况

单位：%

变量名称	类 别	百分比
性　别	男	47.7
	女	52.3
专　业	文科	47.0
	理工科	53.0
观看类型	参加者	43.9
	观看者	56.1

根据本研究的目的，采用 SPSS16.0 以及 AMOS 18.0 统计分析软件对调查资料进行分析处理，具体的数据统计分析主要分四个步骤。第一步，运用 SPSS16.0 对资料进行因子分析、描述性统计以及方差检验来分析庆典对于大学生的政治教育效果；第二步，运用 AMOS 18.0 对阈限进行验证性因素分析；第三步，运用 SPSS16.0 对影响阈限的因素进行虚拟回归分析；第四步，运用 AMOS 18.0 建立结构方程模型，多路径分析庆典教育效果的影响因素。在数据处理过程中，将所有的分值都转化为 0 到 1 之间，方法是（实际得分 - 最小值）÷（最大值 - 最小值）。如得分为 0.5 分，就表示百分值中的 50 分。

二　核心概念的操作与测量

本研究的核心概念主要是政治认知图式与阈限。对于政治认知图式的测量，在整理国庆相关文献资料的基础上，通过分析与综合庆典的要素与结构，构建出党和政府希望通过庆典实现的政治教育目的框架，以此框架相应测量大学生的政治认知图式。对于阈限的测量，主要在文献整理的基础上，结合访谈的发现，整理出相应的测量维度与指标。

（一）政治认知图式的测量

对于政治认知图式的测量，主要按照党和政府希望借庆典达到的教育目的来测量，主要测量个体对于政治系统相应方面的政治定向。根据对胡锦涛主席的讲话内容、央视的解说词、中央关于庆典的相关文件以及一些主要媒体的解析和评论，本研究认为，对于国内的意义来讲，党和政府主要希望通过此次庆典建构起人民对政治系统（政党、政治制度、政府、国家）的认同和积极的政治定向（认知、情感、评价），简略如表10-3所示。

表10-3 党和政府对庆典的意义建构

一级维度	二级维度	三级维度	庆典元素
政党	1. 党的性质与宗旨	—	"为人民服务"的口号、讲话、各方阵的成员等
	2. 党的指导思想	—	标语等
	3. 党的领导人	—	领导人画像等
	4. 党的执政能力与成绩	①革命时期的领导能力与成就	浴血奋斗方阵等
		②建国时期的执政能力与成就	开天辟地方阵等
		③改革开放时期的执政能力与成就	春天的故事方阵等
		④江泽民时期的执政能力与成就	走进新时代方阵等
		⑤胡锦涛时期的执政能力与成就	继往开来方阵等
	5. 党的未来发展的信心	—	"七色光"鼓号队、星星火炬方阵等
	6. 党领导下的军队	①军队的硬实力	各种先进装备、兵种等
		②军队的软实力	响亮回答所表现的士气、整齐的步伐等
		③军队的性质与宗旨	"为人民服务"的口号、参与社会建设的部队等
		④军队的国际形象	开放的姿态、海军方队等

续表

一级维度	二级维度	三级维度	庆典元素
政府	1. 政府的宗旨	—	由农民、工人等各类人员组成的方阵
	2. 中央政府的执政能力与成绩	①经济建设成就 ②政治建设成就 ③文化建设成就 ④社会建设成就	农业发展、工业发展等方阵
	3. 地方政府的执政能力与成绩	—	各地彩车
	4. 政府政策	各类经济、政治、文化、社会政策	新农村建设等方阵及相关彩车
	5. 对政府未来发展的信心	—	青少年组成的方阵
	6. 政府的国际形象	—	能源、同一个世界等方阵
政治制度	1. 民主	—	民主方阵
	2. 法治	—	法治方阵
	3. 中国特色社会主义	—	"社会主义好"等图案
	4. 一国两制	—	彩车
	5. 民族区域自治	—	彩车
国家	1. 国家象征物	—	国旗、国歌、国徽
	2. 国土	—	"江山如此多娇"画卷、各地彩车
	3. "中国人"身份	—	"我的中国心"方阵等
	4. 民族传统	—	中山装、红旗轿车等
	5. 对国家未来的信心	—	青少年方阵
	6. 国家国际形象与地位	—	部队、"同一个世界"等方阵

在所进行的试测问卷中，严格按照上述框架设计相应的指标，询问被调查者在庆典过程中是否有相应的认同体验。如对于国家认同，通过如下题目加以测量。(01) 在庆典中看到国旗时，我感到很亲切；(02) 在庆

中看到国徽时,我感到很亲切;(03)在庆典中听到国歌时,我感到很亲切;(04)在庆典中,我为自己是中国人而感到自豪;(05)在庆典中,我为国家美丽的河山感到自豪;(06)庆典中,我为我国悠久的历史文化感到自豪;(07)在庆典中我感受到,我们国家一定会发展得越来越好;(08)在庆典中我感受到,我们国家得到了世界认可。一共设计了50个题目测量庆典过程中大学生的政治认知结构。同时,以此为对应,设计19个题目测量庆典开始前大学生的政治认知结构。

(二)阈限的测量

对于阈限状态的操作化与测量是本研究的难点。在相关文献整理的基础上,对八名不同类型的大学生进行了深入访谈,发现确实存在这样一种阈限状态。通过结合文献资料与访谈结果,提取出庆典阈限状态的四个维度与指标,即"中国人"角色性、平等性、交融性和持续性。试测数据的因子分析结果证明,四个测量指标能聚到一起,所提取的公因子的累计方差贡献率为77.368%,能分别解释角色性、平等性、交融性以及持续性四个测量指标的0.912、0.931、0.930及0.730。因此,维持试测问卷中对于阈限测量的指标。

(三)对庆典评价的测量

试调查中发现,大学生对于庆典的价值判断可以提取出四个维度,包括庆典的民族价值、政治教育价值、国际价值与负面价值。因此,在正式调查的问卷中,也是以这四个维度来测量大学生对于庆典的预期价值以及事后的价值判断。

(四)自变量的设计

本研究除了要描述庆典在大学生中的实际教育效果外,还要挖掘与分析影响这种教育效果的因素。除了原政治认知结构外,还设计了其他自变量(见表10-4)。

表 10 – 4　自变量指标设计

维　　度	指　　标
人口统计学因素	性别、年级、政治面貌、宗教信仰、父母亲职业、父母亲文化程度
对"两课"的态度	1. 是否喜欢"两课"课程 2. 课堂气氛 3. 是否积极参与 4. 喜欢的上课形式（讲授型、观赏型、讨论型、实践型）
政治关心度	1. 个体的政治关心度 2. 周围同学的政治关心度 3. 父母的政治关心度
政治观点与主流媒体的差别	1. 个体 2. 周围同学 3. 父母
对腐败的看法	1. 我国的腐败程度 2. 党和政府治理腐败的决心 3. 腐败治理的效果
庆典前对庆典的了解与态度	1. 何时知道 2. 通过什么信息知道 3. 是否应该办 4. 预期庆典的价值（民族价值、政治教育价值、国际价值、负面价值） 5. 对庆典的期待度

三　研究假设

（一）理论假设

根据对已有文献的分析以及初期的试访与试调查情况，将国庆 60 周年阅兵与群众游行庆典定义为一种政治仪式，主要以特纳的仪式三阶段理论（结构 – 阈限 – 结构）以及皮亚杰的建构主义发生认识论为理论基础，提出以下几个研究假设。

第一，阈限是庆典实现政治教育效果的核心与关键。

第二，原结构政治认知图式等因素影响大学生在庆典中的阈限程度。

第三，阈限状态与原结构状态的大学生对于庆典的意义建构过程与特点具有差异性。

第四，庆典是一种效用与局限相统一的政治教育形式。

（二）研究框架

1. 访谈研究框架

访谈研究框架如图 10-1 所示。

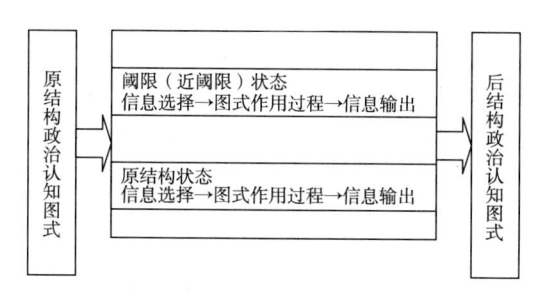

图 10-1 访谈研究框架

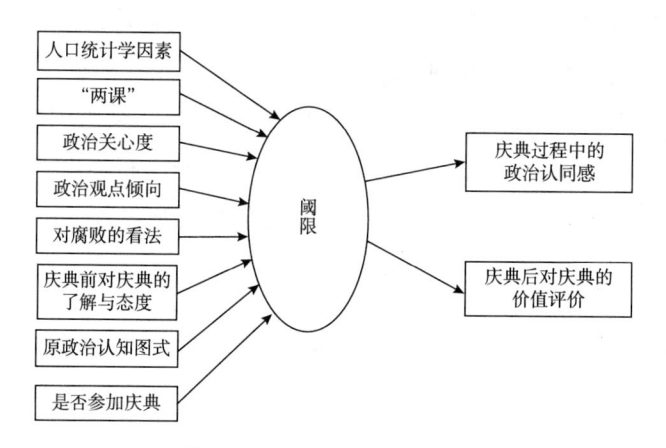

2. 问卷调查研究框架

问卷调查研究框架如图 10-2 所示。

图 10-2 问卷调查研究框架

第三节 调查结果及分析

一 政治认知结构测量量表的分析

为了测量庆典前后大学生政治认知结构的变化，分别设计了两个量表测量大学生庆典前与庆典中的政治认同。分别对这两个量表进行项目分析、因素分析及结构效度分析,以检验该量表测量大学生政治认知结构的科学性与有效性。

(一) 庆典中政治认同感量表的分析

对于庆典过程中的政治认同感量表的设计,采用李克特量表的计分方式,1 = 非常符合,2 = 比较符合,3 = 一般,4 = 不太符合,5 = 非常不符,以测量大学生在庆典过程中是否出现了政治认同的感受。

在数据处理过程中,对分值进行了转化。首先将分值进行了倒向,分值越高表示越符合,对政治系统的认同感就越强烈。将分值倒向过后,又将所有题项的得分进行了标准化转换,将所有分值转化为 0~1 之间,方法是(得分 - 最小值) ÷ (最大值 - 最小值)。如得分为 0.5 分,就表示百分值中的 50 分。

与试测的小样本数据有所差异,大样本数据很自然地聚为三个因子,分别为国家认同感、政党认同感以及政府认同感,正好与研究设计的初衷契合。三个因子的特征值都大于1,累积方差贡献率达到 73.640%,同时,各个题目在相应因子上的载荷都在 0.55 以上。项目分析结果显示,各测量项目具有明显的区分度。各维度测量指标的信度值非常高,分别为 0.915、0.896 与 0.935。具体结果如表 10 - 5 所示。

表 10 - 5 庆典中政治认同感量表的项目分析及因素分析

因素名称	题号与指标	项目分析 T	抽取的因素 1	抽取的因素 2	抽取的因素 3	贡献率 (%)	累积贡献率 (%)	信度
政府认同	W37_21 国防军事建设成绩认同	-27.034***	0.597	—	—			
	W37_22 经济建设成绩认同	-36.193***	0.718	—	—			
	W37_23 W37_24 政治建设成绩认同	-38.519***	0.781	—	—			
	W37_25 文化建设成绩认同	-30.329***	0.820	—	—			

续表

因素名称	题号与指标	项目分析 T	抽取的因素 1	抽取的因素 2	抽取的因素 3	贡献率（%）	累积贡献率（%）	信度
政府认同	W37_26 社会建设成绩认同	-31.982***	0.826	—	—	34.715	34.715	0.935
	W37_30 民族建设成绩认同	-35.801***	0.757	—	—			
	W37_27 W37_28 地方政府建设成绩认同	-35.852***	0.782	—	—			
	W37_29 政府政策认同	-35.370***	0.772	—	—			
国家认同	W37_1——W37_3 国家象征物认同	-30.869***	—	0.715	—	23.910	58.624	0.896
	W37_4 "中国人"身份认同	-26.577***	—	0.799	—			
	W37_5 国土认同	-25.004***	—	0.855	—			
	W37_6 国家文化认同	-22.683***	—	0.832	—			
	W37_7 国家未来认同	-31.135***	—	0.639	—			
政党认同	W37_8——W37_11 政党指导思想认同	-42.855***	—	—	0.765	15.015	73.640	0.915
	W37_12——W37_15 政党领导人认同	-42.306***	—	—	0.767			
	W37_16——W37_20 政党执政成就认同	-49.715***	—	—	0.640			

注：*** 表示 T 检验的结果在 0.001 的水平上显著。

对于该量表的结构效度，根据因子分析提供的初步结果在 AMOS 建立了模型，进行了验证性因素分析。模型拟合度的统计参数如表 10-6 所示。

表 10-6　庆典中政治认同感量表拟合指数

χ^2	P	df	χ^2/df	RMSEA	CFI	IFI	GFI
62.588	0.109	50	1.25	0.014	0.999	0.999	0.994

根据 Bentler (1980) 等人的研究表明,在拟合指数大于 0.9 时,假设模型可以接受。因此,AMOS 18.0 运行结果 ($\chi^2 = 62.588$, $P = 0.109 > 0.05$, df = 2, $\chi^2/df = 1.25 < 3$, GFI = 0.994 > 0.9, IFI = 0.999 > 0.9, CFI = 0.999 > 0.9, RMSEA = 0.014 < 0.08) 表明,研究假设模型与数据拟合得较好,可以接受该假设模型。关键参数如表 10-7 所示。

表 10-7　庆典中政治认同感量表验证性分析关键参数

潜变量	观测变量	回归系数	标准误	临界比（t 值）	显著性
国家认同	象征物认同	1	—	—	—
	国土认同	1.056	0.041	25.898	***
	身份认同	1.061	0.035	30.733	***
	文化认同	1.015	0.041	24.629	***
	未来认同	1.341	0.047	28.600	***
政党认同	指导思想认同	1	—	—	—
	领导人认同	0.864	0.022	39.499	***
	执政成就认同	0.918	0.025	36.600	***
政府认同	国防军事建设成绩认同	1	—	—	—
	经济建设成绩认同	1.162	0.047	24.639	***
	政治建设成绩认同	1.597	0.068	23.606	***
	文化建设成绩认同	1.291	0.056	23.064	***
	社会建设成绩认同	1.393	0.058	23.919	***
	民族建设成绩认同	1.336	0.057	23.285	***
	地方政府建设成绩认同	1.314	0.053	24.743	***
	政府政策认同	1.425	0.060	23.832	***

（二）原政治认知结构量表的分析

原政治认知图式量表的设计、记分方式及转换与庆典中政治认同感量表相同（见表 10-8）。经过因子分析发现,该量表可以聚为六个因子,分

第十章 重大政治仪式对大学生的教育意义：效用与局限

表10-8 原政治认知结构量表的项目分析及因素分析

因素名称	题号	项目分析 T	抽取的因素 1	2	3	4	5	6	贡献率（%）	累积方差贡献率（%）	信度
政党执政成就认同	W26_3	-28.199***	0.804						26.302	26.207	0.923
	W26_4	-31.336***	0.849								
	W26_5	-34.329***	0.829		—						
	W26_6	-33.933***	0.786								
	W26_7	-37.807***	0.726								
政府政治、文化与社会建设认同	W26_11	-32.087***		0.861					23.166	49.374	0.914
	W26_12	-31.391***	—	0.871							
	W26_13	-29.696***		0.807							
	W26_14	-31.842***		0.824							
政党与政府性质认同	W26_2	-15.213***			0.889				12.274	61.647	0.832
	W26_9	-14.005***		—	0.911		—				
国家认同	W26_15	-26.067***				0.600			7.969	69.617	0.647
	W26_16	-13.768***		—		0.830					
军事建设成绩认同	W26_8	-21.909***					0.886		7.125	76.742	—
政府经济建设成绩认同	W26_10	-27.403***			—			0.689	5.958	82.699	—

注：*** 表示 T 检验的结果在 0.001 的水平上显著。

313

别为政党执政成就认同，政府政治、文化与社会建设认同，政党与政府性质认同，国家认同，军事建设成绩认同，政府经济建设成绩认同。因子累积方差贡献率为69.617%。经项目分析，该测量项目区分度良好，信度较高。

通过因子分析可以发现，与庆典状态相比，在原结构状态中，大学生的政治认知结构呈现的维度更多更复杂。为了与庆典中的政治认知结构相对应，原结构状态中的政治认知结构是否也可以更简洁地归为三类，即国家认同、政党认同与政府认同呢？在AMOS中建立模型进行因素分析，潜变量与观测变量如：国家认同（W26_15、W26_16）、政党认同（W26_2——W26_7）和政府认同（W26_8——W26_14）。模型拟合度的统计参数如表10-9所示。

表10-9 原政治认知结构量表拟合指数

X^2	P	df	X^2/df	RMSEA	CFI	IFI	GFI
57.6	0.186	49	1.176	0.011	0.999	0.999	0.994

由表10-9可知，各统计参数达到模型拟合要求，表明该量表可以划分为国家认同、政党认同及政府认同三个类别。这为接下来对比大学生在庆典前与庆典中的政治认同提供了依据。

二 庆典教育效果的描述性分析

（一）庆典过程中的政治认同感

庆典作为党和政府进行政治教育的载体，是希望大学生在参加或观看庆典过程中能够产生对政治系统的认同感。大学生在参加和观看国庆庆典的过程中，对政治系统的认同感是怎样的一个倾向呢？本研究以提取的三个因子为基本维度，对庆典过程中大学生的政治认同感进行了描述性统计，结果如10-10所示。

表 10-10　政治认同感量表数据的描述性统计

一级维度	二级维度	平均值	标准差	百分值	平均值	标准差	百分值
国家认同感	国家象征物认同感	0.8259	0.1712	82.59	0.8123	0.1615	81.23
	"中国人"身份认同感	0.8227	0.1964	82.27			
	国土认同感	0.7973	0.2012	79.73			
	国家文化认同感	0.8094	0.1964	80.94			
	国家未来认同感	0.7756	0.2148	77.56			
政党认同感	政党指导思想认同感	0.6862	0.2186	68.62	0.7127	0.1868	71.27
	政党领导人认同感	0.7323	0.1922	73.23			
	政党执政成就认同感	0.7173	0.1860	71.73			
政府认同感	国防军事建设成绩认同感	0.7090	0.2212	70.90	0.6628	0.2000	66.28
	经济建设成绩认同感	0.7009	0.2186	70.09			
	政治建设成绩认同感	0.5911	0.2545	59.11			
	文化建设成绩认同感	0.6647	0.2342	66.47			
	社会建设成绩认同感	0.6380	0.2428	63.80			
	民族建设成绩认同感	0.6856	0.2345	68.56			
	地方政府建设成绩认同感	0.6617	0.2300	66.17			
	政府政策认同感	0.6881	0.2447	68.81			
总体政治认同感					0.7207	0.1685	72.07

由表 10-10 可知，大学生在参加或观看庆典过程中总体上都表现了积极的政治认同感。该量表的总体平均分为 72.07 分，表明大学生在庆典过程中对政治系统产生了较为强烈的自豪感与认同感。因此可以说，从总体来看，这次国庆庆典起到了较为理想的政治教育效果。

1. 国家认同

在政治系统的三个维度中，大学生对国家的认同感最为强烈，百分平均值高达 81.23 分。国庆阅兵与群众游行作为一次国家性庆典，像一条纽带在国庆当日将全世界的中国人联系到了一起，成为了华人聚焦的中心。国歌奏响、国旗升起的刹那往往能激发中国人内心深处的爱国热情与民族自豪感。对于举办庆典的党和政府来讲，提高国民的爱国意识与民族自豪感肯定是庆典的一项重要预设目的。从调查结果看，大学生确实从这次庆典中感受到了国家的自豪感与责任感。这是一个让人激动的数据,一方面证明了这场庆典的价值,另一方面也暗示了这群朝气蓬勃的青年带给国家未来的希望。在国家认同的五个子维度中,大学生对于国家象征物的认同感最为强烈(82.59分),包括国旗、国徽与国歌。其次是对于自己"中国人"的身份(82.27分)而感到自豪。对于中国的历史文化(80.94分)、壮丽河山(79.73分)以及国家未来发展前景(77.56分)的认同度也非常高。

2. 政党认同

大学生在参加或观看庆典过程中,同样产生了较为强烈的政党认同感,百分平均值为71.27分。对于政党部分,主要设计了三个维度,包括中国共产党的四个指导思想、四位领导人以及党领导的五个阶段的认同。从平均得分来看,庆典过程中,大学生对党的四代领导人(毛泽东、邓小平、江泽民以及胡锦涛)也产生了较强的认同感与肯定感,平均分为73.23分。同时,对于党领导与执政中国的五个阶段(革命时期、建国初期、80年代、90年代、21世纪)的成就,大学生也持肯定态度,平均分为71.73分。相对而言,对于党的指导思想(毛泽东思想、邓小平理论、"三个代表"重要思想以及科学发展观)的认同感程度就要稍低一点,平均分为68.62。

3. 政府认同

庆典过程中,大学生对于政府也产生了积极的政治认同感,平均得分为66.28分。比较而言,在政治系统的三个维度中,大学生对于政府的认同感是最低的。平均得分介于50分与75分之间,即"一般"与"比较符合"之间。在政府认同感中,对于政府在国防军事建设以及经济建设方面的成绩,大学生的认同度最高,平均分均高于70分,对于政府的文化、民族建设,地方政府建设以及政府政策方面,大学生的认同度也较高,均高于65分。得分最低的是政府在政治、社会两方面建设成绩的认同感,分别为59.11分与63.80分。

(二)庆典结束后对庆典的评价

除了在庆典过程中产生的政治认同感的高低是测量庆典效果的重要指

标外，庆典结束后，心情平静下来时，经过冷静审视后对庆典价值所进行的评价尤为重要。在参加或观看了庆典后，大学生对这次规模宏大的庆典是怎么评价的呢？他们是否觉得这次庆典办得物有所值呢？如果让他们来决策，会不会同意当时举行这次庆典的决定呢？对这个问题的数据同样进行了描述统计，数据转换方法同政治认同感量表（标准化为0~1分），结果如表10－11所示。

表10－11　庆典后对庆典价值评价统计

项　目	平均值	标准差	百分值	平均值	标准差	百分值
国家民族价值	0.7388	0.1980	73.88			
政治教育价值	0.6103	0.2370	61.03	0.6583	0.1721	65.83
国际价值	0.7087	0.2006	70.87			
负面价值	0.3993	0.2575	39.93			

从总体看，大学生对于此次庆典的举办价值与意义是持肯定态度的，认为庆典起到了相应的国家民族价值、政治教育价值与国际价值，价值判断得分百分平均值为65.83分。

在大学生眼里，这次庆典的国家民族价值最为明显（73.88分），认为通过这次庆典的举办，"提高了民族凝聚力""增强了中国人的民族自豪感""鼓舞了中国人民，扫走了之前一些灾难留在中国人心中的阴霾"。另外，大学生们也认为这次庆典起到了重要的国际价值（70.87分），"让世界人民看到了中国的发展成就""对中国的国际敌对势力产生了军事震慑"。对于庆典的国家民族价值以及国际价值评价平均分均高于70分。相对于前两项价值而言，大学生对于庆典的政治教育价值感受没有那么明显，平均分为61.03，但仍然是积极的态度倾向，认为这次庆典"让中国人更加了解了党和政府""让中国人更加热爱了党""让中国人更加热爱了政府"。

为了全面测量大学生对于庆典的价值评价，在量表的设计中还加入了几个负面的价值判断，以调查大学生对于这些负面判断的认可程度。包括"这次庆典没有什么价值，仅给中国人带来了一次集体狂欢""没有什么价值，用庆典来展现发展成就恰恰说明的是我们缺乏成就"，以及"没有什么价值，这是劳民伤财的一件事"。从数据的分析结果来看，大学生对这些负面评价与说法持一种不认可的态度，认可度的平均分仅为39.93分。

从正反两方面测量的结果表明，庆典过后，经过冷静与理性思考分析的大学生对这次庆典的价值是肯定的，认为这是一场物有所值的活动。首先，实现了一定的国家民族价值，提高了民族凝聚力，增强了民族自豪感。其次，实现了一定的国际价值，提高了中国的国际形象。最后，通过庆典让中国人民加深了对党和政府的热爱与了解。

三　庆典中的阈限状态及其度量

为什么不同的大学生在庆典过程中感受到的政治认同感程度有高有低呢？庆典作为一种政治教育的形式与别的政治教育方式的根本区别在哪里呢？国庆庆典实则是一种政治仪式，党和政府正是希望通过这种仪式来实现一定的政治教育目的。

对于仪式的功能，历来有许多仪式研究者给出答案。在结构功能主义者看来，仪式在维系社会结构稳定和整合方面具有重要作用，认为仪式能增强集体情绪、促进社会整合。站在社会冲突论的立场上，研究者们又认为仪式是社会通过对自身的反省来建构秩序的一种手段。而以David Kertzer为代表的人类学研究者将仪式分为生存技术的仪式与权力技术的仪式，认为作为生存技术的仪式通常都有整合群体、促成社会和谐的功用，而作为权力技术的仪式，其功能则主要是建立和演示权力和权威（郭于华，2000：2~3）。

仪式为何能起到如此重要的作用呢？两位人类学、符号象征学的大师阿诺德·范·杰内普（Arnold Van Gennep）以及维克多·特纳（Victor Turner）对此给出了答案。杰内普将仪式分为分离（separation）、阈限（liminality）、聚合（reintegration）三个阶段，认为参加仪式的个体在完成这个仪式过程后就获得了相对于其他人的明确定义、"结构性"类型的权利和义务。他的身上被寄予了一定的期望值，他所作出的表现应当与某些习俗规范、道德标准相一致。特纳在杰内普的框架上进行了进一步发展，认为仪式包括结构、阈限、结构三个阶段。在阈限阶段所拥有的经历和体验会让主体获得新的价值观，更好地再次融入结构中，改变与更新原有的结构。仪式过程就是对仪式前和仪式后两个稳定状态的转换过程。特纳把仪式过程的这一阶段称作"阈限期"（liminal phase）。阈限的性质，包括同质、交融、平等、没有名字、没有财产、没有地位、没有级别、性别区别最小化、没有自治权、不在乎个人外表、无条件顺服、简单性、愚蠢等（维克多·特纳，2006：94~126）。因此可以说，仪式就是通过让人达到一种阈限来实现一定的功能。阈限是仪式的核心与关键。

那么，大学生在这次庆典仪式过程中是否也进入了这种阈限状态了呢？如果有，那么具体到这次庆典，阈限具有哪些特征呢？特纳所描述的那些阈限的性质在这次庆典中是如何表现的呢？我们又可以运用哪些标准判断一个人是否进入了阈限状态呢？迄今为止，关于仪式阈限的研究基本上处于理论探讨阶段，还未发现将阈限概念操作化的实证研究。这一方面增加了本研究的难度，另一方面也提高了本研究的意义。

（一）庆典中阈限状态的质性描述

从访谈情况来看，不管是庆典的观看者还是参与者，都有人报告了这样一种进入阈限的状态。从中提炼出三个特征，①脱离了原有的社会结构，忘却了原有的社会角色和地位，进入"中国人"的角色；②认为自己与他人具有同质性、平等性；③认为自己是仪式的一部分，融入了仪式中去。这些具体化的特征从实践的路径印证了特纳所描述的阈限的平等性、同质性、无结构性和交融性。

以受访者1为例，她是一个对政治系统持冷漠和异化态度的人，在参加庆典前，她对自己的角色理解是一个来自于四川，不发达的地区，需要自己养活自己，有自己的理想的大学生。在庆典开始后，她进入了阈限状态。

Q：你什么时候意识到庆典正式开始了呢？
A：要升国旗的时候，我们所有人都要站起来。

Q：所有人都站起来？是因为命令吗？

A：一方面有这个命令。但是另一方面，我觉得我们大学生这个素质还是有的，升国旗的时候自然而然就站起来，也没有说有强制的命令。

Q：你也是自发地站起来吗？

A：对，自愿的。我是自愿站起来的，面向国旗的方向，在唱国歌。大家都在唱。在那种场合下，心里主要就是感动。

Q：除了感动，脑子里面还有别的想法吗？

A：没有了。但是就是一种全身心投入进去的感觉，很震撼。

Q：也是你之前说的第一次彩排走过天安门的那种感觉吗？

A：是的。脑子里面什么都没有想。

Q：你觉得是因为什么东西让你有那样的振奋呢？

A：因为这个国家吧，感觉周围的人和你一样，一样在为这个国家而努力着，一样地爱着这个国家。就是对这个国家充满了爱的感觉吧。

Q：在那一刻，你感觉你的角色是什么？

A：我觉得就是一个中国人。其他角色都是次要的了，也都没有想了，那一刻我就是一个中国人。**(受访者1)**

与阈限状态的融入性相反，处于原结构状态的人是以一种旁观者的身份在观看表演，角色也没有发生改变。

Q：你是从电视开始转播的时候就开始看的吗？

A：不知道什么时候开始的，反正电脑就开着呗，一边也在干别的事。就没有正经看。电脑上就留了一个小窗口让它放着，另外还留了一个小窗口在聊天。

……

Q：有让你印象深刻的吗？

A：明显没有嘛。就觉得很平常，就那几句话，平时开会他也在讲。我再说一遍，我看这些东西的状态，你就理解我没有什么感觉了。就是开了一个小窗口，这边是QQ开着，我好多朋友都在网上看，我们就在聊，××sir又讲话了，没有意思，上个厕所什么的。我们就处于聊天的那种感觉，所以很多东西就没有意识。就在那里聊天，并且后来有点困，看着看着就睡着了。因为那阅兵太长了，一直不停地走，走了半天呢。

……

Q：好的，那你看完国庆庆典之后，你总的感觉是怎么样的？

A：就觉得没有任何让人感觉意外的地方，也没有让人觉得有什么改变，就是感觉很平静，从开始到结束，就是觉得一个事情就那么过去了那种感觉。一个事情就过去了。**（受访者5）**

其他访谈结果也验证了上述三个特征是判断个体是否进入阈限状态的标准。在八名受访者中，有六名受访者报告自己在庆典中曾出现这种状态，包括四名参加者和两名观看者。只有两名观看者肯定自己从来没有产生这样的心理体验，观看过程完全处于原结构状态。

值得一提的是，庆典是一个时间持续较长的过程，从实际的访谈情况来看，绝对的阈限状态是一种理想的假设。实际上，六名有阈限体验的受访者，无论是参与者还是观看者，都没有在整个庆典过程中完全保持这种状态。有的人从总体情况上来看处于融入性的阈限状态，但有时候也会突然跳出来回到原结构状态。对于这部分人，将他们的状态描述为近阈限状态更为合适。有的人从总体上看是处于原结构状态的，但偶尔也会在一两个点上出现阈限状态。这表明，拉长到整个庆典来看，时间的持续性同样是判断阈限状态的重要标准。

（二）阈限的测量及初步分析

1. 阈限的测量

以上述访谈关于阈限状态特征的结果为依据，参考特纳关于阈限性质的描述，从阈限的角色性、平等性、融入性以及持续性四个方面进行阈限状态的操作化。试测阶段的因素分析表明，这四个观测变量可以很好地聚为一个因子，所提取的公因子的累计方差贡献率为 77.368%，角色性、平等性、交融性以及持续性四个测量指标在该因子上的载荷分别为 0.912、

0.931、0.930及0.730。

在正式测量阶段沿用了这四个指标,共四道题目,即四个观测变量。对于角色性和融入性的测量,在题干引用的是描述性话语,让填答者选择这种状态的描述是否与自己当时的状态相符。如对于融入性的测量,在问卷中进行了如下描述,"在这种激动和震撼的时刻,有人说,'庆典就像是一团气体,我感觉自己融入了这团气体中去,成为了它的一个分子',这种描述与您当时的感觉是否相符"?让被访者从"非常不符合"到"非常符合"五个分值中进行选择。对于平等性的测量,设计的题干是,"在这种激动和震撼的时刻,您觉得周围或社会上的所有人与您都是平等的吗"?让被访者从"非常不平等"到"非常平等"五个分值中进行选择。对于持续性,让被访者根据当时激动状态所持续的时间从五个时间段中做出选择。

2. 阈限测量指标的初步分析

对于阈限测量数据,首先进行项目分析与因素分析(见表10-12)。

对题目进行项目分析,即选取量表总分前25%的被试与后25%的被试,对这两部分被试在各个题目上的得分进行T检验,考察每个项目的区分度。研究结果显示,在四个项目上的T检验结果都达到显著水平,显著度为0.000,项目的区分度良好。

表10-12 阈限量表的项目分析与因子分析

因素名称	题目与指标	项目分析 T	抽取的因素载荷 1	特征值	贡献率(%)	累积贡献率(%)	信度
阈限	W31(中国人)角色性	-24.313***	0.930	3.258	81.442	81.442	0.921
	W32 平等性	-24.269***	0.920				
	W33 融入性	-28.172***	0.951				
	W34 持续性	-21.868***	0.802				

注:***表示T检验的结果在0.001的水平上显著。

因素分析的结果显示,四个指标可以高度聚为一个因素,特征值为3.258,方差贡献率达到81.442%,解释了81.442%的变异量。各项指标在该因素上的载荷也非常高，角色性、平等性、融入性以及持续性的载荷分别为 0.930、0.920、0.951 和 0.802。采用克朗巴哈（Cronbach）α 系数对量表的内在信度进行分析，信度达到 0.921，说明问卷具有非常高的信度。

对测量数据的初步分析发现，研究数据强烈地支持了对于阈限内涵及其特征的操作化假设。为了进一步验证通过因素分析得出的阈限状态是否确切，进一步进行结构效度的验证。

（三）阈限量表的验证性因素分析

根据因素分析结果，分别以角色性、平等性、融入性以及持续性为四个观测变量，以阈限为潜变量，在 AMOS 18.0 中建立结构方程模型，标准化估计模型如图 10-3 所示。

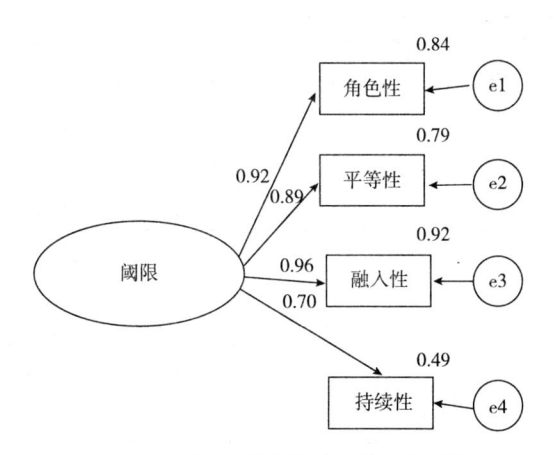

图 10-3 阈限量表的验证性因素分析

四个测量指标的因素负荷量（λ 值）分别为 0.92、0.89、0.96、0.70，因素负荷量平方（信度指标）分别为 0.84、0.79、0.92 和 0.49，四个测量指标能被潜在变量阈限解释的变异量介于 0.49~0.92 之间。

反映模型拟合度的统计参数主要有五个：χ^2（卡方）、df（自由度）、CFI（比较拟合指数）、GFI（拟合优度指数）和 $RMSER$（估计误差均方根），结果如表 10-13 所示。

表 10-13 阈限量表拟合指数

X^2	p	df	X^2/df	RMSEA	CFI	IFI	GFI
5.266	0.072	2	2.633	0.035	0.999	0.999	0.998

根据 Bentler（1980）等人的研究表明，在拟合指数大于 0.9 时，假设模型可以接受。AMOS 18.0 运行结果（$\chi^2 = 5.266$，$p = 0.072 > 0.005$，$df = 2$，$x^2/df = 2.633 < 3$，$GFI = 0.998 > 0.9$，$IFI = 0.999 > 0.9$，$CFI = 0.999 > 0.9$，$RMSEA = 0.035 < 0.08$）表明，研究假设模型与数据拟合得较好，可以接受该假设模型。较高的 GFI、IFI、CFI、$RMSEA$，以及 Cronbach's alpha 系数说明四个观测变量较好地测量了模型中的潜变量。关键参数如表 10-14 所示。

表 10-14 阈限量表验证性分析关键参数

潜变量	观测变量	回归系数	标准误	临界比（t 值）	显著性
阈限	W31 角色性	1.000	—	—	—
	W32 平等性	0.933	0.018	52.979	***
	W33 融入性	1.014	0.016	63.743	***
	W34 持续性	0.805	0.025	32.366	***

阈限特征的因素分析与结构分析结果证实了对于阈限状态的操作化假设，即庆典中的阈限状态主要表现为角色性、平等性、融入性以及持续性四个特征，通过测量这四个指标可以较好地测量阈限程度。其中，角色性表现为"暂时忘却以往的角色，进入中国人的角色身份"，平等性表现为"感受到他人与自己具有平等的身份与地位"，融入性表现为"感受到自己成为了庆典的一部分"，持续性表现为前面三种感受的持续时间较长。本研究将以此测量为基础进行庆典效果的归因分析。

四 阈限与庆典的政治教育效果

（一）阈限对政治认同感的影响

特纳认为，仪式正是通过阈限来实现相应的仪式目的。在阈限状态中，个体脱离原有的社会结构，接纳仪式所赋予的相应角色，最后实现价值观等态度方面的转变。既然本研究的访谈及问卷调查结果已经证实，在国庆庆典中确实存在一种阈限状态，那么，这种阈限状态是否真的对于庆典的教育效果起到了积极推动作用呢？本研究采用 AMOS 18.0 对数据进行了处理，结果如图 10-4 所示。

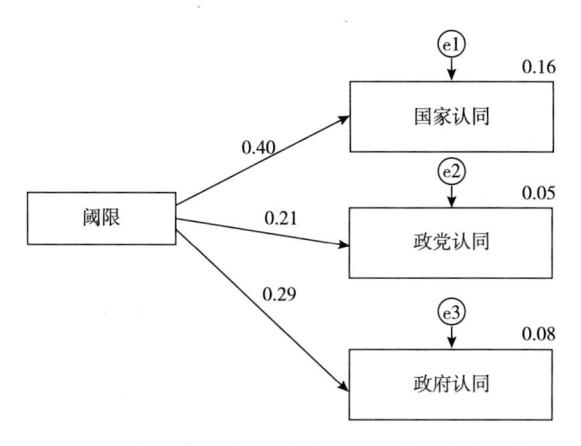

图 10-4 阈限与庆典中政治认同感的结构方程模型

由图 10-4 可知，阈限对于庆典中的国家认同、政党认同、政府认同均有显著正向的预测作用，回归系数分别为 0.40、0.21 以及 0.29，双尾检验显著度均小于 0.01。可以说，大学生在庆典过程中进入的阈限程度越高，在参加或观看庆典时就更容易产生对于国家、政党以及政府的认同感受。这在访谈中也得到了印证。

  Q：你在什么时候方觉得激动了？

  A：看到江泽民爷爷哭的时候。

  Q：他什么时候哭了？

  A：就是那个浴血奋战方阵还是彩车走过的时候。

  Q：你为什么觉得很激动呢？

  A：也没想那么多，反正看到他激动就挺感慨的，想到他也为了这个国家、这个民族做出过努力。**（受访者 3）**

  这个国旗方阵打的中国共产党万岁，那时候真是这样觉得能把人最深层次的感情激发出来，会让人忘掉个人的恩怨，爱这个党，爱这

个国家,会把自己和这个民族的命运联系在一起,责任和担当。(受访者8)

在访谈过程中,为测得受访者在庆典前后整体政治认知图式的变化,设计了三份问卷,通过访谈中对于时间顺序的引导,以庆典开始前、庆典结束后以及现在为三个时间点,进行问卷的作答。问卷主要是测量个体对于政治系统的认同情况,包括政党认同、政府认同、政治制度认同以及国家认同四个维度。从问卷测量情况来看,近阈限状态的受访者在庆典前后的变化还是较为明显的,每个维度的得分都有所提高。政党认同由80分提高到90分,政府认同从80分提高到87分,政治制度认同从90分提高到92分(见图10-5),国家认同由86分提高到92分。虽然时隔一年之后的认同感又出现了大幅度回落,但总体得分仍然高于庆典前,其中政党、政府与政治制度认同高于庆典前5分、3分与2分,国家认同低于庆典前6分。庆典过后的一年里,受访者同样处于政治社会化的过程中,对新近发生的政治、社会以及生活中的事件又有新的理解。因此,这种前后两个阶段的波动既包括庆典的原因,也包括其他一些事件。但总体来看,庆典对于这些进入阈限状态的受访者所起到的作用是积极的。另外,有过阈限体验但总体处于原结构状态的受访者也产生了轻微的改变,庆典前后的政治认同约提高了两个百分点(见图10-6)。而完全处于原结构状态的受访者则没有任何改变(见图10-7)。

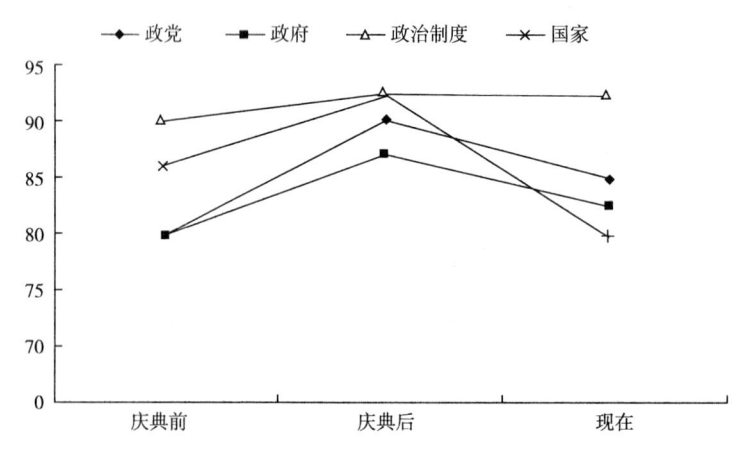

图10-5 近阈限状态受访者政治认知图式的变化

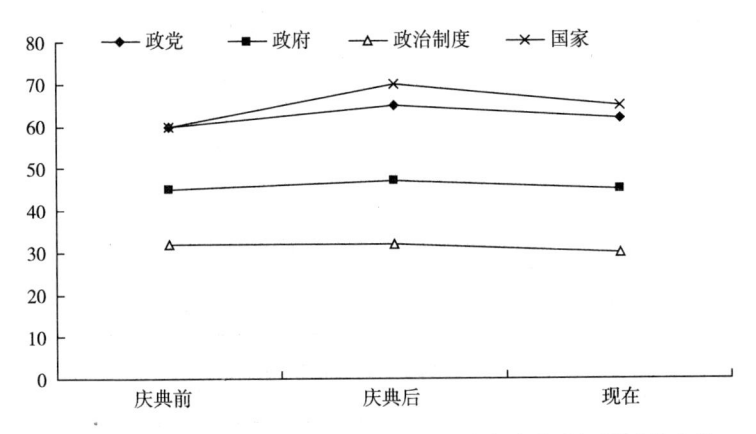

图 10-6 出现过阈限点的原结构状态受访者政治认知图式的变化

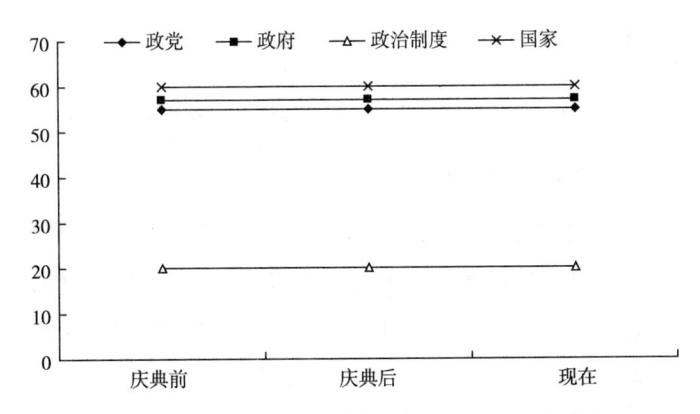

图 10-7 原结构状态受访者政治认知图式的变化

由此观之，阈限程度的高低确实是影响庆典能否发挥相应教育作用的关键因素。

(二) 阈限与庆典价值评价

阈限既然能促使大学生产生更高的政治认同感，那么这种阈限状态是否也会影响大学生事后对庆典的评价呢？AMOS 对数据的分析结果如图 10-8 所示。

总体看来，大学生在庆典中的阈限程度与对庆典的价值评价之间存在中等程度的相关性，皮尔逊积矩相关系数为 0.496，显著度 Sig. = 0.000。这表明大学生在庆典过程中出现的阈限程度越高，事后对于庆典价值的评价就越高。

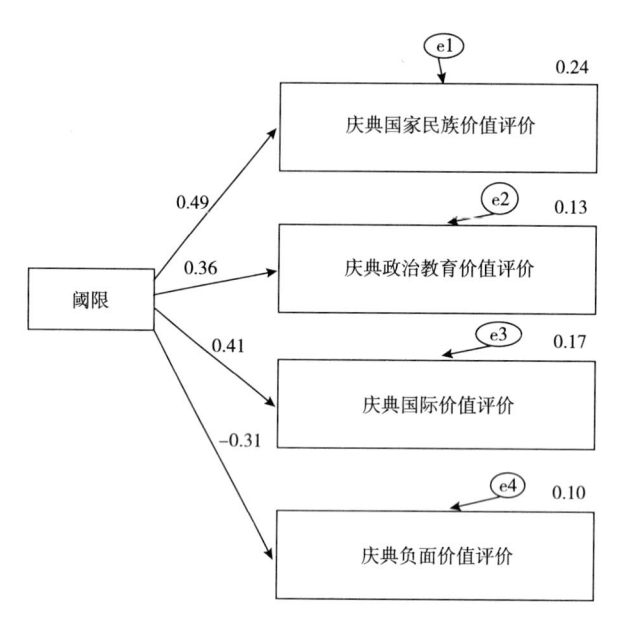

```
                    ┌─e1┐
                    ↓    0.24
         ┌──────────────────────┐
         │  庆典国家民族价值评价  │
         └──────────────────────┘
     0.49 ↗   ┌─e2┐
              ↓    0.13
         ┌──────────────────────┐
    0.36 →│  庆典政治教育价值评价  │
         └──────────────────────┘
┌────┐        ┌─e3┐
│阈限│         ↓    0.17
└────┘   ┌──────────────────────┐
    0.41→│   庆典国际价值评价    │
         └──────────────────────┘
              ┌─e4┐
   -0.31↘     ↓    0.10
         ┌──────────────────────┐
         │   庆典负面价值评价    │
         └──────────────────────┘
```

10-8　阈限与庆典后对庆典价值评价的结构方程模型

具体到庆典价值评价的四个维度，阈限程度对于庆典的国家民族价值评价、政治教育价值评价以及国际价值评价有中等程度的预测作用，回归系数分别为 0.49、0.36 和 0.41；对于庆典的负面价值则是负向的预测作用，说明如果大学生在庆典中的阈限程度越高，对于庆典的负面价值判断就越低，换句话说，就是越认为庆典办得有价值。

这个结论在访谈中同样有体现。简要列举三个不同阈限程度的受访者在庆典前后对于庆典所进行的价值评价（见表 10-15）。

总之，访谈与问卷数据都表明，庆典过程中的阈限程度与庆典后大学生对于庆典的价值评价高低之间存在着显著的正相关关系。我们基本可以通过阈限程度来预测庆典的教育效果。

五　阈限的影响因素

（一）主要变量及计分方式

设计的主要变量除了常规的人口统计学指标（性别、年级、政治面貌、专业）以外，还加入了家庭社会经济地位、对"两课"的态度、政治关心度、政治倾向、对腐败的看法、庆典前对庆典的价值判断与价值预期、原政治认知图式、对庆典的期待程度，以及庆典中的各类元素。

表 10-15　不同阈限状态大学生对于庆典的评价

时段 状态	庆典前	庆典后	现　在
近阈限状态的受访者（以受访者 8 为例）	说不清到底有什么价值，但觉得应该办	觉得庆典在凝聚人心、走出国难的阴影、提高中国人的自豪感方面实现了很大的价值	觉得可能庆典在价值方面的程度有限，但在那个时候还是应该举办
出现阈限点的原结构状态受访者（以受访者 1 为例）	觉得举办庆典是劳命伤财的事，毫无价值，完全不应该举办	参加庆典，觉得庆典在鼓舞人心方面有点价值，但付出与所得的比值太大，还是不应该举办	感觉去年的庆典就是在烧钱，滥用人力、物力，产生的影响也有限，应该不办
原结构状态的受访者（以受访者 5 为例）	认为庆典是劳民伤财的事，感觉就是有人在献媚于共产党，认为这和慈禧太后祝寿一样	观看后，觉得这就是一场毫无意义的集体狂欢	现在同样坚持最初的看法

其中家庭的社会经济水平由父母职业、父母的受教育水平两个观测变量反映。在问卷中，将父母的职业从无工作到国家管理者分为十个水平，从 1~10 评分，并将父母得分相加，将相加的分数标准化为 0~1 之间的分值，作为职业分数；将父母的受教育水平从小学以下到研究生分为六个水平，从 1~6 评分，并将父母得分相加，将相加的分数标准化为 0~1 之间的分值作为教育水平分数。最后，对两项分数提取公因子，以因子得分作为家庭的社会经济水平分数。

对"两课"的态度包括对"两课"的喜欢程度、"两课"的课堂气氛、个体在课堂上的主动性以及喜欢的上课形式（讲授型、讨论型、观摩型、实践型）几个观测变量。政治关心度以及政治倾向从个体、周围同学以及父亲三个维度来测量。对腐败的看法包括对腐败程度的判断、对政府治理腐败决心与效果的判断三个指标。对庆典的价值判断即庆典是否应该举办。对庆典的价值预期包括四个方面，即庆典的国家民族价值预期、政治教育价值预期、国际价值预期、负面价值预期。庆典中的各类元素包括四类，即国家元素、政党领导人元素、政府成绩元素以及感染性形式元素。以上各个变量最后均标准化为 0~1 之间的分值。

对于原政治认知图式，经过因子分析发现，原政治认知图式量表可以聚为六个因子，以各因子得分参与数据分析。

(二) 影响阈限因素的回归分析

以阈限程度为因变量，以上述变量为自变量，进行虚拟回归分析，结果如表 10-16 所示。

表 10-16 对阈限程度的虚拟回归分析

	Model	非标准化系数 B 值	标准误	标准化系数 Beta 值	T 值	显著值 (Sig.)
1	(Constant)	-0.561	0.167		-3.354	0.001
	一 社会人口统计学指标					
	B01（以女生为参照）	-0.045	0.028	-0.045	-1.612	0.107
	Q02 年级	-0.023	0.017	-0.036	-1.340	0.181
	B04 理工科（以文科为参照）	-0.019	0.030	-0.019	-0.638	0.524
	F06_07 家庭社会经济地位	-0.008	0.014	-0.015	-0.552	0.581
	二 对"两课"的态度					
	B08 "两课"喜欢程度	0.152	0.072	0.065	2.116	0.035
	三 政治倾向					
	B15 个体政治倾向	0.249	0.101	0.102	2.474	0.014
	B17 父亲政治倾向	0.241	0.087	0.095	2.765	0.006
	B16 周围同学政治倾向	-0.128	0.095	-0.051	-1.352	0.177
	B18 腐败程度评价	0.073	0.073	0.031	0.994	0.321
	四 参与类型					
	B21 观看者（以参加者为参照）	-0.209	0.028	-0.207	-7.572	0.000
	五 庆典前的价值预期					
	B25_1 庆典国家民族价值预期	0.209	0.049	0.138	4.249	0.000
	B25_2 庆典政治教育价值预期	0.017	0.038	0.013	0.445	0.656
	B25_3 庆典国际价值预期	0.000	0.038	0.000	0.012	0.991
	B25_4 庆典负面价值预期	-0.106	0.061	-0.054	-1.729	0.084

续表

Model		非标准化系数		标准化系数	T 值	显著值(Sig.)
		B 值	标准误	Beta 值		
1	六 原政治认知结构					
	F26_1 政党执政成就评价	0.062	0.018	0.111	3.397	0.001
	F26_2 政治、文化、社会建设成绩评价	0.065	0.020	0.125	3.182	0.002
	F26_3 政党与政府性质评价	−0.006	0.015	−0.011	−0.390	0.697
	F26_4 国家认同	0.060	0.015	0.116	4.032	0.000
	F26_5 军事建设成绩评价	0.030	0.015	0.055	1.988	0.047
	F26_6 经济建设成绩评价	0.022	0.015	0.041	1.520	0.129
	七 庆典元素					
	B30_1 国家元素	0.289	0.066	0.143	4.390	0.000
	B30_2 政党领导人元素	0.007	0.068	0.003	0.107	0.915
	B30_3 政府成绩元素	−0.040	0.085	−0.015	−0.464	0.643
	B30_4 感染性形式元素	0.162	0.033	0.207	4.960	0.000

注：a. 因变量：F31_34 阈限。

在 95% 的置信水平下，对大学生庆典中阈限程度影响显著的变量有对"两课"的喜欢程度、个体政治倾向、父亲政治倾向、是否参加庆典、对庆典国家民族价值的预期、国家认同、对政府政治文化与社会建设成绩的评价、对庆典的期待程度、庆典中的国家元素以及感染性形式元素。人口统计学指标变量对阈限程度没有产生显著影响。

原政治认知图式。在原结构状态中对政治系统的评价与认同的不同导致大学生在庆典中出现阈限程度的差异。在回归模型中，大学生原来对于政党执政成就、政府在政治文化与社会方面建设成绩、军事建设成绩的评价，以及对于国家的认同对庆典中的阈限程度产生显著影响 $p < 0.05$。即大学生对于中共的执政成就，国家的政治、社会与文化建设成绩，军事建设成绩方面的评价越高，在庆典中就越容易进入阈限状态。对国家的认同越高，在庆典中的阈限程度也越高。回归系数分别为 0.062、0.065、0.030 与 0.060。另外，个体平时的政治倾向，即"平时对政治问题或政治

事件的看法是否与主流媒体一致"，也可以显著地正向预测庆典中的阈限程度，回归系数为0.249。这在访谈中也得到了体现。在八名受访者中，根据访谈中他们对政治系统的评价与判断，以他们的原政治认知图式将他们分为忠诚型、冷漠或异化型两类，每类各四人。而四名忠诚型受访者在庆典中都成功进入阈限状态，另外四名冷漠或异化型受访者则都基本处于原结构状态。

家庭政治态度。从回归模型中可以看出，家庭的政治态度（通过测量大学生父亲对于政治问题与政治事件的态度倾向来测量）对于大学生在庆典中的阈限程度也有非常显著的正向影响，回归系数为0.241。这说明，大学生家庭对于政治的评价越正面，大学生在庆典中就更容易进入阈限状态，产生相应的政治认同感。本研究认为，家庭政治态度同样也是通过影响个体的政治态度倾向来影响阈限的。对个体政治倾向与父亲政治倾向进行相关性分析，发现两者呈现较高程度的相关性，相关系数高达0.568。这说明家庭的政治评价越高，个体对于政治的态度也越积极，在庆典中就更容易进入阈限状态。

对"两课"的态度。通过分析发现，平时喜欢"两课"的大学生更容易进入阈限状态，回归系数为0.152。平时对思想政治教育课程比较排斥的大学生，在面对这场政治教育的盛典之时也表现了较为明显的排斥态度，不能顺利产生阈限体现。

对庆典的价值预期。庆典前大学生对于庆典所能产生的国家民族价值的预期对庆典中的阈限有显著影响，回归系数为0.209。认为庆典能给国家和民族带来的价值越高，在庆典中呈现的阈限程度就越强烈。因此，在庆典前期对庆典的国家民族价值的宣传是很有意义的。

是否参加庆典。对于庆典来讲，北京高校的大学生中有一个特殊的群体，他们经历了数十日的训练，最后在天安门广场亲身参与了此次庆典。对于他们来讲，庆典带给他们的震撼与激动往往要比在电视或网络上间接观看庆典的大学生要多很多。从回归分析结果来看，庆典的参加者与观看者在庆典中的阈限程度确实存在显著差异，庆典的参加者比观看者要更容易进入阈限状态，回归系数为0.209。在访谈中也发现，在四名原政治认知结构为冷漠或异化型的受访者中，其中两名参加者在庆典过程中也出现了一些阈限点。

庆典中的元素。党和政府在庆典的设计上花费了很多心思，构建了各种元素，以期通过这些元素将观看者引入一种仪式的状态与氛围中。那么，哪些类型的庆典元素更能让大学生进入阈限状态呢？本研究将庆典元素划分为四种类型，第一类为国家元素，包括升国旗、奏国歌、国旗、国徽、国画、"我的中国心"方阵等要素；第二类为政党领导人元素，包括四个领导人方阵、头像、录音等要素；第三类为政府成绩元素，包括经济、政治、文化、社会等方面建设成绩的展示要素；第四类为感染性形式元素，包括现场的音乐、礼炮、画面等形式性要素。从回归分析结果来看，国家元素与感染性形式元素对阈限的影响非常大，回归系数分别为0.289和0.162，显著度小于0.001。而其他两类元素对大学生的阈限程度并未造成影响。在访谈对象中，有过阈限体验的受访者都提到在升国旗、奏国歌的时候出现了阈限的感受，很多受访者也表示在听到解说员慷慨激昂解说或者看到现场恢弘画面的时候感到特别激动。

六　大学生对庆典的意义建构及过程

由上述分析可知，阈限作为庆典仪式的核心，参加者或观看者是否出现阈限状态以及阈限程度的高低是决定他们的政治认同度是否提高的关键。为什么在阈限状态下他们的认同度会提高呢？在阈限状态中他们的认知过程与原结构状态的认知过程具有什么不一样的特点呢？这是这部分主要研究的内容。这个部分主要通过访谈的方法来研究。

本研究访谈了四名在庆典中总体处于原结构状态的大学生，以及四名总体处于近阈限状态的大学生。访谈结果表明，处于不同状态的参与者和观看者在面对庆典这个庞大的意义体系时，会产生不同的认知建构过程，在意义选择与意义理解等方面也具有不同的特点，而这些特点必然会影响到认同感的提高。

（一）处于近阈限状态中的大学生的意义建构

1. 信息选择

进入近阈限状态的大学生在庆典过程中所看所听的信息主要包括三种

类型，即中心化信息、建构性信息以及肯定性信息。

（1）中心化信息。对于庆典的主办者来说，庆典就是传达某个意义体系的载体，这些意义又是通过一个个组成庆典的元素来表达的，包括图画、声音、姿势等各类元素。这些元素都是主办者精心设计想呈现给庆典的观看者和参与者的，是围绕着庆典这个中心组织起来的。而对于近阈限状态的大学生来说，他们所选择观看的信息往往也是这些，这些中心化的信息往往也能引起他们的注意和兴趣。比如，庆典中的方阵、彩车、现场喜气洋洋的个体、现场标语、领导人头像、领导人录音、各种先进的武器等，都是他们注意的焦点。

Q：当时有什么让你记忆比较深刻的吗？

A：其实很多东西我都有印象。你比如说，像天安门广场上那些民族柱啊，还有国旗、国徽抬出来的时候，我都觉得很震撼。

Q：为什么很震撼呢？

A：感觉特别的大气那种感觉，就觉得可能也就像我们这么大气的国家才表现得出来吧。

Q：还有什么让你记忆深刻的吗？

A：鸣礼炮升旗，像护旗手护旗、翻花表演啊都很震撼。**（受访者3）**

（2）建构性信息。在选择信息时，近阈限状态的大学生一般都倾向于注意能够建构起庆典庄严性的信息，如电视直播镜头中的天安门城楼、华表、现场的红黄颜色、军队方阵走正步时用的线、胡锦涛演讲等信息。这些信息带给个体的就是一种庄严肃穆的感觉。

Q：你在看什么？

A：你有没有发现他们（升旗方阵）四周那条线？

Q：没有，怎么了？

A：虽然很细，还是被我发现了。

Q：那有什么特别的吗？

A：当然啦！这是多么重大的场合啊！整齐性肯定要达到最大的限度嘛！一点差错都是不能出的。**（受访者8）**

(3) 肯定性信息。对政治系统有正向肯定意义的信息也是近阈限状态的大学生在观看庆典时的主要选择，如四位领导人的标志性讲话片断、《东方红》等歌颂党的音乐、工业农业等方阵上展现的标志性成就模型等。这些信息都是很明显、很直接地在肯定党和政府，对于近阈限状态的大学生来说，这也是他们乐于去倾听和观看的。

Q：当时你在听或看什么？

A：音乐啊！就像我们之前几次彩排一样，我一听到音乐就热血沸腾起来了。真的！特别是我们方阵走过时放的那个《东方红》，我每次听到那个音乐响起就激动得想哭。**（受访者4）**

2. 信息意义理解与输出

与选择信息的性质对应，近阈限状态的大学生对于信息意义的理解与输出也具有相似的特点，主要包括政治性、建构性和肯定性三个特征。

(1) 政治性。对于庆典中呈现出来的各种元素和各类信息，近阈限状态的大学生总是能理解出其政治意义来。例如，对于庆典开始所出现的孙中山头像，他们能挖掘出深层的政治含意；对于胡锦涛以总书记身份阅兵，他们认为这是"军队接受党的领导"的标志；对于安塞腰鼓表演，他们认为表现的是"延安救中国"。

(2) 建构性。正如他们在信息选择上会注意到建构性信息一样，近阈限状态的大学生对于这些信息的理解也具有建构性的特点，能从一些信息中理解出庆典庄严性的意义。

天安门代表封建王权，肯定有特别的意义。以前都不能靠近，现在我们能在这里庆祝国庆，说明了我们多么大的进步呀！现在给特写肯定有特别的意义。华表都是传统的一些东西，60年国庆就是要反映一个历程，一种变化。军队国徽特写这些都有特别意义，突出国家人民军队，突出党的领导。人都很满，人数本来就能说明问题，说明我们的群众基础扎实。用红黄底色，主旋律颜色，突出党和国家以及中华民族的一脉相承，也给人一种节日的气氛。**（受访者7）**

胡锦涛很少带着稿子讲话的，你没发现，他这次居然带着稿子，

那说明了什么？可以见得这次庆典是多么的庄重。（**受访者7**）

（3）肯定性。在肯定性信息选择的基础上，近阈限状态的大学生也顺理成章地理解出了肯定政治系统的意义，产生一种政治认同感。

这个国旗方阵打的中国共产党万岁，那时候真是这样觉得能把人最深层次的感情激发出来，会让人忘掉个人的恩怨，爱这个党，爱这个国家，会把自己和这个民族的命运联系在一起，责任和担当。（**受访者8**）

邓小平方阵出来的时候，我想到了改革开放，一国两制，他灵活运用给了党的理论，政治业绩很大。让中国富起来，政治地位无人能取代。（**受访者4**）

3. 认知图式作用过程

皮亚杰认为，个体认知的发展是通过信息与原认知结构即图式的相互作用来实现的，主要包括同化和顺应两种过程。皮亚杰的认知建构理论探讨的是正常生活状态之中的认知发展。而仪式或庆典中的阈限状态无疑是非常态的，那么处于这种非常态的人会如何去建构他们的认知呢？从四名受访者的访谈结果来看，他们的认知建构过程主要包括以下几种。

（1）原结构政治认知图式消解，接受新信息并认同。

我们认为，这种作用过程正是非常态的阈限状态与正常状态的认知过程不同的地方，也是皮亚杰在其建构主义认知理论中没有提到的。也只有阈限对于原结构的超脱性，以及阈限其他的特性，才会让个体在这种状态中消解原结构认知图式，产生不同于常态的认知过程。这个时候，对于庆典信息的接收者，他们更像是一张白纸，一般接受的也是庆典中心化、肯定性的信息，而这些肯定意义的信息在接收过程中很难受到原认知结构的干扰，很容易得到接收者的认同。

（看到浴血奋斗彩车与开天辟地方阵）那时候什么都没想，什么也想不起来了，（心）就跟着音乐走，真的为那些浴血奋战的老红军而感动，心里特别感激毛泽东和邓小平那些领导人。（**受访者8**）

(2) 信息与原结构政治认知图式一致，接受信息，产生同化过程。

进入近阈限状态的四名受访者，在原结构状态中对于政治系统从总体上都表现出了较强的认同性。庆典中无处不在的对于政治系统的肯定信号，非常符合他们原有的认知图式，这时，接受信息产生同化过程就顺理成章了。

例如，受访者8是一位来自于农村的大学生，她对于家乡近年来的改变，以及新农村建设的成就都有亲身的体会。在庆典上，她看到了农业方阵与新农村的彩车，看到里面喜气洋洋的农民与新农村的模型，她发出了感慨，"这些年中国的农业与农村确实发展进步了很大一截"。

(3) 信息与原结构政治认知图式不一致，修改认知图式，产生顺应过程。

同样，拥有强大肯定性意义体系的庆典也会与观看和参与者原有的否定性图式发生矛盾与冲突。而对于处于阈限状态的大学生来说，冲突的解决是通过修改原有的认知图式来顺应新信息的肯定意义。

(4) 信息与原结构认知图式不一致，修改信息的选择，赋予信息不同的意义，产生同化过程。

庆典作为一个繁杂的符号系统，除了中心化、肯定性的信息符号外，还会产生一些容易带来争议的信息。对于这些信息，不同的人往往有不同的理解。而对于那些处于近阈限状态的人来说，他们往往会通过对信息的修改来实现原认知结构的同化过程。

受访者3一直以来都很崇拜胡锦涛，认为他是"一位非常优秀的领导人"。在庆典中，她注意到胡锦涛一直很严肃，但是在女兵方阵走过天安门的时候，她发现了胡锦涛开心的笑容。对此，她的解释是，这是"很自然、很人性"的，让她看到了胡锦涛普通人的一面。也因此，她更加认为胡锦涛是"一位真实而优秀的领导人"。

受访者7对于我国的军队有很高的评价，他认为我国军队有很强的纪律性和军威。在观看庆典的过程中，看到升旗仪仗队军人整齐地挥舞军刀时，旁边有同学在讨论说，以前办阅兵的时候，有位军人就是因此被砍掉了耳朵，但是当时他还是继续走了下来，坚持完了阅兵。这位受访者当时心里在感叹，这是多么的坚强和有纪律性呀！我们的军队真是一支高素质高纪律的军队。

(二) 处于原结构状态中的大学生的意义建构

原结构状态与阈限状态相对应,是我们在日常生活中的一种状态。对于庆典来讲,就是在庆典仪式过程中没有进入阈限状态,还停留在原社会结构,处于原社会角色的一种局外人的状态。有四名受访者从总体上来看就是这样一种状态,他们对于庆典的意义建构过程及其特点与近阈限状态的受访者形成了强烈的对比。

1. 信息选择

与处于近阈限状态的人相反,原结构状态的受访者一般都会注意去中心化、解构性和批判性的信息。

(1) 去中心化信息,即远离庆典主题的信息,也可以说是组织者为庆典所建构的信息之外的信息。各种正式的方阵、彩车等中心化元素都很难引得原结构状态大学生的注意和兴趣。他们往往会去寻找一些边缘化的信息,如认地点,"我会看胡锦涛的车走到哪里了,会去认那些地方。哎呀!那里是东方新天地,那里是东单";领导人是否佩戴国庆徽章,"城楼上站的那些人,有些人戴了国庆的标志,有些人又没戴"等。

(2) 解构性信息,即具有调侃、搞笑性质的信息,能给庆典的庄严性带来解构意义的信息。如领导人的相貌,"×××长得多丑呀。还有×××。×××长得还挺好,长得挺清秀的。还有那个×××子,还有××,不过那些领导人都认不全了。还有×××、×××。×××长得还真是不好看";方阵表演的滑稽性,"太傻了,哈哈,你看这个陕北大秧歌,明显是弯的嘛";现场路边树上的乌鸦叫声,"当时觉得最搞笑的就是乌鸦。当时晴空万里,听到有人在讲,下面有请×××讲话,然后乌鸦就开始叫,哈哈。我们听到这里,真的是所有人都兴奋了。就一只乌鸦在我们旁边的树上在叫"。

(3) 批判性信息,会引发人进行理性思考和批判的信息。原结构状态的大学生更能以冷静的局外人的身份来审视庆典,因此,各种容易引起非议的信息很难逃离他们的视野。如军队方阵拉的线,"嗯,太恐怖了,那个线,就拉那个线,就是排成一列,用线拉,看你直不直。看他们一个一个的就是生活在命令之中,感觉就没有人的特点了,完全是按命令在做。估计他们训练的时间肯定比我们长,比我们还机械化";傲气的女兵方阵领队,"女兵方阵前面那两个领队的,不太像人民军队的军人,有点趾高气扬的感觉。感觉她们是女兵嘛,是领队,感觉她们自己可能觉得有优越感,看不起别人,有点傲。感觉不到女兵的温柔那一面。女兵和男兵肯定是有区别的,但感觉不到她们那温情的一面。就觉得有点傲,特别是前面那两个,感觉自己是出头鸟吧";还有诸如整齐挥舞的军刀,现场摄影记者和学生们对领导人的追捧,以及现场安检等信息都是原结构状态的受访者关注的重点。

2. 信息意义理解与输出

同样,与原结构状态所选择的信息类型相应,他们对于信息意义的理解也具有去政治性、解构性与批判性三个特点。

(1) 去政治性。与选择信息的去中心化相一致,原结构状态的受访者对于明显具有政治教育意义的中心化信息,也会从非政治的角度来理解。电视画面呈现出来的绝大部分都是中心化的信息,即使兴趣不在这些信息上面,对于原结构状态的人来说也是回避不了的。他们是如何解决这种矛盾的呢?从访谈结果来看,主要有两种方式,一种是"傻傻地看着,没有想法,就等这些无聊、没意思的东西快过去",而另外一种就是去政治性的理解。例如,对于具有特殊政治意义的方阵,他们往往就会从艺术的角度去观看,回避其中的政治意义。"看到他们整齐划一的步伐呀!我还是会觉得有一种集体狂欢的那种感觉,还是会觉得很不错,很好看,但好看并不等于好。会觉得他们训练的还是比较好,从艺术的角度来说还是不错的。集体主义首先就是一种美嘛!"。

(2) 解构性。即从所观察到的信息中理解出调侃和解构庆典甚至政治系统的意义。对于原结构状态的人来讲,庆典显得有些枯燥和乏味,而寻找解构、调侃的信息,理解出调侃的意义,无疑是支持他们继续观看下去的一贴很好的润滑剂。如对于集体舞表演像傻瓜等类似的嘲讽,都体现了解构性。

(3) 批判性。对于选择输入的批判性信息,原结构状态的大学生会进一步输出批判性的理解。如对于周边楼房的联想,"我就会想,哎呀!那楼上的人肯定都被控制了，肯定都不许上班了，楼肯定都清空了"；对于"听党指挥"标语的评价，"你看那旁边的标语，'听党指挥'，外国就不会有这样的思维，外国军队都是为国家效力的，但现在共产党就是有一个底线，就是军队一定要听从党的指挥，军队一定不能给国家。这个时候还就把党和国家分的特别清楚"；等等。

3. 政治认知图式作用过程

从访谈情况来看，原结构状态的受访者在观看庆典过程中，主要表现为两种作用过程。

（1）信息与原结构政治认知图式一致，接受信息，产生同化过程。

这个作用过程往往是建立在相应的信息选择基础上进行的。

例如，受访者1之前一直就认为中国是一个"人治国家"。在庆典现场，当胡锦涛的车经过他们前面时，她看到周围的同学蜂拥着如失去理性一样挤到前面去看胡锦涛。她还看到现场有很多摄影记者拿着镜头紧跟着大大小小的领导，一直在拍，而对于他们这些游行的普通学生则视若不见。对此，她很愤怒，内心再次感慨中国人对领导的追崇以及人与人之间的不平等。

（2）信息与原结构政治认知图式不一致，修改信息意义的选择，赋予信息不同的意义，产生同化过程。

国庆本身就是一个强大的正向意义信息系统，即使是潜意识拒绝这些信息的原结构状态者，也难完全避免与这些信息的正面交锋，这同样会引起认知过程中的矛盾和不平衡。而从这四名原结构状态的受访者来看，他们一般都会通过修改信息意义的选择、赋予信息不同的意义来解决这种冲突。

如受访者5一直认为中国的体育是"不尊重人的举国体制"。在观看庆典的过程中，他也看到了体育方阵上手捧鲜花自豪满满的奥运冠军，但他看到这些冠军想到的是，"他们都是金字塔尖上的个别人物，在他们脚下还有无数的垫脚石，那些垫脚石从小接受训练，没有正常上学，就因为无法成为塔尖上的明星一辈子也就毁了"。他还想到，"即使这些奥运冠军看起来那么风光，谁又知道他们身体上受了多大的伤害呢"。因此，对于体育方阵，他的评价是，正如中国的体育繁荣一样，这个方阵展现出来的都是强制出来的假象。

又如受访者 1，她之前就认为中国军人只是机械地服从命令而已。在庆典现场，看到了整齐的手持军刀的军队方阵，她想到了这样做的危险性，想到 1999 年那个被铁钉扎进脚掌仍坚持走完全程的军人，想到如果军刀挥下的刹那有人的耳朵被砍下，那个人肯定还会继续走下去。她认为这不是因为军人有多么的爱国爱人民，只是因为他们在服从命令上的机械性。对此，她进一步感到"军队很无情"。

七 庆典的效用与局限

（一）庆典的效用

庆典实际上就是通过让参与者进入一种阈限状态来实现一定目的的形式，阈限的存在让个体从仪式之前的认知价值观进入仪式之后的新认知价值观。在这次庆典中，阈限是如何在个体前后两个政治认知图式的发展或转化过程中起作用的呢？与两个政治认知图式的直接转化相比，庆典所引发的阈限状态起到了多大的强化作用呢？

为了解决上述疑问，运用 AMOS 18.0 建立了结构方程模型，以期还原这一复杂关系的原貌，如图 10 - 9 所示。

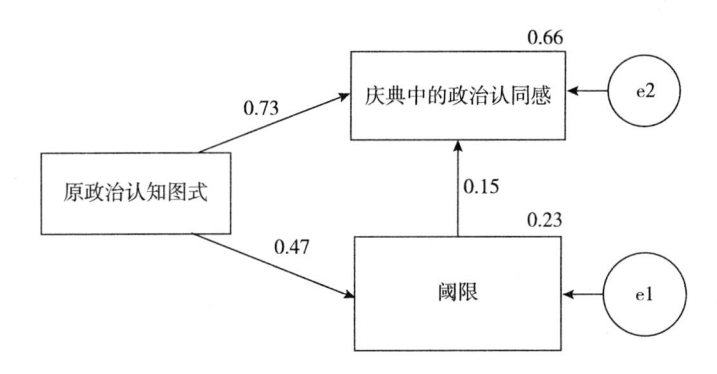

图 10 - 9　阈限影响政治认同感的结构方程模型（1）

通过图 10 - 9 可以看出，阈限在原结构政治认知图式以及庆典中的政治认同感之间确实起到了一个中介的影响作用。如果设庆典中的政治认同感为 Y，阈限程度为 Z，原政治认知图式为 X，对于结构模型我们可以给出如下方程式：

$$Y = 0.66 + 0.73X + 0.15Z, \quad Z = 0.23 + 0.47X$$

将原政治认知图式分解为国家认同、政党认同以及政府认同三个维度，再次建立结构方程模型，结果如图 10-10 所示。

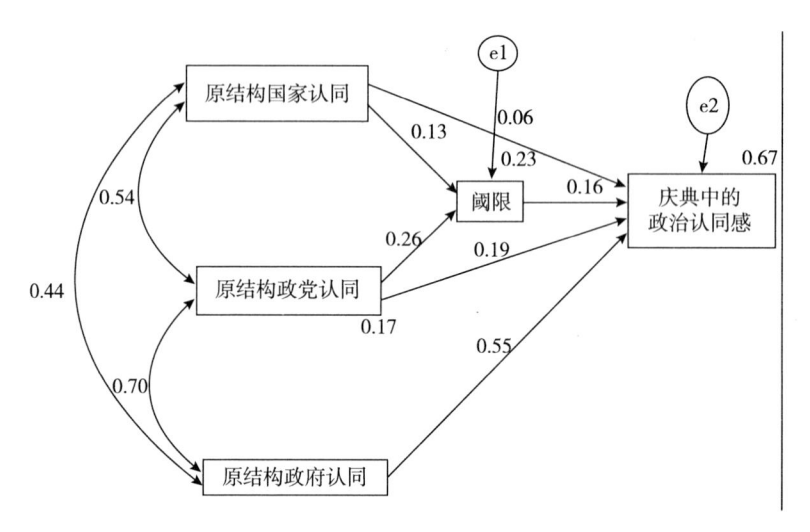

图 10-10 阈限影响政治认同感的结构方程模型（2）

从图 10-10 可知，不管是政治认知结构图示中的国家认同、政党认同还是政府认同，都通过阈限影响了庆典中的政治认同感。阈限在前后两个认知图式之间起到了重要的中介与转换作用。

由此看来，庆典作为一种引发人产生阈限状态的政治教育仪式，确实对于政治认同感的提高产生了效用。

（二）庆典的局限

从上面分析可以看出，庆典在使人产生出阈限的过程中实现了政治教育的价值。这让我们看到了庆典的效用，但同时也应看到，庆典并不是万能的，庆典同样存在功能上的局限性。

首先，从访谈与问卷调查的结果来看，还有一部分大学生在庆典中并没有出现阈限状态，他们一直是以一种局外人的视角与眼光来参加与观看庆典。在庆典过程中，他们对庆典中呈现的政治肯定性元素要么漠视，要么以解构或否定的态度来选择与理解信息。最终导致他们的政治认知图式并未发生积极性的改变，反而让他们感觉这次庆典是一次"政治表演"。在问卷调查中，有18.4%的大学生报告自己在庆典中并未出现阈限体验。相比于进入阈限状态的大学生，他们在庆典中除了体验到较为强烈的国家认同感（70.22分）之外，并未产生其他方面的政治认同感（见表10-17）。他们在庆典前与庆典中政治认同感的变化也并不明显。除了国家认同感有显著的提高之外（约12分，$sig. = 0.000$），政党认同感与政府认同感并没有显著的变化。这说明，对于这些大学生，庆典除了让他们产生对国家的认同之外，并不能让他们更加认同党和政府。庆典结束后，因为个体对于政治系统的概念往往具有整体性，即将国家、政党与政府混合为一个整体，又由于对于政党、政府的认同感没有提高，最终会导致国家认同感的急剧下降。对于这部分人的教育效果的缺失，是本次庆典的局限所在。

表10-17　两类大学生在庆典中的政治认同感百分平均值

项　目	未进入阈限状态	进入阈限状态
总体政治认同感	61.74	83.32
国家认同感	70.22	90.73
政党认同感	61.32	81.93
政府认同感	56.52	78.26

另外，不仅是庆典中政治认同感方面没有明显变化，他们在庆典结束后对于庆典的价值评价也不高，明显低于那些进入阈限状态的大学生，如表10-18所示。

表10-18　两类大学生对于庆典价值的评价百分平均值

项　目	未进入阈限状态	进入阈限状态
庆典总体价值评价	54.64	68.36
庆典国家民族价值评价	61.16	76.74
庆典国际价值评价	59.98	73.31
庆典负面价值评价	52.23	37.14

未进入阈限状态的大学生对庆典总体价值评价持较为中立的态度，对

庆典的国家民族价值与国际价值的肯定程度也不高。相比于进入阈限状态大学生对于庆典负面价值的否定，他们较为支持这些负面的观点，如"这次庆典没什么价值，仅仅给中国人带来了一次集体狂欢""用庆典来展示成就恰恰说明的是我们缺乏成就""这是劳民伤财的一件事"。

其次，原政治认知图式通过阈限影响庆典中政治认同感的这条路径回归系数经转化后只有0.07（0.47×0.15），远远低于直接影响。分解过后的认知结构对庆典中政治认同感的结构图也表明，相比于原政治认知结构的直接影响，庆典通过阈限来影响政治认同感的能力非常有限。因此，我们不能盲目夸大庆典的教育功能。毋庸置疑，庆典确实通过阈限提高了大学生的政治认同感，但从根本上来讲，这种认同感与庆典前的政治认知图式有非常紧密的联系，是由原来的政治认同所决定的，庆典的教育效果是限制在某个范围之内的。

第四节　结论与讨论

一　结论与总结

本研究验证并接受了研究设计中所提出的四个研究假设，主要得到了如下结论。

第一，国庆60周年庆典确实起到了较好的教育效果。大学生在参加或观看过程中从总体上产生了积极的政治认同感，包括对国家、对政党以及对政府的积极认同。其中，大学生产生了最为强烈的国家认同感。同时，这种政治认同感相对于庆典前的政治认同基本都有所提高。庆典结束后，大学生对于庆典的价值评价也比较积极，特别是认为庆典实现了较高的国家民族价值，认为这次庆典物有所值。

第二，阈限程度是影响庆典效果发挥的核心因素。首先，本研究将特纳的概念操作化，将庆典阈限操作化为四个方面，即角色性、平等性、融入性与持续性，成功测量到大学生在参加或观看庆典过程中确实存在阈限状态。同时通过验证性因素分析证明了本研究对阈限测量的信度与效度。其次，通过回归分析发现，阈限状态的程度对庆典中的各项政治认同感以及事后对庆典的评价有较强的正向预测作用。实践的路径证明了特纳的阈限理论，即仪式参加者通过进入仪式的阈限而获得仪式的意义，实现仪式的价值。

第三，原政治认知图式等因素影响庆典中的阈限程度。经回归分析发现，大学生原有的政治认知图式、家庭政治态度、对"两课"的喜欢程度、对庆典的价值预期、是否参加庆典以及相关的庆典元素都会影响大学生在庆典中所感受到的阈限程度。大学生在庆典前对国家在政治、社会、文化建设方面的成绩越肯定，在庆典中感受到的阈限体验就越强；庆典前对国家的认同越高也越容易进入阈限；家庭政治态度，特别是父亲的政治态度倾向通过对个体政治态度倾向的影响也影响到了阈限；平时越喜欢"两课"，对庆典的接受度就越高，越容易进入阈限状态；庆典前价值预期越高，在庆典中的阈限就越高。另外，是否参加庆典也带来了大学生阈限程度的显著区别，参加者比观看者更容易进入阈限。最后，庆典中的国家元素，如国旗、国歌等，以及感染性形式元素对大学生的阈限程度也有较强的影响。

第四，庆典中的不同状态，即阈限状态与原结构状态下，大学生对庆典的意义建构过程呈现不同的特点。阈限状态中，大学生在选择的信息上具有中心性、建构性以及肯定性的特点，对信息意义的理解也相应呈现政治性、建构性与肯定性；而在原结构状态中，大学生选择的信息具有去中心性、解构性及批判和否定性的特点，理解出的也是去政治性、解构性及批判性的意义。两种状态下的大学生在庆典中对信息的加工与处理方式也呈现不同的特点。阈限状态中的大学生主要包括四种类型的政治认知图式作用过程：原结构政治认知图式消解，接受新信息并认同；信息与原结构政治认知图式一致，接受信息，产生同化过程；信息与原结构政治认知图式不一致，修改认知图式，产生顺应过程；信息与原结构认知图式不一致，修改信息的选择，赋予信息不同的意义，产生同化过程。原结构状态中主要包括两个过程类型：信息与原结构政治认知图式一致，接受信息，产生同化过程；信息与原结构政治认知图式不一致，修改信息意义的选择，赋予信息不同的意义，产生同化过程。

第五，庆典是一种效用与局限并存的教育方式。一方面，庆典确实通过让观看者或参加者产生阈限体验实现了一定的教育效果，让大学生在庆典中感受到了比庆典前更高的政治认同感。那些进入阈限状态的大学生表现得尤为明显，并且这部分大学生占了总体的81.6%。这充分说明了庆典这种仪式教育的效用。但另一方面，仍然有18.4%的大学生没有进入阈限状态，他们在政党认同、政府认同方面相比庆典前并没有显著性的变化，对庆典的价值认同也不高，还容易产生负面评价。同时，庆典的效用也存在一定的界限，对庆典中政治认同感产生决定性影响的还是大学生之前的政治认知图式。这是庆典的局限所在。

二 对政治教育性仪式的建议

我们的党和政府越来越重视政治教育仪式在思想政治教育中的运用。国庆60周年庆典的成功举办给予我们很多关于仪式教育的启示。

首先，对于仪式教育对象原政治认知结构的了解是政治仪式发挥作用的前提。在进行仪式教育前，必须综合了解与把握教育对象的政治态度。具有积极正向政治态度的对象一般都能进入仪式状态中，实现一定的教育效果。而对政治系统持否定态度的教育对象则很难进入仪式状态，对于仪式呈现的信息还容易产生负向的理解。因此，如果教育对象总体呈现负向的政治态度，最好选用比仪式更好的教育方式。

其次，顺利将教育对象引入阈限的状态是政治仪式实现教育效果的关键与核心。仪式的实质就是通过让参与者进入阈限而实现仪式功能。参与者阈限程度的高低对仪式教育效果有非常显著的预测作用。因此，仪式的组织者应该让参与者进入阈限状态。从研究看来，大学生对于庆典中的国家民族元素都很敏感，相应的，一些感染性形式元素，比如说现场的音乐、画面等都能让大学生快速进入阈限状态。这提示我们，在政治仪式教育时可多多添加这些种类的元素，提高教育效果。另外，是否参加到仪式中去也会影响到阈限程度。在平时的政治仪式教育中要尽可能让教育对象都参与到仪式中来。

最后，要充分运用政治仪式进行循序渐进的教育。一次仪式的政治教育作用是有限而细微的，我们既不能忽视仪式这种特殊教育形式的作用，又不能盲目自信，以为通过组织一次政治仪式就可以从根本上转变或大幅度提高教育对象的政治认知图式。在进行特殊的政治仪式教育的同时，平时也要配合其他的教育方式，循序渐进地提高教育对象的政治认同感。

三　本研究的创新、不足与未来研究展望

本研究的创新性主要表现在以下方面。

首先，丰富了政治仪式的研究。传统的仪式研究者往往从结构功能主义的视角来分析人类生活中各类仪式在维持社会结构和秩序中的作用，研究的仪式类型往往是与社会生产、生活以及宗教相关的传统生活仪式。近年来，部分研究者开始关注仪式在现代复杂社会中的存在与运用，关注仪式行为、象征符号与政治和权力的关系，并且注意到仪式作为社会认同与社会动员的方式之一，既可以有整合、强固功能，又可能具有瓦解、分化的作用，认为仪式可以分为两大类，即生存技术和权力技术。

对于生存技术仪式的研究是仪式研究的主体。相对来说，作为权力技术的政治仪式或国家仪式研究在整个世界范围内都比较少，在我国的仪式研究中所占比例就更小了。本研究正是从政治仪式的视角来研究国庆庆典，分析这种权力实践所期望达到的目的，以及实际运作过程中产生的正负两方面效果，这对于丰富我国的政治仪式研究具有重要的理论意义。

其次，进行了庆典中双向意义建构的研究。当前学术界对于仪式、庆典的研究主要还是集中于人类学、符号学的分析，对仪式中的各种象征符号进行解读，挖掘其中蕴涵的意义，最后在这种意义之上分析仪式的功能和目的。这无疑是人类学研究中的重要思路和范式。

对于符号接受者对这些符号的意义建构过程的研究非常少，从个体认知结构的发展变化来系统研究仪式的实际功效的论文也非常少见。

本研究综合了上述两方面的研究取向，既关心庆典本身通过各种象征符号所希望建构起来的意义体系，也关心符号接受者对这些符号意义的主观建构过程，重点对后者进行深入研究。这对于教育仪式的研究来说无疑

是深入了一步。

再次，将西方经典仪式理论进行了操作化。本研究是对仪式研究中的经典理论，即特纳的仪式三阶段理论进行了进一步的发挥。本研究将"阈限"的概念进行了具体的操作化，运用到庆典参与者和观看者的心理状态中，并将这种仪式中的心理状态与意义建构的认知过程结合起来，探讨他们在仪式状态中的建构过程，以及重回"结构"后认知图式的变化。这种探索性研究对于我国的仪式研究如何将西方仪式研究中的经典理论运用于我国的具体研究具有重要的启示意义。

最后，使用了定性与定量相结合的研究方法。为了充分发挥定性与定量研究的优势，同时又避免各自不足，本研究既采用了深度访谈法，又进行了大样本的问卷调查。通过深度访谈挖掘大学生的意义建构过程，通过问卷收集关于庆典教育效果及影响因素的数据，两种实证资料的收集确保了本研究的广度与深度。本研究在数据分析中不仅用SPSS16.0进行包括因子分析、方差分析以及虚拟回归分析在内的高级数据分析方法，还采用A-MOS 18.0进行结构方程高级统计，对阈限概念进行结构验证性因素检验，并建立了原政治认知图式、阈限以及庆典中政治认同感之间的结构方程模型，起到了直观整体化的作用，避免了大多数研究中只见树木不见森林的弱点，更从中发现了庆典的效用与局限。

本研究在以下两方面还存在不足。

首先，由于时间和精力以及研究经费的限制，本研究只选取了北京地区的大学生进行研究，没有在全国范围内进行调查，无法了解庆典教育效果在地区之间的差异性。

其次，由于本研究是一种事后研究，访谈对象以及调查对象都是通过回忆在描述当时的状态，这种事后的回忆难以避免会受到庆典到现在这个时间段诸多因素的影响。本研究已经在访谈以及问卷中采用多种方式尽量减少这些误差的产生，希望能最大限度还原当时的情形。

本研究认为，未来对于政治教育仪式的研究应该继续采用质性与量性研究方式相结合，一方面，继续挖掘教育对象在仪式中的认知建构过程与特点，另外一方面，运用全面科学的数据分析仪式的教育功用及影响因素，为仪式教育提供参考与借鉴。

四 结语

对于国家花费巨大人力、财力、物力的国庆60周年大典来说,我们不希望这仅仅是一场形式,也不仅仅是一场让大家热闹一场的表演。对于国庆这个庞大的政治意义体系,我们更希望每一名中国人,特别是每一位这个时代的青年,这个时代的大学生,都能在积极的意义建构中产生认同。这也是我们党和政府所期盼与关心的。

十年一大庆似乎已成为中国人心中默认的传统,正如每年必办的春节联欢晚会一般。但是如何让每一次庆典办得更出彩、更有价值,是党和政府、研究者以及每一位关心国家的中国人都需要思考的问题。相信我们每一步思考,都会促进我们的每一次庆典以及类似庆典的教育仪式办得更有意义与价值。

参考文献

(一) 中文文献

[1]〔法〕爱弥尔·涂尔干:《宗教生活的基本形式》,渠东等译,上海人民出版社,2006。

[2] 白学军、刘海健:《中学生及其家长内隐智力观的发展研究》,《天津工程师范学院学报》2008年第18期。

[3] 拜建国:《重塑政府:我国政府职能的转变与价值定位》,硕士论文,武汉理工大学,2007。

[4] 布和:《论大学生政治社会化》,《昭乌达蒙古族师范专科学校学报(汉文哲学社会科学版)》1995年第3期。

[5] 蔡立辉:《西方国家政府绩效评估的理念及其启示》,《清华大学学报》2003年第1期:76~84。

[6] 曹胜:《相互关联中的政治学研究对象与研究方法——以政治制度研究为中心的考察》,《中共天津市委党校学报》2010年第4期。

[7] 柴宝勇:《政党认同研究在西方:综述与评价》,《浙江工商大学学报》2007年第5期。

[8] 柴宝勇:《论政党认同的含义及其要素》,《探索》2009年第1期。

[9] 陈振明、李东云:《"政治参与"概念辨析》,《东南学术》2008年第4期。

[10] 陈明明:《中国政治制度的价值结构:冲突与调适》,《社会科学研究》2008年第2期。

[11] 陈刚:《高等教育与大学生的政治社会化》,《中医教育ETCM》

1996 年第 4 期。

[12] 陈煊之主编《认知心理学》，广东高等教育出版社，2006。

[13] 陈万柏、张耀灿：《思想政治教育学原理》，高等教育出版社，2007。

[14]《邓小平文选》第 3 卷，人民出版社，1993。

[15] 邓晓芒：《康德哲学讲演录》，广西师范大学出版社，2005。

[16] [美] 戴维·伊斯顿：《儿童早期政治社会化过程——对民主参政概念的接受》，《国外政治学》1985 年第 2 期。

[17] 道格拉斯·斯诺：《制度、制度变迁与经济绩效》，三联书店，1994。

[18] 风笑天：《社会学研究方法》，中国人民大学出版社，2005。

[19] 樊东光：《社会主义政治制度创新的新视阈与可行性研究》，《学术交流》2010 年第 11 期。

[20] 高兆明：《论多元社会的价值整合》，《江海学刊》2005 年第 1 期。

[21] 高潮：《当前大学生政治参与状况调查——以武汉部分高校为例》，《武汉理工大学学报（社会科学版）》2010 年第 2 期。

[22] 高放：《社会主义大辞典》，河南人民出版社，1988。

[23] [美] 格林斯坦·波尔斯比：《政治学手册精选》（下册），商务印书馆，1996。

[24] 郭于华主编《仪式与社会变迁》，社会科学文献出版社，2000。

[25] 郭志刚：《社会统计分析方法——SPSS 软件应用》，中国人民大学出版社，1999。

[26] 龚小平、张传文、许在荣：《政治社会化视野下的高校思想政治教育》，《安徽农业大学学报（社会科学版）》2007 年第 6 期。

[27] 贺金瑞：《论从民族认同到国家认同》，《中央民族大学学报（哲学社会科学版）》2008 年第 3 期。

[28] 侯杰泰、温忠琳、成子娟：《结构方程模型及其应用》，教育科学出版社，2004。

[29] 霍春龙、包国宪：《政治制度的有效性与政府责任》，《经济社会

体制比较》2009年第3期。

［30］何晓杰：《论政府角色的定位与转换——构建"有效政府"的前提》，硕士论文，吉林大学，2004。

［31］黄四林、林崇德、王益文：《创造力内隐理论研究：源起与现状》，《心理科学进展》2005年第6期。

［32］黄育馥：《人与社会——社会化问题在美国》，辽宁人民出版社，1986。

［33］胡荣：《社会资本与城市居民的政治参与》，《政治学研究》2008年第5期。

［34］胡伟、池阿海：《大众传媒与大学生政治社会化》，《张家口师专学报》2004年第2期。

［35］胡建华等：《高等教育学新论》，江苏教育出版社，1995。

［36］黄振辉：《社会资本与新社会阶层政治参与——以珠江三角洲S市为例》，《当代中国政治研究报告》2011年。

［37］蒋荣、代礼忠：《从执政效能和执政价值认同看当代大学生的政党认同——基于重庆大学与西南大学的经验材料》，《青年研究》2011年第3期。

［38］［美］康芒斯：《制度经济学》（上册），于树声译，商务印书馆出版社，1962。

［39］孔德永：《和谐社会构建中的制度认同分析》，《求实》2008年第5期。

［40］拉加（Ananda Rajah）：《营造传统——新加坡国庆庆典》，梁永佳译，《中国农业大学学报》2007年第1期。

［41］雷振文：《政治制度的秩序生长功能及其在转型期中国的实践》，载《南昌大学学报（人文社会科学版）》2008年第2期。

［42］李会欣、吴欣欣：《转型社会中政治文化对政治制度建设的影响及其启示》，《行政文化》2009年第4期。

［43］李贺林：《怎样评价现代化进程中的政治制度》，《理论与实践》2010年第1期。

［44］李跃忠：《栾州影系的宗教仪式功能简论》，《大舞台》2009年

第 4 期。

［45］李莎莎、耿柳娜：《互联网对大学生政治社会化认知的影响》，《现代远距离教育》2008 年第 2 期。

［46］李木柳：《文化环境下的大学生政治社会化》，《四川省社会主义学院学报》2008 年第 2 期。

［47］李元书：《政治社会化：涵义、特征、功能》，《政治学研究》1998 年第 2 期。

［48］林怡、张璐：《大学生政治社会化的实践路径和意义》，《理论前沿》2007 年第 23 期。

［49］林崇德主编《发展心理学》，人民教育出版社，1995。

［50］刘琳娜：《中国发展模式政治制度安排的困局及完善》，《科学社会主义》2011 年第 1 期。

［51］刘明、高翔：《互联网与大学生的政治社会化》，《湖南农机》2007 年第 9 期。

［52］刘扬：《试论高校教育与青年学生政治社会化》，《南昌航空工业学院学报（哲学社会科学版）》1999 年第 1 期。

［53］刘启焱：《当代大学生政治社会化障碍分析与对策》，《福州大学学报（哲学社会科学版）》2002 年第 2 期。

［54］刘小川：《大学生政治社会化及对思想政治工作的启示》，《河北大学学报（哲学社会科学版）》2000 年第 4 期。

［55］卢梭：《社会契约论》，商务印书馆，1980。

［56］罗章、张俊伟：《分析与对策：当代大中学生政治认同研究——以重庆市学生联合会的专项调查为例》，《西南大学学报（社会科学版）》2009 年第 6 期。

［57］罗亮：《新制度主义视阈下的当代中国政治制度创新探析》，《中共南京市委党校学报》2010 年第 5 期。

［58］《马克思恩格斯全集》第四十二卷，人民出版社，1979。

［59］马起华：《政治社会学》，中国台湾大中国图书公司，1985。

［60］［德］马克斯·韦伯：《经济与社会》（上卷），商务印书馆，1997。

[61] 马敏:《和谐社会与冲突政治中仪式功能的多样性阐释》,《理论与改革》2005年第3期。

[62]《马克思恩格斯全集》第一卷,人民出版社,1956。

[63] 马景超:《试论政治制度的创设》,《中共成都市委党校学报》2009年第6期。

[64]《毛泽东选集》第五卷,人民出版社,1991。

[65] 闵绪国:《影响大学生政治社会化的学校消极因素及其优化》,《黑龙江高教研究》2006年第7期。

[66] 倪星、李佳源:《政府绩效的公众主观评价模式:有效抑或无效?》,《中国人民大学学报》2010年第4期。

[67] 聂晓光:《学校教育在政治社会化中的作用》,《河南商业高等专科学校学报》2003年第1期。

[68] [美] 帕特里克·J:《政治参与概念如何形成定义》,孔奇、王胜明、范云萍译,《国外政治学》1989年第4期。

[69] 浦兴祖:《当代中国政治制度》,复旦大学出版社,2005年。

[70] 潘吉平:《大学生政治社会化的内容与倾向研究》,《经济师》2006年第2期。

[71] 彭述初:《建构主义理论评介》,《湘潭师范学院学报》2009年第1期。

[72] 彭兆荣:《人类学仪式研究评述》,《民族研究》2002年第2期。

[73] 彭兆荣:《人类学仪式理论的知识谱系》,《民俗研究》2003年第2期。

[74] 戚兴元:《政治制度的属性辨析》,《中共山西省直机关党校学报》2010年第3期。

[75] 乔欢、周舟:《意义建构理论要义评析》,《图书馆杂志》2007年第5期。

[76] 秦国民:《政治稳定视角下制度认同的建构》,《河南社会科学》2010年第1期。

[77] 邱皓政、林碧芳:《结构方程模型的原理与应用》,中国轻工业出版社,2009。

［78］任春荣：《学生家庭社会经济地位（SES）的测量技术》，《教育学报》2011年第5期。

［79］邵景均：《抗震救灾彰显我国政治制度的优越性》，《求是杂志》2008年第13期。

［80］沈传亮：《当代中国群体政党认同的实证分析——以公务员全体为对象》，《天津行政学院学报》2008年第10期。

［81］师建康：《简论大学生政治社会化的意义和内容》，《云南师范大学学报（哲学社会科学版）》1999年第4期。

［82］宋鲁郑：《中国政治制度的比较优势》，《前进论坛》2010年第5期。

［83］宋孝忠：《论传统成人仪式的教育意蕴及其启示》，《河南工业大学学报》2007年第2期。

［84］孙留华、任园：《90后大学生政治认同状况调查分析——以上海政法学院为例》，《文学教育》2010年第12期。

［85］孙太怀：《高校青年教师的价值观与政党认同浅析》，《学校党建与思想教育》2004年第10期。

［86］孙世月、罗跃嘉：《欺骗任务中结果评价的FN效应》，《心理学报》2008年第6期。

［87］孙爱军：《政治社会化：大学教育的一个基本点》，《中国青年政治学院学报》2000年第6期。

［88］宋立会：《当代大学生政治参与现状及对策》，《河北科技师范学院学报（社会科学版）》2007年第3期。

［89］〔美〕唐（Tang W. F.）：《中国民意与公民社会》，中山大学出版社，2008。

［90］唐仲山：《从同仁土族"於菟"看民俗仪式的功能》，《青海民族学院学报》2009年第3期。

［91］田海林、李俊领：《仪式政治：国民党与南京国民政府对孙中山的祭祀典礼》，《史学月刊》2007年第4期。

［92］田丽：《毕业典礼的教育文化研究》，硕士学位论文，华东师范大学，2007。

[93] 童建挺：《政治制度：作用和局限》，《当代世界与社会主义》2009年第1期。

[94] 王结发：《论制度认同》，《兰州学刊》2009年第12期。

[95] 王续添：《中心主义政治制度与"中国政治模式"》，《经济社会体制比较》2010年第6期。

[96] 王乃圣：《公民社会：现代民主政治制度的社会基础》，《中国特色社会主义研究》2008年第1期。

[97] 王庆兵：《试析政党认同的功能和构建途径》，《广西社会科学》2004年第8期。

[98] 王勇、刘宏伟：《当代大学生政治参与现状研究》，《长春理工大学学报（社会科学版）》2011年第4期。

[99] 王至元、陈晓希：《从结构主义到建构主义》，《哲学动态》1983年第2期。

[100] 王彩霞：《18岁成人仪式教育活动的现状分析及对策研究》，硕士学位论文，华东师范大学，2008。

[101] 维克多·特纳：《仪式过程：结构与反结构》，黄剑波、柳博赟译，中国人民大学出版社，2006。

[102] 乌仁其其格：《蒙古族萨满教宗教治疗仪式的特征及治疗机理的医学人类学分析》，《西北民族研究》2008年第3期。

[103] 吴鲁平、刘涵慧、王静：《公民国家认同的特点及其与对外接纳度的关系研究——来自ISSP的证据》，《国际社会科学杂志》（中文版）2010年第1期。

[104] 吴文勤：《构建和谐社会视阈中的政治认同重构》，《求实》2008年第3期。

[105] 吴建南、孔晓勇：《以公众服务为导向的政府绩效改进分析》，《中国行政管理》2005年第8期。

[106] 吴明隆：《结构方程模型——Amos的操作与应用》，重庆大学出版社，2007。

[107] 习文：《仪式的建构与颠覆》，《中国电视》2003年第4期。

[108] 向欣：《对当前大学生政治认同感的现状分析》，《现代教育科

学》2011 年第 3 期。

[109] 向发意、张晓琳：《思想政治理论课在大学生政治社会化过程中的作用》，《湖南省社会主义学院学报》2007 年第 2 期。

[110] 小卡尔·麦克丹尼尔：《当代市场调研》，机械工业出版社，2000。

[111] 辛鸣：《制度评价的标准选择及其哲学分析》，《中国人民大学学报》2005 年第 5 期。

[112] 谢殿波：《民主是社会主义政治制度建设的首要价值诉求》，《江苏教育学院学报》2011 年第 2 期。

[113] 徐永军：《政治制度伦理和政治发展》，《广西社会科学》2004 年第 11 期。

[114] 薛艺兵：《对仪式现象的人类学解释》，《广西民族研究》2003 年第 2 期。

[115] 阎崴：《当代我国成年仪式教育功能及其实现研究》，硕士学位论文，中央民族大学，2009。

[116] 袁方：《社会研究方法教程》，北京大学出版社，1997。

[117] 杨春风：《意识形态与制度再生产》，《科学社会主义》2008 年第 2 期。

[118] 杨明伟：《政治制度创设的探索》，《理论观察》2008 年第 5 期。

[119] 杨俊：《从核心价值的维度看当代中国政治制度的变迁》，《甘肃社会科学》2008 年第 4 期。

[120] 杨楹：《政治制度伦理的地位、结构及其历史始端》，《思想战线》2009 年第 4 期。

[121] 杨成胜、李思明：《交融：在结构中闪光——对特纳"阈限交融"思想的再诠释》，《世界民族》2009 年第 1 期。

[122] 杨海蛟：《新中国政治学的回顾与展望》，世界知识出版社，2000。

[123] 余振、郭正林：《中国大学生的家庭政治社会化》，《开放时代》1999 年第 1 期。

[124] 俞可平：《简论当代中国的政治制度》，《绍兴文理学院学报》2009年第5期。

[125] 于海：《论我国有效政府的建构》，硕士论文，重庆大学贸易与行政学院，2007。

[126] 〔美〕约翰·罗尔斯：《正义论》，何怀宏等译，中国社会科学出版社，1988。

[127] 张永桃：《当代中国政治制度》，南京大学出版社，2004。

[128] 张汝伦：《经济全球化和文化认同》，《哲学研究》2001年第2期。

[129] 赵昆：《"经济人"假设与制度认同》，《齐鲁学刊》2007年第5期。

[130] 张怀民、陈波：《全球化与当代中国的政治制度》，《社会主义研究》2006年第5期。

[131] 张欢、张强、陆奇斌：《政府满意度与民众期望管理初探》，《当代世界与社会主义》2008年第6期。

[132] 张官妹：《汇源瑶族度戒仪式功能谈略》，《湖南科技学院学报》2009年第7期。

[133] 张帆：《特纳与仪式理论》，《西北民族研究》2007年第3期。

[134] 张志：《从研究生看"超级女生"透视当代研究生的政治社会化》，《广西青年干部学院学报》2007年第5期。

[135] 张光、罗婷：《当代大学生性别与政治社会化》，《青年探索》2006年第3期。

[136] 张光、蒋璐：《网络对大学生政治社会化影响实证研究》，《广州大学学报（社会科学版）》2006年第6期。

[137] 张永宁：《校园文化是高校学生政治社会化的重要途径》，《石油大学学报（社会科学版）》2004年第1期。

[138] 张明新：《互联网时代中国公众的政治参与：检验政治知识的影响》，《中国地质大学学报（社会科学版）》2011年第6期。

[139] 郑杭生、杨敏：《社会互构论：世界眼光下的中国特色社会学理论的新探索——当代中国"个人与社会关系研究"》，中国人民大学出版

社，2010。

[140] 朱鹰、王义银：《转型期与大学生的政治社会化》，《青岛科技大学学报（社会科学版）》2007年第4期。

（二）英文文献

[1] Andrew Heywood (2000). *Key Concepts in Politics*. N. Y. St. Martin's Press.

[2] Blank, T. Schmidt (2003). *National identity in a united Germany: Nationalism or Patritism? An Empirical Test With Representative Data*, 24 (2): 289 – 312.

[3] Barry C. Burden, Casey A. Klofstad (2005). *Affect and Cognition in Party Identification*. International Society of Political Psychology.

[4] Barry R. Weingast, Kenneth A. Shepsle, ChristopherJohnsen (1981). *The Political Economy of Benefits and Costs: A Neoclassical Approach to Distributive Politics*. The Journal of Political Economy, 89 (4): 642 – 664.

[5] Campbell, A., Converse, P. E., Miller, W. E., Stokes, D. E. (1960). *The American voter*. New York: John Wiley. 转引自：Barry C. Burden, Casey A. Klofstad, (2005), *Affect and Cognition in Party Identification*, International Society of Political Psychology.

[6] D. J. Elkins (1997). *Globalization, Telecommunication and Virtual Ethnic Communities*. International Science Review.

[7] Doeley, K. M., Silver, B. D (2000). *Subnational and national loyalty: cross – national comparisons*. International Journal of Public Opinion Research, 12 (4): 361.

[8] David Easton, Robert D. Hess (1961). *Youth and the Political System*. Culture and Social Character. New York: The Free Press of Glencoe.

[9] David Easton, Robert D. Hess (1962). *The Child's Political World*. Midwest Journal of Political Science.

[10] David Easton (1965). *A Framework for Political Analysis*, Englewood Cliffs. N. J.: Prentice Hall.

[11] David O. Sears (1969). *Black Attitudes Toward the Political System in the Aftermath of the Watts Insurrection.* Midwest Journal of Political Science, 13 (4).

[12] Dean Jaros, Herbert Hirsch, Frederic J. Fleron (1968). *The Malevolent Leader: Political Socialization in an American Subculture.* The American Political Science Review, 62 (2).

[13] Douglas D. Roscoe, Neil D. Christiansen (2010). *Exploring the Attitudinal Structure of Partisanship.* Journal of Applied Social Psychology.

[14] Doeley, K. M., Silver, B. D. (2000). *Subnational and national loyalty: cross - national comparisons.* International Journal of Public Opinion Research, 12 (4): 361.

[15] Frirbrother, G. P. (2003). *Toward critical patriotism - student Resistance to political Education in Hongkong and China.* Hong kong University Press, 78 - 105.

[16] Fiorina, M. P. (1981). *Retrospective voting in American national elections.* New Haven: Yale University Press. 转引自: Barry C. Burden, Casey A. Klofstad, (2005), *Affect and Cognition in Party Identification.* International Society of Political Psychology.

[17] Franklin, Charles, and Jackson, John (1983). *The dynamics of party identification.* American Political Science Review, 77: 957 - 973. 转引自 Steven Greene, (2002), *The Social - Psychological Measurement of Partisanship.* Political Behavior.

[18] Gupte, Kalpana (1989). *A Study in the Process of Political Socialization.* Bombay. Himalayo pub. House,.

[19] Gabriel A. Almond, James S. Coleman (eds) (1960). *The Politics of the Developing Areas.* Princeton: Princeton University Press.

[20] Greene, S. (1999). *Understanding party identification: A social identity approach.* Political Psychology, 20: 393 - 404.

[21] Greene, S. (2000). *The psychological Sources of Partisan - learning Independence.* American Politics Research, 228: 511.

［22］Greene, S. (2002). *The Social-psychological measurement of partisanship*. Political Behavior, 24 (3).

［23］Grimes RonaldL (1995). *Beginnings in ritualstudies*. Columbia. S. C: University of South Carolina Press.

［24］Hjerm, M (1998). *National identities, national pride and Xenophobia: A comparison of four western countries*. Acta Sociologica, 41 (4): 335-347.

［25］Huddy, L., Khatib, N (2007). *American Patriotism, National identity, and political involvement*. Amercian journal of political Science, 51 (1): 63-77.

［26］Hetherington, M. J. (1998). *The political relevance of political trust*. American political science review, 92 (4): 791-808.

［27］*India Unlikely To Overtake China*, South Asia Monitor, Aug2006, Vol. 12 Issue 8, p1-2, 2p.

［28］Inglehart, R., Foa, R. Peterson, C. Welzel, C. (2008). *Development, Freedom, and Rising Happiness: A Global Perspective (1981-2007)*. Perspectives on psychological sciences, 3 (4): 264-285.

［29］Inc. Marcus George E., Fischer MiChael M. J. (1986). *Anthropology as Cultural Critique: An Experimental Moment in the Human Sciences*. Chicago, lllinois: University of Chicago Press.

［30］Jack Dennis, Leon Lindberg, Donald Mccrone, Rodney Stiefbold (1968). *Political Socialization to Democratic Orientations in Four Western Systems*. Comparative Political Studies, 1 (1).

［31］Jack Dennis (1968). *Major Problems of Political Socialization Research*. Midwest Journal of Political Science, 12 (1).

［32］Jones, F. L, Smith (2001). *Individual and Societal Bases of National Identity: A Comparative Multi-level Analysis*. European Sociological Review, 17: 103-118.

［33］Jay W. Jackson, Eliot R. Smith (1999). *Conceptualizing Social Identity: A New Framework and Evidence For the Impact of Different Dimensions*. the Society for Personality and Social Psychology.

[34] JP. Cabestan (2005). *The Political and Practical Obstacles to the Reform of the Judiciary and the Establishment of a Rule of Law in China.* Journal of China Political Science.

[35] Jean-Frangois Huchet (2006). *The Emergence of Capitalism in China: An Historical Perspective and Its Impact on the Political System.* social research, 73 (1).

[36] Jan E. Leighley Arnold Vedlitz Texas A, M University (1999). *Race, ethnicity, and political participation: competing models and contrasting explanations.* The Journal of Politics, 61 (4): 1092-1114.

[37] Jarvis, Montoya, Mulvoy (2005). *The Political Participation of Working Youth and College Students.* CIRCLE Working Paper 36, www.civicyouth.org.

[38] Kunovich, R. M (2009). *The sources and consequences of National Identification.* American Siciolo gical Review, 74: 573-593.

[39] Lord, R. G., Maher, K. J. (1991). *Leadership and Information Processing.* London: Routledge, 81.

[40] M. Pei (1998). *Is China Democratizing?.* Foreign Affairs.

[41] Michael Johnston, YuFan Hao (1995). *China's Surge of Corruption.* Journal of Democracy.

[42] Markus, G. B. (1992). *The Impact of Personal and National Economic Conditions on Presidential Voting (1956-1988).* American Journal of Political Science, 36 (3): 830.

[43] Miller, W. E., Shanks, J. M. (1996). *The new American voter.* Cambridge: Harvard University Press. 转引自 Barry C. Burden, Casey A. Klofstad (2005), *Affect and Cognition in Party Identification*, International Society of Political Psychology.

[44] Oliver, R. L. (1980). *A Cognitive Model of the Antecedents and Consequences of Satisfaction Decisions.* Journal of Marketing Research, 17: 460-469.

[45] Peter A. Hall, Rosemary C. R. Taylor (1996). *Political Science and Three New Institutionalisms.* Political studies, 936-957.

[46] Peter Nolan (1994). *The China Puzzle: Touching Stones to Cross the River*. Challenge/January – February.

[47] Pavitt, C., Sackaroff, P. (1990). *Implicit theories of leadership and judgments of leadership amonggroup members*. Small Group Research, 21: 374 – 392.

[48] Percy, S. L. (1986). *In defense of citizen evaluations as performance measures*. Urban affairs review, 22 (1): 66 – 83.

[49] Paul H. Showalter (2001). *Assessing the Level and Nature of Political Participationamong Academic Librarians in North Carolina*. A Master's paper submitted to the facultyof the School of Information and Library Scienceof the University of North Carolina.

[50] Raijman, R., Davidov, E., Schmidt, P., Hochman, O (2008). *What does a nation owe non – citizens? National attachments*. Perception of threat and attitudes towards Granting citizenship rights in a comparative perspective, 49: 195 – 220.

[51] Rex, J. (1996). *National identity in the democratic Multi – cultural state*.

Sociological Research Online, 1 Issure 2,

Http: //www. socresonline. org. uk/socresonline/1/1/1. html – – 转引自 M. Hjerm (1998). National identities, national pride and Xenophobia: A comparison of four western countries. Acta Sociologica, 41 (4): 337.

[52] Roscoe, D. D, Christiansen, D. N. (2010). *Exploring the Attitudinal Structure of Partisanship*. Journal of Applied Social psychology, 40 (9): 2232 – 2266.

[53] Schatz, R. T., Staub, E., Lavine, H. (1999). *On the varieties of National Attachment: Blind versus Constructive Patriotism*. Political Psychology, 20 (1): 151 – 174.

[54] Shulman, S. (2002). *Challenging the civic/Ethnic and West/East Dichotomies in the study of Nationalism*. Comparative Political Studies, 35: 554 – 585.

[55] Steven Greene (2002). *The Social – Psychological Measurement of Partisanship*. Political Behavior.

[56] Sternberg, R. J. , Conway, B. E. , Ketron, J. L. , Bernstein, M. (1981) . *People's conceptions of intelligence.* Journal of Personality and Social Psychology, 41: 37 – 45.

[57] Sternberg, R. J. (1985) . *Implicit theories of intelligence, creativity, and wisdom.* Journal of Personality and Social Psychology, 49: 607 – 627.

[58] Stuart Hall and Tony Jefferson (1976) . *Resistance Through Rituals: Youth subcultures in post – war Britain.* University of Birmingham Press.

[59] Tianjian Shi (1997) . *Political Participation in Beijing.* Harvard University Press.

[60] Turner Victor. Drama (1974) . *Fields and Metaphors : Symbolic Action in Human SocietyIthaca .* New York : Cornel lUniversity Press.

[61] Tolbert E (1990) . *Women Cry with Words: Symbolization of Affect in the Karelian Lament.* Yearbook for Traditional Music.

[62] Vienna, Austria (200) . *Political Participation of Young People inEuropeDevelopment of Indicators forComparative Research in the EuropeanUnion (EUYOUPART),* www. sora. at/EUYOUPART.

[63] Wilce J. M. (2006) . *Magical Laments and Anthropological Reflections: The Production and Circulation of Anthropological Text as Ritual Activity.* Current Anthropology.

[64] William C. (1962) . *Mitchell. American Polity*, The Free Press.

后 记

本书是本人主持的中国青年政治学院 2008 年度学科建设攻关项目"大学生政治社会化的结果研究"的最终成果。当时申报这个项目，主要是出于以下两点考虑。

第一，学科建设的需要。青少年工作系办的本科教育和硕士研究生教育都是思想政治教育专业，因此，从专业学科建设的角度来看，必须加强这方面的研究。但青少系要想获得存在的合理性，还必须在青年研究方面的教学和科研上下工夫，走在国内青年研究教学和科研的前列。否则，青少系就失去了自己生存和发展的必要性。在当时青少系教师短缺，人员年龄结构比较老化的情况下，面对上述"双重使命"，使我不得不思考如何将两方面的研究结合起来的问题。所以，在申报学校的学科建设攻关项目时，我首先想到了"大学生政治社会化的结果研究"这样一个题目。我认为，这个题目既是青年研究，又是思想政治教育研究。现在看来，当时的想法是对的，经受住了时间的检验。

第二，自己的研究专长和兴趣。我长期从事青少年方面的问题研究，尤其是长期从事青年价值观和社会心理方面的研究。我的专业领域属于社会学，更准确地说，属于青年社会学领域。我所从事的教学，无论是本科生教学，还是研究生教学，基本上都与青年研究和社会学研究相关。我的个人研究兴趣也在这两个领域。因此，在确定选题时必须做到：一方面，它确实属于思想政治教育研究领域的选题；另一方面，它又确实属于青年研究、社会学研究，乃至政治学研究领域的选题。只有这样的选题，才能发挥我的专长。只有这样的选题，才有可能会因兴趣使然，即使是在面临挫折和困难的境地下，仍保持一份执著和韧性，最终突出重围，完成研究使命。

2008年，经过比较激烈的竞争和答辩程序，我主持申报的这个项目获得了学校的科研立项。项目一获通过，我就和课题组的成员宋雁慧（刚从北京师范大学教育学院博士毕业进入青少系）、黄瑞玲（2009年进入青少系，当时还是北大马克思主义学院的博士生）等开始进一步收集国内外的各种研究资料，立即启动了对本项目的研究工作。但接下来发生的一些事情，使我们的研究进展在某种程度上受到了一些影响，延缓了整个研究的进程。不过，所发生的这些事情，也都是些好事。

一是在教务处王文处长和分管院长王义军教授的指导下，2008年青少系思想政治教育专业申报教育部特色专业建设点并获得成功，成为"教育部第二批特色专业建设点"。作为教育部特色专业建设点的负责人，我开始带领青少系的教师认真履行申报书上所填写的各项承诺，如人才培养模式改革、课程建设等。我利用教务处给的教改项目经费，让系里面的老师组成若干个专题研究小组，对国内外相关方面的情况做了专题研究。在充分论证的基础上，对人才培养模式，尤其是与此密切相关的专业课程，做了重大调整和改革。在这类专题论证过程中，宋雁慧投入了大量的时间和精力，如在网上收集国内其他高校同一专业或相关专业的人才培养模式和课程设置情况，国外著名高校相关专业的有关情况，到北京开办思想政治教育专业的一些高校去做实地调研等。

二是在经过充分论证的基础上，从2009年开始，青少系的本科培养方案做了重大调整。新的培养方案特别强调落实教育部提出的"宽口径、厚基础、高素质、强能力"的培养理念，在保持专业核心课程不变的情况下，通过新增专业选修课的方式，增加了许多与思想政治教育学密切相关的社会科学理论知识和方法类课程，尤其是新增了许多与教育学、心理学、政治学、社会学等学科相关的课程，为学生借鉴上述各学科的理论知识和方法来研究青少年思想政治教育问题打下了一个比较坚实的基础，同时也增加了学生的发展后劲。新的培养方案强调的另一个方面就是，在课程设置方面，加强中青院思想政治教育专业的特色，即增加与青少年相关的课程，建构"青"字号的课程群。在这方面，新增了政治社会化与公民教育（专业英语）、青少年问题研究（专业英语）、青少年人权教育、青年心理学、青年社会学等课程。这些新增的课程与原来已有的"青"字号课程合在一起，共有十多门"青"字号课程，已构成了实实在在的课程群。与此同时，在充分论证的基础上，研究生培养方案也做了重大调整。在上述两种培养方案的调整下，由于新进教师的引进速度慢于新开课程的增长速度（其原因不是学校领导或职能部门不支持，事实上他们都非常支持，而是因为我们坚持"宁缺毋滥"的原则所导致的，每年给我们的进人指标都没有用满），其结果是，无论是像我这样的老教师，还是像宋雁慧这样的年轻教师，教学工作量都成倍地超过学校规定的不同岗位的教师工作量。例如，我自己独立开设本科生课程两门，即"社会调查方法"和"定性资料分析—Nvivo 9 软件应用"，研究生课程三门，即"青年与青年工作研究""政治社会化理论与实践""质的研究方法理论与实践"。此外，还在合上的一些课程，如"青少年问题研究"（专业英语）"当代青年研究""专业论文写作"等课程中，承担 1~2 次的教学工作。

有两件事情的发生，对我们的研究进程起了重要的促进作用。

一是我于 2009 年 3 月获得了"日本国际交流基金会"提供的资助，让我在京都大学做为期四个月的访学，主要任务是从事我非常感兴趣的问题的研究，即"日本青年价值观研究"（有关我在价值观方面的研究成果，参见《后现代化理论视野下的青年价值观》，社会科学文献出版社，2013）。在这期间，我有一个意外的收获，那就是我申请并获得了"国际社会调查项目"（ISSP）大型调查的原始数据库的使用权。在这个大型数据库里，有许多专题调查，其中，与我们的政治社会化研究相关的数据库就有两个，即"国家认同调查"和"政府角色调查"数据库。我利用这一难得的没有任何公务在身的快乐幸福时光，仔细地研究了这两个大型数据库的内容及其结构，认真阅读了有关的说明及其研究文献，并在此基础上，构思了若干篇论文的思路和框架。这成为我在 2010~2011 年期间，与刘涵慧和王静两位教师合作撰写几篇文章的重要基础（这些文章参见《后现代化理论视野下的青年价值观》）。

二是在研究生课程的调整过程中，从 2009 级开始，培养方案中增加了"政治社会化：理论与实践"这门课程。这意味着我从 2010 年开始，承担了"政治社会化：理论与实践"这门课程的教学工作。我带领学生系统地研读并讨论了很多专著，如阿尔蒙德等著《公民文化——五国的政治态度和民主》、高峰著《美国政治社会化研究》、蓝维等著《公民教育：理论、历史与实践探索》、王乐理著《政治文化导论》，以及 Charles G. Bell 等著 *Growth & Change——A Reader in Political Socialization*（英文），Stephanie Wilde 编著 *Political and Citizenship Education：International Perspectives*（英文）。此外，我还认真阅读了【美】戴维·伊斯顿著《政治生活的系统分析》（*A System Analysis of Political Life*）、【台】李超著《台湾地区高中学生政治社会化之研究——从三民主义教育效果探析》、【台】袁颂西著《政治社会化：理论与实践》等专著或博士论文，并把自己在研读过程中的所思、所得、所想，拿到课堂上和同学们分享，并接受同学的提问和检验。在研读过程中，尤其是在听完学生讲课后对他们的点评中，自己逐渐有了如何在这一领域进行超越和创新的思路和感觉。

2010年是非常重要的一年。在这一年，我初步拟定了调查方案，确定了研究架构，并带着我的研究生杨巧、崔雪、胡哲等完成了五个调查问卷的设计初稿（宋雁慧因课程任务重，再加上喜得虎子，实际上退出了本项研究；黄瑞玲也因教学任务及身体等方面的原因，退出了这项研究）。

2011年，课题组吸纳了2010年从北京师范大学心理学院毕业后来到青少系的两位心理学博士参与研究。刘涵慧承担了国家认同和政党认同两个部分的后续研究工作，王静承担了政府角色期待及其治理评价部分的后续研究。2011年，课题组共完成了四个问卷的试调查及其量表修订任务，并以北京的大学生为调查对象，按专题实施了正式的实地问卷调查。个别专题（国庆庆典的意义建构调查）的上述工作是在2010年完成的。

问卷设计的具体分工情况如下：

1. 大学生国家认同与政党认同状况调查问卷：吴鲁平、刘涵慧
2. 大学生对中国政治制度的认同状况调查问卷：吴鲁平、杨巧
3. 大学生对政府的角色期待及其治理评价调查问卷：吴鲁平、王静
4. 大学生政治参与状况调查问卷：吴鲁平、崔雪、杨巧
5. 国庆六十周年庆典的意义建构调查问卷：杨巧

专题调查实施的负责人分工情况如下：

1. 大学生国家认同与政党认同状况调查：刘涵慧
2. 大学生对中国政治制度的认同状况调查：吴鲁平、杨巧

后 记

3. 大学生对政府的角色期待及其治理评价调查：王静
4. 大学生政治参与状况调查：吴鲁平、崔雪
5. 国庆六十周年庆典的意义建构调查：杨巧

2012年是撰写研究报告的一年，也是最关键的一年。这一年，崔雪因忙于写硕士毕业论文和找工作，没再参加大学生政治参与状况研究的撰稿工作。在刘涵慧的介绍下，我们找到了她的同门师妹，在北京市朝阳区教科所工作的曾庆玉博士。

本书的总体框架由吴鲁平确定，各章的写作分工如下：

第一章：吴鲁平、杨巧；第二章：刘涵慧；第三章：吴鲁平、杨巧、沈永辉；第四章：吴鲁平、杨巧、简臻锐；第五章：吴鲁平、杨巧、简臻锐；第六章：吴鲁平、杨巧、沈永辉；第七章：刘涵慧；第八章：王静；第九章：曾庆玉；第十章：杨巧。

在即将结束后记的写作时，我要感谢与我合作的我系两位年轻老师刘涵慧和王静，北京市朝阳区教科所的曾庆玉博士，还有我的三位研究生杨巧、简臻锐和沈永辉。没有他（她）们的参与，书稿撰写工作不可能在现在完成。刘涵慧和王静两位年轻教师是我所在的青少年工作系2010年引进的两位博士，她们均毕业于北京师范大学心理学院，刘涵慧的专长是教育心理学，王静的专长是发展心理学。杨巧是我带的研究生，她于2004年考入中国青年政治学院青少系，2008年本科毕业后以优异成绩考取了本校研究生，2011年硕士毕业后考入中国人民大学马克思主义学院思想政治教育专业攻读博士学位。简臻锐和沈永辉也是我带的研究生。两位同学于2007年考入中国青年政治学院青少系，2011年本科毕业后成了我的硕士生。

我要感谢日本国际交流基金会的朋友。该基金会在2009年3月给我提供了非常好的住房条件和非常充裕的生活费用，让我在京都大学进行了为期四个月的访学及对日本青年价值观的研究。并且，在这一期间，我还意外地获得了与本研究内容高度相关的两个大型调查数据库的使用权。

我要特别感谢在百忙之中抽出时间来为我们书稿写书评或写序的几位著名专家，即郑杭生老师、俞可平老师、风笑天老师和刘书林老师。他们各自从自己的学科视角，即社会学、政治学和思想政治教育学等视角，对我们的这一研究成果所具有的学术意义和实践意义做了高度评价和肯定。

这些评价和肯定，将激励我和我的研究团队在未来的研究中，更加注重对国内外前沿理论和方法的学习和吸纳，更加关注重大理论与现实问题的研究，进而做出更好的、更具有创新意义的科研成果。唯有如此，才不会辜负上述各位专家对我们的肯定和厚爱。

我还要感谢我的妻子吴琦和儿子吴辰绅，在这个相当"急功近利"的年代，对我这样一个"低声慢语"之人的高度钦佩和欣赏。这为我在这个充满躁动的环境里，仍然能保持一种平和的心态和理想主义的探索激情，创造了一份难得的宁静和安心。没有这种宁静和安心，我可能会一事无成。

感谢中青院的领导对我所在的青少系各项工作的支持，感谢科研处处长郝瑞庭教授及学院学术委员会的同仁对我们申报的这一选题所具有的学术价值的肯定，感谢社会科学文献出版社皮书出版中心邓泳红主任和本书责任编辑姚冬梅女士。

最后，简臻锐、沈永辉、梁璐、付琪琳、信元、钟坚龙等同学对本书做了仔细认真地校对，在此表示感谢。

吴鲁平
2012 年 12 月 5 日

图书在版编目(CIP)数据

大学生政治社会化的结果研究:以"社会互构论"为理论视角/吴鲁平等著.—北京:社会科学文献出版社,2013.2
(青年研究学术论丛)
ISBN 978-7-5097-4229-7

Ⅰ.①大… Ⅱ.①吴… Ⅲ.①大学生-思想政治教育-研究-中国 Ⅳ.①G641

中国版本图书馆 CIP 数据核字(2013)第 014795 号

・青年研究学术论丛・
大学生政治社会化的结果研究
——以"社会互构论"为理论视角

著 者/吴鲁平 等

出 版 人/谢寿光
出 版 者/社会科学文献出版社
地 址/北京市西城区北三环中路甲29号院3号楼华龙大厦
邮政编码/100029

责任部门/皮书出版中心 (010) 59367127 责任编辑/姚冬梅
电子信箱/pishubu@ssap.cn   责任校对/李春燕
项目统筹/邓泳红 姚冬梅   责任印制/岳 阳
经 销/社会科学文献出版社市场营销中心 (010) 59367081 59367089
读者服务/读者服务中心 (010) 59367028

印 装/北京季蜂印刷有限公司
开 本/787mm×1092mm 1/16   印 张/24.25
版 次/2013年2月第1版   字 数/383千字
印 次/2013年2月第1次印刷
书 号/ISBN 978-7-5097-4229-7
定 价/69.00元

本书如有破损、缺页、装订错误,请与本社读者服务中心联系更换

▲ 版权所有 翻印必究